袁泉／著

蒙元时期中原北方地区墓葬研究

文物出版社

图书在版编目（CIP）数据

蒙元时期中原北方地区墓葬研究／袁泉著 . —北京：
文物出版社，2020. 12
（考古新视野）
ISBN 978 - 7 - 5010 - 6884 - 5

Ⅰ. ①蒙…　Ⅱ. ①袁…　Ⅲ. ①墓葬（考古）- 研究 - 北
方地区 - 元代　Ⅳ. ①K878. 84

中国版本图书馆 CIP 数据核字（2020）第 221726 号

蒙元时期中原北方地区墓葬研究

著　　者：袁　泉

责任编辑：智　朴
装帧设计：肖　晓
责任印制：张　丽

出版发行：文物出版社
社　　址：北京市东直门内北小街 2 号楼
邮　　编：100007
网　　址：http：//www. wenwu. com
邮　　箱：web@ wenwu. com
经　　销：新华书店
印　　刷：北京京都六环印刷厂
开　　本：710mm×1000mm　1/16
印　　张：18. 75
版　　次：2020 年 12 月第 1 版
印　　次：2020 年 12 月第 1 次印刷
书　　号：ISBN 978 - 7 - 5010 - 6884 - 5
定　　价：76. 00 元

内容提要

蒙元时期，多族属、广疆域的统一王朝带来了文化新相。墓葬文化体现出继承与变革交错并存的局面：一方面，宋金形成的葬制传统在很多领域得以继承和沿用；另一方面，随着政治冲击、阶层重组和族属互动，涌现出许多新的墓葬文化特征。这造就了蒙元时期中原北方地区墓葬文化面貌的区域多样性与发展不平衡性。

本书立足于长时段、大区域的综合考察，通过对考古学材料的系统梳理，尝试建立起蒙元时期中原北方地区墓葬的有序时空框架。在分区研究中，综合考虑地域文化、人群特点、地理形胜和政治冲击等诸多因素，将中原北方地区划分为四大文化区，分别为：长城以北和燕云地区、中原地区、山东地区和洛水－渭水流域地区。在分期研究中，充分考虑不同区域墓葬演变步调与发展序列的差异性。在墓葬资料丰富、变化频繁有序的区域，建立完整、细致的演变序列；对存在年代缺环且变化不明显的地区，则结合宋金墓葬的面貌，从长时段把握区域宋元墓葬文化的面貌演变。

在此基础上，进一步探讨墓葬面貌的横向区际交流，关注蒙元与宋金墓葬的纵向期段沿革，分析不同族属和文化群体在墓葬制度上的互动；继而深入观察蒙元时期葬制传统与丧祭文化的变革。

作者简介

袁泉，1980 年出生于河南省郑州市。1999～2009 年就读于北京大学考古文博学院，先后获考古学学士与博士学位。现为首都师范大学历史学院副教授，研究方向为宋元明考古。近期关注课题主要涉及：宋元手工业互动和区域产销格局，宋元丧葬制度与仪制，唐以降的文化复古与礼器传统以及 7～14 世纪的宗教图像的迁播与文化互动。

科研成果合著专著 1 部，30 余篇学术论文在《文物》《考古与文物》《装饰》《故宫博物院院刊》《中国国家博物馆馆刊》《敦煌研究》、*The Journal of Chinese Historical Researches* 等中英文学术期刊收录发表。主持国家社科基金一般项目、青年项目以及教育部人文社科基金青年项目各一项，参与多项教育部人文社科研究重点基地重大项目及文物局和商务部研究课题，并获韩国青岩基金、日本住友基金资助。

入选北京市属高校青年拔尖人才计划、北京市青年哲学社会科学科研创新团队负责人。先后赴香港城市大学中国文化中心、新加坡东南亚研究所那烂陀－室利佛逝研究中心、日本筑波大学艺术系访学交流。

专家推荐意见 （一）

随着考古学的发展和考古工作的大量开展，元代墓葬资料的积累日益丰富；同时由于文献资料的相对缺乏，元代墓葬资料在史学研究中的意义也更加重要，对于研究从宋以来几百年间北方地区多民族文化并存的特点和不同族属间文化交融的特征有着独特的意义。近年来，许多学者都从不同的角度对蒙元墓葬进行了探讨。然而，迄今为止，中原北方蒙元墓葬的整体时空框架并未真正建立，一些局部的研究并不能解决民族特色和文化交融的情况。另一方面，通过对随葬品和墓壁装饰的总结，达到对墓室空间安排和功能的复原，以及对丧葬习俗和葬祭文化的探讨也亟待深入。这种种局限，呼唤着大范围、长时段、多视角综合研究的开展。

如何充分利用现有调查发掘资料，蒙元墓葬展开大范围、长时段的综合研究，建立起有序的时空框架，是当前元墓研究，乃至整个宋元明考古中亟待开展的课题。其中时空框架的建立是当前研究中最为薄弱的环节，亦是论文最具价值的创新领域。论文较为全面地收集了中原北方地区蒙元时期的墓葬材料，并对其进行了系统的梳理和对比研究，综合考虑地域文化、人群特点、地理形势和政治冲击等多种因素，将中原北方地区划分为四大文化区，分别是：长城以北和燕云地区、中原地区、山东地区和洛水－渭水流域，体现了蒙元时期各地区文化相互交融的时代特征，建立起大区域内蒙元墓葬的有序时空框架。这一框架不仅清晰揭示了不同区域蒙元墓葬的文化面貌和阶段性变化，也比较了元墓与宋金墓葬在葬俗葬制上的异同与沿革。

同时，论文力图打破传统墓葬研究"就物论物"的局限，探索物质资料与文献史料结合的研究模式。历史学关注宏观叙事结构下的国朝大礼；而丰富考古墓葬资料更擅长阐释"眼光向下"的臣庶墓葬礼俗。该文充分利用考古资料与文献史料的优势互补，在墓壁装饰与墓室空间的探讨中，通过对墓主形象、奉茶进酒、东仓西库等壁画题材的阐释，勾勒出文献鲜少涉及的士庶葬礼轮廓，为宋元阶段家礼普行和礼下庶人的礼制深耕现象提供了生动注脚；而宋元墓葬中仿古礼器和茶酒时器并存的特点，更是宋元社会"循古之意而勿泥于古、适今之宜而勿牵于今"之文化建设在墓葬文化中的具体阐释。

无论是涉及材料的时空广度，还是分析层面的深入程度，论文成果均推进了当前蒙元墓葬研究的整体认识水平和研究深度，推动了学界对宋元时期葬祭文化、社会信仰和制度建设领域的深入探讨。其学术探索无论是对丰富葬俗制度的研究实践、还是推动宋元明考古的专题研究，都具有重要意义和价值。这些成果将进一步丰富历史时期葬俗考古的研究实例，提高当前宋元明考古整体认识水平和研究深度；其在研究思路上的探索，亦可为宋元阶段社会信仰、政治制度和社会文化的研究提供更为广阔的视野。

2018 年 8 月 29 日

专家推荐意见（二）

13 世纪初，蒙古人挥舞"上帝之鞭"，西征南伐，在世界范围造成了巨大的冲击。但是，也正是由于这种冲击是由人口不多、文化滞后的蒙古军事贵族发起的，对不同区域所造成的影响也是不同的。袁泉的博士论文《蒙元时期中原北方地区墓葬研究》恰恰关注到这一文化冲击在墓葬文化中的映射与侧影。论义系统探讨了中原北方地区墓葬面貌的多样性，将该区域的蒙元墓葬划分为长城以北与燕云地区、中原地区、山东地区和洛水－渭水流域四个大区，各个文化区中又按照小区域文化面貌的不同和人群文化取向的差异细分为不同的文化群体。论文探讨了政治冲击、社会重组和族属涵化等因素共同作用下墓葬文化特征的复杂性，而正是这种墓葬文化在延承与变革中的摇摆，造成了蒙元时期中原北方地区墓葬面貌的多样性与不平衡性，各个文化区域的界限也面临着分合、打破与重新定型的局面。

袁泉博士的研究极为重视蒙元文化面貌的复杂化。在分区研究中，并未囿于政区下的空间界定，而是综合考虑地域文化、人群特点、地理形胜和政治冲击等多种因素；在分期的研究中，并非以整个中原北方地区为对象，而是在各个文化区中分别进行期段划分：在墓葬资料丰富、变化有序的地区划分出完整、细致的演变序列；对墓例有限且变化不明显的地区则不做强行划分，而是通过与当地宋（金）墓葬的对比，从更长的时段探讨宋（金）元墓葬传统的承袭与变革。这种研究方法使族属间文化交融快慢、深浅程度的差异以及各个文化区域、文化群体在墓葬面貌发展中的差异得到彰显。

在分区分期的基础上，作者从随葬品与墓壁装饰入手，对蒙元时期的墓室空间进行场景复原和性质探讨，对蒙元墓葬的共性进行了探讨，认为墓室装饰和随葬器共同营造着一种空间，墓室不仅是收柩之所，也是供奉墓主的"乐安之堂"。同时，葬祭兼具的墓室功能又反映出"神灵安、子孙盛"的生死互动关系,"茶酒间进"的祭奉体系在元代真正确立之后,由明历清、直至当代一直得以保持和沿用。该论文观察视域广阔,研究方法得当,许多观点具有启发性,揭示出中原北方地区蒙元时期墓葬面貌的复杂性。其对蒙元时期中原北方地区墓葬考古资料的细致梳理与研究尝试,不仅丰富了葬俗研究实例,亦可引发学界对宋元丧祭文化的探讨和争鸣。故为之推荐。

　　同时,对于蒙元墓葬文化具体面貌的解释,还有进一步深入的空间,这也推促着学界的审思:如小区域墓葬特点的形成,是否也与蒙古政权统治在基层的弱化有关?从墓葬得来的材料,毕竟只反映了一部分历史面貌,对于洛渭地区礼器的"复古",是主要基于蒙古贵族高层的倾向,还是汉族士人为维持汉文化所做的基层的努力,抑或是两者的结合?

2018 年 8 月 21 日

目 录

引　言

一　研究范围

　　本书拟研究的"蒙元"墓葬，并非族属范畴的概念，而是一个包括大蒙古国和元朝在内的时段界定。蒙古时期，是指金贞祐南迁后，即成吉思汗八年（1213 年）到元世祖至元七年（1270 年）之间；期间蒙古从草原南进，逐渐控制了北方和中原地区，在天兴三年（1234 年）灭金后占据了长江以北的广大区域。元朝时期，是自世祖忽必烈前至元八年（1271 年）改国号始，到顺帝至正二十八年（1368 年）退出中原止。这一阶段蒙古统治者悉纳汉地，结束了赵宋立国以来政权分立、对峙的局面，再次形成了统一王朝。

　　书中所涉"北方地区"，在地域范围上是指北界赤峰 – 呼和浩特 – 准格尔旗一线、南抵秦岭 – 淮水、西至陇右、东临沿海的广大区域，包括了今辽宁西部，内蒙古东南部，河北、山西、山东、陕西全境，河南大部以及甘肃东部。这一区域自唐末以来经历了复杂的政治嬗变，先是以白沟 – 雁门关 – 繁峙为界的宋辽对峙；后划归金治下；蒙古南下尽收宋金之地后，又被纳入大蒙古国版图，并最终成为元朝行政区划。在动荡的政治时局下，中原北方地区的蒙元墓葬文化表现出沿革并济的双重面貌，同时由于蒙古南下带来的文化冲击和文化群体的复杂性，区域墓葬面貌体现出多样性与交融性的时代特点。

　　学力所囿，本书探讨的蒙元"墓葬"未涉及帝陵。自成吉思汗始，蒙古大汗就专设陵地。据波斯人拉施德丁《史集》记载，成吉思汗的葬地在不儿罕合勒敦山[1]。徐霆在《黑鞑事略》中记："霆见忒没真墓在泸沟河之侧，山水环绕。相传云，忒没

---

[1]　［波斯］拉施特编、余大钧等译：《史集》卷一、第二分册，北京：商务印书馆，1983 年，第 321 ~ 324 页。

真生于此，故死葬于此，未知果否"①。《元史》记成吉思汗"葬起辇谷"②。据考证，起辇谷是《元朝秘史》中的"古连勒古"的译写，而古连勒古正在不儿罕合勒敦山南，具体地望应在今蒙古国肯特省曾克尔满达勒一带③。然而迄今为止，蒙元帝陵的考察和研究工作止步于文献考证和陵区大致位置的推定，未能真正确定元陵踪迹④。基于此，本文略去帝陵问题，集中探析中原北方地区刊布的勋贵、官员和平民墓葬。

二　北方地区蒙元墓葬的发现与研究

（一）考古发现

相较于其他历史阶段，北方地区蒙元墓葬的正式考古调查与发掘起步较晚，自20世纪中叶方渐次开展。新中国成立以来，内蒙古、辽宁、山西、陕西、河北、河南、山东和甘肃诸地先后发现了各具特色的蒙元墓葬材料。这些墓例的发现与发表大致以20世纪80年代为界分作两大阶段：前期发现较少，蒙元墓葬的区域面貌与时代特征尚不明晰，存在将元墓错定为其他时段墓葬的情况；后期各地均展开了较大规模的发掘，并陆续发表相关简报，虽资料仍待积累，但已基本建立起蒙元墓葬的考古学文化体系。下文将简要介绍北方各地蒙元墓葬的发现和刊布情况。

1. 长城以北

这一地区最重要的考古工作是内蒙古地区多处大型墓群的发掘。这些墓群多为聚族而葬，分属不同族属，是研究蒙元时期各民族间墓葬文化交融与变通的重要材料。此外，以赤峰为中心的壁画墓和辽西地区椁室墓的发现也大大丰富了此区蒙元墓葬的文化面貌。

---

① ［宋］彭大雅、徐霆：《黑鞑事略》，北平：文殿阁书庄，1936年，第115～116页。

② ［明］宋濂：《元史》卷一《太祖纪·铁木真》，北京：中华书局，2000年，第25页。

③ 亦邻真：《起辇谷和古连勒古》，《内蒙古社会科学》1989年第3期。

④ 对元代帝陵的调查最具代表性的工作分别为1989年蒙古国科学院与以江上波夫为首的日本学术研究团体的联合调查（［日］白石典之：《チソギスニカンの考古学》，东京：同成社，2001年，第109～136页）、21世纪初美国芝加哥大学和蒙古国学者组成的联合考古队的调查与发掘（"Grave of Genghis Khan May Lie Near His Birthplace", *The New York Times*, August 17, 2001）。各国考古工作者对成吉思汗陵确切位置的勘定，主要集中在以下4个地点：1. 位于蒙古国境内的肯特山南，克鲁伦河以北；2. 位于蒙古国杭爱山；3. 位于中国宁夏的六盘山；4. 位于内蒙古鄂尔多斯鄂托克旗境内的丁里山。

集中墓地 20世纪90年代以来，考古工作者以元上都城址为中心先后发现和发掘了10多处埋葬较为集中的墓地①。其中位于上都城周边的墓地主要分布在多伦砧子山西区②与南区③、正蓝旗卧牛石、一棵树和羊群庙地区④；分布在较远旗县的有正镶白旗三面井和伊松敖包、镶黄旗乌兰沟和博克敖包山、锡林浩特贝里克墓地。此外，还有部分汪古族墓群，以兴和县五甲地墓群、达茂旗木胡儿索卜嘎和大苏吉乡明水墓群、四子王旗城卜子墓葬群为代表⑤。1999年，河北省文物研究所会同沽源县文化广播电视局又对沽源梳妆楼进行考古勘察，发现了以梳妆楼陵园为中心的一批聚葬墓群⑥。这些墓地文化面貌各异，应是不同族属聚族而葬的产物。

散见的椁室墓 这批墓葬主要发现于辽宁地区，代表墓例有大连寺沟墓⑦、抚顺土口子墓⑧、喀左大城子石椁墓⑨和康平方家屯墓⑩等。墓葬平面多为土坑木椁或石

---

① 魏坚：《元上都》，北京：中国大百科全书出版社，2008年。本书详细刊布了多伦砧子山西区、正蓝旗卧牛石和一棵树、正镶白旗三面井和伊松敖包、镶黄旗乌兰沟和博克敖包山、锡林浩特市贝里克多处聚葬的墓群遗址，是目前内蒙古地区蒙元墓葬资料刊布最集中、最详尽的考古报告。

② 内蒙古文物考古研究所等：《元上都城址东南砧子山西区墓葬发掘简报》，《文物》2001年第9期。

③ 李逸友：《元上都城南砧子山南区墓葬发掘报告》，《内蒙古文物考古文集》第一辑，北京：中国大百科全书出版社，1994年，第639~671页。

④ 内蒙古考古研究所等：《正蓝旗羊群庙元代祭祀遗址及墓葬》，《内蒙古文物考古文集》第一辑，北京：中国大百科全书出版社，1994年。

⑤ 盖山林：《兴和县五甲地古墓》，《内蒙古文物考古》1984年第3期。内蒙古文物考古研究所等：《木胡儿索卜·夏金元时期墓葬》，《中国考古学年鉴·1997》，北京：文物出版社，1999年，第108页；内蒙古考古研究所等：《达茂旗木胡儿索卜嘎墓群的清理简报》，《内蒙古文物考古文集》第二辑，北京：中国大百科全书出版社，1996年，第713~722页；内蒙古文物考古研究所等：《四子王旗城卜子古城及墓葬》，《中国考古学年鉴·1996》，北京：文物出版社，1998年，第117页；内蒙古文物考古研究所等：《四子王旗城卜子古城及墓葬》，《内蒙古文物考古文集》第二辑，第688~712页。

⑥ 对于梳妆楼墓群所属族属群体、墓主身份及墓葬建筑风格的探讨，参看赵琦：《河北省沽源县"梳妆楼"元蒙古贵族墓墓主考》，《中国史研究》2003年第2期；黄可佳：《沽源梳妆楼蒙元贵族墓葬墓主考略》，《草原文物》2013年第1期；北京大学考古文博学院等：《河北沽源梳妆楼元墓墓上建筑研究》，《文物》2018年第6期；周良霄：《沽源南沟村元墓与阔里吉思考》，《考古与文物》2011年第4期。

⑦ 刘俊勇：《大连寺沟元墓》，《文物》1983年第5期。

⑧ 徐家国：《辽宁抚顺土口子村元墓》，《考古》1994年第5期。

⑨ 徐英章：《辽宁喀左县大城子元代石椁墓》，《考古》1964年第5期。

⑩ 张少春：《康平方家屯元墓》，《辽海文物学刊》1986年第1期。

椁墓，墓顶作平顶，或封盖石板，或在过梁木上铺木棍后以白灰抹顶，与北京和东北地区所见金代流行的土坑石椁墓第三期直接相承继，应为当地金墓风格的延续。

壁画墓 长城以北地区发现的蒙元壁画墓主要位于内蒙古东南部和辽宁西部，数量不多；但墓葬结构、壁面装饰及葬制葬式均保存较好，是研究当地墓葬装饰题材和空间布局的重要资料。相关墓例的发掘和调查始于 20 世纪 60 年代中期，而正式刊布稍晚，自 20 世纪 90 年代以来陆续发表。这些墓葬多集中在赤峰一带；元宝山①、沙子山②和三眼井③等地先后发现了四座墓例，另于翁牛特旗④、凉城后德胜⑤和凌源富家屯⑥各发现一座壁画墓。

2. 山西地区

山西地区是蒙元墓葬调查与发掘工作开展较早的区域，最先引起学界注意的遗存是 20 世纪中期发现的一批道士墓和晋中地区壁画墓。80 年代以来随着当地蒙元墓葬遗存的不断揭露，区域墓葬面貌日渐明晰，大致包括两种类型。

第一类是以壁画装饰为主的砖、石室墓，此类墓葬在山西全境均有发现。晋北大同地区的墓例主要有 1958 年发掘的冯道真墓、1986 和 1992 年分别在齿轮厂发现的两批壁画墓；晋中地区从 20 世纪 50 年代起，蒙元墓葬多有发现，如大德元年（1297 年）孝义梁家庄墓⑦、延祐七年（1320 年）太原瓦窑村墓⑧、太原刚玉五一生活区元墓⑨、屯留康庄工业园墓群⑩、孝义下吐京墓⑪、长子碾张村大德十一

① 项春松：《内蒙古赤峰市元宝山元代壁画墓》，《文物》1983 年第 4 期。

② 刘冰：《内蒙古赤峰沙子山元代壁画墓》，《文物》1992 年第 2 期。

③ 项春松等：《内蒙昭盟赤峰三眼井元代壁画墓》，《文物》1982 年第 1 期。

④ 项春松等：《内蒙古翁牛特旗梧桐花元代壁画墓》，《北方文物》1992 年第 3 期。

⑤ 内蒙古自治区文化厅文物处等：《内蒙古凉城县后德胜元墓清理简报》，《文物》1994 年第 10 期。

⑥ 辽宁省博物馆等：《凌源富家屯元墓》，《文物》1985 年第 6 期。

⑦ 山西省文物管理委员会等：《山西孝义下吐京和梁家庄金元墓发掘简报》，《考古》1960 年第 7 期。

⑧ 代尊德：《山西太原郊区宋金元代砖墓》，《考古》1961 年第 1 期。

⑨ 太原市文物考古研究所等：《太原刚玉五一生活区元代墓葬发掘简报》，《文物世界》2016 年第 5 期。

⑩ 山西省考古研究所等：《山西屯留县康庄工业园区元代壁画墓》，《考古》2009 年第 12 期；山西大学文博学院：《2009 年屯留县康庄墓地发掘简报》，山西省考古研究所等编：《三晋考古》第 4 辑，上海：上海古籍出版社，2012 年，第 544～554 页。

⑪ 山西省文物管理委员会等：《山西孝义卜吐京和梁家庄金元墓发掘简报》，《考古》1960 年第 7 期。

年（1307 年）墓①、文水北峪口墓②、至正十六年（1356 年）交城裴家山墓③、至大二年（1309 年）兴县红峪村墓④、古交河下村墓⑤，以及兴县牛家川征集的墓室石板画⑥；晋东南长治地区自 20 世纪 60 年代以来先后发掘并发表了一批壁画墓资料，如李村沟壁画墓⑦、捉马村 M1 与 M2⑧、巾南郊司马乡壁画墓⑨和郝家庄壁画墓⑩等；晋东阳泉市郊⑪也有元代壁画墓的发现。此外，在大同近郊，还发现了三座墓葬结构与上述壁画墓相似的无装饰砖室墓，分别为东郊崔莹李氏墓⑫、北郊王青墓⑬和西郊宋庄墓⑭；这些砖室墓虽然未见壁画，但墓葬形制与随葬品组合面貌均与同区壁画墓一致。

第二种是晋南地区的砖雕墓。20 世纪 80 年代以来，晋南地区先后在襄汾、新绛、闻喜和侯马等地发现了一批蒙元砖室墓。其中襄汾曲里村墓⑮、新绛吴岭村墓⑯、

① 山西省考古研究所等：《长子县碾张村元代壁画墓发掘简报》，《三晋考古》第 4 辑，上海：上海古籍出版社，2014 年，第 510 ~ 514 页。

② 山西省文物管理委员会等：《山西文水北峪口的一座古墓》，《考古》1961 年第 3 期。

③ 商彤流、解光启：《山西交城县的一座元代壁画墓》，《文物季刊》1996 年第 4 期。

④ 山西大学科学技术哲学研究中心等：《山西兴县红峪村元至大二年壁画墓》，《文物》2011 年第 2 期。

⑤ 檀志慧：《古交市河下村元代墓葬》，《文物世界》2016 年第 5 期。

⑥ 郭智勇、李锐：《山西兴县牛家川元代石板壁画解析》，《文物世界》2015 年第 1 期。

⑦ 王秀生：《山西长治李村沟壁画墓清理》，《考古》1965 年第 7 期。简报中并未对墓葬年代做出明确判断。从壁面装饰来，尚保留着金中后期以"一门二窗"砖雕为中心的布局特点；元代广为流行的孝行题材却并未出现，再参考金后期晋南与晋东南孝子故事急剧减少的分期特点（详见刘耀辉：《晋南地区宋金墓葬研究》，北京大学硕士学位论文，2002 年），李村沟壁画墓的上限应在金末时期。另一方面，以墓室后壁的隔扇门为中心，环绕 8 幅仆从侍奉题材的壁画，这一表现形式与焦作金末蒙初壁画墓基本一致。同时壁画中的男侍发型为蒙元时期的典型发式"婆焦"（又名三搭头）。以上种种细节均可作为判定李村沟墓年代的依据——应在金末蒙初之际，即 13 世纪上半叶。

⑧ 王进先：《山西长治市捉马村元代壁画墓》，《文物》1985 年第 6 期。

⑨ 长治市博物馆：《山西长治市南郊元代壁画墓》，《考古》1996 年第 6 期。

⑩ 长治市博物馆：《山西省长治县郝家庄元墓》，《文物》1987 年第 7 期。

⑪ 阳泉市文物管理处等：《山西阳泉东村元墓发掘简报》，《文物》2016 年第 10 期。

⑫ 大同文化局文物科：《山西大同东郊元代崔莹李氏墓》，《文物》1987 年第 6 期。

⑬ 大同市文物陈列馆、山西云冈文物管理所：《山西省大同市元代冯道真、王青墓清理简报》，《文物》1962 年第 10 期。

⑭ 王银田等：《大同市西郊元墓发掘简报》，《文物季刊》1995 年第 2 期。

⑮ 陶富海、解希恭：《山西襄汾县曲里村金元墓清理简报》，《文物》1986 年第 3 期。

⑯ 山西省考古研究所：《山西新绛南范庄、吴岭庄金元墓发掘简报》，《文物》1983 年第 1 期。

闻喜小罗庄 M4[①]、侯马市区 M2、M3[②]、新绛寨里村至大四年纪年墓[③]和侯马延祐元年墓[④]等资料反映出金末蒙初到元代后期晋南砖雕墓由简化、恢复到最终衰落的面貌流变；与此同时，侯马、襄汾地区还存在另一套基本无装饰的简单砖室墓体系，如襄汾地区的贾庄墓、丁村墓、解村墓[⑤]，侯马地区的乔村 M58[⑥] 和曲村墓地元墓[⑦]，代表着晋南地区另一类风格的墓葬面貌。

1988 年当地考古单位刊布了一座运城西里庄元末壁画墓的资料[⑧]，壁画绘饰在盛行砖雕装饰的晋南地区非常特殊，但联系此时山西其他地区墓壁彩绘装饰盛行的情况，运城壁画墓的墓葬面貌或为当地元后期普行开来的装饰新相。

此外，山西地区发掘的道教徒墓也十分突出。除前述大同冯道真墓外，20 世纪 50 年代晋南共发现了两处道人墓葬，一处是稷山五女坟道姑合葬墓，一处为芮城永乐宫蒙古宪宗四年（1254 年）宋德方和中统元年（1260 年）潘德冲墓[⑨]。这两处墓葬分别代表了普通道教徒和道教上层群体的葬制特点，或可管窥蒙元时期道教势力在山西地区的增长。

3. 河北地区

河北地区蒙元墓葬的发掘和调查始于 20 世纪 60 年代，但资料发表相对滞后，大批简报和报告集中刊布于 80 年代以降。近年来，当地考古工作者在配合基建发掘的基础上，开始尝试有目的、有计划的主动发掘，如徐水西黑山大型墓地的考古工作。这一地区的墓葬面貌大致分作三类，分别为冀北地区的壁画砖室墓、北京周边的元朝官勋墓和椁室墓以及河北中部大量发现的简单砖室墓。

墓主明确的官勋墓　河北地区最引人注目的墓葬材料，是北京及周边地区发现

---

① 山西省考古研究所等：《山西省闻喜县金代砖雕、壁画墓》，《文物》1986 年第 12 期。

② 山西省考古研究所侯马工作站：《侯马市区元代墓葬发掘简报》，《文物世界》1996 年第 3 期。

③ 山西省文物工作委员会侯马工作站：《山西新绛寨里村元墓》，《考古》1966 年第 1 期。

④ 山西省文管会侯马工作站：《侯马元代墓发掘简报》，《文物》1959 年第 12 期。

⑤ 襄汾地区的四座蒙元墓材料均刊布于陶富海：《山西襄汾县的四座金元时期墓葬》，《考古》1988 年第 12 期。

⑥ 山西省考古研究所侯马工作站：《侯马乔村金元墓》，《文物季刊》1996 年第 3 期。

⑦ 北京大学考古系商周组等：《天马－曲村》（册三），北京：科学出版社，2000 年，第 1097～1134 页。

⑧ 山西省考古研究所：《山西运城西里庄元代壁画墓》，《文物》1988 年第 4 期。

⑨ 徐苹芳：《关于宋德方和潘德冲墓的几个问题》，《考古》1960 年第 8 期。

的一批墓主明确的贵族与官员墓。如石家庄史天泽家族墓①，北京地区的耿完者秃墓②、耶律铸墓③、铁可父子墓和张弘纲墓④，以及满城张弘略墓⑤、廊坊安次县桑氏墓⑥。这批墓葬均出土了碑志材料，下葬年代和墓主身份较为明确。其中史天泽墓、张弘略和耶律铸墓是带长斜坡墓道的大型砖砌多室壁画墓，保留了部分辽墓风格。墓门多以仿木构建筑装饰，有门簪、檐枋或高大的门楼。而耿完者秃墓、铁可父子墓、张弘纲墓和廊坊桑氏墓则是承用金代石椁墓风格的椁室墓。官勋及其家族成员墓外，北京地区发现的蒙元重要僧侣墓也可归在此类，如蒙古宪宗七年（1257 年）海云和可庵和尚的墓塔⑦。

墓主不明的"石椁型"墓　1968 ～ 1983 年北京市文物局（原北京市文物工作队）在配合基建的施工中，陆续在北京市区和近郊清理出较完整的元代墓葬二十余座⑧，此外金陵陵园内还发现了 5 座蒙元初期墓葬⑨。这些墓葬的构成十分复杂，既有完全沿用女真传统的石板石椁墓，也有在石椁墓基础上发展而来的砖室石顶墓、砖室券顶墓和无装饰的穹隆顶砖室墓，且多随葬一套组合固定的灰陶小型明器。推测应为不同品级的大都官员墓。

---

① 河北省文物研究所：《石家庄后太保村史氏家族墓发掘报告》，河北省文物研究所编：《河北省考古文集》，北京：东方出版社，1998 年，第 344 ~ 369 页。

② 北京市文物研究所：《北京地区发现两座元代墓葬》，《北京文物与考古》第三辑，北京：北京燕山出版社，1992 年。

③ 北京市文物研究所：《耶律铸夫妇合葬墓出土珍贵文物》，《中国文物报》1999 年 1 月 31 日第 1 版。

④ 北京市文物工作队：《元铁可父子墓、张弘纲墓发掘报告》，《考古学报》1986 年第 1 期。

⑤ 河北省文物保护中心等：《元代张弘略及夫人墓清理报告》，《文物春秋》2013 年第 5 期。

⑥ 廊坊市文物管理处等：《廊坊市安次县大伍龙村元墓清理简报》，河北省文物研究所：《河北省考古文集》（三），北京：科学出版社，2007 年，第 280 ~ 290 页。

⑦ 北京市文化局文物调查研究组：《北京市双塔庆寿寺出土的丝绵织品及绣花》，《文物参考资料》1958 年第 9 期。

⑧ 黄秀纯等：《元代墓葬》，北京市文物考古研究所：《北京考古四十年》，北京：北京燕山出版社，1990 年，第 187 页；黄秀纯等：《北京地区发现的元代墓葬》，北京文物研究所：《北京文物与考古》第二辑，北京：北京燕山出版社，1991 年，第 219 ~ 248 页。北京市文物研究所：《北京石景山区刘娘府元墓发掘简报》，《考古》2014 年第 9 期。

⑨ 北京市文物研究所：《北京金代皇陵》，北京：文物出版社，2006 年，第 95 ~ 100 页。这批墓葬虽然发现在金陵陵区内，但从出土器物看时代较晚；同时，这五座墓作为陪葬墓来看不仅墓葬等级不够、埋葬的位置也很奇怪，均不符合陪葬墓的规制。推测其很可能是蒙古南下、金都南迁后金遗民的墓葬。

散见的砖雕壁画墓　河北地区的壁画墓在冀北和冀南地区均有发现。20世纪70年代以来，在门头沟斋堂①、密云②和涿州③三地先后发现了三座蒙元时期的壁画墓。其中斋堂和密云壁画墓为方形墓室，涿州元墓为八角形墓室，墓室壁画以后壁为中心，两侧绘饰茶酒备献与孝行题材，壁画布局与晋北大同元墓相似。21世纪以来，冀南壁画墓亦见刊布，如内丘胡里村壁画墓（1277年）④　和邢台钢铁厂壁画墓⑤，这两座元墓以墓主并坐图为中心，与豫北地区类同。而2004年冀东平乡郭桥发现的两座砖雕墓⑥则与山东地区元墓的面貌接近，壁面装饰以门楼和家具为主体。

简单砖石室墓　此类墓葬主要分布在今北京远郊的昌平⑦、平谷⑧，北京周边的涿州⑨、廊坊⑩、涿鹿⑪、邢台⑫和三河⑬地区，以及冀中的井陉⑭、柏乡⑮和徐水等地。2006年徐水西黑山地区发现了一处金元时期的大型墓群⑯，集中分布了60余座砖石室墓，其中北部、中部在年代划分上属金代墓群，南部为元代墓群。这批简单砖室墓资料丰富，代表了河北地区自宋代以来一类重要的墓葬类型。

---

① 北京市文物事业管理局等：《北京市斋堂辽壁画墓发掘简报》，《文物》1980年第7期。

② 张先得、袁进京：《北京市密云县元代壁画墓》，《文物》1984年第6期。

③ 河北省文物研究所等：《河北涿州元代壁画墓》，《文物》2004年第3期。

④ 贾成惠：《河北内丘胡里村金代壁画墓》，《文物春秋》2002年第4期。

⑤ 北京大学中国考古学研究中心等：《邢台市邢钢元代壁画墓发掘简报》，《考古与文物》2008年第4期。

⑥ 樊书海等：《河北平乡发现元代仿木结构纪年壁画墓》，《中国文物报》2004年7月14日第1版。

⑦ 北京市文物研究所：《北京昌平兴寿镇元代墓葬发掘简报》，《文物春秋》2012年第3期。

⑧ 北京市文物研究所：《北京平谷河北村元墓发掘简报》，《文物》2012年第7期。

⑨ 河北省文物研究所等：《涿州张村东营墓群发掘简报》，《河北省考古文集》，北京：东方出版社，1998年，第272～284页。

⑩ 张兆祥：《廊坊市发现元代砖室墓》，《文物春秋》1991年第4期；廊坊市文物管理处：《霸州市任水村元代墓群清理简报》，《文物春秋》2015年第3期。

⑪ 贺勇、陈信：《涿鹿发现一座元代纪年墓》，《文物春秋》1990年第4期。

⑫ 唐云明等：《邢台发现一座元代砖墓》，《文物参考资料》1956年第12期。

⑬ 河北省文物研究所等：《河北三河县辽金时代墓葬出土遗物》，《考古》1993年第12期。

⑭ 河北省文物研究所石太考古队：《井陉南良都战国、汉代遗址及元明墓葬发掘报告》，《河北省考古文集》，第202～240页。

⑮ 河北省文物研究所：《柏乡县侍中村古墓发掘简报》，《河北省考古文集》，第338～343页。

⑯ 南水北调中线工程建设管理局：《徐水西黑山：金元时期墓地发掘报告》，北京：文物出版社，2006年。

4. 河南地区

河南地区蒙元墓葬的发掘与资料发表工作开始于 20 世纪 50 年代；90 年代之后新材料大量涌现，基本可复原出当地蒙元时期的墓葬文化面貌。就已知的墓例资料看，河南元墓有两种类型：

第一类是当地宋金盛行的仿木构砖室墓的变体，壁面多饰砖雕和彩绘。但其在蒙元阶段又体现出新的特征，仿木斗拱大大简化甚至不用，壁画比重则逐渐加大，墓葬形式也由金代流行的多角形穹隆顶墓向近方形券顶墓发展。洛阳是河南蒙元墓葬发现最早的地区，1958 年就公布了一座至元年间壁画墓的资料①。焦作在 20 世纪70 和 80 年代先后揭露出一批砖雕壁画墓，其中老万庄发现了怀孟州长官冯汝楫的家族墓三座②；西冯封的砖雕墓则以杂剧人物砖俑为特色。90 年代以来，洛阳伊川③、登封和尉氏④地区先后发现多处砖室墓，其中伊川 M4 为八角形攒尖顶单砖墓，墓壁没有任何装饰；尉氏壁画墓、登封王上壁画墓⑤、伊川 M3 均为长方形券顶砖室墓，代表了元代后期河南地区墓葬形制发展的一种走向。

第二类是随葬有特殊陶明器的砖室墓和土洞墓。此类墓葬主要发现在洛阳、焦作和三门峡。墓壁基本无装饰；墓室结构多样，有抹角方形、长方形和梯形单室墓，也有前后双室墓，有的还有土洞附室；常随葬一套陶模型明器和陶俑；墓主人多为元朝品官。目前刊布的墓例计有焦作中站至元廿九年（1292 年）靳德茂墓⑥、三门峡上村岭元贞二年（1296 年）冯氏墓⑦、洛阳道北延祐四年（1317 年）王英墓⑧、焦作新李封至和元年（1323 年）许衎墓⑨、洛阳至正九年（1349 年）王述墓⑩和洛阳市北站

① 河南文化局文物工作队二队：《洛阳发现的带壁画古墓》，《文物参考资料》1958 年第 1 期。
② 河南省博物馆等：《河南焦作金墓发掘简报》，《文物》1979 年第 8 期；河南省博物馆、焦作市博物馆：《焦作金代壁画墓发掘简报》，《河南文博通讯》1980 年第 4 期。
③ 洛阳市第二文物工作队：《洛阳伊川元墓发掘简报》，《文物》1993 年第 5 期。
④ 开封市文物工作队等：《河南尉氏县张氏镇宋墓发掘简报》，《华夏考古》2006 年第 3 期。
⑤ 郑州市文物工作队：《登封王上壁画墓发掘简报》，《文物》1994 年第 10 期。
⑥ 焦作市文物工作队：《焦作中站区元代靳德茂墓道出土陶俑》，《中原文物》2008 年第 1 期。
⑦ 洛阳地区文化局文物科：《三门峡上村岭发现元代墓葬》，《考古》1985 年第 11 期。
⑧ 洛阳市第二文物工作队：《洛阳道北元墓发掘简报》，《文物》1999 年第 2 期。
⑨ 河南省博物馆：《河南焦作金墓发掘简报》，《文物》1979 年第 8 期。
⑩ 洛阳市博物馆：《洛阳元王述墓清理记》，《考古》1979 年第 6 期。

至正廿五年（1365 年）赛因赤答忽墓①。除上述信息较为完整的墓葬外，河南地区还发现了部分碑志石刻材料，如焦作李封村许衡、许衎和许师义的神道碑与石墓志②。

5. 山东地区

山东地区蒙元墓葬的考古发掘与调查工作开展相对较晚，大致起始于 20 世纪 70 年代中期。1974 年和 1975 年邹县（今邹城）和嘉祥先后发现了两座有碑志的元代墓葬，分别为至顺元年（1330 年）曹元用墓③和至正十年（1350 年）李裕庵墓④，从而拉开了山东蒙元墓葬考古发掘的序幕；1989 年，济宁地区又发现了与上述两墓相似的泰定二年（1325 年）品官张楷夫妇墓⑤。这三处墓葬均有明确墓主身份和纪年材料，部分墓志可与正史记载相互补证，是研究当地元代墓葬文化与社会历史的重要材料。然而，这批墓葬仅可反映以济宁为中心的鲁西南地区的墓葬面貌，而山东元墓的全面发掘与资料刊布实际启自 20 世纪 80 年代末。1988 年，济南市柴油机厂工地发现了一座元代砖雕壁画墓⑥，这种壁面装饰繁复的穹隆顶砖室墓是山东宋金墓葬的常见类型，也是当地元墓样制的主流。1988 年至今，当地考古机构以济南、章丘和淄博为中心先后发现了数量可观的带壁面装饰的砖石室墓，并于 90 年代以降陆续刊布了发掘简报和文物简讯⑦。这批墓葬以圆形或方形单室墓居多，还出现了多室

---

① 洛阳市铁路北站编组站联合考古发掘队：《元赛因赤答忽墓的发掘》，《文物》1996 年第 2 期。

② 许衡神道碑的材料详见郭建设等：《许衡神道碑述考》，《中原文物》2006 年第 4 期。其弟许衎和许衎之子许师义的石墓志材料见刊于索全星：《焦作市出土二合元代墓志略考》，《文物》1996 年第 3 期；索全星：《许衎、许师义墓志跋》，《华夏考古》1995 年第 4 期。

③ 山东省济宁地区文物局：《山东嘉祥县元代曹元用墓清理简报》，《考古》1983 年第 9 期。

④ 邹县文物保管所：《邹县元代李裕庵墓清理简报》，《文物》1978 年第 4 期。

⑤ 济宁市博物馆：《山东济宁发现两座元代墓葬》，《考古》1994 年第 9 期。

⑥ 济南市文物局文物处：《济南柴油机厂元代砖雕壁画墓》，《文物》1992 年第 2 期。

⑦ 济南市文化局等：《济南近年发现的元代砖雕壁画墓》，《文物》1992 年第 2 期；何洪源：《济南市一座元代壁画墓整体迁移成功》，《中国文物报》1992 年 7 月 19 日第 2 版；济青公路文物考古队绣惠分队：《章丘女郎山宋金元明壁画墓的发掘》，《济青高级公路章丘工段考古发掘报告集》，济南：齐鲁书社，1993 年，第 179 ~ 201 页；章丘县博物馆：《山东章丘青野元代壁画墓清理简报》，《华夏考古》1999 年第 4 期；许淑珍：《山东淄博市临淄宋金壁画墓》，《华夏考古》2003 年第 1 期；济南市考古研究所：《济南市司里街元代砖雕壁画墓》，《文物》2004 年第 3 期；刘善沂、王惠明：《济南市历城区宋元壁画墓》，《文物》2005 年第 1 期；山东省文物考古研究所等：《山东临淄大武村元墓发掘简报》，《文物》2005 年第 11 期；刘善沂：《山东长清、平阴元代石刻壁画墓》，《文物》2008 年第 2 期。

砖室墓，应为当地元墓在蒙元阶段的新特点。

上述砖雕（或石刻）壁画墓之外，山东地区还发现了一批简单砖石室墓，主要集中在长清、章丘、沂水和昌乐地区。其中昌乐墓例最多，先后共发现石室墓 20 余座①。这些墓葬既有与砖雕壁画墓相似的穹隆顶结构，也有与济宁地区相似的长方形椁室。

此外，山东地区近年还发现了一类特殊的石塔墓，集中分布在胶东半岛。可惜的是，因石塔部分暴露于地表，此类墓葬大多损毁严重。目前经过系统发掘且刊布简报的以烟台牟平北头村墓群为代表②，而栖霞京甲村、蓬莱龙山店、荣成夏庄镇等地的材料仍待详细发表。2007 年，考古人员在荣成宁津乡发现了一批石塔墓，并于同年召开"威海市崮头集墓地发掘成果鉴定及新闻发布会"。除正式的考古调查与发掘，当地文博机构也通过采集与征集的方式掌握了部分墓塔构件和题记文字材料。

6. 陕西和甘肃地区

包括陕西和甘肃在内的关陇元墓考古工作兴发于 20 世纪 50 年代，当时在西安地区发现了两座随葬成套陶明器的元代纪年墓葬，分别为曲江池至元三年（1266 年）段继荣墓③和玉祥门外大德以降墓④。在随后的考古工作中，此类墓葬在陕西境内洛水和渭水流域大量发现，尤以西安地区最为集中，陆续刊布了东郊十里堡墓⑤、电子城泰定年间墓⑥、至正四年（1344 年）刘义世墓⑦、南郊山门口墓⑧、刘黑马家族墓群⑨、潘家庄墓群⑩、皇了坡皇庆二年（1313 年）武敬墓⑪、武宗朝王世英墓⑫、北

---

① 昌乐县文物管理所：《山东昌乐东山王元代墓葬清理简报》，《考古》1995 年第 9 期。

② 林仙庭等：《山东牟平县北头墓群清理与调查》，《考古》1997 年第 3 期。

③ 陕西省文物管理委员会：《西安曲江池西村元墓清理简报》，《文物参考资料》1958 年第 6 期。

④ 陕西省文管会：《西安玉祥门外元代砖墓清理简报》，《文物参考资料》1956 年第 1 期。

⑤ 网络资源 http：//www.wenwu.gov.cn/ShowArticle.aspx? ArticleID = 3069。

⑥ 翟春玲等：《西安电子城出土元代文物》，《文博》2002 年第 5 期。

⑦ 刘安利：《西安东郊元刘义世墓清理简报》，《文博》1985 年第 4 期。

⑧ 王九刚等：《西安南郊山门口元墓清理简报》，《考古与文物》2006 年第 2 期。

⑨ 陕西省考古研究院：《西安南郊大朝刘黑马墓发掘简报》，《考古与文物》2015 年第 4 期；陕西省考古研究院：《元代刘黑马家族墓发掘报告》，北京：文物出版社，2018 年。

⑩ 西安市文物保护考古所：《西安南郊潘家庄元墓发掘简报》，《文物》2012 年第 10 期。

⑪ 陕西省考古研究院：《西安南郊皇子坡村元代墓葬发掘简报》，《考古与文物》2014 年第 3 期。

⑫ 西安市文物保护研究所：《西安南郊元代王世英墓清理简报》，《文物》2008 年第 6 期。

郊红庙坡墓①、曲江孟村墓②和缪家寨元贞元年（1295 年）袁贵安墓③、张弘毅夫妇墓④、泰定二年（1325 年）李新昭墓⑤，此外还有宝鸡市大修厂墓⑥、户县至大元年（1308 年）贺仁杰墓和泰定四年（1327 年）重葬的贺胜墓⑦，以及兴平县砖雕墓⑧。洛水沿岸的蒙元墓发现较少，目前仅见洛川潘窑科村墓⑨和延安虎头峁墓⑩两例。1972～1979 年，在渭水之源附近的甘肃漳县地区发现了陇右军政世家汪世显家族墓地，目前调查和发掘的墓葬共计 27 座，年代上涵盖了从蒙古时期到明代后期的数百年，自海迷失癸卯年（1243 年）一直延续到万历丙辰年（1616 年）⑪。

　　除上述随葬有成套陶明器的墓葬类型外，关陇地区所见蒙元墓例还包括少数砖雕壁画墓，如长安凤栖原砖雕墓⑫、榆林横山罗圪台壁画墓⑬、榆阳鱼河峁⑭、西安韩森寨壁画墓⑮和蒲城洞耳村壁画墓⑯。

　　综括以上考古发现可见，一方面，中原北方地区蒙元墓葬的材料已有一定积累，能初步反映出蒙元墓葬的大体时代特征与发展阶段，也可基本辨明区域间墓葬面貌的差别。另一方面，整体而言，蒙元墓葬资料相较于宋、辽、金墓仍显薄弱，部分时段特征与区域面貌还存在缺环；相当一部分墓葬保存情况欠佳，无法提供包括墓

---

①　卢桂兰等：《西安北郊红庙坡元墓出土一批文物》，《文博》1986 年第 3 期。

②　陕西省考古研究院：《西安市曲江乡孟村元墓清理简报》，《考古与文物》2006 年第 2 期。

③　西安市文物考古保护研究院：《西安曲江缪家寨元代袁贵安墓发掘简报》，《文物》2016 年第 7 期。

④　西安市文物保护考古研究院：《西安曲江元代张达夫及其夫人墓发掘简报》，《文物》2013 年第 12 期。

⑤　马志祥等：《西安曲江元李新昭墓》，《文博》1988 年第 2 期。

⑥　刘宝爱等：《陕西宝鸡元墓》，《文物》1992 年第 2 期。

⑦　咸阳地区文管会：《陕西户县贺氏墓出土大量元代俑》，《文物》1979 年第 4 期。

⑧　陕西省文物管理委员会：《陕西兴平县西郊清理宋墓一座》，《文物》1959 年第 2 期。

⑨　洛川县博物馆：《陕西洛川县潘窑科村宋墓清理简报》，《考古与文物》2004 年第 4 期。

⑩　延安市文化文物局：《延安虎头峁元代墓葬清理简报》，《文博》1990 年第 2 期。

⑪　甘肃省博物馆等：《甘肃漳县元代汪世显家族墓葬》，《文物》1982 年第 2 期；甘肃省博物馆：《汪世显家族墓出土文物研究》，兰州：甘肃人民美术出版社，2017 年。

⑫　袁长江：《长安凤栖原元墓建筑结构》，《文博》1985 年第 2 期。

⑬　陕西省考古研究院等：《陕西横山罗圪台村元代壁画墓发掘简报》，《考古与文物》2016 年第 5 期。

⑭　姬翔月：《陕西榆林发现的元代壁画》，《文博》2011 年第 6 期。

⑮　西安市文物保护考古所：《西安韩森寨元代壁画墓》，北京：文物出版社，2004 年。

⑯　陕西省考古研究所：《山西蒲城洞耳村元代壁画墓》，《考古与文物》2000 年第 1 期。

室结构、葬制葬式和随葬品在内的完整信息。此外，这些墓葬的刊布情况也不甚完善：由于蒙元墓葬的发掘工作起步较晚，发掘整理人员对墓葬面貌的把握相对不足，在年代推定上时有错判；简报体例也有待规范，许多重要信息并未得到全面记录与呈现，随葬品与壁面装饰的空间位置不够明晰；大量涵盖重要信息的图片资料亦未能有效刊布；还有相当一部分考古调查、发掘的墓葬材料迟迟未见报道。综上所述，中原北方地区蒙元墓葬的材料已经有初步积累，但相关资料及时、规范的刊布工作仍是当务之急。

（二）研究回顾

墓葬资料刊布的局限性一定程度上制约了考古学研究的发展；但学界已在整理既有资料的基础上，从不同层面尝试探讨蒙元时期中原北方地区丧葬文化区域面貌与阶段特点；与此同时，壁面装饰、葬制葬式和随葬品组合等论题的讨论激发着考古学者对族属文化、政治变迁、人群流动和物质生活等问题的兴趣。此外，历史学、民族学、民俗学和文献学领域开展的相关研究也为元墓的考古学研究提供了重要的参佐线索与研究视角；故本文在研究史的回顾中也将这部分成果一并总结。综合来看，前贤珠玉主要集中在墓葬材料的综合介绍与梳理、小区域的墓葬面貌总结、墓壁装饰的探讨、丧葬和祭祀礼俗的研究、墓葬年代的辨析、出土随葬品的考察、墓葬族属的界定、人群与社会问题的管窥以及墓葬出土文字材料的识读考证等诸多方面。

1. 长时段、大范围的综合梳理

从 20 世纪 80 年代至今，已有考古学者系统收集墓葬材料，并依照行政区划对不同省区的蒙元墓葬进行了相对全面的介绍，总结出各地墓葬的文化面貌和发展趋势。徐苹芳在综合梳理考古学资料的基础上，以忽必烈改国号元的 1271 年为界，将蒙元墓葬划分为大蒙古国时期和元朝时期两大发展阶段①。秦大树在蒙元墓葬发掘材料日益扩展的基础上，对南北方的蒙元墓葬进行了总括研究，构建起蒙元墓葬发现和研究的基本构架。他也将蒙元墓葬分作大蒙古国和元朝两个大的发展时段，又以仁宗朝为界，将元朝阶段的墓葬细分出早晚两期，并将淮水以北的广大区域按墓葬面貌

---

① 徐苹芳：《金元墓葬的研究》，《新中国的考古发现与研究》，北京：文物出版社，1984 年，第 605 ~ 609 页。

分为长城南北两大墓葬文化区①。董新林进一步细化梳理了蒙元墓葬的考古学发现史和研究史，系统概括了蒙元墓葬发掘和研究的阶段发展特征，较为全面地回顾了蒙元墓葬研究成果，尤其对北方蒙元墓的不同族属类型及时代特征有精当分析②。

2. 以区域面貌为视角的研究

随着考古材料的积累，部分学者开始尝试归纳各地区蒙元墓葬的区域面貌与文化特征。谢明良以墓葬出土陶器为观察点，将北方地区的蒙元墓葬分作三个各具特色的区域文化圈，提出跨越今陕甘两省的部分地区曾存在着一股模仿《三礼图》礼器以为随葬仪物的风潮；洛阳元墓随葬的仿古陶器采用了重修《宣和博古图》的系统；而大都周边的区域文化传统则是随葬一套小型生活用陶器③。秦大树就山东地区墓葬面貌与冀、豫两地的关系问题做过分析，划分出济南、章丘和胶东这三个面貌有别的小区域墓葬传统④。近年来，更多学者以区域研究的视角陆续整合了北京、山西、山东等地的蒙元墓葬材料，对系统勾勒各区墓葬的类型特点及壁面装饰格局多有推进⑤。

3. 以壁面装饰为中心的研究

蒙元墓葬中丰富的砖雕和壁画装饰从不同侧面反映了族属、社会和文化面貌。对蒙元墓葬装饰的研究既有提纲挈领的总论探讨，也有不同专题的个例研究；基于中国考古学浓厚的史学背景，不少学者在图像与文本、图史互证的讨论中多有建树，

---

① 秦大树：《宋元明考古》，北京：文物出版社，2004 年，第 225～253 页。
② 董新林：《中国古代陵墓考古研究》，福州：福建人民出版社，2005 年，第 267～271 页。董新林：《北方地区蒙元墓葬初探》，《考古》2015 年第 9 期。
③ 谢明良：《北方部分地区元墓出土陶器的区域性观察——从漳县汪世显家族墓出土陶器谈起》，《故宫学术季刊》第十九卷第四期，2002 年，第 143～168 页；该文后收录于谢明良：《中国陶瓷史论集》，台北：允晨文化实业股份有限公司，2007 年，第 149～171 页。
④ 山东省文物考古研究所等：《山东临淄大武村元墓发掘简报》，《文物》2005 年第 11 期。
⑤ 宋蓉、罗斌：《北京地区蒙元墓葬研究》，《边疆考古研究》第 20 辑，北京：科学出版社，2016 年，第 341～354 页。苗轶飞：《山西发现蒙元墓葬的分区与分期》，《文博》2017 年第 2 期；郭智勇：《山西地区元代壁画墓葬的考古学研究》，《史学志刊》2015 年第 3 期；王进先：《长治宋金元墓室建筑艺术研究》，北京：文物出版社，2015 年。李树国：《内蒙古地区蒙元时期墓葬的初步研究》，内蒙古大学硕士学位论文，2011 年。侯新佳：《试析山东元代砖雕壁画墓》，《洛阳理工学院学报（社会科学版）》2008 年第 23 卷第 1 期。袁泉：《继承与变革：山东地区元代墓葬区域与阶段特征考》，《考古与文物》2015 年第 1 期；袁泉：《略论"洛渭"流域蒙元墓葬的区域与时代特征》，《华夏考古》2013 年第 3 期。

展开视角广泛的社会文化史探讨，分别涵盖了孝行题材的分析、族属面貌的界定、物质文化的复原和伎乐杂剧的研究等方面。

　　其中对蒙元墓葬壁画的综合研究始自 20 世纪 80 年代末。在《中国美术全集》的编纂中，即将墓室壁画纳入整个中国绘画史的体系[1]。21 世纪以来，这种综合性研究的展开更为深入，考古学、艺术史、思想史等诸多学者从各自的学科体系与观察视角分别展开图像解读[2]。随着考古材料的不断积累，蒙元壁画墓的综合研究也较多出现于高校学位论文的选题中，在墓葬装饰的题材分类、地域分布和时段特点上均有不同程度的推进。在此基础上，蒙元墓葬装饰的基本体系逐步确立[3]。

　　综合研究之外，学界亦从不同视域关注墓壁装饰体现的丧祭功能、制作传统及社会文化。邓菲、袁泉、洪知希等着力于墓葬装饰题材与空间功能的研析[4]。杨哲峰[5]和申云艳[6]从元墓壁画入手，论及蒙元社会饮茶、饮酒的风俗与流行器用。黄雪

① 李红：《宋辽金元时期的墓室壁画》，《中国美术全集·绘画编》卷 12，《墓室壁画》，北京：文物出版社，1989 年，第 35～50 页。

② 罗世平、廖旸：《古代壁画墓》，北京：文物出版社，2005 年，第 220～237 页。董新林：《蒙元时期墓葬壁画题材及其相关问题》，《二十一世纪的中国考古学——庆祝佟柱臣先生 85 岁华诞学术文集》，北京：文物出版社，2006 年，第 856～885 页。董新林：《蒙元壁画墓的时代特征初探——兼论登封王上等壁画墓的年代》，《美术研究》2013 年第 4 期。上海博物馆：《壁上观：细读山西古代壁画》，北京：北京大学出版社，2017 年。

③ 李敏行：《元代墓葬装饰艺术》，南开大学博士学位论文，2007 年；王博：《蒙元时期墓葬壁画题材与布局浅析》，吉林大学硕士学位论文，2005 年。

④ 邓菲：《"香积厨"与"茶酒位"——谈宋金元砖雕壁画墓中的礼仪空间》，《艺术史研究》第 14 辑，广州：中山大学出版社，2013 年，第 465～497 页；邓菲：《山川悠远——论元代墓葬中的山水图像》，《美术学报》2016 年 6 期；洪知希：《"恒在"中的葬仪：宋元时期中原墓葬的礼仪时间》，《古代墓葬美术研究》第三辑，长沙：湖南美术出版社，2015 年，第 196～226 页。薛豫晓：《宋辽金元墓葬中"开芳宴"图像研究》，四川大学硕士学位论文，2007 年。袁泉：《蒙元墓葬场景营造与空间功能刍议》，《文物、文献与文化：历史考古青年论集》第一辑，上海：上海古籍出版社，2017 年，第 78～122 页；袁泉：《死生之间：小议蒙元时期墓葬营造中的阴阳互动》，《古代墓葬美术研究》第四辑，长沙：湖南美术出版社，2017 年，第 277～297 页；袁泉：《物与像：元墓壁面装饰与随葬品共同营造的墓室空间》，《故宫博物院院刊》2013 年第 2 期；袁泉：《从墓葬中的茶酒题材看元代丧祭文化》，《边疆考古研究》第 6 辑，北京：科学出版社，2007 年，第 329～349 页。

⑤ 杨哲峰：《从蒲城元墓壁画看元代匜的用途》，《中原文物》1999 年第 4 期。

⑥ 申云艳等：《从元代墓室壁画看元代饮茶风尚》，《故宫文物月刊》1998 年第十五卷第十一期，总第 179 期。

寅①、刘恒武②和霍宇红③等人则以壁画人物的蒙古衣冠为研究对象，尝试复原当时蒙古族服饰的式样与图案装饰。王玉冬、郑岩、刘未、邓菲等从技术美术史的角度，将宋元墓葬壁面装饰的观察视域拓展到制作传统及工匠系统④。同时，孝行题材、伎乐表演图像和墓壁堂款也引起了学界的重视⑤。亦有学者通过多种墓葬装饰题材的统合梳理，试图从不同维度观察蒙元时期的社会文化与生活面貌⑥。

4. 对墓葬年代的重新考辨

各地考古单位在发表蒙元墓葬简报时，多根据文字材料、墓葬结构、墓壁装饰和随葬品面貌对墓葬所属的时段做出界定。然而，由于宋元时期墓葬面貌的连贯性，当缺乏确切纪年材料的时候，通过与已有纪年墓对比来断代往往容易出现偏差；加之蒙元墓葬考古资料相对不足难以提供充分参比样本，发掘整理人员对蒙元墓葬面貌很难建立系统认知和准确把握，误将其判为宋、辽、金墓的情况并不鲜见，对蒙元时期墓葬早晚阶段的判定也有不确之处。一些学者已经关注到这一问题，并通过墓葬文化因素的细致对比和梳理，对年代误读的蒙元墓葬进行重新考辨。冯恩学通过壁画人物形象，将原定为辽墓的北京斋堂壁画墓勘定为元代墓葬⑦；孙传贤则从伎乐砖俑的服饰风格和乐器特征入手，认为原定为金墓的焦作西冯封砖雕墓实应属蒙

---

① 黄雪寅：《13～14 世纪蒙古族衣冠服饰的图案艺术》，《内蒙古文物考古》1999 年第 2 期。

② 刘恒武：《蒲城元墓壁画琐议》，《考古与文物》2000 年第 1 期。

③ 霍宇红等：《赤峰元墓壁画人物服饰研究》，《内蒙古文物考古》2001 年第 2 期。

④ 邓菲：《试析宋金时期砖雕壁画墓的营建工艺——从洛阳关林庙宋墓谈起》，《考古与文物》2015 年第 1 期。王玉冬：《蒙元时期墓室的"装饰化"趋势与中国古代壁画墓的衰落》，《美术学报》2012 年第 4 期。郑岩：《夕阳西下——读兴县红峪村元代武庆夫妇墓壁画札记》，《古代墓葬美术研究》第三辑，长沙：湖南美术出版社，2015 年，第 253～272 页。刘未：《门窗、桌椅及其他——宋元砖雕壁画墓的模式与传统》，《古代墓葬美术研究》第三辑，长沙：湖南美术出版社，2015 年，第 227～252 页。

⑤ 徐苹芳：《关于宋德芳和潘德冲墓的几个问题》，《考古》1960 年第 8 期；廖奔：《宋金元仿木结构砖雕墓及其乐舞装饰》，《文物》2000 年第 5 期；刘未：《尉氏元代壁画墓札记》，《故宫博物院院刊》2007 年第 3 期。赵冉：《宋元墓葬中榜题、题记研究》，《南方文物》2012 年第 1 期。

⑥ 杨艳秋等：《浅析赤峰元墓壁画所揭示的蒙古贵族生活习惯》，《中国北方古代文化国际学术研讨会论文集》，北京：中国文史出版社，1995 年，第 259～264 页；叶新民：《从内蒙古地区的石雕像和壁画看元代社会生活》，《元史论丛》第 7 辑，南昌：江西教育出版社，1999 年，第 173～179 页。

⑦ 冯恩学：《北京斋堂壁画墓的时代》，《北方元墓》1997 年第 4 期。

元时期①；谢明良则将石家庄史氏家族墓的出土瓷器与沉船、窖藏和窑址中的纪年材料相互比定，提出原简报中除了 M4 史杠墓外，其他墓葬的年代推断均不准确②；刘未通过对墓门堂款和孝行图像时代特点的归纳，勘定河南尉氏壁面墓应为元代后期墓例③；董新林在总结蒙元壁画墓时代特征的基础上，判定登封王上壁画墓、焦作老万庄壁画墓、闻喜寺底壁画墓、长治李村沟壁画墓、北京斋堂壁画墓及怀安下王屯壁画墓的年代均应为元代④。

5. 以出土随葬品为中心的研究

蒙元时期中原北方墓葬中的随葬品面貌多样，当前学界主要以陶瓷器、金属器和纺织品为对象展开研究。其中既有产地、工艺和区域手工业面貌的分析⑤，也有考订源流的名物研究⑥和探察葬俗仪制的考古观察⑦，亦包括以随葬器用管窥礼制建设的探讨⑧。

6. 以族属文化为关注点的研究

蒙元时期是一个民族融合的时代，这种文化交互也体现在墓葬面貌中。相应的考古学研究主要体现在墓葬文化特征的辨析和墓主族属的判定上。林梅村从墓葬材料入手，对读蒙古历史传说、突厥碑铭和正史，探讨了蒙古民族在中世纪形成和勃

① 孙传贤：《焦作市西冯封村雕砖墓几个有关问题的探讨》，《中原文物》1983 年第 1 期。
② 谢明良：《对史天泽墓的一点意见——兼评〈石家庄后太保村史氏家族墓发掘报告〉》，载谢明良：《中国陶瓷史论集》，第 191～214 页。
③ 刘未：《尉氏元代壁画墓札记》，《故宫博物院院刊》2007 年第 3 期。
④ 董新林：《北方地区蒙元墓葬初探》，《考古》2015 年第 9 期；董新林：《蒙元壁画墓的时代特征初探——兼论登封王上等壁画墓的年代》，《美术研究》2013 年第 4 期。
⑤ 孙武等：《元代刘逵墓出土的几件瓷器》，《收藏界》2002 年第 1 期；孟耀虎：《元代刘用墓出土器物》，《文物世界》2002 年第 5 期；张景明等：《内蒙古地区蒙元时期金银器》，《内蒙古文物考古》1999 年第 2 期；王轩：《谈李裕庵墓中的几件刺绣衣物》，《文物》1978 年第 4 期；彭善国：《内蒙古地区出土的元代瓷器及相关问题》，《内蒙古社会科学（汉文版）》2006 年第 27 卷第 2 期。
⑥ 扬之水：《元代金银酒器中的马盂和马勺》，《中国历史文物》2008 年第 3 期；扬之水：《古器丛考三则》，《东方美术》1997 年第 3 期。
⑦ 杨洁：《陕西关中蒙元墓葬出土陶俑的组合关系及相关问题》，《考古与文物》2015 年第 4 期；杨洁：《陕西地区出土蒙元陶俑类型分析》，《文博》2013 年第 5 期。
⑧ 李零：《铄古铸今——考古发现和复古艺术》，香港：香港中文大学出版社，2005 年，第 58～65 页。袁泉：《稽古作新：宋以降鼎形容器的社会功能与文化内涵》，《鼎盛中华——中国鼎文化》，郑州：大象出版社，2013 年，第 274～311 页。《何得精舍贮芳条：宋元陶瓷花瓶考》，《装饰》2016 年第 4 期。

兴的四个阶段，尤其对蒙古贵族墓和成吉思汗陵有独到的见解①；纳旺②和王大方③
根据蒙古国和内蒙古地区发现的墓葬材料，总结出蒙古人墓葬的典型特点；魏坚通
过对墓葬形制、随葬品面貌和葬制葬式的综合考虑，对元上都周边墓群的族属问题
详加界定④。这些工作均为中原北方地区其他墓葬材料的族属文化研究确立了可信的
参照标准。另一方面，目前学界在判定蒙元壁画墓族属时，多借助墓壁图像中的人
物形象。其中内蒙古、辽西和陕西发现的 6 座蒙元壁画墓因明确表现了蒙古衣冠的
人物形象，在墓主身份推定上引发了争论⑤。事实上，仅据墓壁图像中的人物形象和
场景来断言墓主族属难免失于片面，而应综合考量壁面装饰、出土文物、葬具葬式
等多种丧葬因素，并可与历史学研究"互文"。

　　当前蒙元时期族属文化的研究热点之一，为蒙汉文化面貌的相互影响，如台湾
学者萧启庆、民族大学学者那木吉拉和南开大学学者李治安等。萧启庆援引文献，
对蒙元时期蒙古人取"汉名"的不同形式详加探讨，认为蒙人汉名多归于文化动因，
而汉人采用蒙名悉出于政治诱因；进而指出，采用汉文字号和全套汉文姓名明显受
到汉人精英阶层所谓"大传统"的影响，而取用通俗名字则是受到民间通俗市井文
化"小传统"的影响⑥。那木吉拉对汉人采用蒙古名的政治文化动因及使用人群展开
研究，提出使用汉蒙合璧名字或汉蒙姓名兼备的人群代表了蒙元时期一类特殊的汉
人群体，他们身上蒙汉文化并存，民族转化尚未实现，反映出"半化不化、融而未
化"的状态。这一结论准确概括出了辽金故地部分汉人的蒙古化特点，很有创见⑦。
李治安则进一步考订了蒙元时期汉姓、蒙名这类拼合类名字的使用群体，认为这一
人群更多的是降蒙的军政官员、宿卫、封地私属和中下级官吏，尤其以燕云之地的

---

① 林梅村：《松漠之间——从额尔古纳河山林到成吉思汗的崛起》，《暨南史学》第一辑，广州：暨南大
　　学出版社，2003 年，第 124～146 页。
② 纳旺著，金柱译：《关于中世纪蒙古人的丧葬习俗》，《蒙古学资料与情报》1988 年第 2 期，后收录于
　　叶新民等编：《元上都研究文集》，北京：中央民族大学出版社，2003 年，第 516～522 页。
③ 王大方：《蒙古国蒙元时期蒙古人墓葬的特点》，《内蒙古文物考古》2001 年第 1 期。
④ 魏坚：《元上都》，第 328～681 页。
⑤ 张晓东：《蒙元时期的蒙古人墓葬》，吉林大学硕士学位论文，2005 年。
⑥ 萧启庆：《论元代蒙古人之汉化》，载《内北国而外中国：蒙元史研究》，北京：中华书局，2007 年，
　　第 686 页。
⑦ 那木吉拉：《元代汉人蒙古姓名考》，《中央民族学院学报》1992 年第 2 期。

契丹、女真人居多①。这些分析和论点，为考古学研究判定蒙元墓葬族属提供了新的研究思路，推进了相关研究的开展②。

　　7. 以葬祭仪俗为主题的研究

　　考古学者对这一问题的探讨尚未真正展开，现有的研究多以壁画图像和墓葬地面建筑为研究切入点。王大方等人以百眼窑石窟壁画中蒙古贵族葬礼所用棺木形制入手，结合明人叶子奇《草木子》的记载，认为三箍圈定的人形木棺是蒙古人的传统葬具③。魏坚提出元上都砧子山西区墓群中的多重地面墓茔建筑是对生前居住院落形态的模仿；同时在元上都汉人墓葬中，墓茔也作为划定统一家族墓葬范围的地表标志而存在④。董新林主持的徐水西黑山金元墓地发掘工作特别重视地表建筑的清理与刊布，并根据这批墓地石祭台的大量发现推测出当地金元时期墓祭风俗的流行⑤。

　　另一方面，历史学、民俗学和古代文学的研究者也纷纷从不同领域对蒙元时期葬祭文化展开探讨，论题范围更广，研究手段也相对多样。其中既有通过文献考证蒙元葬制⑥和墓地买卖⑦问题的历史学研究，也有从元杂剧丧祭场景描述入手的古代文献论题⑧。

① 李治安：《元代汉人蒙古化考述》，载陈洪、李治安编：《元代华北地区研究——兼论汉人的华夷观念》，天津：南开大学出版社，2008 年，第 305 ~ 314 页。
② 董新林：《北方地区蒙元墓葬初探》，第 114 ~ 120 页。葛承雍：《蒙元时代胡人形象俑研究》，《文物》2014 年第 10 期。袁泉：《政治动因下的"蒙古衣冠"：赤峰周边蒙元壁画墓的再思》，《边疆考古研究》第 12 辑，第 341 ~ 355 页。
③ 王大方：《百眼窑石窟的营建年代及壁画主要内容初论——兼述成吉思汗在百眼窑地区之活动》，《内蒙古文物考古文集》第一辑，第 566 ~ 578 页。
④ 内蒙古文物考古研究所等：《元上都城址东南砧子山西区墓葬发掘简报》，《文物》2001 年第 9 期。
⑤ 南水北调中线干线工程建设管理局等：《徐水西黑山：金元时期墓地发掘报告》，北京：文物出版社，2007 年。
⑥ 瞿大风：《元朝统治下的山西地区》，南开大学博士学位论文，2003 年；蔡志纯：《元代"烧饭"之礼研究》，《史学月刊》1984 年第 1 期；高荣盛：《元代祭礼三题》，《南京大学学报（哲学·人文社会版）》2000 年第 6 期；额尔德木图：《论元代蒙古族丧葬风俗》，《内蒙古民族大学学报（社会科学版）》2001 年第 27 卷第 1 期。
⑦ 中岛乐章探讨了自唐至清代的墓地买卖禁止令，指出到明代为止，根据情节轻重，买卖墓地者会受到处罚；但进入清代，对这种买卖的行为，则以条例的形式确定了下来（［日］中岛乐章：《墓地不能出售吗?》，九州大学：《东洋史论集》第 32 辑，2004 年）。
⑧ 周玲：《从元剧〈生死交范张鸡黍〉看古丧葬习俗及其他》，《艺术百家》2004 年第 3 期；罗斯宁：《元杂剧的鬼魂戏和元代的祭祀习俗》，《中山大学学报（社会科学版）》2003 年第 3 期；张连举：《元杂剧中的丧葬文化》，《宁夏社会科学》2006 年第 2 期。

8. 以人群与地方社会为中心的研究

考古学者对这一问题的研究主要建立在碑志材料识读的基础上，通过对地表墓碑及墓室内志石、题记信息的整理，管窥墓主及家族群体的身份①。与之相对，历史学者的讨论更成体系，研究主要关注汉人世侯②和儒士③这两类在蒙元历史舞台上发挥重要作用的特殊人群。其中史天泽和汪世显均为蒙元时期汉军世侯，而以许衡家族为代表，洛渭流域亦不乏儒士群体。历史学者对这两类特殊人群的研究，为我们解读相应墓葬的文化面貌提供了史学平台和讨论基础。

9. 出土碑志石刻史料的识读

鉴于中国历史时期考古学浓厚的历史文献学背景，通过对墓葬出土碑志材料的文字识读来与历史记载相互补证的工作一直为学者所重。蒙元墓葬碑文的文字识读和相应的史实研究也以汉军世侯和儒士群体为中心，集中在对漳县汪氏墓群④、石家庄史氏墓群⑤、元代大儒许衡家族墓⑥和窦默⑦家族墓以及洛阳赛因赤达忽墓⑧出土碑志文字材料的研究中。

---

① 赵琦：《河北省沽源县"梳妆楼"元蒙古贵族墓墓主考》，《中国史研究》2003 年第 2 期；雷焕芹等：《元初名臣刘秉忠家族墓冢考》，《邢台师范高专学报（综合版）》1996 年第 4 期。

② 汪小红：《元代巩昌汪氏家族研究》，兰州大学硕士学位论文，2007 年；赵文坦：《金元之际汉人世侯的兴起与政治动向》，《南开大学学报（人文社科版）》2000 年第 6 期；孙克宽：《蒙古帝国初期汉军的建制》，载《蒙古汉军与汉文化研究》，台北：文星书店，1958 年，第 1～5 页；梁太济：《关于金末元初的汉人地主武装问题》，南京大学历史系元史研究室编：《元史论集》，北京：人民出版社，1984 年，第 164～199 页；黄时鉴：《关于汉军万户设置的若干问题》，《元史论丛》第二辑，北京：中华书局，1983 年，第 43～52 页。

③ 赵琦：《大蒙古国时期的诸王与儒士》，《内蒙古大学学报（社会科学版）》2002 年第 2 期；[日]森田宪司：《元代知识分子与地域社会》，东京：汲古书院，2004 年。

④ 赵一兵：《元代巩昌汪世显家族墓葬出土墓志校释五则》，《内蒙古社会科学（汉文版）》2006 年第 27 卷第 2 期；吴景山：《元代汪世显家族碑志资料辑录》，《西北民族研究》1999 年第 1 期。

⑤ 孟繁峰：《谈新发现的史氏残谱及史氏元代墓群》，《文物春秋》1999 年第 1 期；孟繁峰，王会民：《关于史天泽家族墓群的几个问题》，《河北省考古文集》，北京：东方出版社，1998 年，第 499～504 页。

⑥ 郭建设等：《许衡神道碑述考》，《中原文物》2006 年第 4 期；索全星：《许衎、许师义墓志跋》，《华夏考古》1995 年第 4 期。

⑦ 王书明：《窦默和他的神道碑》，《文物春秋》1995 年第 3 期。

⑧ 崔树华：《读赛因赤达忽墓志所得》，《前沿》1994 年第 4 期。

　　综上，通过对 20 世纪中叶以来考古发现与研究历史的回顾，可知中原北方地区蒙元墓葬的考古材料虽然有待进一步丰富与完善，但既有资料已能大致反映出蒙元时期中原北方地区墓葬不同区域的文化面貌和前后相继的阶段特征；同时，墓主身份明确且有确切纪年的材料占有相当比例，涵盖了勋贵、官员、儒士和军政世家等不同的文化群体，可大致勾勒出蒙元时期中原北方地区复杂的人群面貌；而丰富的随葬品类型和多样的壁面装饰题材，则为我们进一步探讨墓葬仪制和葬祭传统提供了翔实的实物资料。另一方面，广视角、多学科的交互综合研究业已开展，研究者从考古学、历史学与民族学等专业视角，对墓葬材料进行了各有侧重的专题探讨：这些墓葬材料与研究工作的积累，均为进一步综合探讨的开展创造了可行条件。

　　与此相对，虽有学者对元墓的发现情况做过阶段性归纳，小区域的墓葬文化研究也日渐展开，但迄今为止，中原北方蒙元墓葬的时空框架尚未真正建立，以随葬品和墓壁装饰为基础对墓室空间场景的复原和葬祭文化的探讨也亟待深入。这些研究现状，均推促着大范围、长时段、多视角综合研究的进一步开展。在此基础上，系统建构中原北方地区蒙元墓葬纵横时空网络的考古学研究逐渐提上日程。

第一章 "汉地"的变迁：长城以北①和燕云地区的蒙元墓葬

金元嬗代之际，长城南北一线经历了复杂的政治演变。处于草原和农耕民族交接地带的燕山－长城沿线在这种动荡时局下，表现出族属与文化传统的多样性与交融性；也正是在这一时期，以幽云地区为基础，一个广义上的"汉人"群体和"汉地"概念始渐形成，并随时间推移在人群范畴和地域范围上日渐扩大。本章中讨论的汉地，不局限于燕云之地，而是包括了以赤峰为中心的内蒙古东南部、以朝阳为中心的辽宁西隅和以北京、大同为中心的晋冀北部地区②。

本章针对蒙元时期长城沿线地区"汉地"人群文化取向的复杂性，将其分为不同的文化群体来探讨：以赤峰周边的壁画墓和元上都附近的蒙汉墓群为中心，观察长城以北地区在蒙古文化冲击下蒙汉葬制面貌上的涵化；以大同为中心，结合冀北地区的材料，研究燕云地区在辽金元嬗代之际墓葬文化上的沿承与变革；以北京为中心，分析"石椁型"墓在蒙元时期汉人世侯与大都官员中的应用和演变；以冀中

---

① 本文所提到的长城，均为明长城。

② 这一地区以长城以南的燕云十六州为中心逐步向南北推进。燕云地区是辽统治下的"南区"，北界长城－燕山一线，南界白沟－雁门关－繁峙，与北宋相邻。包括今北京周围、河北东北部地区、以宣化为中心的河北与内蒙古交界地区以及以大同为中心的晋北地区，是辽政权治下最大的汉人聚居区，亦有"汉地"之名。至金代，则所谓"汉人"与"汉地"的界定皆有所扩展。赵翼《廿二史札记》中对金元之际"汉地"概念的变迁做出过精当评论："金、元取中原后，俱有汉人、南人之别：金则以先取辽地人为汉人，继取宋河南、山东人为南人；元则以先取金地人为汉人，继取南宋人为南人。"由是观之，则蒙元阶段的汉人群体，除传统意义上的汉民族外，也包括了契丹和女真；而此期所谓的"汉地"，则在辽"南区"的基础上，将内蒙古东南部和辽西地区也囊括进来。

为中心，探讨平民墓葬文化面貌上的保守性和滞后性。

第一节 以赤峰和上都为中心的蒙汉墓葬

金元之际，北方地区战乱频繁，南下的蒙古铁骑带来了强烈的文化冲击。作为北地草原和燕云汉地之间最为重要的过渡地带和文化中心，内蒙古东南部和辽西地区成为这种冲击最先波及和影响的地域。赤峰和凌源地区的蒙元壁画墓在沿承辽金旧制的基础上，出现了"蒙古化"倾向的新因素；而上都则作为蒙汉混居之地，集中体现出不同族属在葬制上的相互交融与文化互动。这一阶段该区域的墓葬文化，体现出沿革并济的复合面貌：蒙汉这两个文化群体在本持各自故俗的基础上，选择性吸收着对方的文化因素，并根据自身文化传统对其进行相应的变通，展现出墓葬文化面貌的交错与涵化。

一 以赤峰为中心的壁画墓

长城以北地区发现的蒙元壁画墓数量不多，但保存较好，是研究长城以北墓葬装饰题材和空间布局的重要资料。目前所见墓例主要分布于内蒙古东南部，尤以赤峰一带最为集中，元宝山[①]、沙子山[②]和三眼井[③]等地先后发现了四座壁画墓，另于翁牛特旗[④]和凉城后德胜[⑤]各发现一座墓葬。而辽金阶段壁画墓集中分布的朝阳地区，在蒙元时期则甚少发现此类墓葬，目前仅于辽西凌源发现一座彩绘石室墓[⑥]。长城以北地区所见蒙元壁画墓无论在墓室结构还是壁画内容上均有统一规制：墓室形制全为近方形砖石室墓，多数有阶梯式墓道，墓顶为穹隆顶。壁画内容也体现出固定的组合模式：以墓主人大妇并坐图或屏风、床榻为中心，左右两侧对称分布侍奉、

---

① 项春松：《内蒙古赤峰市元宝山元代壁画墓》，《文物》1983 年第 4 期。
② 刘冰：《内蒙古赤峰沙子山元代壁画墓》，《文物》1992 年第 2 期。
③ 项春松等：《内蒙昭盟赤峰三眼井元代壁画墓》，《文物》1982 年第 1 期。
④ 项春松等：《内蒙古翁牛特旗梧桐花元代壁画墓》，《北方文物》1992 年第 3 期。
⑤ 内蒙古自治区文化厅文物处等：《内蒙古凉城县后德胜元墓清理简报》，《文物》1994 年第 10 期。
⑥ 辽宁省博物馆等：《凌源富家屯元墓》，《文物》1985 年第 6 期。

游猎、宴乐和孝行题材，墓门内或甬道两侧多绘出门吏和出行图①。

今赤峰市的绝大部分地区，在蒙古帝国时期同属弘吉剌部特薛禅子孙的封地。公元 1214 年成吉思汗发布了敕封弘吉剌部特薛禅家族封地的诏旨：火忽的封地大致在今老哈河和西拉木伦河之间，包括今赤峰市的巴林左旗、巴林右旗、翁牛特旗的大部分地区；唆鲁火都的封地大致包括今赤峰市翁牛特旗南部和赤峰市松山区的部分地区。在这种历史背景和地缘文化下，赤峰周边的蒙元壁画墓很自然使人度测其与弘吉剌部特薛禅家族是否存在直接或间接的渊源关系。

也正是出于这种考虑，加之"蒙古衣冠"的人物壁画，这批墓葬材料自刊布以来，即被视为蒙元时期蒙古贵族或官员墓葬和蒙古人汉化的重要佐证，壁画中人物蒙古化的衣冠配饰，也成为研究蒙古族物质文化和民族传统的重要资料。无论是墓葬发掘者还是研究者，大都倾向于将这批墓葬所属人群划归为蒙古族。然而，综合考量墓室营建、壁画布局和出土器物，并参考同区辽金墓葬进行长时段观察，我们或许会对这批墓葬的族属问题有新的认知②。下文将综合勘考壁画布局、墓室结构、葬式葬具与器物组合对这批壁画墓进行系统梳理，并对其渊源传统和族属问题展开再思。

---

① 鉴于长城以北此类壁画墓并未发现确切的纪年材料，故将壁画布局、葬式葬具与墓室营构属于同一类的至元六年（1269 年）蒲城洞耳村壁画墓作为参考墓例放入此区研究；该墓虽然发现于陕西，但根据墓壁题记，墓主籍属宣化，这一地区历来与长城以北的赤峰与朝阳地区颇多渊源，墓葬传统和面貌极为相似；在辽金时期，作为沟通"北地"和"南区"的关键区域，宣化地区的墓葬文化上受辽金核心文化区影响很深，往往是燕云地区首批体现和传递畿内葬俗的特殊地区——综合考虑到这些因素，同时也出于引入纪年材料的必要性，本文将此墓纳入蒙元长城以北地区探讨。

② 辽金以来长城以北壁画墓的族属问题，历来是学界争论的焦点。越来越多的学者开始意识到，仅仅根据壁画中的人物形象和场景来断言其墓主族属难免片面，而应将壁面装饰、出土文物、葬具葬式等多种丧葬因素统合起来做一客观分析。目前此类族属研究的再思主要集中在辽墓研究中，如邵国田在整理相关几批壁画墓材料时，即对以往壁画墓族属的判定结论提出异议，认为"不能依据壁画来确定墓主的族属，应该依据出土文物、葬式来判断那些没有文字资料出土的墓之主人的族属。"（《内蒙古文物考古》曾在 1999 年第 1 期以专辑形式刊了敖汉旗地区发掘的一批辽墓材料，均由邵国田执笔撰写。这些简报分别为《敖汉旗羊山 1～3 号辽墓清理简报》《敖汉旗七家辽墓》《敖汉旗下湾子辽墓清理简报》《敖汉旗喇嘛沟辽代壁画墓》）刘未在辽北区壁画墓的讨论中也提出，契丹人和汉人在墓葬图像布局方面具有很多共同之处，所谓契丹民族特点的图像往往与反映汉族民族特点的图像混杂出现，并且从属于壁画总体布局。详见刘未：《辽代墓葬研究》，《汉学研究》2006 年第 24 卷第 1 期。

1. 墓壁装饰：传统模式下的局部变化

长城以北地区墓葬壁画在人物表现上具有明显的蒙古化风格，但并不能就此断言其墓主的蒙古族属。人物形象毕竟只是构成图像主题的"模件"，统属于一套完整的图像题材或场景。事实上，如果忽略人物衣饰装扮的细节，这些墓室图像无论是在整体布局还是内容题材上，均与同区辽金墓葬壁画一脉相承，是一个沿承有序的发展序列。鉴于赤峰与朝阳周边的金代壁画墓发现极少，我们或可援引 11 世纪晚期的辽代壁画墓资料作为补证，同时结合朝阳地区有限的金墓资料作为参比对象，探讨长城以北地区蒙元壁画墓的文化渊源。

赤峰、朝阳一带曾属于辽畿内地区，金代亦处于女真人统治核心，墓葬面貌上兼具汉人、女真和契丹等多元性文化传统。在经历了辽金时期不同族属的文化融合之后，墓葬壁画体现出融通南北的特点：在整体布局上借鉴了长城以南墓葬壁面装饰的表现形式，又在部分细节上体现出游牧民族特点；从地域传统看，该区与"山后"大同、宣化地区和"山前"北京地区的长城以南壁画墓多有交流。从壁画的内容与布局出发，可以将这一地区的辽金壁画墓划分为三大组别（表 1.1）。A 组基本不涉及游牧生活，不见驼车、行猎和备马等题材；整个壁面装饰以墓室后壁为中心，两侧对称表现进宴、乐舞等侍奉图像，尤以成组出现的备茶、备酒题材最为典型，墓门两侧和甬道则以门吏为主。这一组别又可细分为两小类：一类以墓室后壁的屏风床帐为中心（多作五扇），不见墓主形象，如辽墓中的七家 M2、下湾子 M5 和朝阳扶风马令墓；另一类墓室后壁表现屏风环绕的假门，右壁通常作一桌二椅或墓主坐像，如羊山 M1 和下湾子 M1。B 组在墓室后半部也通壁装饰屏风，但与 A 组不同的是，壁画内容存在明显表现游牧生活的图像，如驼车、备马与行猎题材，木头城子、滴水壶和喇嘛沟辽代壁画墓即属此类。C 组壁画和 A 组十分接近，从本质来说仍然是以多扇屏风为中心的布局模式，但孝行题材非常特殊，在燕山－长城南北一带比较少见①，代表墓例为宣化下八里 II 区的辽末壁画墓 M1②。

――――――――――

① 孝行题材是中原地区宋金墓的典型题材，冀南、河南、山东地区多装饰于斗拱间的拱眼壁中，而山西、关中地区多以砖雕嵌于四壁。与之相对，燕云地区和长城以北的墓葬中甚少见到此类题材。

② 张家口宣化区文物报告所等：《宣化下八里 II 区辽壁画墓考古发掘报告》，北京：文物出版社，2008 年，第 10～31 页。

表1.1　长城以北辽金壁画墓布局

组	墓葬名称	甬道左前壁左	左壁		后壁			右壁		甬道右前壁右
A1	七家 M2		备酒		屏风	屏风围榻	屏风		备茶	
	朝阳扶风马令墓	门吏	备酒		侍从	屏风围榻	侍从	备茶		门吏
	下湾子 M5		备茶		屏风	屏风	屏风		备酒	
A2	羊山 M1	门吏	备茶	奏乐	屏风	假门	屏风	墓主	备酒	门吏
	下湾子 M1	犬	门神	备酒	屏风	假门	屏风	墓主	门神	鸡
B	木头城子墓	备马	备饮	庖厨	屏风	屏风	屏风	家居	备饮	备驼
	滴水壶墓	出猎	备食	侍盥	屏风	屏风	屏风	侍奉	备食	出猎
	喇嘛沟墓		备酒	出猎	屏风	屏风	屏风	备马	庖厨	
C	下八里 Ⅱ区 M1	伎乐	侍女		孝行屏风			侍女		伎乐

将内蒙古东南与辽西发现的蒙元壁画墓列表分析，可看出以上三类辽金墓葬壁画的布局和题材在其后的蒙元墓葬中一一得以延用和发展（表1.2）。具有 A 组风格

表1.2　长城以北蒙元壁画墓布局

组	墓葬名称	甬道左前壁左	左壁		后壁			右壁		甬道右前壁右
A	赤峰沙子山壁画墓	门吏	备酒	屏风	屏风		屏风	屏风	备茶	门吏
	赤峰元宝山壁画墓	伎乐	备酒	屏风	男侍	夫妇并坐	女侍	屏风	备茶	伎乐
B	陕西蒲城壁画墓	放牧	树马	出猎	男侍	夫妇并坐	女侍	迎归	树马	车舆
	赤峰三眼井壁画墓	门吏	出猎	建筑	建筑	夫妇并坐	备酒	建筑	迎归	门吏
	凌源富家屯壁画墓	女侍	放牧	出猎	女侍	屏风床榻	女侍	宴乐	树马	女侍
C	凉城后德胜壁画墓	侍从	孝行		备茶	夫妇并坐	备酒	孝行		侍从
	翁牛特旗壁画墓	备饮	孝行		八宝			孝行		备饮

的蒙元墓例以沙子山和元宝山两墓为代表，辽金墓葬中后壁以假门为中心的情况不复存在，转为多扇通壁屏风或端坐于屏风前的墓主坐像；东西侧壁依然承袭旧制，对称表现茶酒进奉的场景；墓门和甬道描绘门吏和伎乐（图1.1）。需要指出的是，这两处墓葬壁画中屏风上所描绘的山居、行旅等隐逸题材，与长城以南大同冯道真墓和齿轮厂元墓完全一致；茶酒并进的表现题材也与晋北地区的同时代墓葬类同；同时沙子山墓壁上部以金乌和玉兔表现日月的图像细节也与晋北地区辽墓相同。这些现象说明赤峰地区的蒙元壁画墓既在时段上承袭了辽金旧制，又在地域上与晋北地区保持着密切的文化关联。

北壁：夫妇并坐图

北↑

西壁：备酒图

东壁：备茶图

墓门西侧：伎乐图

墓门东侧：伎乐图

图1.1　赤峰元宝山元墓壁画布局（采自《文物》1983年第4期，第45页，图版五、彩色插页）

B组墓葬的游牧题材在蒙元时期表现得更为充分，同时形式上也相对固定，以三眼井（图1.2）和富家屯元墓（图1.3）为代表（考虑到墓主籍贯带来的墓葬传统取向，也将蒲城壁画墓归入此组讨论），围绕着后壁的屏风围榻或墓主形象，东西侧壁均有行猎和备马题材，其中行猎题材固定表现为出猎前的进酒饯行和游猎归来的乐舞迎归，分列于左右侧壁，与之相配合的备马题材则统一表现为树下拴马场景①。

北壁：夫妇并坐图

西壁：出猎图

东壁：迎归图

图1.2　蒲城洞耳村元墓壁画布局（采自《考古与文物》2000年第1期，
封面、封二上、封底）

北壁：屏风围榻

东壁：树马宴乐

图1.3　凌源富家屯元墓壁画布局（采自《文物》1985年第6期，彩色插页）

---

① B组墓葬还有一尚未正式刊布的墓例：2001年在内蒙古自治区准格尔旗大路乡发现一座八角形砖室墓，每角砌有彩绘斗拱，墓顶为攒尖顶。墓壁四周绘有壁画，据新闻报道称，主要有"门神图""海东青攫兔图""仕女图"和"树下鞍马图"等。墨书题记，有"徐小""天门神"和"泰定三年六月初二日"等字样。门神图像和代表四时捺钵的海东青题材均是辽金时期北方墓葬中的代表性壁画，八角形的墓室结构也是金代燕云和长城以北的主要墓葬形制：据此可推知此墓墓主很可能为汉化的女真族。同时，树下鞍马题材是赤峰和凌源地区蒙元壁画墓壁面装饰的重要构成，在三眼井和富家屯壁画墓中均有发现，也见于蒲城洞耳村元墓中。准格尔旗大路乡这座八角形砖室墓的原始材料参见 http://www.taichie.com/feichang/ziye/94_htm/9.htm。

C 组墓葬以凉城后德胜和翁牛特旗两地发现的壁画墓为代表。与同区辽金墓略有不同的是，孝行题材的表现形式从早期通列于后壁和左右两壁转为分布于左右侧壁（中以墓主坐像或床帐相隔），与长城以南北京周边的壁画墓格局相似。孝行人物的装束则通用蒙古衣冠，故事场景也相应移换至松漠之间的"白山黑水"中，体现出传统题材随时代和使用人群所做出的变通（图 1.4）。

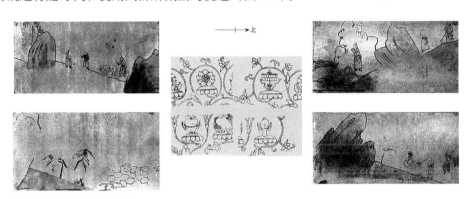

图 1.4 赤峰翁牛特旗元墓壁画布局（采自《北方文物》1992 年第 3 期，第 47 页，图三、封三）

通过对比可见，蒙元时期长城以北墓葬壁画在总体布局和图像题材上袭用辽金规制，但一些局部细节发生了明显异变，最典型的特征当属后壁墓主人夫妇蒙装并坐图像的出现和大量使用，蒲城、元宝山、三眼井和凉城后德胜壁画墓均存在这种图像模式（图 1.5）。相对于中原地区的山西（大同以南）、冀南、河南和山东，无论是长城以北的内蒙古、辽西，还是长城以南的燕云之地，墓主人形象在整个辽金墓葬壁面装饰中出现较少，只有少数墓例将其表现在墓室侧壁，多以一桌二椅的家具来暗示（如前述 A2 组的辽金壁画墓。这类墓葬应当是受到宋代壁面装饰传统的影响）；墓室后壁则以屏风、假门或围楬为饰，不见墓主形象。故而这种夫妇并坐的主壁图像虽非首见于蒙元时期，但于长城以北地区而言，则是一类新兴的表现题材。接下来我们就要面对这样一个问题：既然长城以北蒙元墓中突然出现的墓主正壁端坐图难以在邻近的燕云地区找到直接相袭的文化渊源，也缺少当地辽金墓葬的直接传统，那么它的图像原型和出现契机又是什么呢？从这一地区祭祀和宗教遗存的图像场景入手，或许可以找到蒙元墓葬图像中夫妇蒙装并坐图的另一缘起。

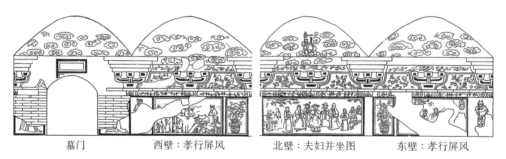

图 1.5　凉城后德胜元墓壁画布局（采自《文物》1994 年第 10 期，第 12、13 页，图六）

蒙人的朝典帝后御容①和石窟供养人壁画为墓室正壁描绘的墓主坐像提供了类同的表现模式。我们可从伊尔汗国 14 世纪初的帝后朝典图中管窥蒙古族供奉帝后御容的表现（图 1.6）：可汗与王妃居中而坐，可汗戴瓦楞帽、王妃戴罟罟冠，两侧随侍进献酒饮；这一图像模式可作为蒲城元墓和元宝山壁画墓正壁图像模式的参比对象（图 1.7）。在内蒙古鄂托克旗阿尔巴斯苏木百眼窑石窟第 31 窟，发现了元代"供养人家族"壁画②（图 1.8）。这种多位妻子分坐于男性祭主身侧的组合形式，也见诸凉城后德胜元墓的后壁图像（图 1.9）。

图 1.6　柏林图书馆藏蒙古皇廷朝典图
（Peerless Images：Persian Painting
and its Sources，p114，pl. 31）

图 1.7　赤峰元宝山墓主夫妇并坐图（采自
《文物》1983 年第 4 期，彩色插页）

① 详见尚刚：《蒙元御容》，《故宫博物院院刊》2004 年第 3 期；尚刚：《元代工艺美术史·织御容》，沈阳：辽宁教育出版社，1999 年，第 104～107 页。

② 王大方、巴图吉日嘎拉、张文芳：《百眼窑石窟的营建年代及壁画主要内容初论——兼述成吉思汗在百眼窑地区之活动》，《内蒙古文物考古文集》第一辑，北京：中国大百科全书出版社，1994 年，第 566～578 页。

图1.8 百眼窑第31窟供养人夫妇并坐图（采自《内蒙古文物考古文集》第一辑，彩色图版三：1）

图1.9 凉城后德胜墓主夫妇并坐图（采自《中国出土壁画全集·3》，第232页）

在承袭辽金北区墓葬装饰传统的同时，这一地区的壁画墓在墓室空间的表现上也有明显的创新之处——场景营造上的"游牧化"，集中体现在墓室空间对毡帐内部的模拟。长城以北的辽金壁画中虽然也存在表现游牧生活的户外活动题材，但墓壁仍大量使用立柱、斗拱和门楼等仿木构建筑，整体上依然搬用了中原传统的室内建筑形式。与之相较，此区蒙元墓葬壁画大多不囿于仿木构建筑的局限，室外场景得以强化，不仅出猎迎归、树下备马等传统游牧题材如是，通常位居室内的茶酒荐备和夫妇并坐题材也表现为席地幕天的室外场景。更为特殊的是，墓室从发券处到墓顶部分出现了模仿毡帐顶幕的装饰效果：此类墓葬墓室装饰完全不用斗拱梁枋，通常在墓壁发券处绘饰一周装饰纹带，类似毡帐内的带箍；其下勾绘一匝短而繁密的帷幕走水。赤峰元宝山壁画墓的墓室券顶绘一周缠枝牡丹、荷花，下环绕杏黄色帐幕走水，其下又承挂帷幕与祖绶；蒲城洞耳村元墓也有相似的构图，墓顶装饰莲花童子和摩尼宝珠，下接灰色帷幔一周。这种墓室空间对游牧毡帐的模拟可以说是蒙元壁画墓的首创，作为新的文化因素，最早应用于长城以北地区，并慢慢影响到河北、山东等地[1]。

---

[1] 墓室空间模拟毡帐内部装饰最早出现于长城以北，后渐为北方原金统治区的部分汉人群体接受，并与传统的仿木结构墓室空间相结合，在河北、山东和山西等地出现了一批既具毡帐顶幕与垂幔，又保存门楼或简单斗拱的砖雕壁画墓。北京密云元墓、山东济南埠东村元墓和山西繁峙杏园乡金元墓的墓顶装饰均为帐顶、垂幔和门楼、斗拱的砖雕彩画并存，体现出元代前期中原北方地区墓顶装饰的时代特征：既继承了宋金以来的仿木构传统，又融入了蒙元毡帐生活的时代新风。元代后期，简单的斗拱、门楼也渐趋消湮，出现了完全仿毡帐内部的墓室壁面装饰，如北京斋堂元墓和河北涿州元代壁画墓。

通观长城以北的墓葬壁画，我们会注意到两类迥然不同又交错共存的文化面貌：一方面，墓室图像在内容题材和空间布局上均遵循辽金旧例，延续了传统的墓葬装饰风格；另一方面，具体题材的细节表现形式上，又明显体现出新因素，更多表现了蒙古风格的衣冠制度。面对这样两类共存的文化面貌，又应如何界定墓葬所属人群的族属呢？壁画装饰中体现出的文化复合性究竟应该归于蒙人南下的汉化进程，还是北地汉人在政治变动下的移风易俗？我们不妨再观察一下这批壁画墓的墓室结构、葬式特征和随葬品组合。

2. 葬制选择：辽金时期葬俗的袭用

墓葬结构上，赤峰周边的这批蒙元壁画墓均为类方形的砖室或石室墓，基本由墓道、墓门、甬道、墓室组成。墓室规模相对统一，除翁牛特旗梧桐花墓之外，边长都在 2.2 ~ 2.5 米之间。墓室内多数不使用仿木构建筑，仅凉城与翁牛特旗的两处墓葬使用了简单的角柱和一斗三升的转角、补间斗拱。在墓顶构建上，除沙子山元墓报告中未加言明外，其余墓葬的建筑手法极为一致：均在封顶处留出方形"天窗"，上以砖石封盖，盖顶砖石下镶嵌铜镜一枚（表 1.3）。这种墓顶结构通常被研究者用来与蒙古包的顶部结构相对比，并以之作为蒙古族墓葬判定上的重要持据。

表 1.3　长城以北壁画墓的墓葬形制与随葬品

墓葬名称	墓室尺寸（米）	墓顶	斗拱	随葬品	葬式
凌源富家屯	2.20 × 2.16	天窗 + 石盖板 + 铜镜	—	瓷碗、灯盏、彩石、殉狗	石棺床 + 尸骨
凉城后德胜	2.20 × 2.34	天窗 + 砖盖板 + 铜镜	转角 4 补间 3	瓷钵、灯盏、铁犁铧	木棺 + 尸骨
赤峰三眼井	2.50 × 2.50	天窗 + 砖盖板 + 铜镜	—	瓷碗、鸡腿瓶	砖棺床 + 木棺 + 尸骨
翁牛特旗梧桐花	1.60 × 1.60	天窗 + 石盖板 + 铜镜	转角 4 立柱 4	瓷碗、铜钱、玉壶春	石棺床 + 尸骨
赤峰沙子山	2.30 × 2.30	不明	—	被盗	砖棺床 + 尸骨
赤峰元宝山	2.50 × 2.50	天窗 + 石盖板 + 铜镜	—	铁犁铧、马具	砖棺床 + 尸骨
蒲城洞耳村	2.52 × 2.40	天窗 + 封砖（+铜镜）	—	瓷罐	砖棺床 + 尸骨

事实上，如果我们将这类长城以北地区的砖室壁画墓做一个长时段的梳理，可知墓顶留孔、上盖砖石的墓顶营建方式并非蒙元时期的首创，而是辽金时期就在当地广泛使用①，辽墓中的巴林右旗庆陵、法库叶茂台墓、朝阳前窗户墓、库伦一号墓，以及金代的朝阳扶风马令墓和敖汉旗小柳条墓都是代表墓例（表1.4）。这种墓顶处理方式与其说是蒙古包的再现，不如将其视作北方游牧民族毡帐生活在墓葬营造上的反映，并不能作为判定墓葬族属的标准。而墓顶正中悬挂铜镜的做法，更是整个北方地区宋代以来的流行葬俗，辽金时期也非常多见，广泛发现在长城南北的不同文化区中②。因此，通观长城以北地区蒙元壁画墓的墓葬形制，无论是墓室规模、平面形状还是墓顶形式均完全继承了金代方形仿木构砖室墓的传统。

表 1.4 长城以北金代壁画墓的墓葬形制与随葬品

墓葬名称	墓室尺寸（米）	墓顶	斗拱	随葬品	葬式
朝阳扶风马令墓	2.00×2.00	天窗+石盖板	转角4补间3	鸡腿瓶白瓷碟	砖棺床+石棺+骨灰
敖汉旗小柳条墓	对边3.50	天窗+石盖板+铜镜	立柱	木桌铜瓷容器	砖棺床+石棺+骨灰

与壁画中鲜明的"蒙古化"特征不同，在墓室结构上，我们很难看出蒙古族文化冲击造成的影响；或者说，这批壁画墓的墓室结构基本没有体现蒙古族的葬制传统，而是全部沿用了辽金砖室墓的传统模式。

葬式与葬具上，所有墓例均在墓室后半部铺设砖棺床，棺床上多数直接安置尸骨，部分使用木棺殓葬，葬式上则全部为仰身直肢葬。其中三眼井M2中的棺板上绘有四神形象，目前可辨朱雀和白虎，完全是对辽金彩绘木棺葬具的继承。木棺尸骨葬既是金代的传统葬制，也是内蒙古和蒙古地区所见蒙古人墓葬的殓葬方式；如果

① 这种墓顶营造方式宋墓中就有发现，很可能是长城以北地区通过燕云之地对中原宋地墓室建筑风格的一种借鉴和吸收。

② 关于墓顶悬镜的做法，宿白先生在《白沙宋墓》中考证其或与《营造法式》卷八《小木作制度三》之"小门八藻井"条所记"明镜"相关："顶心之下施垂莲或雕华云卷，皆内安明镜"（宿白：《白沙宋墓》，北京：文物出版社，1957年，第62页，注119）。宋人周密则指出南宋时"用镜悬棺"的做法"盖以照尸，取光明破暗之义"，并引《汉书·霍光传》，考证出这种做法可追溯到汉代（详见[宋]周密：《癸辛杂识》，北京：中华书局，1988年，第202页）。

单从这点入手，很难有效推定墓主族属。但可以肯定的是，墓室后部砌筑砖棺床的做法并非蒙古墓葬的传统，而是辽金和北宋北方地区最为常见的葬制特点。此外，上都周围蒙古人墓群普遍使用三周铁棺箍固定木棺的做法①也未见于这批壁画墓。这些现象均反映出长城以北蒙元壁画墓在葬制上也基本袭用了辽金旧制，没有出现明确的蒙古族葬式特征。

这些壁画墓多遭盗扰，随葬品存留不多，很难复原入葬时的全貌。从现存出土情况来看，器物组合以碗、瓶、灯盏等陶瓷器皿和铜钱为代表，也有铁制的马具和车具，个别墓例中有殉牲和涂彩石块。陶瓷容器和铜钱随葬在北区的辽金墓中多有发现，其中鸡腿瓶更是辽金典型的随葬用具。至于通常被视为蒙古族群特征的马具与殉牲，同时也是契丹和女真族墓葬文化的重要特征；不过用狗作殉牲更多见于金代女真人的墓葬传统，而蒙古墓葬通常殉羊。凉城后德胜 M3 和赤峰元宝山墓葬中发现铁犁铧的葬制，依然是汉地葬俗传统的延续②。这种随葬金属车具的现象不仅可在长城以北的辽金墓中寻找渊源③，在中原地区山西、河南等地的金墓中也有发现，如洛阳孟津麻屯天德二年金墓④、山西离石马茂庄正隆四年金墓⑤、西安市北郊明昌三年金墓⑥。由是可见，长城以北的蒙元壁画墓的随葬品组合，基本承袭了金墓中的器用传统，而

① 元上都周边的一棵树和三面井墓地均属于蒙古族群，这两处墓群中发现了数目可观的使用铁棺箍固棺的墓例。同时可以确定为蒙古人墓葬的沽源梳妆楼元墓和河南洛阳赛因赤达忽墓，均发现了以三道铁箍固棺的做法。明人叶子奇著《草木子》中，也清晰记载了蒙人"三圈"定棺的传统。

② 墓葬中出土的斧、锛、犁等金属工具很可能是古代辇（战）车上载有的备用工具。《管子·海王篇》有"行服连轺辇者，必有一斤、一锯、一锥、一凿，若其事立，不尔而成事者，天下无有。"《轻重篇》中载："一车必有一斤、一锯、一钼、一铝、一凿、一銶、一轲，然后成为车。"（以上两条文献均引自颜昌峣：《管子校释》，长沙：岳麓书社，1996 年，第 540、608 页）《司马法》中亦云："夏后氏谓辇曰余车，殷曰胡奴车，周曰辎辇。辇有一斧、一斤、一凿、一梩、一锄，周辇加二版、二筑。夏后氏二十人而辇，殷十八人而辇，周十五人而辇。"（载《周礼注疏》，卷 21，北京：北京大学出版社，1999 年，第 823～824 页）上述文献均承沈睿文教授见告。

③ 长城以北辽金墓中曾发现有铁铲、铁锛随葬的现象。详见张业平：《佳木斯市黎明村辽金墓群出土的文物》，《北方文物》2004 年第 4 期；阎景全：《黑龙江省阿城市双城村金墓群出土文物整理报告》，《北方文物》1990 年第 2 期。

④ 洛阳市文物工作队：《洛阳孟津县麻屯金墓发掘简报》，《华夏考古》1996 年第 1 期。

⑤ 商彤流、王金元：《离石马茂庄发现一座金墓》，《文物季刊》1994 年第 1 期。

⑥ 倪志俊、韩国河、程林泉：《西安市北郊金代墓葬发掘简报》，《考古与文物》1991 年第 6 期。

并未发现明显具有蒙古族文化特征的器物。

如果说长城以北的蒙元壁画墓在墓室装饰上体现了辽金模式与蒙古文化的融合，其墓葬结构和葬制则基本沿袭了金代传统。在这种情况下，我们对墓主的族属判定存在两种可能性：一是在中原文化影响下"汉化"程度较深的蒙古族官僚和贵族，二是归降蒙元后逐步"蒙古化"的"汉人"① 军政官员和所谓"大根脚"封地家臣。而综合多种因素分析，这批墓葬更可能是"蒙古化"的中下级"汉人"官僚。下文将对这一问题进一步探讨。

3. 墓主族属的辨析

通过对墓室装饰、墓葬结构、葬式葬制和随葬品组合的综合分析，我们可以明显看出长城以北地区的这批壁画砖室墓在墓葬文化面貌上大多体现出对金墓传统的承袭；而"蒙古化"特点则集中表现在壁画中的人物形象和题记内容。接下来我们逐条详细分析这批墓葬中的"蒙古化"因素，结合文献材料，尝试辨析墓葬族属问题。

其一，衣冠制度与族属。目前研究者将这批蒙元壁画墓划定为蒙古墓葬的关键依据，在于壁画场景中典型的"蒙人衣冠"：其中男墓主的瓦楞帽、软帽、辫线袍，男侍从的三搭头"婆焦"发式，以及女墓主的半臂夹袄、大袖袍、罟罟冠等，都是极具蒙古族特色的衣冠服饰。然而，是否身着蒙古衣冠的人物就是蒙古族呢？仔细观察上述蒙元壁画墓的人物形象即可发现，在表现蒙古装束的同时，也或多或少保留着辽金时期的衣饰风格，如凌源富家屯元墓门楼上和后壁床榻周围的一众侍女、凉城元墓起券处的招魂女、赤峰沙子山、元宝山元墓中进献茶酒的侍从和门吏等。这些细节均体现了"故金旧俗"和"蒙古衣冠"共存的文化交融性；与其判定为蒙古族官员的"汉化"之举，不如说是长城以北归蒙的"汉人"军政群体随政治取向而做出的文化调整。

蒙元时期虽以官方政书的形式颁行了允许汉地居民沿用旧有衣饰传统的条令②，但国朝南北，尤其曾是辽金旧地的燕云和长城以北地区的汉人群体，在与蒙古族的频密接触中不可避免地受到蒙古文化传统的影响，所谓"士庶咸辫发锥髻，深襜胡俗。衣服则袴褶窄袖及辫线腰褶，妇女衣窄袖短衣，下服裙裳，无复中国衣冠之

---

① 关于本章"汉人"的概念，遵照前文界定，下文同。

② 《经世大典序录·舆服》载："圣朝舆服之制，适宜便事，及尽收四方诸国也，听其俗之旧，又则善者而通用之。"［元］苏天爵：《元文类》卷四十一，文渊阁《四库全书》影印本，册1367，台北：商务印书馆，1983年，第508页。

旧"①。其中率先实现衣冠蒙古化的群体应该是蒙金战争中或之后归元的故金官员或
封地卫属。这一群体的聚集区域主要在金代统治中心的赤峰、朝阳一带和长城沿线，
最先被纳入蒙古国势力范围，也最早接触蒙古文化。至于归元金人在文化面貌上力
求接近蒙人的原因，不外乎长期胡俗侵染的地域文化传统和力图融入统治民族的政
治取向这两个主要因素。

《揽辔录》曾对辽金北地的胡化传统做出概括：当地人群"久习胡俗，态度嗜好
与之俱化，最甚者衣装之类，其质尽为胡矣"②。加之契丹、女真与蒙古族皆属北方
游牧民族，本身日常习俗即有不少共通之处，具备了短期内迅速融通的文化基础。
同时，衣冠制度上的蒙古化实际上是政治归元的一种文化表象，服制模仿的背后是
向统治者靠拢以求仕进的政治动因③。另一方面，这种归元汉人群体的"蒙古化"趋
势，也体现在改用蒙古人名上，尤其是汉姓蒙名的拼合类名字。

其二，墓主姓名的蒙古化，蒲城壁画墓中男墓主坐像上方有"张按答不花"的墨
书题记。发掘人员和不少研究者均将其视为墓主蒙古族的有力证据。然而，通过对史料
的考察，我们会发现这类汉化姓氏后叠加蒙古名字的使用人群，实际上应为蒙古化的
汉人群体。萧启庆提出，汉人和蒙古人名之制自成体系，"汉人重姓氏以名本始、别婚
姻"，而蒙古人则"有氏族之别而无姓，通常称名而不称姓氏"④。蒲城元墓中"张按
答不花"由汉姓"张"和蒙人习用名"按答不花"拼合而成，十分特殊⑤。此类拼

---

① 《明太祖实录》卷三〇，洪武元年二月壬子，台湾研究院史语所校印本，1962 年，第 525 页。
② ［宋］范成大：《揽辔录》，上海：商务印书馆，1936 年，第 2 页。
③ 自唐以来，燕云地区几经战乱，数易其主，因此人们的政治态度一般都比较灵活，其俗诡随。宋人马
　扩有言，燕云汉人随事俯仰，"契丹至则顺契丹，夏国至则顺夏国，金人至则顺金人，王师至则顺王
　师，但营免杀戮而已"（马扩：《茆斋自叙》，《三朝北盟会编》卷十五）。关于辽金"汉人"政治上的
　灵活诡随性，刘浦江曾有专文探讨，见刘浦江：《说汉人辽金时代民族融合的一个侧面》，《民族研究》
　1998 年第 6 期。
④ 萧启庆：《论元代蒙古人之汉化》，《内北国而外中国：蒙元史研究》，北京：中华书局，2007 年，第
　686 页。萧氏此文援引文献，对蒙元时期蒙古人取"汉名"的不同形式相加探讨，认为蒙人汉名多归
　于文化诱因，而汉人采用蒙名悉出于政治诱因。
⑤ 那木吉拉曾在《元代汉人蒙古姓名考》一文中对汉人采用蒙古名的政治文化动因及使用人群加探讨，
　提出汉蒙合璧名字者或汉姓蒙名兼备者代表了蒙元时期一类特殊的汉人群体，他们身上两种文化并存，
　民族转化尚未实现，反映出半化不化、融而未化的状态。这一结论准确概括除了辽金故地部分汉人的蒙
　古化特点，很有创建。详见那木吉拉：《元代汉人蒙古姓名考》，《中央民族学院学报》1992 年第 2 期。

合名字是蒙元时期汉人蒙古化的典型表现，既有蒙古上层对降蒙军政官员的赐名，如贾昔剌、贺伯颜（贺胜）等；也有汉人为猎取官职自取蒙古名冒进的情况①。据李治安分析，蒙古国时期拼合名字的使用群体更多的是降蒙的军政官员、宿卫、封地私属和中下级官吏，尤其以燕云之地的契丹、女真人居多②，而蒲城元墓在年代与地域上均与之相符，墓主身份可明矣。当然，蒙元时期也存在汉化蒙古人改用汉名的情况，这种名号主要表现为三种形式：其一为正式采用汉姓、汉名，以致其蒙古名失传者；其二为保持蒙古名，但采用汉文字号者；其三则是取用汉文通俗名③。然而，在这三种蒙古人改汉名的情况中，均不存在类似"张按答不花"之类的拼合名字。再综合考量蒲城元墓的墓葬规格和葬制，可见其整体上仍袭用了辽金墓葬制度模式，只附加了"蒙古化"的细节表现；鉴于此，将这座壁画墓的墓主归入"蒙古化"的汉人群体更为合理。以之为参照标准，长城以北这批墓室结构和壁画布局大体相似的砖室墓属于"蒙古化"金人的可能性相当大；再考虑到人物冠服所体现的品轶制度④、斜坡墓道⑤和无墓志发现的情况，可进一步将其定位于归元的中下级官吏。

---

① 元代规定上至台甫重臣，下至路、府、州、县等地方机构中的达鲁花赤之职，唯蒙古人、色目人才能担任。元代不少汉人基于政治动因纷纷改用蒙古姓名。这些改用蒙古名的汉人群体在蒙古时期和元前期尚都为统治者赐名，从而以法定的"蒙古进身"入职官场。但元中期以降，私自利用冒改蒙古人名以求仕途的汉人激增，以至元政府不得不数次严令颁行撤查各地的"汉儿达鲁花赤"。如至大二年（1309年），元朝统治者明令："各投下多是汉儿、契丹、女真做蒙古人的名字充达鲁花赤。今后委付蒙古人者，若无呵，于有根脚色目人内选用，钦此。"（《元典章》卷九《吏部·投下》，"有姓达鲁花赤革去"条）延祐三年（1316年）元朝政府再次规定："有姓汉儿达鲁花赤追夺宣救，永不叙用。"（《元典章》卷九《吏部·投下》，"有姓达鲁花赤追夺不叙"条）这里所谓"有姓汉儿"，就是指汉姓蒙名的拼合名字。

② 李治安：《元代汉人蒙古化考述》，载陈洪、李治安编：《元代华北地区研究——兼论汉人的华夷观念》，天津：南开大学出版社，2008年，第305～314页。

③ 萧启庆：《论元代蒙古人之汉化》，第686～690页。萧启庆认为，这三类蒙人汉名类型中，采用汉文字号和全套汉文姓名明显受到汉人精英阶层所谓"大传统"的影响，而取用通俗名字则是受民间通俗市井文化的"小传统"影响。

④ 研究者已根据元宝山壁画墓墓主夫妇的衣冠模式将其划归六品以下官员的等级。详细考证和研究参见此墓简报。

⑤ 据卢青峰研究，金代时期的北方墓葬已确立了带墓道的方形砖室墓应用于中下级官吏的墓葬制度。详见卢青峰：《金代墓葬研究》，郑州大学硕士学位论文，2007年，第5～8页。

在讨论了北地汉人蒙古化的墓葬文化表现后，接下来我们又面临一个问题：考虑到蒙汉涵化趋势，长城以北这批以辽金传统葬制为基础、兼具蒙古文化风格的墓葬是否也有可能属于汉化程度较深的蒙古人群体呢？不同族属间的涵化确实是蒙元时期重要的文化现象，在汉人出于政治选择做出的"蒙古化"文化取向之外，蒙古人集团在不同领域亦有汉化倾向；丧葬制度上更不免受到汉地环境影响而采用汉俗。其中营建类屋式墓室、树立神道碑、安排石像生、撰写墓志铭和随葬陶瓷明器等葬俗均是引纳汉地旧俗的例证。然而，汉化的蒙古人群体虽然受到汉地文化的深刻影响，但依然固守着某些蒙古族丧葬传统。以洛阳赛因赤达忽墓为例，这座元末蒙古贵族墓葬虽然使用了河南宋金风格的墓室结构和成套的仿古陶礼器，但依然保持着蒙古族深埋秘葬的传统葬俗。与之相较，长城以北的这批壁画墓除了人物表现上的蒙古化风格，其余葬制特征全部沿用汉人传统。如果这种现象是蒙古人的深入"汉化"，那么这种全用辽金旧俗的做法几乎相当于让蒙古族完全放弃了本民族的文化传统，基本全盘"同化"，这在实行蒙古人本位政策的蒙元时代是很难想象的。

综上，这批长城以北壁画墓的墓主绝大多数应归为较早归降蒙古的"汉人"群体，其多数在金代具有一定官职，归降后多作为蒙古贵族封地的属臣、军官和侍卫，与蒙古族上层人群接触较多。该群体在葬俗主体上仍然保持了辽金时期形成的故俗传统，但壁画的细节表现上又体现出蒙古文化的影响。这种大传统下的小异变从一个侧面反映出归元汉人在政治动因下的文化变动，以及这一群体向蒙古本位文化靠拢时对传统葬制所作出的自我调整。

然而，囿于墓例和墓葬分布范围的局限性，这批壁画墓并不能全面反映长城以北蒙古族和汉人这两大群体在墓葬文化上的互动关系。蒙汉族群在墓地安排上是聚族营墓还是混合埋葬？其在各自传统丧葬方式和异族文化传统间是如何平衡与调整的？要探讨上述问题，我们需要将目光转移到因强制迁徙、屯田、镇戍等故大批迁至蒙古草原并长期留居的汉人群体，和借此与汉人群体发生文化接触的普通蒙古族人群。元上都周边集中分布的蒙汉墓群，为我们探讨这些问题提供了重要材料。

二　以上都为中心的蒙汉墓地

蒙古国时期，大批归降人户被强制迁往蒙古草原。元代陆续有汉军、新附军在草原地带镇戍或屯田；同时又以"土城"为中心，陆续聚集了汉地迁来的各色工匠。这些多种职业的汉人北迁人口聚集的地区中，以和林城①和上都城最具代表性。依托于草原城市的北迁"汉人"群体在长期留居过程中，必然和当地原住的蒙古族群发生文化上的接触和交融。这种文化互动又反映在墓葬面貌上，在各自葬制传统之外，涌现出新文化因素。下文将以元上都周边考古材料为基础，探讨蒙汉族群在墓葬文化上的相互影响。

按照墓地面貌与葬俗传统，可将元上都周边的几个墓群分为两大组别：一组以砧子山墓地为代表，反映了多种地域传统的汉人丧葬习俗，其中同一墓茔内的墓葬安排体现出"分家族、明昭穆"的治葬理念。其墓地营建与丧葬习俗也都表现出鲜明的汉地文化传统，与东北地区的女真墓葬和长城以南山西、河北地区同类墓葬颇多相似。另一组以棵树墓群为代表，在墓葬建制及随葬品组合上体现出极具游牧文化特征的蒙古葬俗，以随葬成组马具、箭镞等武备类和纺轮等工具类器物为特征，殉牲现象普遍，大量随葬羊肩胛骨和羊胫骨。这些特点与砧子山墓群判然有别，却与蒙古国境内发现的 12～13 世纪的蒙古人墓葬面貌一致：应为蒙古族的聚葬墓地。

从上都周边这两组墓群的分布情况看，在长城以北地区，尤其是内蒙古地区，大规模墓群多依托于大型城址成片分布；蒙古人和汉人墓葬在区域分布上基本互不杂处，以族属为别形成各自集中的墓群；而这两组聚族而葬的墓群在保留各自墓葬传统的基础上，又在部分葬俗上彼此影响，体现出蒙汉丧葬制度的涵化与互动。

（一）元上都周边的蒙古族墓地

在探讨元上都周边墓群的蒙古族属之前，我们有必要先检点蒙古国地域内发现的蒙元墓葬，归纳其墓地营建、葬具葬制及随葬品组合的特征，并以之为比照标准来对上都附近的墓群族属做出辨析。

近年来蒙古境内发现了一批 12～13 世纪的墓葬，大概相当于中国蒙古时期和元

---

① 关于和林城汉人聚居的情景，《鲁布鲁克东行记》中提到：1254 年蒙哥汗时期和林城中两大城区之一为"契丹人的城区，他们全是工匠"。这里所谓的契丹人，应该是蒙元时期"汉人"的代称。详见 [意] 柏朗嘉宾著、耿升等译：《鲁布鲁克东行记》，北京：中华书局，1985 年，第 292 页。

代前期①。列比这批墓葬中出现的文化因素可知，这一阶段当地蒙古人墓葬的特点主要表现在五个方面：第一，墓葬可据随葬品组合明确判断出墓主性别，男性多随葬武器工具类的铁刀、箭镞、弓箭以及马具类的马镫和鞍鞯，部分身份较高者随葬有金饰件，如金蹀躞，女性墓的标志随葬品则包括妆奁具的耳环、珠饰、木梳、铜镜和工具类的铁剪锥、纺锤盘，头部位置常伴出桦树皮围制的罟罟冠；第二，随葬品以铁器为主，铜器次之，未发现汉人墓葬中习见的陶瓷器；第三，墓表无坟丘，但用石砌茔墙、堆石和大石板等作为墓地标记；第四，墓穴基本为类长方形土坑竖穴墓，无墓圹，葬式均为单人仰身直肢尸骨葬，无棺和木棺殓葬的情况并存；第五，殉牲现象普遍，流行在死者头部或足部放置羊肩胛骨和羊肢骨②（表1.5、1.6）。

以上述墓葬习俗和文化特征作为比照对象，上都西北的一棵树墓地在墓穴形制、葬具葬式和器物组合等方面明显与之类同，可以据此将一棵树墓群推定为蒙古人墓葬区。需要注意的是，一棵树墓地中的墓葬面貌，除少数与前述蒙古国境内发现的

---

① 相关墓例资料参见王大方：《蒙古国蒙元时期蒙古人墓葬的特点》，《内蒙古文物考古》2001 年第 1 期；纳旺著，金柱译：《关于中世纪蒙古人的丧葬习俗》，《蒙古学资料与情报》1988 年第 2 期，后收录在叶新民等编：《元上都研究文集》，北京：中央民族大学出版社，2003 年，第 516 ~ 522 页。表 1.5 和表 1.6 即根据上述材料归纳所出。张晓东在其硕士学位论文中亦根据上述两项材料列出了"蒙古国境内发现的 12 ~ 13 世纪的蒙古人墓葬"表，但其中的"达达勒墓"和"达达尔墓"实为同一墓例，应是王大方文和纳旺文中采用了不同的音译（张晓东：《蒙古时期的蒙古人墓葬》，吉林大学硕士学位论文，2005 年，第 23、24 页）。

② 这批蒙古墓葬在墓穴形制、随葬器物和丧葬习俗上与金代内蒙古和东北地区的中小型墓颇多相似，如均以长方形或梯形竖穴土坑墓为主；葬具使用长木棺；男性随葬品以铁制马具、武器和工具为主，都有金蹀躞带饰，女性墓中均随葬铜镜和木梳，桦树皮器多出；殉牲现象普遍；地表有堆石地标。但细加比较，二者又有明显的不同之处：早期蒙古墓均为尸骨葬，而女真墓大量流行火葬；蒙古族女性墓中出土的罟罟冠和纺织用具不见于女真墓，而金墓随葬品中固定出现的铜钱、瓶罐类陶瓷器和镇墓彩石在蒙古墓中则未见发现；女真墓表封土与堆石为标并存，而蒙古墓则无封土，石茔墙和墓表堆石并存；同时，尽管均流行殉牲，但女真墓中常见马骨、犬骨和"羊嘎拉哈"（即羊距骨），而蒙古墓则伴出羊肩胛骨和羊胫骨。
东北和内蒙古地区的此类墓葬，以黑龙江绥滨中兴古城周围墓群、松花江下游奥里米古城周围墓群和吉林舒兰县完颜希尹家族墓地这三批材料为代表，相关简报参见黑龙江省文物考古队工作队：《黑龙江畔绥滨中兴古城和金代墓群》、《松花江下游奥里米古城及其周围的金代墓群》，《文物》1977 年第 4 期；方明达等：《绥滨县奥里米辽金墓葬抢救性发掘》，《北方文物》，1999 年第 2 期；黑龙江省文物考古工作队：《绥滨永生金代平民墓》，《文物》1977 年第 4 期；张景明：《内蒙古巴林左旗王家湾金代墓葬》，《考古》1999 年第 4 期。

表1.5 蒙古国境内12～13世纪蒙古族男性墓葬

葬地	墓穴	葬具/葬式	地表	马具	武器/工具	饰件	殉牲
哈拉阿日嘎郎图	土坑墓	单木棺直肢葬	被破坏	鞍鞯	铁刀、镞；火镰	—	
达达勒	土坑墓	单木棺直肢葬		铁马掌	铁刀、镞	—	
昌达干草原墓群					铁刀、镞；弓套		
萨仁陶勒盖	土坑墓	剜木棺直肢葬		铁马镫	铁镞；弓套		
阿尔丹锡勒		直肢葬		铁马镫	铁镞；火镰		
布日拉	土坑墓	单木棺直肢葬	堆石		弓	金蹀躞	
东宝基尼	土坑墓	无棺直肢葬	堆石	铁马镫、马衔	铁刀、镞；弓套		—
布尔汗特峡谷	土坑墓	无棺直肢葬	大石板	铁马镫、鞍鞯	铁刀、镞；弓套	金蹀躞	羊肩胫骨

表1.6 蒙古国境内12～13世纪蒙古族女性墓葬

葬地	墓穴	葬具/葬式	地表	妆奁/毁器	工具	饰件	殉牲
扎拉陶勒盖	土坑墓			铜镜、木梳、珠饰	铁剪、纺锤盘	桦树皮器	—
罕乌拉	土坑墓	木棺直肢葬	大石板	铜镜、木梳	铁剪、锥	桦树皮器	
沃勒吉特		无棺直肢葬		铜镜	铁剪		羊胫骨
哈拉阿日嘎		无棺直肢葬	石茔墙	铜镜、耳环			
布日拉	土坑墓	单木棺直肢葬	堆石	铜镜、木梳	铁锥、纺锤盘	桦树皮器	—

墓葬完全一致的墓例，多数墓葬均或多或少地出现了传统蒙古族墓葬中未见的新因素。限于该墓群屡遭盗扰的保存现状，我们无法根据现有材料确定每一座墓的确切年代；如果单从该墓群内部的材料出发，也很难整合出葬制与随葬品的演变趋势。这就需要借助于相近地区其他的墓群资料作为参比对象。下文将以一棵树墓地为中心，结合其西正镶白旗的两处蒙古族墓群——三面井和伊松敖包墓地进行整合研究，希图据此勾勒出内蒙古东南部蒙古人墓葬长时段的文化特征，更可通过三处墓地在墓穴营建和随葬品组合上的分组，尝试探讨上都周围蒙古人墓葬的发展演变和阶段

特征（表1.7）。

表1.7　内蒙古东南部不同期属蒙古族墓葬的演变特征

墓群	墓穴	砖圹	葬具	葬式	茔墙	堆石	马具/武器	铜镜/纺轮	殉牲	瓷罐	铜钱
三面井	长方形土坑	—	长木棺	尸骨葬	—	长方	○	○	○	—	—
一棵树	长方形土坑	○	长木棺铁棺箍	尸骨葬	长方形单茔		○	○	○	—	○
伊松敖包	不规则土坑	—	—	骨灰葬尸骨葬	多样化单茔较粗率	不明	○极少	—	○	—	—

1. 早期墓群：三面井墓地①

该墓群位于上都以西、锡林郭勒盟正镶白旗乌宁巴图苏木三面井嘎查北约2千米的山坡上。目前清理发掘的10座墓葬皆为类长方形（长方形或长梯形）土坑竖穴墓，葬具皆为木棺。地表未见墓茔，而全用堆石作为地标，且堆石形状统一，均为类长方形，与墓穴形制一致。随葬器物延续了11世纪以来蒙古族墓葬传统的组合模式，男性墓以铁马镫和铁刀为代表，女性则随葬铜镜、铁剪、纺轮和罟罟冠。殉牲现象普遍，半数墓葬在死者头部或脚部放置羊肩胛骨（图1.10：1）。值得注意的是，这一阶段少数墓葬中的木棺开始使用三道铁箍和铁护脚加固②。

2. 中期墓群：一棵树墓地③

该墓群位于元上都西北8公里的一处山坡上，共发掘26座。在墓穴营建上，出现了形制规整的石砌茔墙，共有7处，茔墙形状基本为长方形，一茔一墓。无茔墙的墓葬占多数，共19座，地表均有堆石标记（因遭盗掘扰乱，形状不明）。这一墓群中的葬式皆为类长方形土坑竖穴尸骨葬，其中15座有木棺。早期墓葬中偶有出现的木棺加固现象在一棵树墓地中变得普遍起来，多数木棺使用了三道铁箍和铁护角；这在某种程度上表明，文献中记载的元代蒙古族墓葬以金属圈匝棺的传统在这一阶段真正确立并

---

① 魏坚：《元上都》卷八《正镶白旗三面井墓地》，北京：中国大百科全书出版社，2008年，第646～664页。
② 关于三面井墓地的年代判断，魏坚在该墓地的发掘简报中即根据墓葬形制、葬制葬式与随葬器物将该墓地所属时段推定在元代早期。这一判断十分可信；笔者亦从此说。
③ 魏坚：《元上都》卷七《正蓝旗一棵树墓地》，第601～645页。

推行开来①（图 1.10：2）。男女墓葬中的随葬品沿袭了早期墓地的传统，仍然以铁制的武器、马具和铜镜、纺轮为代表；死者头部或脚部随葬羊肩胛骨的殉牲现象依然普遍。但与此同时，一棵树墓地中开始出现一些不见于传统蒙古墓葬的文化新相：在早期生土墓圹的基础上，出现了砖砌墓圹和石板盖顶的现象；随葬品在旧有组合之外，开始流行在棺底铺埋大量铜钱，少数墓葬还随葬有陶瓷器皿。

这些新兴因素与砧子山汉人墓群的主流墓葬传统相似，其渊源可追溯到辽西朝阳和内蒙古南部的金代女真族墓葬文化。由是可见，上都周边的蒙古族墓葬受到原住于长城以北地区和迁居至此的女真族群体的影响，逐渐出现有别于蒙古族群文化的葬俗因素。其中砖砌墓圹和石盖板的出现应该是女真"有椁墓"因素的影响，但不难看出这种影响尚处于初步阶段；逮至元末时期的梳妆楼贵族墓，女真贵族墓葬的石板顶木棺砖室墓形制则得到了完整的采用②。从这个层面考虑，一棵树墓地的营建年代应早于梳妆楼元墓，大致相当于元代中期阶段。

3. 晚期墓群：伊松敖包墓地③

该墓地位于锡林郭勒蒙正镶白旗乌宁巴图苏木，三面井墓地西南，共发掘墓葬 9 座。其中有墓茔者 6 座，均为单茔墓。墓茔不同于早中期单一的长方形，体现出多样化特点，圆形和椭圆形均占相当比例；墓穴形制与茔墙形状一致，也随之多样化（图 1.10：3）。在葬式方面，不同于早、中期墓地统一的尸骨葬，该墓地可以确定的葬式多数为骨灰葬，这是蒙古族墓葬中新出现的现象。伊松敖包墓地很少出土随葬

---

① ［明］叶子奇《草木子》卷三记："元朝官里，用梬木二片，凿空其中，类人形大小，合为棺，置遗体其中。加髹漆毕，则以黄金为圈，三圈定。送至其直北园寝之地深埋之，则用万马蹴平。俟草青方解严，则已浸同平坡，无复考志遗迹。"见［明］叶子奇：《草木子》卷三下"历代送终之礼"条，北京：中华书局，1997 年，第 60 页。

② 梳妆楼墓地位于闪电河北岸，元上都西南的沽源平定堡镇，在方形穹隆顶的砖构祭祀建筑之下，发掘出一座蒙古贵族墓葬。该墓为竖穴砖石墓，墓内并列三具棺木，棺底全用青砖砌成，上铺一层枕木，棺与棺之间均用砖墙相隔，并有木条亦衬，然后用铁条箍紧，上覆大青石。三名死者为一男二女。关于此墓的墓主学界存有争议：林梅村根据蒙古时期投下分封的范围，认为梳妆六大墓很可能是被封赐"上京之西"的扎腊亦儿部的贵族陵园（林梅村：《松漠之间——从额尔古纳河山林到成吉思汗的崛起》，《暨南史学》第一辑，广州：暨南大学出版社，2003 年，第 139～140 页）；赵琦则认为梳妆楼的墓主为晋宁忠襄王阔里吉思，葬于元末 1335～1340 年间（赵琦：《河北省沽源县"梳妆楼"元蒙古贵族墓墓主考》，《中国史研究》2003 年第 2 期）。

③ 魏坚：《元上都》卷九《正镶白旗伊松敖包墓地》，第 666～681 页。

品，与之相应的是，墓茔规格较小，墓穴也较浅。简报据此推测该墓地所属人群的
经济水平较低；但墓地营建上的多样化和简率化更大程度上应与元代后期上都和漠
北地区的衰落有关。形状多样的茔墙和墓穴很可能是受到汉人圆形砖石室墓的影响，
而蒙古人使用火葬的葬制也是元代晚期始自流行。综上，可将伊松敖包墓地的期属
大致推定在元代后期。

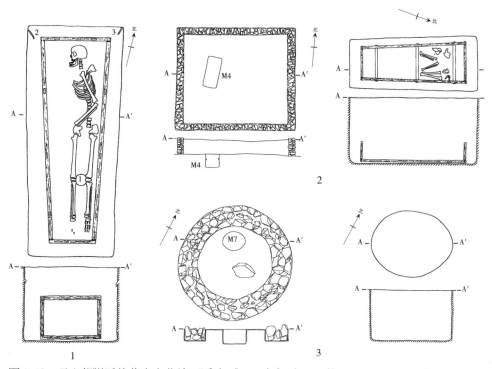

图 1.10　元上都附近的蒙古人墓地（采自《元上都》卷上，第 649 页，图四；第 609 页、图
一〇，第 622 页，图二六；第 675~676 页，图一三、图一四）
1. 早期墓群墓例：三面井 M2；2. 中期墓群墓例：一棵树 M4（左）、M11（右）；3. 晚期墓群墓例：伊松敖包 M7

　　通过对以上三处墓地的分析，我们可以初步梳理出元上都周边蒙古人墓地
的演变规律：这三个期属的蒙古族墓葬在族属葬制传统上体现出明显的延承性，
墓穴形制为土坑竖穴，男葬铁马具、武器，女葬铜镜、纺轮和羊骨殉牲的现象
始终存在；同时，受到"汉人"葬俗，尤其是金代女真风格墓葬的影响，开始
逐步出现新的文化因素，在葬式上出现了火葬墓，铜钱与瓷罐这两类汉人墓中
的典型随葬品也成为蒙古族墓葬中新出现的器用组合，墓茔和墓穴的形制则在
女真椁室墓的影响下由早期的单一长方形向多元化转变，出现了砖砌棺圹和石

板墓顶的新因素。

（二）元上都附近的汉人墓地

元上都附近先后发现了数处汉人聚葬区，分别为砧子山西区①、砧子山南区②、正蓝旗卧牛石墓地③。这三处墓地中尤以砧子山西区在墓葬数量和类型上均最为丰富，既有穹隆顶砖室墓，也有椁室墓。下文拟从砧子山西区所见墓例入手，分析元上都周边汉人群体的丧葬制度和文化特征，同时通过墓地营建和葬具结构，探讨汉人群体对蒙古族墓葬因素的选择性吸纳与变通。

1. 多元的文化群体：不同传统的墓葬类型

砧子山墓地位于元上都城址东南部的多伦县西北隅，整个墓区依托砧子山主峰绵延 6 平方公里，先后共清理墓葬 73 座。这批为数众多的墓葬结构多样、文化渊源各异，根据墓葬形制大致可分为两大组（表 1.8）。

表 1.8 砧子山西区墓葬葬制结构与随葬品组合

类型		墓葬	墓茔	墓葬结构	葬具葬式	香炉	鸡腿瓶	多系瓶	骨刷	钱币	彩石
A	A1	M8	二进	方砖穹隆顶	木棺尸骨	○	○		○	○	
		M64	二进	方砖石穹隆顶	木棺尸骨				○		
		M11	三进	六角砖穹隆顶	无棺骨灰		○			○	
		M12	三进	六角砖穹隆顶	无棺骨灰	○	○				
	A2	M29	二进	方砖穹隆顶	木匣骨灰	○		○		○	○
B	B1	M76	二进	方砖平顶	木匣骨灰						○
		M28	二进	方砖平顶	木匣骨灰			○			
	B2	M13	二进	石板（椁）木棺	骨灰		○				
		M70	—	石板木椁木棺	尸骨					○	
	B3	M61	—	土坑木椁	尸骨			○			
		M65	—	土坑木椁	骨灰		○				○

① 魏坚：《元上都》卷九，《多伦县砧子山西区墓地》，第 328~585 页；内蒙古文物考古研究所等：《元上都城址东南砧子山西区墓葬发掘简报》，《文物》2001 年第 9 期。
② 李逸友：《元上都城南砧子山南区墓葬发掘报告》，《内蒙古文物考古文集》第一辑，北京：中国大百科全书出版社，1994 年，第 639~671 页。
③ 魏坚：《元上都》卷九，《正蓝旗卧牛石墓地》，第 586~600 页。

　　A组为辽墓风格的穹隆顶、券顶砖室墓，周边砌筑有多进石茔墙。根据规模大小和有无墓道又可分作大中型和小型墓两类。A1 大中型墓的墓室结构主要为近方形和六角形，墓室边长（对边长）在 2～5 米之间，壁面涂抹白灰层，部分墓葬有彩绘壁画和仿木构建筑，全部使用长斜坡墓道。其中近方形墓例以 M8 和 M64（图 1.11：1）为代表，葬制均作木棺尸骨葬；而六边六角形墓则以同茔的 M11（图 1.11：2）和 M12 为代表，采用后壁棺床上直接堆放骨灰的葬式。大中型砖室券顶墓实际上均可上溯到辽金时期的仿木构砖室墓①。A2 小型墓的墓室无斜坡墓道，墓室边长在 1 米左右，葬具也由于墓室面积所限，采用木匣骨灰葬；它实际上体现了辽代券顶砖室墓和金代木匣骨灰葬的葬制融合，推测应源自东北民族早期的"有椁无棺"葬俗，到金代中后期，则转化为简单石室或砖室葬②（图 1.11：3）。

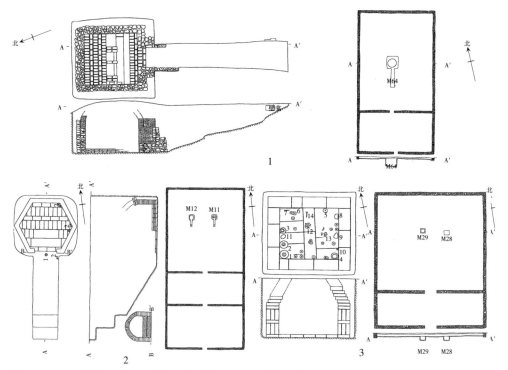

图 1.11　元上都砧子山西区穹隆顶砖室墓及所在墓茔（采自《元上都》卷上，图三四、图三五、图七〇、图七三、图一三六、图一三七）

1. M64 及所在墓茔；2. M11 及所在墓茔；3. M29 及所在墓茔

---

① 　代表墓例可见辽宁朝阳马令墓，参见辽宁省博物馆：《辽宁朝阳金代壁画墓》，《考古》1962 年第 4 期。

② 　刘晓东等：《试论金代女真贵族墓葬的类型及演变》，《辽海文物学刊》1991 年第 1 期。

　　B 组墓葬则是金代女真墓葬传统中"有椁墓"的不同演化类型。B1 类的近方形平顶砖室墓是金代中后期有椁墓向墓室墓转化的一种类型，平面边长在 1.7 米至 1 米之间，顶高较低，是模仿椁室形式修建的砖室墓。葬具上与小型券顶砖室墓相同，均用木匣骨灰葬。典型墓例为 M28 和 M76（图 1.12：1）。B2 类的石板（石椁）木棺墓则是金代土坑石椁墓的一种变体①，以 M13 和 M70 为代表（图 1.12：2、3）。其中 M70 严格意义上有石板和木板双重木椁，且椁室用木板隔为前后两室；这种处理方式很可能是墓上二进石墓茔对地下墓室营造的影响。B3 类的土坑木椁墓是这一墓群最为主流的墓形结构，也是长城以北金代区墓葬传统中使用最广的墓葬类型，以 M69 为

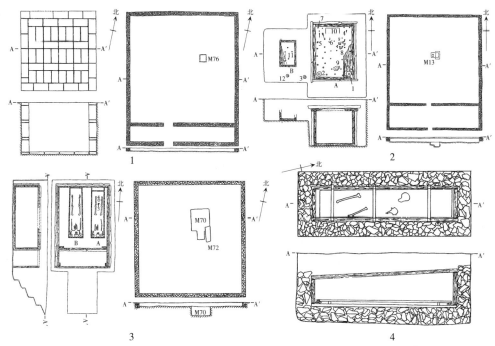

图 1.12　元上都砧子山西区"有椁墓"类型墓葬及所在墓茔（采自《元上都》卷上，图一九〇、图一九一、图四〇、图四一，图一七三、图一七四，图一五二）

1. M76 及所在墓茔；2. M13 及所在墓茔；3. M70 及所在墓茔；4. M69

---

①　这种石椁墓在金源地区和北京周边均十分流行。其中长城以北地区金代石椁墓的典型墓例为黑龙江阿城巨源金齐国王夫妇墓，详见黑龙江省文物考古研究所：《黑龙江阿城巨源金代齐国王墓发掘简报》，《文物》1989 年第 10 期。

代表①（图1. 12：4）。从砧子山西区的墓例来看，木椁中殓葬尸骨和骨灰的情况基本各半。

　　砧子山西区的墓葬形制杂糅了契丹、女真两类文化传统，又以金代"椁室墓"类型占主流；据此或可推测出这一墓地的所属人群主要是居住在长城以北内蒙古东南部和辽宁西部的辽金遗民。同时，穹隆顶砖石室墓中出现了在墓道末端或墓上设置祭台的情况，这与北京龙泉务辽金墓群②和徐水西黑山墓群③十分相似；砖石混筑墓下堆石、上砌砖的墓室营构方式也与上述两大墓群一致：这说明砧子山墓地亦有部分人群是自北京和河北北部迁入元上都的。而该墓群出土的随葬品体现出非常一致的文化面貌，其器用组合以钱币为大宗，陶瓷器也十分多见，并形成了碗、鸡腿瓶（多系瓶）和香炉的组合模式，此外通常伴出骨刷、镇墓彩石和珠饰。这些随葬品特征基本沿用了北方辽金墓葬的传统模式（图1. 13）。

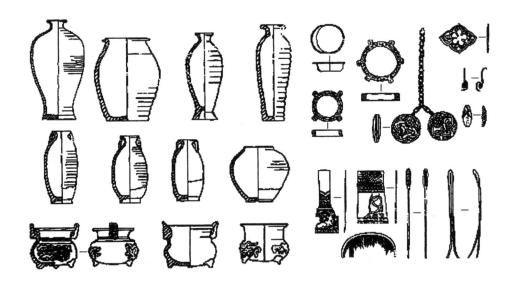

图1. 13　元上都砧子山西区墓葬出土随葬品组合（采自《文物》2001年第9期，第42页，
　　　　　图一〇；第43页，图一二；第44页，图一三；第48页，图二七）

---

① 这种墓葬在金代以黑龙江绥滨中兴古城墓群和松花江下游奥里米古城墓群为代表，体现了金源地区女真族人墓葬的文化特征，基本为竖穴土坑木椁墓，墓室形状多为长方形，有些在墓的底部积石。

② 北京市文物研究所：《北京龙泉务辽金墓葬发掘报告》，北京：科学出版社，2009年。

③ 南水北调中线干线工程建设管理局：《徐水西黑山：金元时期墓地发掘报告》，北京：文物出版社，2007年。

由是观之，砧子山西区墓地在葬制面貌上基本上沿用了辽金时期的墓葬传统，其中又可细分出契丹和女真两类不同的葬制渊源。同时这批墓葬面貌上的差别也与葬入人群的来源地有关，从目前墓葬反映出的现象看，既有长城以北的住民，也有来自山前北京周边的人群。在大量沿用辽金丧葬传统的同时，开始出现一些新的文化因素，其中最为典型的就是地面石茔墙的应用。这种墓葬特征与同区辽金时期的墓例均不相同，应该是受蒙古族墓葬地表圈砌模式的影响。

2. 蒙古化葬制的借鉴与变通：墓茔与棺葬具的新发展

观察上都周围的蒙古族聚葬墓群可见，蒙古墓葬流行在地表做出标识，或在墓穴填土之上堆放石块，或在墓穴四周营造石砌的墓茔墙。值得注意的是，墓茔墙和墓顶堆石基无关存，也就是说，这两种处理手段具有一致的功能诉求：在自然标识不发达的广袤草原准确标记出墓葬所在的具体位置。另一方面，石茔墙也是适应游牧区墓地保护的一种应变手段，很大程度也是出于墓地安全的考虑。与之相对，无论是中原地区的迁入人群还是长城以北的辽金遗民均没有使用地表石茔墙的墓葬传统。鉴于此，元上都砧子山汉人墓地大量出现的地表石墓茔应该是受到附近地区蒙古人族群丧葬文化的影响。然而，与蒙古墓地单茔单墓的布局不同，砧子山墓地的墓茔形制则出现了多重、多进的新形式（图1.14），一茔内聚葬多墓的现象也十分常

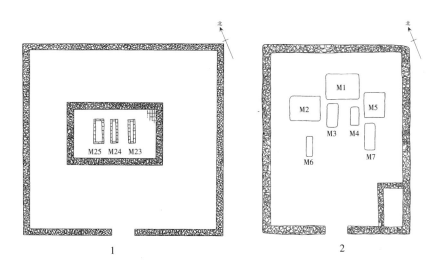

图1.14　元上都砧子山西区墓茔类别（采自《元上都》卷上，图六一，图三）
1. 双重式：墓茔9；2. 单体式：墓茔1

见。这种引借蒙古治葬风俗并适当变通的做法，应该与汉人群体昭穆有序的安穴传统和墓地祭祀的丧葬风俗相关。下文将结合砧子山的茔墙规制，探讨其在家族聚葬和墓祭传统上的功能应用。

其一，同茔多墓：聚葬的家族墓地。据砧子山西区墓地简报刊布，目前清理的48座墓茔中，共有7座属于多墓合葬，每茔内均安置有3～7座墓葬。这些同茔墓很大一部分"或同穴合葬，或异穴合葬，均应为夫妻合葬墓"。与这类夫妻合葬墓同列一茔的其他墓例，则推测为同一家族的其他成员。同时，一茔单墓的墓地中多将墓穴位置安排在茔墙内的一侧，空出另一侧的大半空间，这种现象似乎暗示了每茔内部的家族墓葬需要遵循固定的营坟安排，先入葬的人群也要为其他家族成员预留出相应的安坟空间，或可视作家族成员同茔合葬的旁证。

其二，事死如生：多进墓茔的象征。将砧子山西区和南区的墓葬材料综合对比，可以发现多进式墓茔中的墓葬规模大，葬品丰富，规制较高，或属于经济地位较高的人群。在这类多进式墓茔中，通过横砌石墙将整个墓茔纵向分为前后区，而墓穴均安排在后区空间内；各区的门道基本位于同一轴线上。墓地发掘者认为，这种墓茔结构应该是模仿汉人大户家庭的多进宅院，按照生宅"前堂后寝"的布局，安葬死者的空间也对应安排在墓茔最后端。这种前后多进空间的墓茔结构又与部分墓室中的前后椁室（参考M13）相对应，反映出上都附近葬祭空间的特殊安排模式。

墓茔结构之外，砧子山西区汉人墓群中使用的木棺葬具也在蒙古葬俗的影响下出现了新的文化现象——三圈棺箍固定法。辽金墓葬中也不乏使用木棺作为葬具的墓例，这些木棺或作梯形，或为长方形，还有部分存在栏板雕饰和四挡彩绘的精美雕饰，但使用金属棺箍匝定的处理手法至今尚未发现；而这种三箍圈定的制棺模式确为蒙古族葬制中的重要特点，这一加固方式不仅见诸文献记载，也可在上都周边的一棵树和三眼井蒙古族聚葬墓区中找到实例。

需要留意的是，砧子山西区使用石墓茔和铁箍"固棺法"的墓葬在墓室结构和随葬品组合上仍然沿用着辽金传统，这些"蒙古化"的新葬制特征均是在保留固有丧葬传统的前提下做出的选择性吸收和借鉴。而以自身墓葬传统为基础，与其他族属文化交互变通，是元上都周边蒙汉墓群的共同时代特征，也是这一阶段葬制涵化的重要表征。

第二节 以大同、冀北为中心的仿木构砖室墓

所谓"燕云之地"是指长城以南地区以后晋所纳燕云十六州①为核心的地域范围，辽金时期属于汉人聚居的统治南区。这一地区长期处于游牧与农耕社会的交锋缓冲地带，文化面貌兼具"胡化"与"汉化"的双重性。墓葬类型上流行壁画装饰的仿木构砖室墓，既借鉴了"北地"契丹、女真的墓葬文化因素，又受到中原地区宋墓模式的深刻影响，形成了地域特征明显、发展脉络清晰的墓葬体系。这一地区发现了大量仿木构砖室墓，主要分布在今河北宣化（辽归化州、金元为宣德州）、山西大同（辽金西京、元大同路）和今北京（辽南京、金中都、元大都）为中心的三个区域；其中宣化一带是此类辽墓最为丰富的区域；而金元时期的墓例则以晋北大同地区为多、北京周边次之。

燕云地区的仿木构砖室墓自辽代早中期始，已形成地域特点明确的墓葬传统，以圆形壁画墓为主，流行随葬成套的木家具和陶明器；墓葬面貌上既与长城以北武安州、降圣州的同类墓葬存在着密切联系，又引纳了晋中、河南等地的宋墓因素，表现出契丹墓葬制度与汉地丧葬传统混糅的文化复合性②。辽末金初，该地区转而确立起以近方形和多角形墓室为主的墓葬形式，而壁画布局、随葬品组合和葬式选择仍延续了之前区域墓葬传统的发展轨迹。蒙元时期，与赤峰、凌源壁画墓"漠北衣冠"的蒙古化风格不同，燕云之地的墓葬几乎全盘因袭了当地辽金墓葬的旧制，体现出明显的沿承性与连贯性。

燕云地区目前刊布的蒙元仿木构砖室墓集中在大同和冀北地区，其中多数有壁

---

① 燕云十六州为长城以南汉地之泛指，具体州名实有出入。《辽史》卷四《太宗本纪》下：会同元年（938年）十一月"晋复遣赵莹奉表来贺，以幽、蓟、瀛、莫、涿、檀、顺、妫、儒、新、武、云、应、朔、寰、蔚十六州并图籍来献。于是诏以皇都为上京，府曰临潢。升幽州为南京，南京为东京。改新州为奉圣州，武州为归化州。"后瀛、莫二州为后周收复，新取易州，又自蓟州析景州、废襄州置弘州、改妫州为可汗州、升云州为西京。

② 可参考刘未：《辽代汉人墓葬研究》，第455～469页；霍杰娜：《燕云地区辽代墓葬研究》，北京大学硕士学位论文，2003年，第45～48页。

画装饰。大同地区的代表墓例有 1958 年发掘的冯道真墓①、1986 和 1992 年在齿轮厂发现的两座壁画墓②；北京周边则先后在密云③、门头沟斋堂④和涿州⑤发现三座壁画墓。此外，在大同近郊，还发现了三座墓葬结构与上述壁画墓相似的无装饰砖室墓，分别为东郊崔莹李氏墓⑥、北郊王青墓⑦和西郊宋庄墓⑧；这些砖室墓虽然未绘饰壁画，但随葬有成套的木、陶明器，器用组合呈现的空间场景与同区墓室壁画多有关联，二者互为补证。下文将以晋北大同地区的仿木构砖室墓为中心，结合北京周边的同类墓葬资料，分别从墓葬装饰布局、随葬品组合和葬具葬式三方面系统探讨蒙元时期"辽金旧制"下燕云墓葬的沿革发展。

一　墓葬壁画的题材与布局

大同、冀北地区蒙元壁画墓的布局是以墓主之"位"为中心来安排的。这里所说的"位"，是指墓壁装饰中不出现墓主形象，而以其他形式暗示其在墓室空间中所处位置的图像模式⑨。在燕云地区的蒙元壁画墓中，"位"的表现模式主要是居于壁面正位的屏风和床榻⑩；这种处理方式既不同于长城以北壁画墓中居中正坐的墓主人

---

① 大同市文物陈列馆、山西云冈文物管理所：《山西省大同市元代冯道真、王青墓清理简报》，《文物》1962 年第 10 期。

② 王银田等：《大同市西郊元墓发掘简报》，《文物季刊》，1995 年第 2 期。大同市博物馆：《大同元代壁画墓》，《文物季刊》1993 年第 2 期。

③ 张先得、袁进京：《北京市密云县元代壁画墓》，《文物》1984 年第 6 期。

④ 北京市文物事业管理局等：《北京市斋堂辽壁画墓发掘简报》，《文物》1980 年第 7 期。

⑤ 河北省文物研究所等：《河北涿州元代壁画墓》，《文物》2004 年第 3 期。

⑥ 大同文化局文物科：《山西大同东郊元代崔莹李氏墓》，《文物》1987 年第 6 期。

⑦ 大同市文物陈列馆、山西云冈文物管理所：《山西省大同市元代冯道真、王青墓清理简报》，《文物》1962 年第 10 期。

⑧ 王银田等：《大同市西郊元墓发掘简报》，《文物季刊》1995 年第 2 期。

⑨ 巫鸿将"位"的概念引入墓葬和宗教供奉图像的研究中，他认为牌位、华盖、帷帐和卧榻均是一种暗示供奉主体形象的暗示，其作用不在于表现一个神灵的外在形貌，而在于界定他在礼仪环境中的主体位置。详见巫鸿：《无形之神：中国古代视觉文化中的"位"与对老子的非偶像表现》，《礼仪中的美术》，北京：生活·读书·新知三联书店，2005 年，第 509~522 页。

⑩ 徐苹芳在对辽金墓葬的总结中曾精准地概括了晋北地区的这一装饰特点，提出在大同壁画中，本应表现墓主人夫妇对坐的位置转而以帷幔屏风的彩绘图像代替。详见徐苹芳：《中国历史考古学论丛》，台北：允晨文化实业有限公司，1995 年，第 315~318 页。

夫妇形象，也不同于河南、山东等中原宋金墓居于侧壁的墓主坐像或一桌二椅。

燕云地区居中表现围屏床榻的壁画布局可以在此区辽金壁画墓中找到模式渊源。无论是大同、宣化的山后之地，还是北京周边的山前地区，自辽代晚期开始均确立起固定的墓室壁画格局，图像题材与分布位置渐成定式：通常是在墓室后壁表现三扇或五扇花鸟屏风；左壁为驼马出行和伎乐表演；右壁绘衣架，旁立侍女或老翁；墓门两侧分立门吏、侍女①。金代时期，这种布局模式又有细部调整，居中绘饰的题材由多扇屏风发展为带围屏床档的床榻，左右两侧壁则分别表现茶酒备荐的侍奉图像。而已刊布的蒙元时期大同、冀北两地壁画墓，在年代序列上各自存在缺环而无法独立形成完整的发展体系。仅从现有材料来看，大同和冀北的墓室壁画似乎呈现出两类既有区域共性又有细节差别的模式：大同壁画墓正壁全用屏风，左右以茶酒进奉为主，墓葬年代属蒙古时期和元代早中期；冀北壁画墓的中心图像则以围屏床榻为主，正壁两侧以孝行故事最具特点，年代多属元代中晚期。考虑到两地元墓资料年代的互补性，我们不妨在分别探讨二者墓葬壁画模式的基础上，将两地资料统合处理，从而弥合二者各自的年代缺环，从长时段、大区域上勾勒出燕云地区蒙元壁画墓相对完整的发展序列。

1. 大同地区："茶酒间进"的壁画布局

鉴于墓葬壁画需依托于墓室空间来展现，我们有必要先对大同地区金元阶段的墓葬形制做一系统回顾。从墓葬结构的对比可见，大同蒙元墓葬在结构上基本上沿用了金代规制。相较于辽代早中期以圆形为主和辽末金初四角、多角形并存的墓室结构，晋北地区自金代中前期起又确立了近方形为主流的墓室结构，墓顶作穹隆形和攒尖式。墓向多坐北向南，整体结构由墓道、墓门、甬道、墓室组成，墓室边长在1.5～3.2米的范围内。从金代的墓例来看，墓室规模似乎与墓主身份大致相当：边长在3米左右的阎德源墓②墓主为颇得统治上层倚重的道教领袖；边长在2米左右的云中大学墓群③则为金代下级官吏的家族墓地（同时，墓室规模大小的变化又多少受到葬式的影响；一般而言，火葬墓的面积相应略小）。蒙元时期规模较大的冯道真

---

① 刘未：《辽代汉人墓葬研究》，第443～482页。霍杰娜：《燕云地区辽代墓葬研究》，第39～40页。
② 大同市博物馆：《大同金代阎德源墓发掘简报》，《文物》1978年第4期。
③ 大同市博物馆：《大同市南郊金代壁画墓》，《考古学报》1992年第4期。

墓和齿轮厂壁画墓也遵循着上述规律，分属全真道宗主和正八品官员。在仿木构建筑上，大同地区的砖室墓从金初直到金代中期都保持着一套完整的柱、枋、斗拱组合：四壁转角多立倚柱，柱上承普拍枋，枋上设转角和补间斗拱。从金代后期开始，墓壁上的仿木构建筑开始简化，角柱不再出现。逮至蒙元阶段，仿木构建筑在金后期的基础上进一步简化。现有墓例中仅有 1986 年齿轮厂壁画墓和西郊宋庄墓使用了仿木构建筑，但已不见角柱和补间斗拱，表现形式上也以彩绘影作居多；大多数墓葬则完全不见任何柱、枋、斗拱（表 1.9）。

表 1.9　大同地区金元时期的墓葬结构

墓葬名称	年代	墓葬结构	规模（米）	仿木构
平朔市府街墓	金初	方形攒尖顶砖室墓	1.40×1.40	不明
徐龟墓	1161 年	方形穹隆顶砖室墓	1.68×1.68	M 角柱 4；R 普拍枋；R 斗拱：转角 4、补间 4
云中大学 M1	正隆年间	方形攒尖顶砖室墓	2.00×1.92	M 角柱 4；M 普拍枋；M 斗拱：转角 4、补间 3
云中大学 M2	1159 年	方形穹隆顶砖室墓	2.07×1.97	不明
阎德源墓	1190 年	方形攒尖顶砖室墓	3.12×3.11	R 普拍枋；R 斗拱：转角 4、补间 4
92 年齿轮厂墓	13 世纪前半	方形穹隆顶砖室墓	2.90×2.33	—
冯道真墓	1265 年	方形攒尖顶砖室墓	2.64×2.84	—
王青墓	1297 年	方形攒尖顶砖室墓	2.50×2.10	—
崔莹李氏墓	1261 年	方形穹隆顶砖室墓	1.80×1.80	—
86 年齿轮厂墓	1298 年	方形穹隆顶砖室墓	2.50×2.54	R 转角斗拱 4　M 普拍枋
宋庄墓		方形穹隆顶砖室墓	1.85×1.85	M 转角斗拱 4　M 普拍枋

注：表格中 M 表示壁画，R 表示砖雕；下文同。

明确了大同地区蒙元壁画墓的墓室结构及其发展脉络，我们再来观察墓室壁画格局。1992 年发现的齿轮厂壁画墓在墓室后壁砖棺床的上方未饰彩绘，两侧壁分别以左酒右茶的模式表现茶酒备荐，墓门两侧各立一男女侍从。冯道真墓和 1986 年发掘的齿轮厂元墓在壁画布局与题材选择上更为接近，墓室后壁和左右两壁后侧均由多扇屏风组成，屏风图像为隐逸风格的山水人物。其中冯道真墓居中的通壁屏风表现"疏林晚照"的山水景致，左右二通壁侧屏分别描绘了松下论道和临溪观鱼的场景（图 1.15）；1986 年齿轮厂墓壁面后半部描绘四扇较为低矮的带座连屏，由左至右分别绘饰泛舟、结庐、临渊和山行。屏风两侧同样为左酒右茶的进奉场景（图 1.16）。这二座墓葬中，冯道真墓和 1986 年齿轮厂墓均有明确纪年，分别为至元二年（1265 年）和大德二年（1298 年），分属蒙古时期和元代前期。

北壁：山水屏风画

西北壁：论道屏风画

东北壁：观鱼屏风画

西南壁：童子图
细节漫漶

东南壁：备茶图

图 1.15 大同冯道真墓壁画布局（采自《文物》1962 年第 10 期，第 45～46 页，图 1～3，封面图版，封三：2）

后壁：隐逸题材屏风画

左后壁：泛舟屏风画   右后壁：山行屏风画

左前壁：备酒图   右前壁：备茶图

图 1.16   1986 年大同齿轮厂元墓壁画布局（采自《文物季刊》1993 年第 2 期，图版三）

那么，蒙元时期的这种壁画模式是如何发展起来的？这些装饰题材和布局模式有没有更早的传承渊源？如果我们将目光回溯到辽金阶段，则可发现这种中立屏风、"茶酒间进"的图像格局承袭自同区辽金墓葬的壁画传统；这一格局从出现、调整到最后定型，经历了 100 余年的积累，在题材表现上已十分成熟，布局安排上也相当固定①。辽代后期，大同、宣化地区就形成了多扇屏风为中心的墓室壁画布局，屏风左侧表现备茶，右侧相应位置为备酒，墓门两边分别为驼马出行和散乐表演。宣化辽墓 M5 张世古壁画墓就是这种布局的代表墓例②。辽末金初阶段，以小围屏装饰床档

① 关于"茶酒间进"题材在蒙元墓葬中的特殊意义，将在本书第五章中详论。
② 河北省文物研究所等：《宣化辽墓》，北京：文物出版社，2001 年，图 202、203。

的卧榻开始代替前期的通壁屏风成为新的中心图像。这一时期的典型墓例为平朔市府街墓[1]，可以看出虽然壁画模式的中心图像发生了变化，但左右侧壁依然维持着左茶右酒的对称格局，体现出过渡阶段的特征。进入金代中后期，壁画的布局模式又进入一个定型期，以徐龟墓[2]和云中大学家族墓为代表，形成了围屏床榻后壁居中、侧壁左酒右茶的格局，茶酒图像的位置进行了左右置换。其中床榻的表现既有明确绘出后壁床档的情况，也有不做壁面装饰、代之以实体棺床的简化模式。至蒙元阶段，这一布局又有所调整，茶酒荐备的图像位置基本不变，整个墓室图像的中心再次转为多扇屏风（表 1.10）。

表 1.10　大同地区辽金元墓葬壁画布局

墓葬名称	甬道左/前壁左	左壁		后壁			右壁		甬道右/前壁右
宣化辽墓 M5	备马	备茶	屏风	屏风			屏风	备酒	散乐
平朔市府街墓	驼车	备茶		侍从	围屏床榻	侍从	备酒、散乐		控马
徐龟墓	出行	备酒、散乐		男侍		女侍	备茶、散乐		出行
云中大学 M1		备酒、散乐		男侍	围屏床榻	女侍	备茶		
云中大学 M2	男侍	备酒		男侍	围屏床榻	女侍	备茶		
1992 年齿轮厂墓	男侍	备酒		涂白灰			备茶		女侍
冯道真墓	松鹤	漫漶	屏风	屏风			屏风	备茶	竹鹤
1986 年齿轮厂墓		备酒	屏风	屏风		屏风	屏风	备茶	

纵观辽末到元代中前期，可以看出大同地区墓葬壁画的中心图像先后经历了屏风－围屏床榻－屏风的三段式变迁，而左右侧壁的茶酒备荐的装饰布局一直相沿不断，只是茶酒的相对位置有所调换，最终形成了左酒右茶的表现模式。墓门两侧的图像则固定为左右并立的男女侍从。需要注意的是，这批大同地区壁画墓均在元代中期之前，缺少元代中后期的墓例资料；与之相反，以北京为中心的冀北地区当前刊布的墓例恰好集中于元代中后期。如将二者并观，或可系统地把握燕云地区蒙元墓葬壁画较为完整的发展序列。

---

① 山西省考古研究所平朔工作队：《朔州辽代壁画墓发掘简报》，《文物季刊》1995 年第 2 期。
② 大同市博物馆：《山西大同市金代徐龟墓》，《考古》2004 年第 9 期。

　　2. 冀北地区：孝行与围榻图像的新组合

　　与晋北大同地区统一的方形墓室结构不同，以北京为中心的金代壁画墓呈现出多样的墓室形制，如时立爱墓中的多边形主室、时丰墓的长方形椁室①和赵励墓的圆形墓室②等。但在墓室壁画布局上，冀北地区的金代壁画墓却表现出相对统一的营造模式：以围屏床榻为中心、左右对称绘饰茶酒进奉场景；这种壁画格局与大同地区的同期壁画墓完全一致，应该代表了燕云地区金代墓葬图像模式的区域特征。冀北地区目前共发现了三座元代壁画墓，分别为门头沟斋堂墓、北京密云墓和涿州墓。这三座墓在墓葬结构上延续了金墓多样性的传统，平面形状四边形与多边形并存，斋堂和密云壁画墓为方形墓室，涿州元墓为八角形；而葬具、出土器物和壁画题材上则体现出较高的相似性。结合涿州元墓至顺二年（1331 年）的明确纪年，将这三座壁画墓的年代统一划归为元后期应无问题。值得注意的是，这批年代较晚的冀北壁画墓在整体布局上基本沿用了本区的金墓传统，以围屏床榻和饮食进奉的组合模式为主，同时也展现出新的文化因素——拼合型孝行故事的出现。

　　孝行题材在燕云壁画中的使用并非元墓的首创，在宣化下八里Ⅱ区的辽代后期墓葬中，即可看到通壁装饰孝行屏风的例子。然而，宣化辽墓的孝行题材是作为构图核心的屏风画出现的，每个画面单独表现一个孝行故事；而在北京周边的元代壁画墓中，这种传统题材却展示出新的表现模式，孝行故事分列于主壁左右两侧；构图模式上将不同的人物故事拼合于同一背景中③（表 1. 11）。相似的构图也见于大同以北的内蒙古凉城后德胜元墓，再结合该墓的仿木构建筑形式，也将其年代断为元代晚期④（表 1. 12）。我们或可推测，侧壁装饰图像中增加孝行题材，是整个"辽金

①　张先得、袁进京：《北京市密云县元代壁画墓》，《文物》1984 年第 6 期。

②　王青林、周宇：《石景山八角村金赵励墓志与壁画》，《北京文物与考古》第五辑，北京：北京燕山出版社，2002 年，第 179 ~ 198 页。

③　李敏行提出，这种将不同孝义故事同绘于一个画面，并以画面背景的自然地形来区隔各个人物故事的布局是借鉴敦煌佛教"净土变"壁画的表现形式，从而使不同故事场景错落有致、穿插得宜。详见李敏行：《元代墓葬装饰所反映的艺术审美特点》，南开大学博士学位论文，2007 年，第 127 ~ 128 页。

④　据简报描述，凉城后德胜壁画墓在墓顶起券的手法上与襄汾丁村 M2 如出一辙，而丁村墓有明确的纪年，为至正七年（1348 年）；该墓中的手印纹砖也发现于晋南侯马地区的元后期砖室墓中。鉴于此，可将凉城元墓的年代基本确定在元代后期。

故地"在元后期普遍使用的一类壁画模式①，这一模式也向邻近地区辐射，如后文将要论及的陕西横山罗圪台村壁画墓。

表 1.11 北京周边金元墓葬壁画布局

墓葬名称	甬道左/前壁左	左壁	后壁	右壁	甬道右/前壁右
北京赵励墓	散乐	备酒	围屏床榻	备茶	备宴
新城时丰墓	门吏	进宴	围屏床榻	进宴	门吏
河北斋堂壁画墓	侍女	孝行	围屏床榻	孝行	侍女
北京密云壁画墓	牡丹	屏风（进宴）	屏风（花鸟）	屏风（不详）	剥落
河北涿州壁画墓	孝行	备酒	围屏床榻	备茶	孝行

表 1.12 内蒙古元代墓葬壁画布局

墓葬名称	前壁左	左壁	左后壁	后壁	右后壁	右壁	前壁右
凉城后德胜壁画墓	侍从	孝行	备茶	夫妇并坐	备酒	孝行	侍从

通过以上分析，可以看出冀北地区的墓葬壁画模式与大同地区保持了一致的发展步调。这两个小区域在金代时已确立起相似的壁画布局；元代中前期，大同地区形成了以后壁床榻/屏风为中心、左右两侧对称分布茶酒荐备题材的壁画格局；而元代后期的冀北壁画墓基本沿用同一布局模式，只在侧壁茶酒图像之外添加了拼合型的孝行题材。有趣的是，虽然大同和冀北在墓室后壁装饰上存在屏风和床榻的细节表现差异，如若将墓室后部的砖砌棺床一并纳入考察视野，则可发现这两类壁画装饰模式实际上殊途同归。在以屏风装饰为核心的墓例中，墓室后壁和左右侧壁的屏风三面合围，恰好环绕在砖砌棺床的正上部，共同构成了一个像、体结合的"围屏床榻"。从这个意义上来说，墓室后壁的屏风装饰和围屏床榻展现的是同一类场景（图 1.17）。

鉴于此，我们可以将大同和冀北两个小区域的墓葬壁画统合起来，弥合二者各自的年代缺环，尽可能复原出燕云地区蒙元壁画布局的完整发展序列：蒙古国时期和

---

① 至于长城沿线元墓在主壁中分别出现的墓主对坐、屏风和床榻，则可视作墓主之位在表形模式上的区域差异；就图像的本质意义而言，他们都代表了墓室中作为供奉对象存在的墓主。

后壁：花鸟围屏床榻

左后壁：备酒图　　　　　　　　　　右后壁：备茶图

左前壁：孝行图　　　　　　　　　　右前壁：孝行图

图 1.17　涿州元墓壁画布局（采自《文物》2004 年第 3 期，第 45 ~ 48 页，图
七 ~ 图一三）

元代早中期，承继当地金墓传统，进一步确立了以围屏床榻为中心、左酒右茶的
壁画模式；该模式一直续存至元代后期，并出现了左右侧壁绘饰拼合式孝行故事
的新因素。

需要指出的是，燕云地区这种以床榻屏风为核心、左右供奉茶酒的壁画布局又
与墓室中随葬的家具模型和明器组合存在着某种联系。

二 随葬的木、陶家具模型与器物组合①

大同地区蒙元砖室墓中出土有成套的小型家具模型和饮食容器组合，材质上木、陶兼用，非常有特色。其中家具模型主要为成套的长短供桌、交椅方凳、影屏和盆架、巾架；器物组合多分作三组，分别是以汤瓶、盏托为代表的茶具，以玉壶春瓶和酒匜为代表的酒具，以及一炉、二瓶、二蜡台为代表的"五供"。这些木、陶家具模型和器物在大同蒙元墓葬中已形成非常固定的组合形式，不仅出土于冯道真墓为代表的彩绘砖室墓，也发现丁工青墓、崔莹李氏墓等无装饰简单砖室墓（图1.18、1.19）。那么，这种成套的随葬品组合究竟是蒙元时期新兴的文化因素还是另有源据呢？

图1.18 大同东郊王青墓陶家具与器物组合（采自《文物》1962年第10期，第44页，图32～39）

事实上，大同蒙元墓中的随葬品组合可视作燕云地区辽金墓随葬木家具和小型陶器传统的继承与发展。这种随葬器用传统可追溯到辽代中前期宣化地区的随葬品组合上。自辽中期始，宣化地区的随葬陶器已形成固定的组合模式：包括三足器、釜、

① 冀北地区三座砖室壁画墓中发现的随葬器物很少，以香炉和鸡腿瓶为代表，在长城南北的金元墓葬中均十分常见；关于此类随葬品组合的发展与变化，将在本章第三节中结合北京蒙元墓中更为完整的器物组合来探讨。

图 1.19　大同崔莹李氏墓陶家具组合（采自《文物》1987 年第 6 期，第 90 页，图
　　　　一三～一五；图版捌）

罐、盆、注子、熨斗、勺、剪刀和水斗等，在组合和尺寸上都已制度化。这批陶
明器与注壶、盏托等瓷器随葬品相互补充，形成一套完整的器用组合①。而燕云地
区木质家具模型较为广泛的应用也始自宣化辽墓，并确立了以木桌、木椅、镜架
和衣架为主要类别的组合样制②。通观辽代燕云山前、山后诸地，可见此类随葬
模型的区域流动规律：自宣化地区始，逐步影响和扩展到以大同为中心的晋北
地区和北京地区，最终在辽代晚期定型为整个燕云墓葬习用的陶器组合。其中
大同地区的随葬木质家具和陶质明器均从辽中期开始出现，至辽代晚期才开始
大量流行。

　　从大同徐龟墓和南郊两座金代壁画墓中出土的随葬品可见，金代大同地区在随
葬陶瓷器组合上基本沿用了辽代晚期的传统，依然流行茶酒具、鍪釜、柳斗、唾盂、

① 秦大树：《宋元明考古》，北京：文物出版社，2004 年，第 184～190 页；刘未：《辽代墓葬研究》，北
京：科学出版社，2016 年，第 98～99 页；霍杰娜：《燕云地区辽代墓葬研究》，第 16～22 页。
② 木家具最早流行于辽畿内和朝阳地区的大型贵族墓中，多于棺床小帐搭配使用。辽中晚期以来，木家
具则在南北两区中普行开来，同时棺床小帐的使用对象也有所扩展。

印纹盘和箕等；然而，这一阶段又展示出明显的器用转变：以香炉和蜡台为代表的"供器"组合开始出现，这是未见于本区辽墓的新因素。这种辽晚期明器组合加上金中期以来新兴供器的器用制度，一直到蒙元早期的大同宋庄墓中依然保持着相当大的影响（表 1.13）。

表 1.13 大同地区辽金墓中的陶明器组合

墓葬名称	注壶	盏托	柳斗	箕	鏊釜	鸡腿瓶	印纹盘	盆	匜	蜡台	香炉	长颈瓶
张恭诱墓	○	○	○	○			○	○				
徐龟墓	○			○	○		○				○	
大同南郊墓	○				○	○		○		○		
大同宋庄墓		○		○		○		○	○		○	○

另一方面，从金代晚期开始，大同地区逐步确立起一套有别于辽墓家具模型和陶瓷器随葬品的葬制传统。大定二十九年（1189 年）阎德源墓出土的随葬品组合为我们提供了这种金代规制的典型样本：陶瓷随葬品中出现了炉、瓶、蜡台构成的完整"五供"组合；木家具在辽代桌椅组合的基础上，加入盆架、巾架和影屏这三种新兴类型，而早期流行的衣架逐渐淡出。这种五供和家具模型的组合模式，逐渐成为当地通用于金元墓葬的器用规制。晋北地区发现的多处蒙元墓例，如冯道真墓、王青墓、崔莹李氏墓和两座齿轮厂壁画墓，均沿用了阎德源墓确立的这一随葬器用组合，模型材质上木、陶兼用。除了器类和组合模式的定型，这些模型与器用在摆放位置上也有规定。就冯道真墓和王青墓的发掘现场来看，陶木模型和器用组合的设位陈器均有固定安排：墓室棺床前分列摆陈大小供桌和交椅方凳，"五供"居中，茶酒具悉陈桌上；供桌后立多扇影屏，左右设盆架和巾架（表 1.14）。

综上可见，大同蒙元墓随葬的家具模型和器用组合通过固定的摆放模式，营造了一个具有供奉意味的墓室空间；这种空间格局又与同区墓葬壁画布局存在着密切联系：墓室后部正中为棺床，配合影屏，形成了"尊者位"的供奉对象，而通绘于后壁的屏风和围屏床榻也具有相似的指代功能；发现于棺侧的盆架和巾架模型，可与墓室正壁两侧手持白巾、渣斗或铜盆等盥洗用具的男女侍从壁画图像互证。至于

表 1.14　大同地区蒙元墓葬中的木、陶明器组合

墓葬名称	注壶	盏托	蜡台	香炉	长颈瓶	经瓶	玉壶春	匜	供桌	椅	盆架	影屏	巾架
阎德源墓		○	○	○	○	○			○	○	○	○	○
1992 年齿轮厂墓									○		○		○
冯道真墓		○	○	○	○		○		○ˑ		○	○	○
王青墓		○	○	○	○		○	○	○	○	○	○	○
崔莹李氏墓	○	○	○	○	○		○	○	○	○	○	○	○
1986 年齿轮厂墓	被扰乱，原有小型木明器												

陈设在大小供桌上的茶具和酒具，恰与左右侧壁备献茶酒的图像场景相合。也就是说，随葬的器用组合和墓室壁画存在着互为补证的关系，大同地区的墓室空间则在物象之间互为补证的关系中，营造出对墓主之"位"供养祭奉的场景。

接下来我们又面临这样一个问题：在墓室物象空间中居于核心地位的墓主，又是以怎样的葬式和葬具安置的呢？

三　葬具选择与使用阶层

燕云地区的仿木构砖室墓在墓室后部设砖砌棺床，棺床上流行铺设木板、陶榻或石榻，棺椁用制以木棺为主，也有部分不设棺椁。葬式上可分为尸骨葬和骨灰葬两大类，而骨灰外通常裹以丝织品。其中大同和冀北地区又可分作两个小区：大同地区流行棺床－棺板－木棺这样一整套葬具系统；而冀北地区则通用华丽的彩绘棺具。

1. 冀北地区：彩绘棺椁的流行

北京周边发现的三座仿木构砖室壁画墓在葬具上十分统一，均在墓室后部砖棺床上横置彩绘棺椁，涿州墓为砖棺，密云和斋堂元墓均为漆木棺。葬式上通用尸骨葬，且以夫妇异棺同室合葬为主。以上三墓的彩绘棺具中，涿州元墓和斋堂元墓保存较好，依稀可辨棺档彩画和棺具形制。其中斋堂彩绘木棺前档正中绘幔帐、左右分立男女侍从，与该墓的墓室壁画布局一致（表 1.15）。

表 1. 15 冀北壁画墓的墓葬形制

墓名	墓室规模（米）	墓主身份	堂款	葬具	葬式
涿州壁画墓	3.06×3.65	大都路判	寿堂	砖棺床 + 彩绘砖椁 + 木棺	尸骨葬
密云壁画墓	3.04×3.04	不明	乐安之堂	砖棺床 + 彩绘木棺	尸骨葬
斋堂壁画墓	2.80×2.80	不明	安堂、乐堂	砖棺床 + 彩绘木棺	尸骨葬

北京周边的金墓中尚未发现使用彩绘棺具的仿木构砖室墓，然而，我们可从河南焦作老万庄金元墓中找到相似例证。如果再将时段与地域延伸，又可在晋北繁峙杏园金代壁画墓中发现风格相同的彩绘木棺。这些材料，均有助于我们判断冀北地区蒙元彩棺墓的使用人群。这三座仿木构壁画墓中，涿州元墓在修墓记中明确提及了墓主身份——大都路总管府判官。其他两座墓例虽未发现文字信息，但从墓室规模和局部细节的比较中或可发现相关线索。冀北这三座元墓均具有较大的墓室规模，边长（或对边长）在 3 米左右，墓室彩画华丽严谨，同时在墓门门额上或墓壁题记中均可见到"堂款"之名，涿州墓的修墓记中提到"寿堂"、密云墓门额之上为"乐安之堂"、斋堂元墓则可见到"安堂""乐堂"的堂款。从这点出发，可以推测出密云和斋堂元墓的墓主身份大致与涿州墓相当；再参考焦作老万庄怀孟路总管家族墓中出土的彩绘木棺，基本可以确定冀北彩绘棺具的使用人群大致应为普通官员与地方精英。

2. 大同地区：真容骨灰葬的别样发展

大同地区蒙元墓更多保留了辽代的葬具传统，在砖砌棺床上铺设棺板，再以石棺或木棺殓葬的做法比较普遍。这种葬具组合最初是在辽代晚期的契丹中小型墓中大量使用[1]；金代时期，晋北地区的汉人中下级官吏和地方士绅也采用了这种葬制；蒙元时期在大同这一葬式继续沿用，棺板形式更趋多样，由辽晚期单一的木棺板发展为陶榻、木板和石板并存的形式。

同时，我们也应注意到，大同蒙元墓葬中这种成套的葬具形式还存在与木陶类家具模型共存的情况。而这种葬具与随葬模型的组合模式，亦可在辽代葬制中找到渊源。葬具与家具模型搭配共存，最早流行于辽畿内和朝阳地区 10 世纪中期的契丹

---

[1] 秦大树：《宋元明考古》，第 182 ~ 184 页；刘未：《辽代墓葬研究》，第 56 ~ 58 页。

大型墓葬中。辽代中期以降，这一模式开始普行于契丹中小型墓葬和南地汉人墓中，采用尸床、棺具和桌、椅、衣架等木家具配套使用的做法。该葬制在大同地区大量使用的时间略晚，约自辽代晚期以降，使用对象大多为中下级官吏和富户。逮至金代中后期和蒙元时期，大同地区墓葬随葬的木家具种类大大丰富，而棺床、棺板和棺椁的组合形式也更为多样（表1.16）。

表1.16　大同地区金元墓葬的墓主、葬具与葬式

墓名	墓主身份	尺寸（米）	家具模型	葬具	葬式
徐龟墓	处士	1.68×1.68		砖棺床、石棺	不详
云中大学 M1	下级官元	2.00×1.92		砖棺床、木棺匣	裹绢骨灰葬
云中大学 M2	正九品下	2.07×1.97		砖棺床、石椁木棺	裹绢骨灰葬
阎德源墓	道教领袖	3.12×3.11	木	砖棺床、木椁木棺	尸骨葬
冯道真墓	道教领袖	2.64×2.84	木	砖棺床、石榻、木棺罩	尸骨葬
王青墓		2.50×2.10	陶	砖棺床、木棺	尸骨葬
崔莹李氏墓		1.80×1.80	陶	砖棺床、陶榻、石棺	裹绢骨灰葬
1986年齿轮厂墓	正八品	2.50×2.54	木	砖棺床、无棺椁	裹绢骨灰葬
1992年齿轮厂墓		2.90×2.33	木	砖棺床、木榻、无棺	裹绢骨灰葬
宋庄墓		1.85×1.85		砖棺床、木棺	不明

大同地区蒙元墓葬在葬式上的另一大特点，是裹绢骨灰葬的流行，代表墓例为崔莹李氏墓和大同齿轮厂周边的两座壁画墓。梳理当地的金墓材料可知，绢裹骨灰葬自金代起即在大同地区使用，墓主身份为官阶正九品下的中下级官员及其家族成员。实际上，这种特殊的葬制有着更早的渊源，可以追溯到辽代早中期契丹大型墓的网络面具葬；它与辽中后期出现于汉人群体中的木雕骨灰葬一并，均是契丹网络面具葬①的变体形式，从本质上讲属于"真容骨灰葬"的范畴。

相较于裹绢骨灰葬，木雕骨灰葬出现的时间略早，主要发现于辽代宣化地区的汉人墓葬中。宣化辽墓 M1 张世卿的木棺中，即有一具用柏木分段雕刻并用榫卯插接

① 关于契丹网络面具葬，据文惟简《虏廷事实》"丧葬"条载："北人丧葬之礼，盖各不同。……惟契丹一种，特有异焉。其富贵之家，人有亡者，以刀破腹，取其肠胃涤之，实以香药盐矾，五彩缝之。又以尖苇筒刺于皮肤，沥其膏血且尽，用金银为面具，铜丝络其手足。耶律德光之死，盖用此法。时人目为帝耙，信之有也。"（载［元］陶宗仪：《说郛》卷五五，《说郛三种》影印本，上海：上海古籍出版社，1988年，第2564页）以金属面具和网络作为葬服在契丹大型墓葬中始流行于辽代中期景圣之际，其后逐渐在中小型墓中普及开来。

而成的真容像，内填骨灰①。相似的墓例也见于北京大兴马直温墓，同样使用了分段榫卯插接的柏木真容像②。同时，柏木真容像也存在与网络面具葬同穴合葬的情形，如宣化下八里 M1 夫妇合葬墓中，男墓主使用铜丝网络葬，而两名女墓主则采用了柏木真容骨灰葬③。这种并存现象似乎暗示着这两类特殊葬制存在着某种密切的联系：柏木真容骨灰葬很可能是契丹网络面具葬的一种变体④。

辽金时期源承于契丹网络葬的所谓"真容"葬法除了使用榫卯插接的木雕人形外，亦有其他表现模式。宣化辽墓 M7 张文藻夫妇墓就使用"扎草为身"的形式代替木雕人像。墓主真容像的头部、躯干和四肢全部使用稻草捆扎，内填死者的烧骨，稻草外穿戴衣冠配饰；头部以布帛所制，推测当时也应描画出了具体五官，惜发掘时已朽烂不辨⑤。辽代木雕真容和草扎真容葬主要发现于宣化和赤峰地区；从辽代后期始，其使用人群日渐扩大，不仅应用于地望世家与高级品官，也向中小官员群体普及。

至金代，大同地区衍生出另一种模式的真容葬法——裹绢骨灰葬。金代大同地区的裹绢骨灰葬以纺织品包裹墓主骨灰，再将其捆扎为人形。最为典型的墓例当推大同云中大学 M2。该墓木棺中安放着两位死者，均为骨灰葬，骨灰用丝织品包成两具人形。丝织品模仿死者生前装束，着交领长袍、脚蹬皂靴。人形面部也用丝织品包裹，并用墨线勾勒出五官轮廓。这种处理方式与木雕真容葬和草扎真容葬在表现形式上殊途同归，均可视作辽代女真族铜丝网络面具葬的一种变体。由墓志可知，男墓主陈庆敕封"进义校尉"，正九品下，属下级官吏。相同的葬式也见于同一墓地中的 M1，墓葬等级基本相似，应属陈氏家族墓。以上两处墓例说明金代大同地区裹

① 河北省文物研究所：《宣化辽墓》，北京：文物出版社，2001 年，第 200、223 页。
② 张先得：《北京市大兴县辽代马直温大妻合葬墓》，《文物》1980 年第 12 期。
③ 张家口市宣化区文物保管所：《宣化下八里 II 区辽壁画墓考古发掘报告》，北京：文物出版社，2008 年，第 14～21、40～48 页。
④ 李清泉曾详细比较了柏木真容葬面部处理和契丹网络葬中面具的相似性，将这种葬制视作北地汉人对契丹皇室和贵族网络面具葬的一种模仿，一定程度上反映出北地汉人官吏或大族的契丹化倾向；同时也指出，这种葬法出现的根本动因，还在于当时佛教丧葬文化相关传统的深刻影响。详见李清泉：《宣化辽墓：墓葬艺术与辽代社会》，第五章"真容偶像与多角形墓葬"，北京：文物出版社，2008 年，第 263～273 页。
⑤ 河北省文物研究所：《宣化辽墓》，第 88～90 页。

绢骨灰葬的使用对象中，中下级官吏和地望家族占了相当大的比例。蒙元时期，裹绢骨灰葬在大同地区继续使用，但形制上更为简率，仅用纺织品将骨灰简单缠裹为人形，早期精描五官和仿真冠服等细部处理则消失不见。这一时期裹绢骨灰葬的使用阶层同样以中下级官员为主，如 1986 年齿轮厂元墓的墓主即属于正八品官阶。

　　无论是冀北地区的彩绘陶木棺，还是大同地区成组葬具与家具模型的配套出现，抑或是葬式特殊的裹绢骨灰葬，在葬制传承上均可追溯至辽金时期燕云地区的丧葬传统，具有明显的继承性与连贯性；同时，这些仿木构砖室墓所属的人群阶层也十分固定，基本为中下级官员和地方精英，这也从侧面反映出金元之际大同地区社会阶层的稳定性。

第三节　元大都周边的官勋墓葬

　　如果说以大同为中心的仿木构砖室墓反映了蒙元时期中下级品官和地方精英的葬制传统，那么以大都（今北京）为中心的墓葬类型则更多代表了勋贵、高官和地方军事世家的葬制面貌。同时在族属上，北京周边墓葬的所属人群混融了色目人、蒙古人和归元"汉人"；这些群体虽然族属各异，但均以勋贵、品官及其家族成员为主，社会层阶均属于上层群体。

一　长墓道大型砖室墓

1. 大型多室墓

　　此类墓葬以耶律铸[①]、史天泽及张弘略墓[②]为代表，均为带长斜坡墓道的大型砖砌多室墓。墓门多以仿木构建筑装饰，有门簪、檐枋或高大的门楼。墓室壁面上装饰有仿木构斗拱和彩绘壁画。葬式上均在墓室后部棺床上安放木棺殓骨，随葬品规格较高。

　　耶律铸墓为南北向六室墓，由墓道、墓门、前室及东西侧室、后室及东部两侧

---

① 北京市文物研究所：《耶律铸夫妇合葬墓出土珍贵文物》，《中国文物报》1999 年 1 月 31 日第 1 版。
② 河北省文物保护中心等：《元代张弘略及夫人墓清理报告》，《文物春秋》2013 年第 5 期。

室构成。据墓室规格及随葬品可知，耶律铸葬在后室，前室及左右侧室分别埋葬其一妻二妾，后室东侧的两侧室应附葬其家族成员[1]；主室尺寸接近 3 米见方，侧室尺寸为 2.4 米×2 米。这一大型墓葬不仅在结构上体现出明显的辽代贵族多室墓风格，随葬器用上也体现出明显的辽墓特征。该墓虽遭盗扰，出土的随葬品仍十分可观，计有精美的瓷器、银器、铜牛、汉白玉马和陶俑等 180 余件；其中手执十二时牌令的立俑完全是辽墓墓室上部十二时图像的另一种表现形式[2]。葬式上十分统一，均在砖砌棺床上放置木棺椁一套，内殓尸骨（图 1.20：1）。

与之相似的大型多室墓也见于石家庄史氏墓群。元朝开国丞相史天泽家族墓地发现于河北省石家庄后太保村，其中 M1 为三室砖室墓，推测为史天泽及其妻妾的合葬墓[3]。这座三室墓由长斜坡墓道、甬道、墓门、八角形主室和左右圆形侧室构成。主室对边长 5 米上下，侧室内径为 3 米左右。主室壁面转角处各砌筑一角柱，每个柱头上承砖雕转角斗拱一朵，另有补间斗拱共八朵（图 1.20：2）。随葬品多被盗扰，仅余龙泉和高丽青瓷器、金花残片、大型铜香炉和随葬铜钱。葬式上与耶律铸墓相同。

同样由长斜坡墓道、甬道和主、侧室组成的多室墓也见诸满城张弘略夫妇合葬墓。其前后室和左右侧室均作近方形，穹隆顶；各室边长 3 米左右。墓室四角用菱角子分五层叠涩，象征斗拱。出土大量南北名窑的精美瓷器，品类丰富。张弘略夫妇墓的葬式与耶律铸墓及史天泽家族墓不同，后室与东西侧室中部铺地砖下凿山东西向长方形墓穴，规格均作长 2.2 米，宽 0.5～1 米，深 0.6 米，再用 0.04 米厚的青

---

[1] 这两座附葬墓均为长方形券顶墓，墓葬结构与耶律铸墓的其他墓室均不相同，反而具有女真族石椁墓的风格，与北京周边大量发现的石椁墓、砖室石板墓和砖室券顶墓应属于同一类型。推测为元代中期左右附葬与耶律铸墓的晚辈家族成员墓。

[2] 宣化下八里 M1 张世卿墓、M2 张恭诱墓和 M5 张业古墓的墓顶均绕周绘有十二神的形象。其中 M2 与 M2 中的十二神均为手持笏板的文吏，与耶律铸墓出土的十二神雕像类似。

[3] 关于 M1 的墓主问题，原简报根据该墓在整个墓地中的位置和出土器物推测其属于史天泽及其眷属合葬墓（河北省文物研究所：《石家庄后太保村史氏家族墓发掘报告》，河北省文物研究所编：《河北省考古文集》，北京：东方出版社，1998 年，第 344～369 页）；而谢明良则通过 M1 中出土瓷器与沉船、窖藏、窑址中的纪年材料的比较，将该墓中的器物分为早晚两组，早期的器物基本与史天泽的卒年相当，而晚期的器物则可归至 14 世纪上半叶，故而对 M1 的墓主是否确为史天泽还存在进一步商榷的空间（详见谢明良：《对于史天泽墓的一点意见——兼评〈石家庄后太保村史氏家族墓发掘报告〉》，载谢明良：《中国陶瓷史论集》，台北：允晨文化实业股份有限公司，2007 年，第 191～214 页）。

石板砌成椁室，体现出金代椁室墓的传统（图 1.20：3）。

2. 单室多角形墓

北京周边和冀中地区的此类墓葬以石家庄史氏墓群 M3 最为典型。这座仿木构单室墓有长达 13 米的墓道，墓门建筑与耶律铸墓十分相似，均在券门上做出华丽的砖雕仿木构门楼。墓室为六角形，对边长约 4 米，墓壁上装饰有六个转角斗拱（图 1.20：4）。由于扰乱严重，此墓葬具葬式不明，仅能根据凌乱的火烧骨推测为火葬墓。值得注意的是，此墓棺床下方有一砖砌长方形供桌，该墓中现存的随葬品残件均出自供桌前。这种随葬现象应是辽墓传统中木家具陈设供品的一种变通形式。

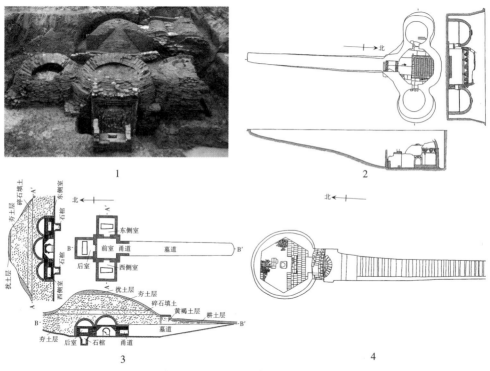

图 1.20　大都周边辽墓风格的长墓道大型仿木构砖室墓

1. 北京耶律铸家族墓（采自《中国文物报》1999 年 1 月 31 日第 1 版）；2. 石家庄史天泽墓（采自《文物》1996 年第 9 期，第 49 页，图 5）；3. 满城张弘略夫妇合葬墓（采自《文物春秋》2013 年第 5 期，第 30 页，图三）；4. 石家庄史天泽家族墓 M3（采自《河北省考古文集》，第 351 页，图一一）

3. 使用人群和葬制渊源

耶律铸墓与张弘略夫妇合葬墓有墓志为证，前者葬于前至元二十二年（1285 年），后者葬于元贞元年（1295 年）。史天泽墓盗扰严重未发现明确纪年材料，但根据其在墓地中的营垅位置及史天泽本人的卒年（前至元十二年），基本可将该墓年代确定在 1275 年左右。石家庄史氏墓群 M3 未发现纪年材料，仅能根据出土瓷器的形制特点，推定其年代下限不晚于 14 世纪前半叶①。也就是说，北京及冀中地区大型仿木构砖室墓的使用时间基本集中在元代前期。

从墓志材料和墓地性质综合判断，这批墓葬的墓主身份均属于较早归元的"汉人"勋贵集团。耶律铸为蒙古国时期契丹名相耶律楚材次子，官至中书左丞相从一品，属归元的勋贵世家。张弘略为汉军万户、蔡国公张柔之子，历任淮东道宣慰使、江西宣慰使、河南参知政事等职；张氏家族也是蒙古国早期汉军万户之一。史天泽则为真定史氏汉军世家的代表人物，其与天成刘氏、保定张氏、东平严氏、济南张氏和藁城董事并称蒙元六大汉人世侯集团②，在蒙古平金伐宋的战争中各著功勋；同墓地的 M3 在身份界定上应属史天泽家族成员。由此可见，这批具有契丹遗风的大型多室仿木构砖室墓属于元代"汉人"勋旧集团，或为契丹贵族，或为汉军世家，地位相当显赫。

这种归降勋贵集团在新王朝建立之后仍使用传统葬制的情况，在辽金之际北京地区的墓葬中也可找到相似的墓例，如金代前期的时立爱家族墓和萧仲恭夫妇合葬墓。石立爱和萧仲恭均为金代前期降金的辽代贵族。这两处墓葬均带有长斜坡墓道，主室尺寸均在 4~5 米之间，具有明显的辽代贵族墓风格；这些特点一直到元代早期的耶律铸和史天泽墓仍得以保留。河北新城时立爱墓为仿木构八角形四室砖墓，主

---

① 史氏墓群的发掘报告根据墓葬结构风格和安垅位置，大致推断 M3 略晚于 M1 史天泽墓、早于 M4 史杠墓，应为 13 世纪末的元代前期墓葬（河北省文物研究所：《石家庄后太保村史氏家族墓发掘报告》，第 5~366 页）；而谢明良认为原报告并未找到明确的纪年材料进行参比，所谓墓葬的"昭穆"位置也语焉不详，不足为据，他以 M3 出土瓷器为观察点，以蒙元时期有明确纪年的沉船、窖藏、窑址和墓葬中发现的同类瓷器作为参照物，指出 M3 的下葬时间应为 14 世纪前半叶左右（谢明良：《对于史天泽墓的一点意见——兼评〈石家庄后太保村史氏家族墓发掘报告〉》，第 194~200 页）。

② 汉军世侯是指归附甚早，且在蒙古征服汉地过程中功勋卓著的汉军将领，他们享有与蒙古勋臣同样世享封地与分民的待遇，拥有兼统军民之特权。忽必烈改元后，这些地方世袭权利集团大多转变为中枢官僚家庭，与蒙古、色目官贵集团一并，形成了元代统治精英的上层。关于汉军时候的研究，可参看萧启庆：《元代几个汉军世家的仕宦与婚姻》，载《内北国而外中国：蒙元史研究》，北京：中华书局，2007 年，第 276~345 页；孙克宽：《蒙古帝国初期汉军的建制》，载《蒙古汉军与汉文化研究》，台北：文星书店，1958 年，第 1~5 页；梁太济：《关于金末元初的汉人地主武装问题》，南京大学历史系元史研究室编：《元史论集》，北京：人民出版社，1984 年，第 164~199 页；黄时鉴：《关于汉军万户设置的若干问题》，《元史论丛》第二辑，北京：中华书局，1983 年，第 43~52 页。

室尺寸 4.75 米×5.45 米。据神道碑可知入葬年代为皇统三年（1143 年），墓主身份为"勤力奉国开府仪同三司巨鹿郡王"，正一品勋贵高官。此类大型多室墓还有兴隆天德二年（1150 年）萧仲恭墓①，墓中出土有长篇志文的契丹小字墓志。时立爱和萧仲恭均为降金的契丹贵族，因在金建国期间有功而被封为异姓王。而作为王朝嬗代之际归降并获封勋贵的家族成员，墓葬规模和结构上均有较为明显的简化。如作为时立爱家族成员的时丰，使用单室墓，墓室尺寸在 3 米左右或更小。这种墓葬结构和规格的减降也在史氏家族墓的部分墓葬中得以再现。

综上可见，这批出现于元前期的大型长墓道仿木构砖室墓，应属于归元的契丹贵族和汉军世侯群体；该群体是忽必烈潜邸旧部的中坚力量，在蒙元开国阶段的政治舞台中扮演了重要角色。这批砖室墓在墓室结构、葬式葬具和随葬品组合上保留着明显的辽墓风格；这也从侧面体现出女真文化并未对汉地造成较大冲击，反而是杂糅了中原文化和契丹文化而确立的契丹贵族葬制保持了深远影响，沿用于金代和元初的高等级墓葬中。

值得注意的是，耶律铸后室东侧附葬的两侧室均作长方形券顶，张弘略夫妇墓后室与侧室也为石板砌筑的长方形椁式样制。二者在结构上完全不同于该墓其他墓室的辽代遗风，反而与金代女真族的石椁墓在墓形和尺寸上十分相似。这种墓葬结构代表了金代石椁墓在元代的一类重要变体，它与石椁木棺墓、砖室石板墓、砖室券顶墓和简单"墓室墓"一并，在元代中期以降确立为勋贵与品官的固定葬制。

二　石椁墓的演变

金代石椁墓在北京地区大量流行，主要应用于女真贵族群体和降金的辽、宋勋贵旧臣中。北京地区和金上京地区发现有诸多石椁墓，墓主身份从下层品官及其家属到皇亲贵戚、高级官吏，直至皇族，都普遍使用这种大石椁，体现出金代品官和贵族的标准葬制。蒙元时期对这种葬制进行了多样变通和广泛普及，形成了大都周边最有代表性的墓葬类型。

---

① 郑绍宗：《兴隆县梓木林子发现的契丹文墓志铭》，《考古》1973 年第 5 期。

在契丹风格的仿木构多角形砖室墓之外，蒙元时期北京地区最为典型的墓葬类型是与金代土坑石椁墓有明显承继关系的长方形墓葬。这批墓葬的构成十分复杂，既有完全袭用女真传统的石板石椁墓，也有由石椁墓变通发展而来的砖室石顶墓和砖室券顶墓，还有一批由金代"墓室墓"发展而成的无装饰的穹隆顶砖室墓。虽然面貌多样、形制不一，但细加推敲，这批墓葬在渊源传承上均可视作金代土坑石椁墓的不同变体，可统称作"石椁型"墓①。

"石椁型"墓在元代大都地区广泛使用，所属人群既有元初勋贵和三品以上的重要朝官，也有普通官员和贵族家族中略有功名的成员；在元代晚期，可能还应用于下级官吏群体。与使用人群的广泛化相应，在墓室规格上，金代确立的严格等级界限也开始松动，椁室或墓室尺寸上虽有差别，但并不明显。金代长3米以上、宽2.55米以上的大型石椁墓非常少见，即使是元初勋贵和三品以上高官的椁室也多在2.6~2.8米×1.3米之间。同时，出现了一批长1.5米以下，宽不足1米的小型石椁墓，这也是金代墓葬未见的新特点。随葬器物上则确立了一套风格独特、制度统一的陶明器组合。下文将系统整理蒙元时期大都周围发现的此类墓葬，并尝试对其所属人群阶层和时代特征做出分析。

1. "石椁型"墓葬的类型分析

北京周边发现的"石椁型"墓根据建筑材料、椁室（墓室）结构和葬式葬具，大致可分作三种类型：A型为土坑石椁（石棺）墓，B型为砖圹"椁型"墓，C型为简单穹隆顶砖石室墓。以下将对这三种类型的墓葬分类详述（表1.17）。

A型：土坑石椁（石棺）墓。此类墓葬根据葬具的不同，又可划分为两小类：Aa型为石板/石条构建的石椁墓，椁内另设木棺为葬具，以金陵"陪陵墓"②、铁可

---

① 秦大树曾在北方元墓综论中提及"土坑石椁墓，长方形砖室墓和砖室石顶墓，这些墓类都可以追溯到金代的土坑石椁墓，其变化是大多成为以石块或砖砌成的墓室，内置棺椁，完全是一种墓室墓。"详见秦大树：《宋元明考古》，第233~234页。而这些平面呈长方形、仅容一棺的墓葬类型按照董新林的划分，也可称为"类椁室"墓。

② 北京市文物研究所：《北京金代皇陵》，北京：文物出版社，2006年，第95~100页。这批墓葬虽然发现在金陵陵区内，但从出土器物看时代较晚；同时，这五座墓作为陪陵墓来看不仅墓葬等级不够，埋葬的位置也很奇怪，均不符合陪陵墓的规制：综上，推测其很可能是蒙古南下、金都南迁后金遗民的墓葬。

表 1.17   以北京为中心的"石椁型"墓

类型		墓名	年代	身份	椁室/墓室	尺寸规模（米）	葬式	墓顶石
A	AaI	斡脱赤墓	元初	万户 元初勋贵	单室	2.70×1.20	衣冠冢	不明
		史氏 M2	元前期	史天泽家族	单室	2.78×1.20	木棺 尸骨	3
	AaⅡ	金陵 M4	元前期		单室	2.95×1.30	木棺 尸骨	3
		铁可墓	皇庆二年（1313 年）	太傅 大司农	并列三室	2.60×1.30	木棺 尸骨	3
		刘娘府 M1	元早中期		并列双室	2.50×0.80	不明	不明
		北京 M4			并列双室	2.90×1.10	木棺 尸骨	1
		北京 M5			并列三室	3.40×1.04	木棺 尸骨	1
		北京 M6	至正五年（1345 年）		并列五室	2.70×0.80	木棺 尸骨	1
	Ab	北京 M17			单室	1.26×0.50	无棺 骨灰	1
		北京 M18			单室	1.38×0.88	无棺 骨灰	盝顶
B	BaI	北京 M11			单室	3.00×1.20	木棺 尸骨	
		北京 M12			单室	3.74×1.46	木棺 尸骨	
	BaⅡ	张弘纲墓	大德九年（1305 年）	昭勇大将军	并列双室	2.50×2.40	石棺 尸骨	—
		史氏 M8	晚于延祐	史天泽家族	并列三室	2.68×1.00	木棺 尸骨	
		史氏 M4abde	晚于延祐	史天泽家族	并列四室	2.50×2.15	木棺 尸骨	
		桑氏 M1	至元三年（1337 年）	五品官员	并列三室	2.95×1.10	木棺 尸骨	
	Bb	北京 M7			并列双室	3.20×1.32	木棺 尸骨	1
		北京 M8			并列双室	2.80×1.45	木棺 尸骨	1
		史杠墓 M4c	延祐三年（1316 年）	行中书省右丞	并列四室	1.46×1.28	石匣 尸骨	不明
		桑氏 M2	天历三年（1330 年）	三品官员	并列三室	2.60×1.10	木棺 尸骨	3

续表 1.17

类型		墓名	年代	身份	椁室/墓室	尺寸规模（米）	葬式	墓顶石
C	Ca	北京 M15			单室	1.18×1.18	无棺 骨灰	—
	Cb	史氏 M5	元中期	史天泽家族	单室	3.25×3.25	木棺 骨灰	
		史氏 M6	元中期	史天泽家族	单室	4.00×4.30	不明	—
		北京 M9			单室	2.70×2.70	木棺	
		北京 M16			单室	0.90×0.84	无棺 骨灰	

父子墓①（图 1.21：1）、史氏墓群 M2 和北京石景山区、崇文区、朝阳区元墓②为代表。Ab 型严格来说更应称作石棺墓，多为骨灰葬，不再使用木棺为葬具，以北京石景山、呼家楼元墓为典型。这种葬制基本继承了金代石椁墓和石函墓的传统，但在具体砌筑细节上又有所不同，如铁可墓的石椁侧档总体上沿用了金代的石板立砌法，部分则采用了石板平铺垒砌③。

B 型：砖圹"椁型"墓。此类墓葬的四壁全用砖砌，形成墓圹，多作纵长方形，墓框内另安置石棺或木棺。根据封顶方式的不同，又可分作两小类：Ba 型为砖砌券顶，以张弘纲墓、史杠妻妾墓（图 1.21：2）、史氏墓群 M8（图 1.21：4）、廊坊桑氏墓 M1④和北京琉璃河元墓 M11（图 1.21：3）、M12 为代表；Bb 型墓顶封盖大石板，体现了对女真石椁墓结构的直接模仿，代表墓例为史杠墓、廊坊桑氏墓 M2 和北京周边元墓 M7、M8。值得注意的是，这两类不同的封顶方式常常并存于同一处家族墓地或同一座墓的不同墓室中，如石家庄史氏墓群中的史杠夫妇合葬墓，史杠墓室

---

① 北京市文物工作队：《元铁可父子墓、张弘纲墓发掘报告》，《考古学报》1986 年第 1 期。

② 黄秀纯等：《北京地区发现的元代墓葬》，北京文物研究所：《北京文物与考古》第二辑，北京：北京燕山出版社，1991 年，第 219～248 页。北京市文物研究所：《北京石景山区刘娘府元墓发掘简报》，《考古》2014 年第 9 期。下文题所述的北京元墓，均见引与此文献。

③ 北京以外的相似墓例，也见于辽宁喀左大城子石椁墓，椁室四壁用修整过的砂岩石条平砌三层，白灰勾缝，石条大小不一，墓盖用四大块厚重的石板搭成。详见徐英章：《辽宁喀左县大城子元代石椁墓》，《考古》1964 年第 5 期。

④ 此处提到的廊坊桑氏墓 M1 和下文中的 M2 属于同一处家族墓地，二者均为元后期品官墓。详细材料参见廊坊市文物管理处等：《廊坊市安次县大伍龙村元墓清理简报》，河北省文物研究所：《河北省考古文集》（三），北京：科学出版社，2007 年，第 280～290 页。

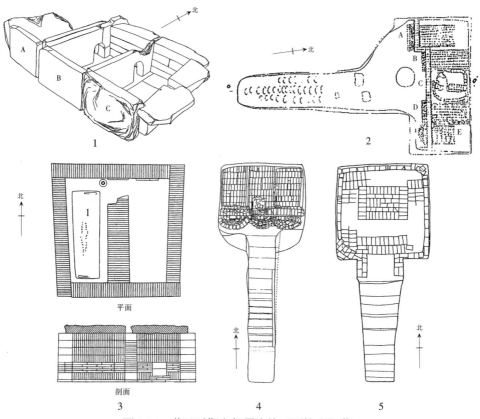

图 1.21   蒙元时期大都周边的"石椁型"墓

1. 北京铁可父子合葬墓（采自《考古学报》1986 年第 1 期，第 97 页，图三）；2. 石家庄史天泽家族墓
M4（采自《河北省考古文集》，第 358 页，图一八）；3. 北京琉璃河元墓 M11（采自《北京文物与考
古》第二辑，第 223 页，图四）；4. 石家庄史天泽家族墓 M8（采自《河北省考古文集》，第 355 页，图
一四）；5. 石家庄史天泽家族墓 M5（采自《河北省考古文集》，第 348 页，图七）

采用了墓顶封石的做法，而两侧祔葬的妻妾墓则采取了小砖起券的方式。同样，廊
坊桑氏家族墓的 M1、M2 年代相当，但却分别采用了封石和砖券两类造顶形式。从
目前的材料看，这两小类砖圹"椁型"墓并不存在使用阶层和年代上的明显差异，
应是元代并行发展起来的两类墓葬形制。实际上，这种由"有椁墓"向"墓室墓"
发展的趋势，在金代的东北和北京地区已见端倪。如吉林舒兰县发现的完颜守道墓，
用砖砌墓室，在墓室内再加砌大石板以象征石椁[1]，北京丰台王佐乡乌古伦家族墓地

---

① 刘晓东：《金代土坑石椁墓及相关问题》，《青果集——吉林大学考古专业成立二十周年考古论文集》，北京：
知识出版社，1993 年，第 397~401 页；陈相伟：《试论金代石椁墓》，《博物馆研究》1993 年第 1 期。

的 M2 使用了长方形砖圹墓室。此类砖圹墓在规模和平面形制上与石椁类同，标志着女真贵族的葬制从有椁墓向墓室墓的转化。这种转化在元代发展得更为充分，同时出现了大批并列多室合葬墓的墓例。

C 型：简单穹隆顶砖石室墓。此类墓葬和辽代风格的仿木构单室墓的最大区别，是壁面没有任何装饰，且随葬有成套的陶明器（关于明器组合的问题将在后文详述）。根据墓室平面又可分作 Ca 圆形墓和 Cb 近方形墓，尤以方形墓为多。这类墓葬墓顶起券不高，似乎也是由金代的土坑石椁墓发展而来的"墓室墓"。墓室尺寸上差别较大，既有边长 3 ~ 4 米的大型墓（图 1.21：5），也有面积在一米见方的小型墓，但均随葬成套的小型陶器。

以上三大类"石椁型"墓在墓葬形制和随葬组合上体现出相对统一的模式；然而，我们仍可根据椁室、墓室的构建细节将其区分为不同的品级阶层。

2. "石椁型"墓葬的使用阶层

根据墓葬规模和墓室营构的细节，大致可将北京地区的蒙元"石椁型"墓分作三个等级：

其一，三品以上的高官与勋贵集团墓。

该等级的墓葬包括 Aa 型中墓顶封盖三块石板的石椁墓和 B 型砖圹"椁型"墓。与金代同等级墓葬全用特大石椁、长 3 米以上、宽 2.55 米以上的定制不同，蒙元时期此类高等级墓葬在规格上比较多样，椁室或墓室尺寸一般纵长 2.5 ~ 3.7 米不等①。但石椁墓盖顶采用三块石板盖顶这一特点仍得以保留；此外，椁室或墓室中砌筑砖石棺床，并安置石棺或漆木棺的做法也秉承了金代高等级石椁墓的葬制传统。此类

---

① 其中史杠墓由于使用了特殊的"坐葬"葬式，殓具上采用近方形的木函，所以墓室纵长上偏短，属特例。此墓中的"坐葬"，辽金以来即出现于燕云地区的墓葬中。如北京辽代与直温墓和宣化下八里 II 区辽代晚期墓葬中出土的木质真容像，据出土现象推断均是以"结跏趺坐修禅的姿态"入葬的；这种"坐化"式的埋葬方法在元代北京地区的代表墓例为史杠墓。史杠墓的棺制为竖箱式，史杠本人则以坐姿入殓于棺箱中。据史杠墓志载，其"一日另具汤沐、易衣巾，曰：'吾将逝矣。'少顷端坐而薨。"这种以端坐的姿势天寿而终，也称之为"坐化"。在佛教信仰中，代表着生命不同形式的转化，并不是一种终结，而是肉体向另一种无形生命过渡的方式，又名"坐脱"。史杠墓采用的坐化入葬法，似乎也是受到这种佛教理念的影响。无独有偶，元代名臣中亦有他例与史杠相互印证。《元史·刘秉忠传》即有"无疾端坐而卒"的记载；而在张弘范传中，则可看到这样的描写："沐浴易衣冠……退坐，命酒作乐，与亲故言别。……语竟，端坐而卒。"从中不难看出与史杠墓志所录场景的相似性。

墓葬中墓主身份明确的墓例主要包括铁可及其父斡脱赤墓、张弘纲夫妇墓、史杠墓和廊坊桑氏 M2。其中铁可官至太傅和大司农，正一品，其父斡脱赤作为蒙元早期的勋贵，封万户；张弘纲敕封昭武大将军，从三品；史杠为湖北行省中书右丞，官至正二品；廊坊桑氏 M2 墓主官至大都路同知总管府事，正三品。而北京房山金陵的五座石椁墓全用等级较高的三石板封顶，其墓主也应为相似等级的群体。Ba 型墓葬中规模较大的北京 M11 和 M12，也可能属于品级较高的墓葬。

其二，三品以下的中级朝官和勋贵家族成员墓。

这一等级的墓葬包括 Aa 和 Bb 型中墓顶封盖一块石板的石椁墓，Ba 型墓中的廊坊桑氏 M1 和北京元墓 M7、M8，Cb 型墓中史氏家族墓 M5、M6 以及北京元墓 M9。其中 A、B 型墓在墓室尺寸上与第一等级的墓葬并无明显区别，只是墓顶石板的数量不同。葬具形式上与第一等级相同，多在椁室或墓室内置木棺敛骨。其中廊坊桑氏 M1 的墓主官至典瑞院经历，从五品；而史氏墓群 M5 和 M6 则为汉军世侯史天泽家族成员墓，墓室规模较大，可能有一定功名。故而此类墓葬在等级上大致相当于金代六块石板拼构的石椁墓，所属人群应为三品至五品的中级朝官或勋贵家族成员。

其三，中下级官吏和官勋家族中的无功名成员。

此类墓葬包括 Ab 型单室石棺墓和 C 型墓室墓中规模较小的墓例。葬式上不再使用木棺，而是直接在石棺或墓室棺床上安放骨灰。相应的，墓葬规模也明显缩小，石棺墓纵长在 1.5 米以下，宽不足 1 米；而 C 型墓室墓的面积则在 1 米见方。这些墓葬不见墓志出土，随葬品仅有小型陶明器，不见瓷器、铜器和金银饰品，故推测其墓主品级相对较低，应属中下级官吏和无功名的官勋家族成员。

3. "石椁型"墓葬的发展阶段

蒙元时期的"石椁型"墓与金代最明显的区别，在于横向并列多椁或多室墓的大量使用，这种变化基本以大德年间为界：此前的墓例仍以金代流行的单室墓为主；大德以降，品官墓中多室墓得到了广泛采用，而且似乎有年代越晚，并列的椁室或墓室越多的趋势。根据这些特征，又可将北京地区的蒙元"石椁型"墓大致分作两期。

第一期：元代前期（大德以前）

这一阶段的墓葬较多保持了金代石椁墓的传统，全为单椁或单室墓。墓葬形制上只出现了土坑木椁墓和砖圹券顶墓；规模尺寸也相对统一，基本固定在纵长 2.7 ~ 3.0

米、宽 1.3 米的范围。葬式上全部使用石棺尸骨葬，不见骨灰葬。其中斡脱赤于宪宗元年（1251 年）卒于迦叶弥儿，故此墓应为稍后在大都所设的衣冠冢；墓中出土的石牌位上书"大元"，又可推知该墓应建于忽必烈改国号的至元八年（1271 年）以后。而金陵发现的 5 座石椁墓和北京地区 M11、M12 两座元墓在墓葬结构和葬式葬具上还明显保留着金代旧制，故也将其归入元代早期墓。由是观之，元代前期北京地区的"石椁型"墓基本为单椁或单棺墓，使用阶层也应限定在中级以上品官和勋贵群体中。

第二期：元代中后期（大德至元末）

这一时期的墓葬面貌在金代石椁墓的基础上多有变通、类型多样，除早期的土坑石椁墓和砖圹券顶墓外，出现了砖圹石板墓、土坑石棺墓和穹隆顶的简单砖石室墓。该阶段最大的特点是横向并列多椁或多室墓的大量使用和小型火葬墓的出现。其中双室墓以大德九年（1301 年）张弘纲夫妇合葬墓为代表；三室墓发现较多，有确切纪年的墓例为皇庆二年（1313 年）铁可夫妇墓，以及分别葬于后至元三年（1337 年）和天历三年（1330 年）的廊坊桑氏 M1 与 M2；四室墓的代表墓例当推史杠夫妇合葬墓，年代在延祐三年（1316 年）；而五室墓则见于元末北京朝阳区鬼王庵 M6，葬于至正五年（1345 年）。多室墓的出现和大量使用一方面是家族丛葬制度下的产物，另一方面也可能受到淮水以南并列多室墓传统的影响。这种家族多室丛葬的葬制又与山东阳谷县马庙发现的一批元后期到明代的墓葬十分相似①，或可反映元代中后期一类重要的葬制类型。

除多室墓的流行，这一阶段北京及周边"类石椁墓"的另一重要特点是"石椁型"墓主阶层的扩大化。从墓主品级看，除高官和勋贵，中级朝官和贵族家族成员也在其内。同时最有阶段特点的当属规模较小的土坑石棺墓和墓室墓的出现，此类墓葬多不设棺具，葬式上采用火葬，墓主多为中下级官吏。

综上可见，金代应用于贵族和中高级品官中的"石椁型"墓，在元代完成了多样化的形制变通；与之相应的是，墓主阶层也逐步扩大，中下级官吏也加入到此类墓葬的使用人群中。可以说，元代"石椁型"墓在金代旧制的基础上实现了沿革有序、阶层分明的制度化发展。这种制度化的另一重要表现，当属小型陶明器组合的应用。

---

① 　山东省文物考古研究所：《山东省阳谷县马庙元明墓地发掘简报》，《华夏考古》1998 年第 3 期。

4. 制度规范的陶器组合

无论是土坑石椁墓、石棺火葬墓、砖圹"椁型"墓，还是穹隆顶简单砖室墓，北京地区的蒙元墓葬均流行随葬一套小型陶器组合。这套陶器使用阶层广泛，不仅发现于铁可、张弘纲等勋贵高官墓中，在普通官员墓中也是常见的器用组合；同时，中下级官吏的小型石棺火葬墓中同样可见到此类陶器组合。也就是说，北京周边元墓中普遍应用的成套小型陶器代表了蒙元时期大都官员随葬器用的定制，体现出葬制器用的制度化。这种制度化不仅在使用者的品级上具有普遍性，明器摆陈位置和器类搭配上也表现出相当的统一性。

图 1.22   北京张弘纲夫妇墓出土陶明器（采自《考古学报》1986 年第 1 期，第 108 页，图一二）

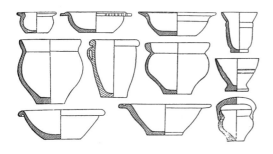

图 1.23   北京铁可父子墓出土陶明器（采自《考古学报》1986 年第 1 期，第 99 页，图五）

据目前所见保存较好的墓例可见，这批小型陶器均安置在石椁、砖圹与木棺之间，位于棺头的位置。如果是合葬墓，则每棺前各摆放一套相同的陶器。在器类和数量配比上，此类陶器也体现出高度的一致性，形成了大小固定在 8 ～ 10 厘米的五罐、二盆、二提梁罐，以及釜、杯、钵、灯各一的器用组合模式（图 1.22、1.23、表 1.18）[1]。

综上，北京地区小型陶器不仅形成了器类与数量固定的组合模式，也广泛应用于不同品级的官员墓葬中，同时，它的使用基本贯穿于元代始终。这种随葬品组合的定型，体现了元代大都地区勋贵品官墓葬器用制度的固定化和统一化；其与"石椁型"墓一并，代表了蒙元时期大都地区丧葬制度建设上的努力。

---

[1]   黄秀纯等：《元代墓葬》，载北京市文物考古研究所：《北京考古四十年》，北京：北京燕山出版社，1990 年，第 187 页。

表 1.18 北京地区蒙元墓出土小型陶明器组合

墓葬名称	罐	提梁罐	鏊釜	鸡腿瓶	多系瓶	盆	钵	灯	杯	炉	镜
铁可墓	○1	○1		○2	○1	○2	○1	○1	○2	○1	○1
耿完者秃墓	○	○	○	○		○		○	○		
张弘纲墓	○5	○2	○1		○1	○2	○1	○1	○1		○1
北京 M3 先农坛	○5	○2	○2			○3		○1	○1	○1	
北京 M4 崇文门	○5	○2	○1			○2	○1	○1	○1		
北京 M5 广渠门	○3	○2			○1	○2	○1	○1	○1		
石景山刘娘府 M1	○	○	○		○	○		○	○		
北京 M7 昌平	○		○			○			○		○
北京 M9 石景山	○5	○2	○1			○2	○1				
北京 M11 琉璃河				○2	○1	○1					
北京 M12 七棵树							○			○	○
北京 M16 大有庄	○5	○2	○1	○2		○2	○1	○1	○1		
北京 M17 石景山	○	○	○	○		○		○	○		
北京 M18 呼家楼	○	○									
北京 M19 丰台	○5	○2	○1			○1	○1	○1	○1		

三　北京地区蒙元墓中的所属人群

北京地区所见这批蒙元墓葬的所属群体，有相当一部分为地位显赫的官员和贵族集团。其中既有色目人勋贵家族的铁可父子，也有归元的契丹贵族耶律铸和汉军万户张弘纲，同时包括作为早期汉军世侯的张柔、史天泽家族。该群体虽然族属不同、经历各异，但都具有一个共同特点：他们均属于忽必烈潜邸旧侣，从蒙古国时期到元朝建立的过程中屡著功勋，在汉地的军事征伐和制度创定上发挥了一定作用。萧启庆将其分别划入西域人集团和以汉地世侯为中心的金源遗士集团①。除了色目勋贵，该人群大多在金代已有显赫的官历，蒙古国时期就进入忽必烈的"金莲川幕

① 萧启庆：《忽必烈"潜邸旧侣"考》，《内北国而外中国：蒙元史研究》，北京：中华书局，2007 年，第 113～143 页。

府"，政治主张上提出"以国朝之成法，参辽金之遗制"，在文化上和制度上均体现出明显的辽金传统。另一方面，忽必烈潜藩之际接触最多的即为此类"金源遗士"，恢复汉地秩序、建立中原王朝的过程中，主要依赖的也是这一群体；故而世祖朝建立元朝的统治制度时，虽大量保持"国朝旧俗"，但"汉地之法"主要借鉴的是就金代制度。这两点原因，均是北京及周边地区各级朝官和勋旧贵族在墓葬面貌上多承金制的社会文化动因。

同时，我们观察到这批葬于大都的勋贵品官墓葬也表现出族群上的多样性，其中包括了归元的契丹及女真贵族旧臣、色目人勋贵群体、汉人地方武装和蒙古人（多为妻妾身份），从墓葬等级和墓主品秩来看，他们都属于社会上层集团。正如萧启庆所论，元代社会并不是传统意义上的种族社会，而是一个门第社会。部分蒙古、色目和汉人世族凭借在蒙元建国过程中的卓著功勋及与蒙古贵族的姻亲关系而具有"大跟脚"身份，继而进入到统治上层的勋贵群体中，世代享有封荫特权①。北京周边元墓中所见的铁可父子墓、张弘纲夫妇墓、耶律铸夫妇墓和石家庄史天泽家族墓所呈现的墓葬特征，正是通过"藩邸旧侣"身份跻身上层勋贵群体在考古学文化上的侧影。

第四节　河北地区的平民墓

如果说长城以北的蒙汉墓群表现出不同族属文化的相互影响、大同冀北的壁画墓和北京周边的官勋墓体现出时代更迭的文化调整，那么"辽金故地"还有一类墓葬则展示出了葬制发展的滞后性和保守性。这类墓葬所属人群为普通平民，墓葬形制上均为穹隆顶"类屋室墓"，平面以圆形居多，采用砖砌或砖室混筑，墓门和壁面部分有简单仿木构砖雕，墓室直径多在2.0～3.5米之间。由金历元，此类墓葬无论是在墓室结构还是随葬器物组合上均变化甚微，基本保持了相对固定的葬制传统，政治变迁对其影响微乎其微。

---

① 萧启庆：《元代蒙古人的汉学》，《内北国而外中国：蒙元史研究》，第589页。

　　此类砖石室墓主要分布在北京远郊的昌平①、怀柔，北京周边的涿州②、廊坊③、涿鹿④和三河⑤地区，以及冀中的井陉⑥、柏乡⑦和徐水等地，尤以冀中地区最为集中。其中 2006 年在徐水西黑山地区发现了一处金元时期的大型墓群⑧，集中分布了60 余座砖石室墓，墓群北部、中部在年代划分上属金代墓群，而南部为元代墓群。从报告刊布的资料来看，除却墓室砌筑和随葬器物的细微变化，西黑山墓地中金元两大阶段的墓例无论是在墓室结构、砖雕形式、葬制葬式还是器物组合上均体现出突出的一致性，基本看不出王朝更迭所造成的影响。从墓室结构看，均为砖砌或下石上砖穹隆顶墓，平面形制大多为圆形，也有部分方形墓例。墓门分作券顶和平顶两类，门上有砖砌门簪，部分做出仿木构的檐枋和瓦当。墓室后部多设砖、木棺床。墓壁砖雕非常简单，北壁做出假门，灯檠、衣架和桌椅环绕分饰两侧。葬式全为厂骨葬，多用木棺殓葬。随葬器物以陶瓷类为主，器类多作碗、盘、双耳罐和小口瓶等，另有随葬铜钱的现象。

　　这批装饰简单的砖石室墓根据年代早晚大致又可分作两组。第一组以井陉南梁都村和柏乡侍中村为代表，年代为蒙古时期和元代早期。这组墓葬的墓门装饰相对复杂，流行在门券上做出门簪和仿木构门楼。壁面砖雕以居中假门为核心，西侧雕出灯檠和衣架，东壁表现桌椅。仿木构建筑相对复杂，依然保持着角柱、转角斗拱、补间斗拱和檐枋这一套完整的斗拱建筑。随葬器物中除上述提及的陶器组合和铜钱外，以各色铜镜最有代表性。第二组以徐水西黑山墓群为代表，年代上划归元代中晚期。该组墓葬的特点是壁面装饰更趋简化，多数墓葬壁面无装饰；有砖雕装饰的情况下，一桌二椅和衣架不再出现，假门也很少表现，只有西壁灯檠出现较多。墓门装饰上门楼极少出现，而

① 北京市文物研究所：《北京昌平兴寿镇元代墓葬发掘简报》，《文物春秋》2012 年第 3 期；北京市文物研究所：《北京平谷河北村元墓发掘简报》，《文物》2012 年第 7 期。

② 河北省文物研究所等：《涿州张村东营墓群发掘简报》，《河北省考古文集》，第 272 ~ 284 页。

③ 张兆祥：《廊坊市发现元代砖室墓》，《文物春秋》1991 年第 4 期。

④ 贺勇、陈信：《涿鹿发现一座元代纪年墓》，《文物春秋》1990 年第 4 期。

⑤ 河北省文物研究所等：《河北三河县辽金元时代墓葬出土遗物》，《考古》1993 年第 12 期。

⑥ 河北省文物研究所石太考古队：《井陉南良都战国、汉代遗址及元明墓葬发掘报告》，《河北省考古文集》，第 202 ~ 240 页。

⑦ 河北省文物研究所：《柏乡县侍中村古墓发掘简报》，《河北省考古文集》，第 338 ~ 343 页。

⑧ 南水北调中线工程建设管理局等：《徐水西黑山：金元时期墓地发掘报告》，北京：文物出版社，2006 年。

以门簪和瓦当为主。随葬器物中开始出现鸡腿瓶和大口深腹罐。

值得注意的是，徐水西黑山墓群普遍发现了墓上祭祀遗址——祭台。这些祭台均位于坟丘前、墓道正上方的地表上，规格十分统一，全用石块垒垫，上铺一块长方形厚石板。祭台周围发现有打破的碗、盘容器，据发掘者推测或与祭祀时的毁器传统有关。这批墓上祭台的发现提供了金元时期"墓祭"风俗的实物例证，是研究葬祭文化的重要材料。

如果我们以长时段的视角系统比较北京和冀中地区的辽金元墓葬，可知此类简单砖室墓是当地长期存在的葬制传统，体现出墓葬风格的连续性与保守性。北京龙泉务曾发掘了一处以辽墓为主的大型墓群①，其墓葬面貌与北京周边和冀中地区发现的蒙元砖石室墓十分类同，与徐水西黑山墓群尤为相似。龙泉务墓群同样可分为砖室墓和下石上砖墓两大类，在墓道正上方的地表上也盛行砌筑石祭台；葬具葬式上基本全为仰身直肢木棺葬：这些葬制传统均与徐水西黑山墓地如出一辙。这两处墓群差异较大之处就在于随葬陶瓷器的器类与组合。除碗、盘、灯盏、盆等共同使用的器类外，以徐水西黑山为代表的金元墓群流行随葬双耳罐、大口深腹罐（缸）和鸡腿瓶；而龙泉务墓地则以盖罐、鏊釜、鏊子、剪刀、熨斗和执壶为代表组合（表1.19）。综上可见，此类墓壁装饰简单的小型砖石室墓是河北地区的传统墓葬类型，自辽代起即开始流行，由金历元一直固守区域葬制传统。墓葬结构和葬式葬具上基本保持了辽代确立的传统，随葬品组合在辽金之际出现了一次调整，而金元时期则体现出延承性与连贯性（见附表1）。

表1.19　北京龙泉务辽墓出土器物组合

墓葬名称	盖罐	盆	鏊釜	鸡腿瓶	鏊	执壶	剪刀	熨斗	灯	碗	盘	钵
M16	○	○	○		○				○	○		○
M19	○			○					○	○		
M22	○	○	○					○	○	○	○	○
M24	○	○	○		○	○	○		○	○		○
M29	○	○	○		○	○			○	○		○
M31	○				○	○			○	○	○	

① 北京市文物研究所：《北京龙泉务辽金墓葬发掘报告》，北京：科学出版社，2009年。

有趣的是，在剪刀、熨斗作为主要随葬品组合的阶段，墓室壁面的砖雕装饰也常常出现衣架；逮至蒙元时期，剪刀、熨斗退出了随葬器类组合，而墓壁砖雕中也再难见到衣架的形象。这种现象与大同地区木陶木器和墓室壁画的关系一样，体现了随葬器物和墓壁装饰互证互补的关系。

本章小结

本章所谈论的地域范围，包括了以赤峰为中心的内蒙古东南部、以朝阳为中心的辽宁西隅和以北京、大同为中心的晋冀北部地区。随着蒙元时期"汉人"群体的扩大，这一区域均可视为广义的"汉地"，混居着传统意义上的汉人以及契丹族、女真族和蒙古各部等不同人群；墓葬面貌上亦体现出融合性与复杂性。本章在区域墓葬面貌的讨论上，尽可能关注到当地人群文化取向的多样性，针对不同群体的文化面貌，展开各有侧重的小专题探讨：以赤峰周边的壁画墓和元上都附近的蒙汉墓群为中心，考察在蒙古文化冲击下长城以北地区蒙汉墓葬面貌上的涵化；以大同为中心，结合冀北地区的材料，研究燕云地区在辽金元嬗代之际墓葬文化上的沿承与变革；以北京为中心，分析长斜坡大型砖室墓和"石椁型"墓在蒙元勋贵群体与大都官员中的应用和演变；以冀中地区简单砖石室墓为中心，探讨平民墓葬传统不受政局变动影响的保守性与滞后性。

第二章　大区域与小传统：中原地区的蒙元墓葬

所谓"中原地区"，在范围界定上大致包括大同以南的山西地区、井陉－石家庄以南的冀南地区和黄河以北的豫西豫北地区。这一区域自五代后即入宋境，绍兴和议后（1141年）归入金版图。人群族属上基本为汉族，相较于燕云地区蒙元墓葬杂糅契丹、女真与汉地风格的多元化墓葬特征，中原地区尽管先后属归宋境与金南区，却在相当长的时段内保持着北宋中晚期以来形成的"故宋"传统，呈现出较为统一的墓葬风格，流行仿木结构的砖室墓①。

这一地区的金代墓葬类型，承袭了北宋末期仿木构砖雕墓的风格，以多角形或类方形的砖室墓为主，墓顶流行叠涩攒尖和穹隆状。与燕云地区以床榻、屏风彩画为中心的墓室布局不同，中原地区金墓装饰的突出特点是以砖雕门窗为轴心：墓室后壁中心为雕砖隔扇门，两边多作砖雕棂窗或单扇门；东西两壁则通壁装饰着多扇格子门；在门窗内部与间隔处，穿插表现砖雕与彩画图像，如墓主人夫妇对坐、饮食备献、伎乐社火、孝行人物、"东仓西库"等。尤其是金代中期以来，尽管墓室形状、装饰手法和图像细节上略有差异，该地区墓葬的区域特征却日趋统一化：四壁以雕镶门窗为中心，仿木构斗拱复杂，孝行题材大量应用（表2.1）。

---

① 今河南洛水流域还存在一类随葬成套陶明器的简单土洞、砖室墓，本书将在第四章中将其与关陇地区的相似墓葬划归一类详细分析。故此章所讨论的中原地区墓葬，墓葬类型上主要是仿木构砖、石室墓，壁面多有装饰。

表 2.1　中原地区金墓壁面装饰格局

墓名	年代	左前壁	左壁	左后壁	后壁	右后壁	右壁	右前壁
晋中汾阳三泉 M3	正隆六年（1161 年）	窗	通壁门扇	侍从	门中并坐	侍从	通壁门扇	窗
晋南侯马 M102	明昌七年（1196 年）	窗	通壁门扇	门	夫妇并坐	门	通壁门扇	窗
晋南闻喜小罗庄 M2	大定廿八年（1188 年）	窗	通壁门扇	侍从	夫妇并坐	侍从	通壁门扇	窗
豫西伊川砖雕墓	金中期	窗	通壁门扇	侍从	门	侍从	通壁门扇	窗

　　然而，进入蒙元时期，中原地区金代墓葬确立的大区域统合面貌却被逐渐打破，呈现出变动而多样的局面；与此相对，各有特点的小区域风格日益凸显，纵向上对当地宋金葬制传统有选择性继承，横向上对其他区域的墓葬文化因素有侧重吸收，形成了一系列地域特征明显的小传统。如以太原为中心的汾阳、平遥、孝义、介休晋中地区，以长治为中心的晋东南地区，以侯马、闻喜为中心的晋南地区，以及以邯郸、焦作、洛阳为代表的冀南豫北地区。以上四个小区域虽然在墓室类型上均承袭了金代中后期多边多角形和类方形的传统，但在壁面装饰上各具体系，在"一门二窗"为轴心的金代墓室布局下，选择了不同的发展道路与表现形式。与此同时，当地在蒙元阶段新的大区域特征开始逐渐成形：金代发达的砖雕装饰简化衰落，壁画比重日渐加大；空间布局打破了"门窗框架"的限制，元代中后期普遍出现了通壁彩绘的装饰模式；以"墓主之位"为中心，两侧对称表现茶酒备荐、伎乐供养、孝行昭德等图像题材，进一步强化了墓室空间供奉场景的营造。下文将对中原地区蒙元时期所形成的四个小区域墓葬传统逐一分析。

第一节　晋中地区：旧传统的继承与规范

　　晋中地区的蒙元墓葬集中于汾河、峪河沿岸的太原、孝义、阳泉、交城、文水和古交地区，以及太原西北方向的兴县、岚县等邻近陕北的区域。这一区域金代属河东北路的太原府与汾州，蒙元时期划归中书省辖下的冀宁路。目前刊布的典型墓例有：大德元年（1297 年）孝义梁家庄墓①、延祐七年（1320 年）太原瓦窑村墓及刚玉墓群②、阳泉东村墓③、孝义下吐京墓④、至大二年（1309 年）兴县红峪村武庆夫妇墓⑤、兴县牛家川墓⑥、文水北峪口墓⑦、至正十六年（1356 年）交城裴家山墓⑧以及古交河下村墓⑨等。其墓葬文化面貌继续向西北辐射，对陕蒙交界的榆林地区亦有影响，如至正八年（1348 年）榆阳鱼河峁墓⑩和横山罗圪台村墓⑪，虽在地缘上不属晋中，但墓室结构与装饰模式趋于相同。这批墓例虽然数量有限，但不乏明确纪年，时段上涵盖了从成宗到顺帝时期的元代中期和晚期。从墓葬形制、葬具葬式和壁面装饰上看，晋中元墓与当地金代中后期墓葬在文化面貌上一脉相承，并更为规范化，日渐形成了区域特征趋同化、区域传统格制化的大朝新相。

一　墓葬形制与葬式

仿木构八边形和六边形砖室墓自金代中后期始就是晋中地区墓葬的主流形制。从太原、孝义和汾阳三地发现的金代墓葬观察，这一时段此区虽墓室结构类同，但墓室规模和葬式葬制仍未形成统一样制（表 2.2）。相同的墓室形状下，对边长度却从 2 ~ 4 米左右不等；葬式上虽全为列置于墓室后端的尸骨葬，但殡葬方式又有所差

---

① 山西省文物管理委员会等：《山西孝义下吐京和梁家庄金元墓发掘简报》，《考古》1960 年第 7 期。

② 代尊德：《山西太原郊区宋金元代砖墓》，《考古》1961 年第 1 期；太原市文物考古研究所等：《太原刚玉五一生活区元代墓葬发掘简报》，《文物世界》2016 年第 5 期。

③ 阳泉市文物管理处等：《山西阳泉东村元墓发掘简报》，《文物》2016 年第 10 期。

④ 山西省文物管理委员会等：《山西孝义下吐京和梁家庄金、元墓发掘简报》，《考古》1960 年第 7 期。

⑤ 山西大学科学技术哲学研究中心：《山西兴县红峪村元至大二年壁画墓》，《文物》2011 年第 2 期。

⑥ 郭智勇、李锐：《山西兴县牛家川元代石板壁画解析》，《文物世界》2015 年第 1 期。

⑦ 山西省文物管理委员会等：《山西文水北峪口的一座古墓》，《考古》1961 年第 3 期。

⑧ 商彤流、解光启：《山西交城县的一座元代壁画墓》，《文物季刊》1996 年第 4 期。

⑨ 檀志慧：《古交市河下村元代墓葬》，《文物世界》2016 年第 5 期。

⑩ 姬翔月：《陕西榆林发现的元代壁画》，《文博》2011 年第 6 期。

⑪ 陕西省考古研究院等：《陕西横山罗圪台村元代壁画墓发掘简报》，《考古与文物》2016 年第 5 期。

异。另需注意的是，该区在金代中期与后期均流行复杂的仿木构建筑，尤其斗拱多作四铺作或五铺作；同时多见转角（柱头）铺作与补间铺作并存的情况。直至蒙元时期，该区金墓的多样化葬制才逐步展现出趋同之势；而早期复杂的仿木构建筑渐趋简化甚至消失。

表 2.2　晋中地区金代中后期墓葬结构

墓葬名称	汾阳三泉镇 M5①	汾阳市北关 M5②	孝义下吐京	太原义井村③
墓室规模	7.84 平方米	1.90 米×1.90 米	3.50 米×2.66 米	2.78 米×2.16 米
葬式	垫砖＋木棺板＋木棺	砖棺床＋木棺＋尸骨	不明	不明
角柱	8R	8R	8R	8M
斗拱	R 四铺作：转角 8	R 四铺作：转角 8 补间 4	R 四铺作：转角 8 补间 4	R 五铺作：转角 8

注：R 代表砖雕，M 代表彩绘，下文同。

晋中地区及其辐射区域的蒙元墓葬在墓葬结构上相对单一，均由墓道、甬道、墓门和墓室组成，墓室全为多边多角形的砖、石室墓，其中下吐京元墓为六角形，其余均为八角形。不同于金代墓室的大小各异，当前发现的蒙元墓葬在墓室规模上趋于一致，两对边长度集中在 2.0～2.5 米的区间。葬式上也十分统一，除榆阳鱼河峁和兴县牛家川元墓④因仅存墓石壁画无法确知葬式，余者均在墓室后半部砌筑的砖、石棺床上直接放置尸骨。这一阶段的仿木构建筑仍以转角立柱和斗拱为主，但斗拱结构逐渐简化：元中期的孝义梁家庄墓与阳泉东村墓尚保存了金墓流行的四铺作和五铺作斗拱；元代后期的瓦窑村、下吐京、北峪口、裴家山元墓则全部使用了形制简单的一斗三升转角斗拱，金代中后期一度盛行的补间斗拱完全消失；横山罗圪台村元墓甚至全无斗拱（表 2.3、2.4）。

① 马昇、王俊：《山西宋金墓葬考古的重要发现》，《中国文物报》，2008 年 11 月 19 日第 2 版。
② 山西省考古研究所等：《山西汾阳金墓发掘简报》，《文物》1991 年第 12 期。
③ 代尊德：《山西太原郊区宋金元代砖墓》，《考古》1965 年第 1 期。
④ 郭智勇、李锐：《山西兴县牛家川元代石板壁画解析》，《文物世界》2015 年第 1 期。

表 2.3　晋中地区蒙元时期砖室墓结构与葬式

墓葬名称	孝义梁家庄	阳泉东村	太原瓦窑村	孝义下吐京	太原刚玉
墓室规模（米）	2.60×2.76	2.66×2.76	2.30×2.40	2.08×2.36	2.46×2.52
葬式	砖棺床+尸骨	砖棺床+尸骨	砖棺床+尸骨	砖棺床+尸骨	砖棺床+木棺+尸骨
角柱	8M	无	8M	6R	无
斗拱	R 四铺作：转角 8 补间 4	R 五铺作：转角 8	M 一斗三升：转角 8	R 一斗三升：转角 6	R 一斗三升：转角 8

表 2.4　晋中地区蒙元时期石室墓结构与葬式

墓葬名称	文水北峪口	交城裴家山	兴县红峪村	榆阳鱼河峁	横山罗圪台村
墓室规模（米）	2.43×2.37	2.54×2.42	2.04×2.04	20.3×20.3	2.30×2.24
葬式	石棺床+尸骨	石棺床+尸骨	砖棺床+尸骨	不明	石棺床+木棺+尸骨
角柱	8R	8R	无	不明	无
斗拱	R 一斗三升：转角 8	R 一斗三升：转角 8	M 一斗三升：转角 8	M 一斗三升：转角 8	无

对比金元两个时段的典型墓例可见，在墓室结构和葬制葬式上，蒙元时期晋中地区的多角形砖、石室墓基本沿袭金代中后期的墓葬传统；在此基础上，无论是墓室规模还是葬式细节上都进一步规范化、趋同化：墓室面积基本固定在 5 平方米左右；葬式统一为仰身直肢尸骨葬，棺椁或尸骨安置于墓室后端棺床；仿木构建筑的表现形式进一步简化，砖石雕砌的角柱、斗拱日趋衰颓，彩绘影作在墓室中的应用比例大为增加。

值得关注的是，晋中地区西北隅的交城、文水、兴县一带出现了较为特殊的八角形石室墓。墓室全以砂岩条石构筑；仿木构角柱与斗拱也为石砌，结构简单；墓顶以叠涩逐层收券，且嵌置莲花垂柱。此类多边形石室墓尚未发现相似的宋金墓例，应为元代晋中地区新近出现且广为应用的一类墓葬类型。

二 壁面装饰布局的沿用与调整

墓例不足的情况下，我们不妨将同区域的金代中晚期纪年墓一并观察，尝试勾勒元代中期以前晋中墓葬砖雕与壁画的装饰格局；并在当地元代中后期墓葬材料的基础上，梳理出晋中地区蒙元阶段墓室壁面装饰的发展序列，大体分为三个阶段：

1. 第一期：金后期至金元之交（正隆年间–前至元年间）

以太原、孝义和汾阳地区为核心的晋中地区，金代中后期已确立了极具区域特色的壁面装饰格局。检视该区域内的金代纪年墓，如汾阳北关 M5[①]、三泉镇 M3 和 M5[②]、孝义下吐京墓[③]和太原义井村墓[④]，我们不难发现从 12 世纪后半叶到 13 世纪前期，晋中墓葬的壁面装饰均以砖雕为主体，装饰布局以后壁为中心，以通壁门窗为轴心架构，其间穿插表现人物场景。

墓室后壁多为墓主人夫妇坐像，身后为男女侍从，头顶绘出悬挂卷起的帘幕。与北宋和金前期不同的是，墓主坐像的姿态从早期的相顾"对坐"转变为并肩面向墓门的"并坐"。后壁两侧在通壁的门窗之间，穿插表现饮食备献的场景：通常左后壁为进酒，图像符号为劝盏和玉壶春瓶；右后壁为进食，常以罩子和食盘为特征（图 2.1）。汾阳三泉明昌五年（1194 年）墓更是以壁面题记的形式明示出这两类图像的性质：左后壁方桌上摆陈有盖盒与汤瓶，右侧男侍手持茶筅击拂汤花，左侧男侍平端茶盏并托，画面上端牌匾上墨书"茶酒位"；右后壁则为进献食盘的女侍二人，尚可辨出食盘中盛放的是多褶包，上端牌匾墨书"香积厨"。甬道两侧为左右侍立的武士形象，分持角弓与宝剑。此外，壁画装饰还存在壁画分层的现象，门窗之上或拱眼壁间，多绘饰孝行题材（表 2.5）。

---

① 山西省考古研究所等：《山西汾阳金墓发掘简报》，《文物》1991 年第 12 期。

② 马昇、王俊：《山西宋金墓葬考古的重要发现》，《中国文物报》，2008 年 11 月 19 日第 2 版；山西省考古研究所：《走进考古·步入宋金：一次公众考古活动的探索与实践》，北京：科学出版社，2009 年，第 13 ~ 16 页。

③ 山西省文物管理委员会等：《山西省孝义下吐京和梁家庄金、元墓发掘简报》，《考古》1960 年第 7 期。

④ 代尊德：《山西太原郊区宋、金、元代砖墓》，《考古》1961 年第 1 期。

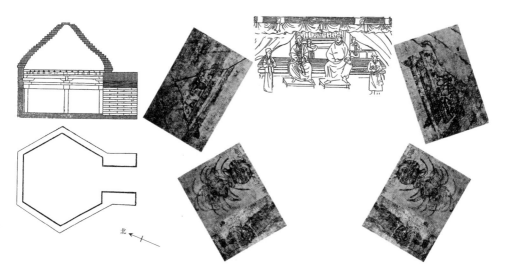

图 2.1　孝义下吐京元墓墓室结构与壁画布局（采自《考古》1960 年第 7 期，第 61 页，
图五；图版拾：4；图版拾壹）

表 2.5　晋中地区金代中后期墓葬壁面装饰布局

墓名	年代	甬道/墓门左	左前壁	左壁	左后壁	后壁	右后壁	右壁	右前壁	甬道/墓门右
汾阳北关 M5	金中期	武士弓供桌	立屏	孝行启门	启门	并坐	启门	孝行钱帛库	衣架	供桌武士剑
汾阳三泉 M3	正隆六年	门	窗	启门	进酒	并坐	进食	启门	窗	不明
汾阳三泉 M5	明昌五年	武士弓男侍	窗	钱帛库	茶酒位	并坐	香积厨	不明	窗	男侍武士剑
孝义下吐京墓	承安三年	武士弓	梳妆	门扇	奉酒	并坐	进食	门扇	钱帛库	武士剑
岚县丁家沟墓	金晚至元初	—	孝行（拱眼壁）							—
			漫漶	漫漶	棱窗	并坐	棱窗	备食	漫漶	

2. 第二期：元代前中期（大德年间 – 延祐年间）

这一阶段的墓例以孝义梁家庄大德元年（1297 年）墓、太原瓦窑村延祐七年（1320 年）墓、兴县红峪村至大二年（1309 年）墓、太原刚玉五一生活区墓群以及阳泉东村墓为代表。

其中孝义梁家庄墓还保留着当地金墓以砖雕门窗为轴心的墓壁装饰传统，但已出现新的装饰元素：其东北、西北两壁绘屏风两扇，上题黄老哲学和归隐风格诗文。同样通壁装饰屏风彩绘的墓例还有太原刚玉 M1，围绕北壁绘饰通壁花鸟屏风四扇，屏风已成为绝对的壁面装饰轴心。墓壁绘饰屏风并非晋中金墓装饰传统，或为燕云地区墓葬图像模式的渗透与流入。这一时期晋中墓葬装饰兼容了当地传统与外来模式的特点，体现出守旧与创新并存的时代面貌，或与王朝更迭之际人群流动频繁所带来的区域文化互动相关。

至 14 世纪初，晋中元墓已基本不见金代盛行的砖雕门窗，而以墓主并坐图像为中心的饮食备荐场景得以保留，典型墓例如太原瓦窑村和兴县红峪村这两处纪年墓。瓦窑村元墓后壁图像漫漶不明，仅两侧前壁保存完好，分别绘有歇山顶建筑两座，左侧题记为厨舍，右侧为库房。红峪村武庆夫妇墓基本延续了岚县丁家沟墓的壁面装饰格局，只将孝行题材从拱眼壁移至挂轴，墓主夫妇中间的桌案上陈设"宗祖之位"（图 2.2）。年代相近的墓例还有阳泉东村墓，同样在壁面绘饰出夫妇并坐、茶

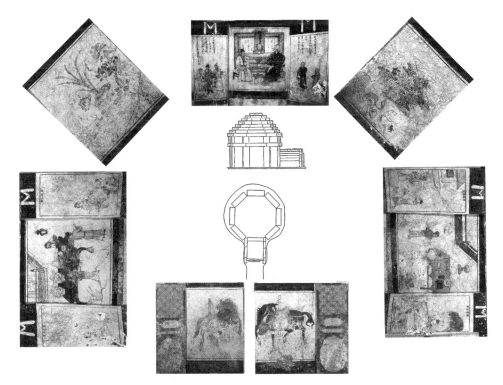

图 2.2　兴县红峪村元墓墓室结构与壁画布局（采自《文物》2011 年第 2 期，第 41～44 页，图二、图四～图一〇，封三彩图）

酒间进、孝行题材等元素，墓主像前亦绘出祖先位牌。总体而言，晋中地区元代中前期的墓例较少，保存情况也不甚理想；然而从现存墓例资料出发，我们还是能管窥出一些阶段性的变化趋势：入元之后，晋中墓葬一改金墓以砖雕为轴心的壁面装饰模式，除角柱和墓顶的仿木构建筑外，通壁全饰彩绘。图像题材在承袭当地金墓传统的基础上，至迟在元代中期已形成稳定的新样制，以后壁墓主像及先祖之位为中心、左右饮食备荐、墓门两侧鞍马出行的装饰模式得以固定和强化（表2.6）。

表 2.6 蒙元时期晋中地区墓葬壁面装饰布局

墓名	年代	墓门左	左前壁	左壁	左后壁	后壁	右后壁	右壁	右前壁	墓门右
孝义梁家庄墓	大德元年	假门	假门	诗屏	直棂窗	不明	直棂窗	诗屏	假门	假门
太原刚玉 M1	元中期	门吏	花鸟屏	花鸟屏	花鸟屏	香花供养	花鸟屏	花鸟屏	花鸟屏	门吏
太原瓦窑村墓	延祐七年		厨舍		不明				库房	
阳泉东村墓	至大年间	鞍马	孝行	进酒		并坐		进茶	孝行	骆驼
孝义下吐京墓	元晚期	武士	荷花	茶具		并坐		酒具	荷花	武士
文水北峪口墓	元晚期	武士	荷花	出行	进茶	并坐	进酒	出行	荷花	武士
交城裴家山墓	至正十六年	归来	荷花	孝行	备茶	并坐	备酒	孝行	牡丹	出行
兴县牛家川墓	元晚期	不明	归来	不明	备茶	并坐	备酒	不明	出行	不明
兴县红峪村墓	至大二年	孝行（挂轴）								
		鞍马	假门	备酒	花鸟	并坐	花鸟	备茶	假门	鞍马
榆阳鱼河峁墓	至正八年	孝行（拱眼壁）								
		武士	归来	伎乐	不明	并坐	伎乐	不明	出行	武士
横山罗屹台墓	元晚期	孝行				并坐		孝行		
		武士	归来	伎乐	进茶	供桌	进酒	伎乐	出行	武士

3. 第三期：元后期（泰定年间–至正年间）

这一时期的代表墓葬主要发现于文峪河及其支流沿岸的孝义、文水和交城，太原西北的兴县以及陕北榆林地区。根据墓葬面貌又可细分为两大组群。

第一组墓葬分布在临近太原的交城、文水和孝义地区。其中交城裴家山为至正十六年（1356年）纪年墓。墓壁装饰继承了元代早中期的表现模式，全用线刻勾勒①。装饰布局以后壁墓主人夫妇并坐图为中心，左右两侧壁则表现"树下备饮"题材：分别呈现以火炉、汤瓶为代表的茶具和以劝盏、玉壶春瓶为标志的酒具。东西两壁各为线条勾勒孝行故事一帧，西为王祥卧冰，东为孟宗哭竹。墓门两侧对称表现花卉和车马题材。基本相似的装饰格局也见于孝义下吐京和文水北峪口的两座元墓，推测二墓年代应与裴家山元墓相去不远，可归入元代晚期（图2.3）。

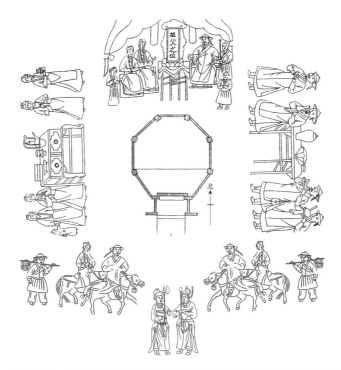

图2.3　文水北峪口元墓墓室结构与壁画布局（采自《考古》1961年第3期，第136～141页，图一～图五）

---

① 这种"白描"轮廓的线刻画与彩绘的表现形式相似，均通过二维线条来表现图像，与立体的砖石雕刻形式不同，故将其与壁画一并，归入"壁画绘饰"一类。

　　第二组墓葬分布在太原西北的兴县和陕北榆林等地。其中榆阳鱼河峁黄仲钦家族合葬墓为至正八年（1348 年）纪年墓。该墓为八角形石室墓，从征集的墓石壁画可基本复原出其壁面装饰布局：后壁为墓主夫妇并坐，左右伎乐，墓门两侧分列武士与鞍马出行。与交城裴家山元墓不同的是，榆阳鱼河峁墓延续了岚县丁家沟墓与兴县红峪村墓上下分层的装饰布局模式，在拱眼壁中绘饰孝行题材。相似壁画格局，也见于邻近地区的横山罗屹台村元墓（图 2.4）。这些材料或可推知元代后期兴县与榆林地区石室墓壁面装饰的大致格局：主壁以墓主并坐图为中心，左右为茶酒、伎乐供奉，墓门附近固定表现出行与武士图像；同时，孝行题材游离于主体壁画带，以分层另饰的形式，绕周装饰在阑额之上的壁面上层①。

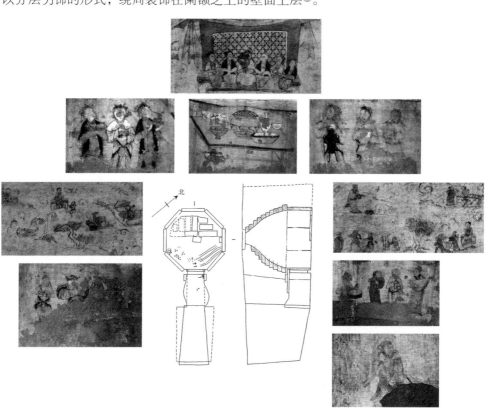

图 2.4　横山罗屹台村元墓墓室结构与壁画布局（采自《考古与文物》2016 年第 5 期，第 64 页；图二折页：1；第 68 页、图一六、图一八、图一九；第 70 页、图二〇；封三）

---

①　兴县牛家川元墓目前仅余若干征集的石板画，整体墓葬形制与壁面布局不明。但其与红峪村同处一区，且现存壁画题材与红峪村壁画墓及榆林两处元墓几乎一致，推测原墓室也应为双层装饰布局，主题图像之外，亦有一套孝行题材的表现模式。

　　综上可见，晋中地区元代后期已在当地金墓传统的基础上，有所取舍地形成了稳定的墓室装饰格局。一方面，图像表现全用彩绘和线刻，一门二窗的砖雕格套则被完全弃用；另一方面，以后壁墓主人夫妇并坐为中心、设立宗祖位牌的壁面布局被保留沿用；左右侧壁进奉茶酒、墓门两侧的瓶花装饰均成为定式，具有"卤簿"性质的鞍马出行逐步沉淀为当地元墓的新传统。

　　有趣的是，这一阶段的墓壁装饰出现了两个引人注目的小细节：

　　一是后壁正中墓主人夫妇的形象均为隔案并坐，案上陈供祖先神主（牌位）。文水北峪口元墓中神主上题"祖父之位"，而交城裴家山和兴县红峪村、牛家川及阳泉东村元墓则题作"宗祖之位"。这一现象并未见于晋中，乃至整个山西地区的金墓中，应为元代后期新出现的墓葬图像系统。这种对家族谱系的强调和宗祖供奉的强化，或可与华北地区蒙元时期流行家族墓地树立阴刻族谱的先茔碑现象对读：无论是墓壁宗祖画像还是地表建碑刻谱，均是承载家族记忆的介质，可视为战乱之后家族重建和认同诉求的重要表征①。相似的场景在河南地区的元末墓葬中也可以找到旁证，如河南尉氏元代壁画墓的后壁，在墓主夫妇正中设有小龛，龛内龟趺上立有"后土之位"的小碑；而在中国传统丧葬文化中，往往在祖茔之地祭祀后土：从这个意义上看，尉氏元墓中的后土之位与晋中元墓"祖宗之位"有相同的文化内涵。

　　二是墓门或墓室正壁上多见"堂款"书写。交城裴家山元墓的拱眼壁上南北两侧分别题有"恒斋"与"寿堂"，而这一传统似乎可以追溯到晋南地区金代后期的砖雕墓，如明昌七年侯马 M102 前室后壁门额上方的"庆阴堂"墨书。同时，在大同、北京以及河南元墓中也发现了相似的堂款题记，如北京斋堂元墓前壁的"安堂""乐堂"墨书、密云太子务元墓墓门上的"乐安之堂"和尉氏元墓墓门上方的"时思堂"模印题记②。可见晋

① 相关问题参看刘未：《门窗、桌椅及其他——宋元砖雕壁画墓的模式与传统》，[美] 巫鸿等主编：《古代墓葬美术研究》第三辑，长沙：湖南美术出版社，2015 年，第 241 ~ 242 页。

② 刘未曾通过将金元时期墓葬中出现的墓门题记列表比较，推定河南尉氏壁画墓的所属年代。其中对金元墓葬中的堂款资料有系统整理和论述。见刘未：《尉氏元代壁画墓札记》，《故宫博物院院刊》2007 年第 3 期。关于北方地区出现此类题记的墓葬简报，分别见于山西省考古研究所侯马工作站：《侯马 102 号金墓》，《文物季刊》1995 年第 2 期；北京市文物事业管理局等：《北京市斋堂辽壁画墓发掘简报》，《文物》1980 年第 7 期；张先得、袁进京：《北京市密云县元代壁画墓》，《文物》1984 年第 6 期；开封市文物工作队等：《河南尉氏县张氏镇宋墓发掘简报》，《华夏考古》2006 年第 3 期。

中地区蒙元墓葬频见的墓门题记或堂款，并非小区域内元后期方始出现的孤例，而是北方地区金元墓葬中具有普遍性、沿承性的墓葬文化因素。

第二节　冀南豫北：逐渐淡化的"门与窗"

冀南豫北地区，包括临城以南、沧州－巨鹿以东的河北东南部以及许昌以北的河南西北部地区。入金以来，该区域形成了十分稳固的墓葬传统，墓室结构和装饰模式表现出较为统一的面貌：墓室平面以八角形为主，墓壁装饰流行后壁表现假门和窗棂、侧壁砌绘一桌二椅，这也构成了该区墓壁装饰的主体框架；其他壁面则在门窗砖雕间酌情安排灯檠、衣架、箱柜等家具。以上述砖雕装饰为主体，各壁穿插描绘墓主夫妇对坐、饮食供奉、门吏拱卫等场景①。这一墓葬装饰程式与晋中地区十分相似，均以假门、窗棂为主体框架；但二者也存在明显区别：晋中金墓的墓主形象基本位于后壁正中两扇对开的格门内，为并肩面向墓门的"并坐"；而冀南豫北地区的墓主形象多在侧壁，且常以一桌二椅替代，夫妇坐姿则作相向"对坐"。

冀南豫北地区当前发现的蒙元墓葬以仿木构砖雕壁画墓为大宗，主要分布在内丘、焦作、洛阳等地。其中纪年墓例有三，分别是焦作老万庄 M3（1258 年）②、洛阳至元年间壁画墓③和内丘胡里村壁画墓（1277 年）④。这也为本区其他墓例的年代推测和墓葬分期提供了重要参照。由于元代中期的墓例尚未见刊布，我们暂将该区蒙元墓葬分作两段：蒙古国时期到世祖朝前至元年间属于第一阶段；其后则划归第二阶段。在这一变化过程中，以砖雕门窗为轴心的模式逐渐消失，墓主坐像居中成为核心图像；墓室结构也由多边形穹隆顶砖室墓最终演变为类方形的券顶砖室墓；金代角柱、斗拱齐备的仿木构砖雕建筑样式日渐简化，并最终消颓不见。

---

① 在砖雕和壁画搭配使用的比重上，河北地区砖雕发达，壁画多处于附属地位；而河南地区的绘饰更为发达，自宋代中后期就形成了以侧壁墓主人夫妇对坐为核心壁画装饰传统，题材广泛涉及宴饮、侍奉和孝行。

② 河南省博物馆、焦作市博物馆：《焦作金代壁画墓发掘简报》，《河南文博通讯》1980 年第 4 期。

③ 河南文化局文物工作队二队：《洛阳发现的带壁画古墓》，《文物参考资料》1958 年第 1 期。

④ 贾成惠：《河北内丘胡里村金代壁画墓》，《文物春秋》2002 年第 4 期。

一　蒙古时期与元早期：多样化的装饰格局

　　这一阶段的仿木构砖室墓共发现 5 座，集中分布在焦作地区。其中焦作老万庄是怀孟州长官冯汝楫的家族墓所在地，当前发现的 3 座砖雕壁画墓分属冯汝楫的不同长辈①。其中有确切纪年的是 M3，墓西墙角处的铜地券上书该墓为戊午年营造，可推定该墓应属蒙古国时期宪宗八年（1258 年）②；墓券中亦提到此墓是冯汝楫曾祖冯三翁的迁葬墓。M2 未见纪年材料，但其墓室结构和仿木构建筑均与 M3 基本一致，且均使用彩绘木棺，故推测此墓下葬年代应与 M3 相当。该墓木棺盖内墨书"父亲"二字，可推知 M2 安葬的应是冯汝楫的先考。从该墓散乱的骨架推断，这同样是一座迁葬墓，很可能是与 M3 同时迁葬营建的。M1 居于 M2 和 M3 正中，根据宋金时期墓穴位置"昭穆"关系的安排，此墓应属冯汝楫祖父辈；其壁画风格与 M2、M3 一致，但影作建筑上更为简化，可推知 M1 的大致营造年代应比 M2 略晚，属于元代前期。焦作西冯封地区还发现一座砖雕墓，虽无纪年资料，但据伎乐砖俑的面貌特征推测这也是一座蒙元时期的墓葬③。河北南部发现的内丘胡里村墓④，壁面有丁丑年的干支纪年；其墓室结构及仿木构建筑与老万庄 M3 类同，则墓壁"丁丑"墨书当指前至元十四年（1277 年），墓葬营造时间也应在蒙古国时期或元初。

　　通过这些墓例的整理，可知冀南豫北的蒙元砖雕壁画墓依旧保持了宋金时期以假门为中心的装饰布局；但在具体装饰形式上又体现出蒙元时期变动而多样的时代

---

① 河南省博物馆等：《河南焦作金墓发掘简报》，《文物》1979 年第 8 期。

② 该地券中出现了"怀孟州"的提法，根据《元史·地理志》载，焦作地区的"怀孟州"建制始自太宗四年（1232 年），到世祖至元七年（1270 年）则改称"怀孟路总管府"。由此可见，怀孟州这一说法使用的时限仅仅维持了 40 年左右，是蒙古国时期特有的行政建制。由是判断，此墓干支纪年的"戊午年"只能确定在宪宗八年（1258 年）。《元史》载："怀庆路，唐怀州，复改河内郡，又仍为怀州。金改南怀州，又改沁南军。元初复为怀州。太宗四年，行怀孟州事。宪宗六年，世祖在潜邸，以怀孟二州为汤沐邑。七年，改怀孟路总管府。至元元年，以怀孟路隶彰德路。二年，复以怀孟自为一路。延祐六年，以仁宗潜邸改怀庆路。"

③ 原简报将西冯封砖雕墓定为金代墓，但从伎乐砖俑的服饰风格和乐器特征上判断，其实际年代应属蒙元时期。参见孙传贤：《焦作市西冯封村雕砖墓几个有关问题的探讨》，《中原文物》1983 年第 1 期。

④ 内丘县文物管理旅游局：《河北内丘胡里村金代壁画墓》，《文物春秋》2002 年第 4 期。

特征，具体可分作三大组别（表2.7）。

表2.7　冀南豫北蒙元墓葬壁面装饰布局

组	墓名	左前壁	左壁	左后壁	后壁	右后壁	右壁	右前壁
A	焦作西冯封墓	R 衣架	R 假门	R 窗	R 假门	R 窗	R 假门	R 桌椅
B	焦作老万庄 M1	M 侍从	M 侍从	R 窗	R 假门	R 窗	M 侍从	M 侍从
	焦作老万庄 M2	—	—	—	—	—	—	—
C	焦作老万庄 M3	M 侍从	M 侍从	M 侍从	M 墓主	M 侍从	M 侍从	M 侍从
	内丘胡里村墓	M 祥云	M 牡丹	M 备饮	M 墓主	M 备食	M 牡丹	M 祥云

A 组以西冯封墓为代表。该墓结构较为特殊，为前八角后方形双室墓。墓壁装饰全用砖雕表现，假门和窗棂是绝对的装饰主体，墓室的八个壁面中有六壁均作门窗题材。仿木构门窗砖雕墓曾经是河南宋金墓的重要组成部分①（表2.8），而西冯封墓在拱眼壁间表现伎乐砖雕的装饰手段，也延续了当地宋金墓葬的墓壁装饰格局，体现出冀南豫北地区金元之交墓葬风格上的连续性。该组墓葬仿木构建筑也与金代接近，尤其是相对复杂的斗拱结构，除墓门两侧，6 个转角各设一八角形立柱，柱头设四铺作斗拱一朵。

表2.8　冀南豫北地区金代墓葬壁面装饰布局

墓名	左前壁	左壁	左后壁	后壁	右后壁	右壁	右前壁
禹州坡街金墓	M 备马	R 假门	R 窗	R 假门	R 窗	R 假门	M 备宴

B 组墓葬以焦作老万庄冯氏先茔墓群中的两座砖雕壁画墓为代表，壁画在装饰中占据重要地位，形成了以墓室后部为中心、左右环立侍从的模式。这一时期居于装饰中心的题材，除了传统的假门、窗棂，开始出现居中而坐的墓主夫妇像。仿木构建筑则日趋简化，如较早营建的老万庄 M1，立柱和斗拱样式均与 A 组墓例相仿，使用八角形转角立柱和重拱五铺作；稍后营建的 M2，仅用简单的立砖表现角柱，斗拱则全部弃用，柱头上直承普拍枋（图2.5）。

---

① 河南省文物研究所等：《禹州市坡街宋壁画墓清理简报》，《中原文物》1990 年第 4 期。虽然发掘者将其认定为宋墓，但无论从人物发型服饰还是整个墓室布局来看，此墓都更具有金代风格，大体应归于金代中期前后。

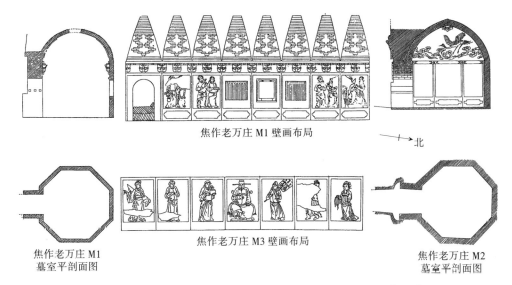

焦作老万庄 M1 壁画布局

→北

焦作老万庄 M3 壁画布局

焦作老万庄 M1
墓室平剖面图

焦作老万庄 M2
墓室平剖面图

图 2.5　焦作老万庄蒙元时期冯氏家族墓（采自《文物》1979 年第 8 期，第 5 页，图七；《中原文物》1980 年第 4 期，第 1 页，插图一，第 5 页，插图四）

　　C 组墓例以老万庄 M3 及内丘胡里村壁画墓为代表。墓室结构均作八角形单室砖室墓。仿木构建筑非常简单，仅在八个壁面的转角处用单排立砖纵砌的形式进行壁面分割，不再使用斗拱。壁面装饰全用彩绘，布局上均以正壁为中心，两侧表现通壁屏风与茶酒侍奉题材。该组墓葬的另一特点是彩绘木棺的使用，其中老万庄 M3 保存最为完好：木棺前档彩绘对开隔扇门，左右两侧棺板各绘两幅人物故事画，或为金元时期流行的杂剧情节①。

　　综上可见，冀南豫北地区蒙元早期的墓葬体现出了金元之际"沿""革"兼具的双重性：一方面墓葬形制继续使用金代中后期流行的八角形砖室墓，壁面布局基本保留了金墓以砖雕假门为中心的装饰格局，早期依然使用复杂的斗拱和角柱；另一方面，新的时代风格开始初露端倪，砖雕与壁画在墓壁装饰中应用比例逐步调整，并在元代早期时出现全用壁画的表现形式；墓主形象的表现虽然不占主流，但仍在一定程度上反映出由侧壁向正壁转移的发展趋势；人物表现上开始出现"蒙古衣冠"；仿木构建筑也逐渐简化。

———————————————

① 报告中分别将其定名为刺马盗血、鱼精闹书馆、执剑降妖和狩猎射獐，具体典故尚不可考。

二　元代后期：定型化的墓室彩绘

冀南豫北地区尚未发现明确纪年的元代后期墓葬，但我们可参照当地明代纪年墓的墓室结构和壁面装饰特征，推断与之时段接近、风格类同的元代后期墓例。

登封卢店曾发现一座明代壁画墓，墓内出土的买地券表明该墓营建于明代嘉靖年间[①]。墓室结构为近方形券顶砖室墓，墓内装饰全用彩画而不见砖雕，亦不使用角柱和斗拱等仿木构建筑。正壁绘饰一男二女并坐的墓主人像，左右两壁对称表现备荐茶酒的场景，墓门两侧分立男女侍从（表2.9）。以这座明代纪年墓的墓室形制与装饰布局为参照，我们可将冀南豫北地区发现的三座壁画墓归至元代后期。

表2.9　冀南豫北明代纪年墓壁画布局

墓葬名称	角柱	斗拱	前壁左	左壁	后壁	右壁	前壁右
登封卢店明墓	—	—	男侍	备酒进食	夫妇并坐	备茶	女侍

开封尉氏张氏墓[②]和洛阳伊川墓[③]在墓室形制和壁画布局上均与登封明墓基本一致。二者均为长方形砖室券顶墓，后壁彩绘墓主人夫妇并坐图。左右两壁图像则不尽相同：尉氏墓在东北和西北壁面上各绘有孝行故事一幅，东南和西南壁则沿用了宋金以来河南、山西地区非常流行的"东仓西库"题材（图2.6）；伊川壁画墓在壁画格套上更接近登封明墓，在后壁一男二女墓主坐像的两侧左右对饰备茶和备酒的侍奉图像，但伎乐表演题材为登封明墓所未见[④]。此外，登封王上村也发现一座壁画墓，墓室结构与尉氏和伊川壁画墓一致，靠近墓门的左右侧壁同样表现茶酒进献的场景，只是正壁及两侧绘饰通壁屏风，装饰花鸟与隐逸题材（表2.10）。

---

① 郝红星：《登封卢店明代壁画墓》，载郑州市文物考古研究：《郑州宋金壁画墓》，北京：科学出版社，2005年，第270~278页。

② 开封市文物工作队等：《河南尉氏县张氏镇宋墓发掘简报》，《华夏考古》2006年第3期。

③ 洛阳市第二文物工作队：《洛阳伊川元墓发掘简报》，《文物》1993年第5期。

④ 后壁两侧用彩绘表现伎乐的构图在晋南运城西里庄元墓中也有发现，该墓同样使用无仿木构建筑的全彩画装饰，墓葬结构上也为长方形券顶砖室墓，共同体现出元末壁画墓的墓葬规制和装饰格局。

表 2.10　冀南豫北元晚期墓葬壁画布局

墓葬名称	角柱	斗拱	前壁左	左壁		后壁	右壁		前壁右
尉氏张氏墓	—	把头绞项造	不明	西库	孝行	夫妇并坐	孝行	东仓	不明
邢台钢铁厂墓	M	—	出行	侍从	孝行	夫妇并坐	孝行	孝行	井栏
伊川 M5	—	—	门吏	备茶	伎乐	夫妇并坐	伎乐	备酒	门吏
登封王上墓	—	—	门吏	奉酒	屏风	屏风　屏风	屏风	奉茶	门吏

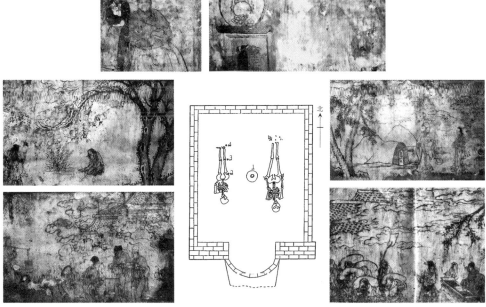

图 2.6　开封尉氏张氏元墓壁画布局（采自《华夏考古》2006 年第 3 期，第 14 页，图三；
　　　　封二 1 ~ 4；封三 3、4）

　　与河南这三座壁画墓布局相似的墓例，另有冀南地区发现的邢台钢铁厂元墓[1]。
该墓形制较为特殊，为圆形单室土洞壁画墓；但壁画格局与尉氏张氏墓和伊川元墓
多有相似：均在墓室正壁表现墓主夫妇并坐图像，两侧为孝行或茶酒备荐题材。该
墓在装饰手法上同样全用彩画，不用砖雕，亦不见仿木构斗拱和立柱，这些都是元
代后期壁画墓的典型特征。

---

[1]　北京大学中国考古学研究中心等：《邢台市邢钢元代壁画墓发掘简报》，《考古与文物》2008 年第 4 期。

上述墓例展示出元代后期冀南豫北墓葬的时代特征：墓室结构以近方形的券顶墓为主流，取代了早期流行的八角形穹隆顶墓；壁面装饰全用彩画而不见砖雕，确立了以墓主人夫妇对坐题材为中心、左右茶酒备献的装饰程式；仿木构建筑走向衰颓，无论是角柱、斗拱还是额枋均不再出现。

综上，冀南豫北地区的蒙元墓葬在金墓"一门二窗"砖雕模式的基础上，经历了前后两段的发展历程。蒙古国与元代前期，主要体现出对金墓传统的继承，金代中后期流行的八角形砖室墓仍然是当地主流墓室结构，壁面布局也基本保留了金墓以假门为中心的装饰格局，但新的时代风格已开始初露端倪；而这些新风格，最终在元代后期沉淀为当地新的区域传统，由量变到质变，呈现出墓葬面貌的明显变革。

第三节　晋东南地区：双核模式的并行

晋东南地域以长治为中心，包括周边的长子、襄垣、屯留等地；金代划归潞州府，北接晋中诸地，东南与焦作为中心的怀州接邻，西南与侯马为中心的绛州地区呼应；元代统属于晋宁路。在墓葬面貌上，这一地区自金中期已形成相对固定的地域性墓葬规制，并体现出对周边区域墓葬因素的吸收与融合：一方面，墓室结构及葬制与晋南地区颇多类同，流行后壁与左右侧壁雕砌"一门二窗"或通壁门扇；壁面装饰纵向分层，门窗上下均有彩绘；多见家族丛葬。另一方面，壁画装饰也吸收了河南地区砖雕壁画墓的因素，在"门窗"之间穿插墓主对坐及饮食备荐场景。

该区域的蒙元墓例集中发现于屯留、长治与长子。长治周边的蒙元墓有李村沟壁画墓①、

---

① 王秀生：《山西长治李村沟壁画墓清理》，《考古》1965 年第 7 期。该墓在简报中并未对其年代做出明确判断。从壁面装饰来，尚保留着金中后期以"一门二窗"砖雕为中心的布局特点；再结合金后期晋南与晋东南孝子故事急剧减少的分期特点（详见刘耀辉：《晋南地区宋金墓葬研究》，北京大学硕士学位论文，2002 年），李村沟壁画墓的上限应在金末时期。另一方面，以墓室后壁的隔扇门为中心，环绕侍立着 8 幅仆从侍奉壁画，这一表现形式与焦作金末蒙初壁画墓基本一致。同时壁画中的男侍发型为蒙元时期的典型发式"婆焦"（又名三搭头）。以上种种细节均可作为判定李村沟墓年代的依据——应在金末蒙初之际，即 13 世纪上半叶。

捉马村 M1 与 M2①、市南郊司马乡壁画墓②和郝家庄壁画墓③等，其中捉马村 M2 为大德十一年（1307 年）纪年墓。屯留与长子地区几处墓葬的营造时代涵盖了元代早中晚各期，如长子碾张村大德十一年（1307 年）墓④、屯留康庄工业园韩氏家族墓群⑤及牛氏家族墓群⑥等。从上述墓葬资料分析，晋东南地区的蒙元墓葬在墓室结构上基本承袭金代旧制，而壁面装饰则明确体现出新旧并行的两套模式：一组是长期沿用当地金墓以通壁砖雕门窗为核心的旧传统，一组是引入"燕云模式"以彩绘孝行屏风画为核心的新风格。下文拟从墓室结构和装饰格局入手，结合随葬品，探讨晋东南墓葬在整个金元时期沿革并济的发展轨迹。

一　渐趋简化的墓室结构

已刊布的晋东南元墓资料在墓葬年代上集中在 14 世纪初元代中期的大德到至大年间，13 世纪中后期的墓例，蒙古国阶段的区域面貌难以完整呈现。如将当地金代中晚期的资料一并观察，我们或能一窥该区域金元嬗代之际墓葬形制的流变脉络。

至迟在金代中后期的 12 世纪中叶，长治及周边金墓的墓室结构已形成相对固定的区域样制，可分作简单单室墓及带壁龛、侧室的单室墓两大类。前者以屯留宋村天会十三年（1135 年）墓⑦和长子西峪村崇庆元年（1212 年）墓⑧为代表；后者墓例相对更多，广见于长子及长治地区：其中长子地区的墓葬多于后壁设龛，如长子石哲正隆三年（1158 年）墓⑨和小关村大定十四年（1174 年）墓⑩，长治地区则流

① 王进先：《山西长治市捉马村元代壁画墓》，《文物》1985 年第 6 期。
② 长治市博物馆：《山西长治市南郊元代壁画墓》，《考古》1996 年第 6 期。
③ 长治市博物馆：《山西省长治县郝家庄元墓》，《文物》1987 年第 7 期。
④ 山西省考古研究所等：《长治县碾张村元代壁画墓发掘简报》，《三晋考古》第四辑，上海：上海古籍出版社，2012 年，第 510～514 页。
⑤ 山西省考古所等：《山西屯留县康庄工业园区元代壁画墓》，《考古》2009 年第 12 期。
⑥ 山西大学文博学院：《2009 年屯留县康庄墓地发掘简报》，《三晋考古》第四辑，第 544～554 页。
⑦ 山西省考古研究所等：《山西屯留宋村金代壁画墓》，《文物》2008 年第 8 期。
⑧ 王进先：《长治宋金元墓室建筑艺术研究》，北京：文物出版社，2015 年，图七九，彩版一八、二二、四一。
⑨ 山西省考古研究所东南工作站：《山西省长子县石哲金代壁画墓》，《文物》1985 年第 6 期。
⑩ 长治市博物馆：《山西长子县小关村金代纪年壁画墓》，《文物》2008 年第 10 期。

行东西北三壁开设龛室,如故漳大定二十九年(1189 年)墓①和安昌明昌六年
(1195 年)墓。小龛与侧室的流行,应是为了适应晋东南地区一墓多人的家族丛葬习
俗,这也是当地金元盛行"聚族而葬"最为直接的实证。

　　无论设龛与否,晋东南金墓的墓室结构在 12 世纪中叶已形成固定模式:主室平
面为方形或近方形;墓室规模也较为统一,边长基本在 2.5~3.0 米之间;后壁及东
西壁面下接凸字形砖砌棺床。仿木构建筑相对复杂:各壁以砖雕一门二窗为核心,
墓室四角均设柱础、立角柱,柱头上承转角斗拱,每壁转角斗拱间又设 1~2 朵补间
斗拱;斗拱样式为繁复的四铺作和五铺作(表 2.11)。

表 2.11　长治及周边地区金中后期墓葬的结构与葬式

墓葬名称及年代	墓室结构	墓室规模（米）	砖雕	葬式	立柱	斗拱
屯留宋村金墓 天会十三年 (1135 年)	近方形砖室墓	3.30×2.90	三门六窗	砖棺床+尸骨	R 角柱 4	R 转角 4 补间 4 把头绞项造
长子西峪村金墓 崇庆元年 (1212 年)	近方形砖室墓	不明	三门四窗	不明	R 角柱 4	R 转角 4 补间 8 四铺作
长子石哲金墓 正隆三年 (1158 年)	方形砖室墓 后壁带壁龛 2	2.50×2.50	四门六窗	砖棺床+尸骨 多人合葬	R 角柱 4	R 转角 4 补间 4 五铺作
长子南沟 金墓 M1	方形砖室墓 后壁带壁龛 1	2.77×2.70	二门四窗	砖棺床+尸骨	R 角柱 4	R 转角 4 补间 4 五铺作
长子小关村金墓 大定十四年 (1174 年)	方形砖室墓 后壁带壁龛 1	2.50×2.50	三门六窗	砖棺床 葬式不明	R 角柱 4	R 转角 4 补间 4 四铺作
长治故漳金墓 大定二十九年 (1189 年)	近方形砖室墓 东西两侧室	2.75×2.50	三门六窗	砖棺床+尸骨 多人合葬	R 角柱 4	R 转角 4 补间 8 五铺作、四铺作
长治安昌金墓 明昌六年 (1195 年)	近方形砖室墓 北东西壁龛	2.25×2.10	四门八窗	不明	R 角柱 4	R 转角 4 补间 7 五铺作、四铺作

---

① 长治市博物馆:《山西长治市故漳金代纪年墓》,《考古》1984 年第 8 期。

　　至 13 ~ 14 世纪之交，晋东南砖雕壁画墓在墓葬形制上展现出渐趋简化的时代新风。相较于金墓广设龛室的复杂结构，元墓均作简单方形单室墓，未见小龛和侧室。同时也应注意，金元之际墓室结构的变化并未对葬式传统造成明显影响，仍以多人从葬为主，只是将原来分置于不同龛室空间的尸骨集中安置在主室棺床或甬道的不同方位。以长治捉马村墓葬为例，M2 的墓壁题记显示这是一处由两座墓葬构成的家族墓地，M1 与 M2 均由杨氏家族孙辈的"杨林、杨资"等修葺，以安葬和供养"祖考杨添、李氏、贾氏"以及"父亲杨诚、母亲申氏"。统计这两座墓葬中的骨架个体，可知 M2 中埋葬有 3 人、M1 中安葬 2 人，正与墓壁题记一致。

　　在墓室整体结构趋于简化的前提下，晋东南地区蒙元墓葬的壁面装饰由金代中后期以砖雕门窗为核心的统一模式，转变为新旧模式长期共存、各有分野的两组格套。一组以袭旧为特征，沿用了当地金墓以砖雕门窗为核心的旧传统。墓例主要集中于长子与屯留，如长子李沟村墓、碾张村墓以及屯留康庄工业园韩翌墓、牛详墓。金墓盛行的通壁一门二窗、四角立柱、柱头与补间斗拱等仿木构格局均得以保留。另一组则另辟新相，彰显出以屏风壁画或彩绘围屏床榻为核心的新格局。这组墓葬包括屯留康庄工业园韩赟墓、牛谨墓，以及长治捉马村、司马乡和郝家庄壁画墓等。墓室壁面弃用以砖雕一门二窗为核心的金墓传统，转而大量使用壁画装饰，角柱逐渐消隐，直接出斗拱或全不用斗拱。从纪年材料看，这两组墓葬装饰格套长期共存、并行发展，从 13 世纪后半一直存续到 14 世纪中期的元末阶段。

　　墓葬形制守故与启新的双核并行模式虽分野明显，但二者在仿木构建筑的发展趋势上完全一致，均体现出日渐简化的时代特点：早期复杂的五铺作被把头绞项造替代，甚至完全不用斗拱；一门二窗也出现了影作彩绘的形式，如屯留康庄至治元年（1321 年）牛详墓（表 2.12）。

　　晋东南地区墓室结构的"金元之变"，可视作仿木构砖雕在当地渐趋衰落的典型表征；这种渐趋简化的墓室营建趋势，可在其他中原北方地区的蒙元墓葬中看到类同表现，如以大同为中心的晋北地区、以太原为中心的晋中地区以及以焦作为中心的冀南豫北地区。而砖雕建筑的衰颓通常伴随着壁面彩画比重的上升，后者逐渐成为最主流的墓壁装饰形式。接下来我们将通过长治地区金元墓葬的对比，对晋东南墓葬装饰的演变轨迹做出进一步梳理。

表 2.12　长治地区蒙元墓葬的结构与葬式

组	墓葬名称	墓室结构	墓室规模（米）	葬式	砖雕	立柱	斗拱
A	长子李村沟墓	方形砖墓	2.60×2.60	砖棺床+木棺	三门六窗	R 角柱 4	R 转角 4 补间 4 四铺作
	长子碾张村墓 大德十一年（1307 年）	方形砖墓	2.40×2.45	砖棺床+尸骨 六人合葬	三门六窗	R 角柱 4	R 转角 4 补间 6 把头绞项作
	屯留康庄 M1 韩翌墓 大德十年（1306 年）	方形砖墓	2.50×2.50	砖棺床+尸骨 二人合葬	三门六窗	R 角柱 4	R 转角 4 补间 4 把头绞项作
	屯留康庄 M12 牛详墓 至治元年（1321 年）	近方砖墓	3.50×2.80	不明 二人合葬	彩绘门窗	R 角柱 4	—
B	长治捉马村 M2 大德十一年（1307 年）	近方砖墓	2.07×1.95	砖棺床+尸骨 三人合葬	—	R 角柱 4	R 转角 4 补间 4 把头绞项作
	屯留康庄 M13 牛谨墓 至大元年（1308 年）	近方砖墓	3.82×3.10	不明 二人合葬	—	—	R 转角 4 补间 4 把头绞项作
	屯留康庄 M3 至正八年（1348 年）	方形砖墓	1.80×1.80	砖棺床+木棺 不明	—	—	R 转角 4 补间 4 把头绞项作
	长治捉马村 M1	近方砖墓	1.96×1.98	砖棺床+尸骨 二人合葬	—	—	R 转角 4 补间 4 把头绞项作
	长治南郊 司马乡墓	方形砖墓	1.90×2.10	不明	—	—	R 转角 4 补间 4 把头绞项作
	屯留康庄 M2 韩赟墓 至元十三年（1276 年）	方形砖墓	2.72×2.70	不明	—	—	—
	长治郝家庄墓	方形砖墓	2.36×2.36	不明	—	—	—

二　由纵至横的壁面装饰

12 世纪前期以降的晋东南金墓装饰展现出三大特征：其一是砖雕与彩绘并重[①]，以砖雕门窗为主体"框架"，门窗间穿插墓主夫妇并坐、日常侍奉、放牧耕厨和武士等壁画场景；其二是壁面装饰纵向分层，砖雕和壁画由上至下分为若干装饰层带，中层以门窗砖雕为核心，门窗上下均有壁画；其三，"孝行"题材成为壁面绘饰的主体图像，在分布位置和数量上均渐趋格式化。

由金入元，晋东南地区墓葬渐趋简化的不只是墓室结构，壁面装饰的繁复程度同样呈现出衰减趋势。考虑到该区域蒙古国时期和元代前期墓例资料的欠缺，我们仍以当地金代中后期墓葬为参照，尝试勾勒出晋东南金元之际墓葬壁面装饰的演变谱系。

1. 金代中期–金元之交：壁面装饰的简化及孝行题材的定型

以长治、屯留、长子等地纪年墓为线索，我们可将晋东南地区金代中后期的墓葬装饰分为前后相继的两组。第一组墓葬年代集中在 12 世纪前中期，包括屯留宋村墓（1135 年）、长子石哲金墓（1158 年）、长子小关村金墓（1174 年），长子南沟金墓 M1 在装饰格局上与小关村墓几乎一致，年代也应与之接近，当在 12 世纪后期。第二组墓葬的时代主要为 12、13 世纪之交，包括长治故漳墓（1189 年）、长治安昌村墓（1195 年）和长子西峪村墓（1212 年）。

这两组墓葬在壁面装饰上展示出区域传统的连贯性，均以门窗砖雕为中心，实行上下分层的纵向图像布局。但装饰主题的丰富程度上又明显展示出逐步缩简的演变趋势。其一，墓主夫妇坐像逐渐消失。第一组的四座墓葬，北、西、东三壁中心的假门或小龛两侧，均绘饰一组或多组夫妇对坐图；而第二组墓例中，前期流行的墓主形象不再出现。其二，挑水、舂米、磨面、庖厨等劳作场景的消失。这组以井碓仓灶为视觉符号的图像母题，曾在陕西、山西、甘肃等地的宋金墓中

[①]　亦有学者通过比较山西地区金墓的特征梳理晋东南金墓的地域特色。史学谦提出，长治地区的金墓大量用彩画装饰，极少用雕砖，这也是其与晋南地区金墓的主要差异点。见史学谦：《试论山西地区的金墓》，《考古与文物》1988 年第 3 期。

广为流行，而 12 世纪末却从晋东南墓葬彩绘中逐渐退出。其三，南壁墓门两侧图像简化，早期的牧牛、饲马和车架图像固定为武士或门吏形象。以上三类旧有图像系统衰颓的同时，孝行故事成为最为核心的壁画题材，固定装饰在门窗上下或阑额之上，数量也基本确定在 22～24。装饰位置与数量都渐成定式，二十四孝的组合模式在此时臻于完备（表 2.13）。

表 2.13　长治地区金代墓葬壁面装饰布局

墓葬名称	前壁左	左壁	后壁	右壁	前壁右
屯留宋村金墓天会十三年（1135 年）	M 武士 饲马图	M 孝行 8	M 孝行 8	M 孝行 8	M 武士 牧牛图
		R 一门二窗 M 推磨 舂米	R 一门二窗 M 夫妇对坐 2	R 一门二窗 M 庖厨 汲水	
长子小关村金墓大定十四年（1174 年）	M 引魂升天	M 孝行 8	R 一门二窗 M 夫妇对坐	M 孝行 8	M 引魂升天
	R 窗 M 车架	R 一门二窗 M 墓主　推磨		R 一门二窗 M 对坐 庖厨 汲水	R 窗 M 放牧
长子石哲金墓正隆三年（1158 年）	M 武士 孝行 1	M 孝行 8	R 龛 M 夫妇对坐	M 孝行图 8	M 武士 孝行 1
		R 一门二窗 M 侍奉		R 一门二窗 M 侍奉	
长子南沟金墓 M1	M 孝行 2	M 孝行 8	M 孝行 5	M 孝行 7	M 孝行 2
	M 马	R 一门二窗 M 推磨	M 墓主 侍从	R 一门二窗 M 汲水	M 牧牛
长治故漳金墓大定二十九年（1189 年）	M 武士	M 孝行 6	M 孝行 4	M 孝行 6	M 武士
		R 一门二窗	R 一门二窗	R 一门二窗	
		M 孝行 2	M 孝行 2	M 孝行 2	
长治安昌金墓明昌六年（1195 年）	不明	M 孝行	M 孝行	M 孝行	不明
		R 一门二窗	R 一门二窗	R 一门二窗	
		M 孝行	M 孝行	M 孝行	
长子西峪村金墓崇庆元年（1212 年）	M 武士	M 孝行	R 一门 M 瓶花 2	M 孝行	M 武士
		R 一门二窗		R 一门二窗	

2. 蒙元阶段：壁面装饰格局的双轴并立

与墓室结构双核模式长期并行的情况相同，晋东南蒙元墓葬的装饰格局也体现出新旧传统双轴发展的面貌。

第一组：以门窗为轴心的旧传统。

此类墓葬装饰仍以金代三门六窗的砖雕框架为轴心，门窗间穿插饮食备荐及孝行故事。与金代中后期的墓壁装饰比照，这一类型的晋东南蒙元墓葬装饰格局仍可见承放立新的时代之变。一方面依旧保持了砖雕、壁画互补并重的装饰手段，以砖雕一桌二椅为中心的格局仍在沿用。另一方面，一系列新的装饰因素和布局模式渐成定制。从图像主题上看，以后壁为中心左右对称绘饰的"茶酒并进"题材和南壁墓门两侧左右分绘的灯擎与屏架成为晋东南蒙元墓葬的固定模式；从整体装饰布局看，金后期盛行的纵向多层装饰带逐渐简化，砖雕门窗之间插绘的横向单层装饰带成为主流。长子李沟村墓、碾张村墓（图2.7）以及屯留康庄工业园M1韩翌墓均属此类。

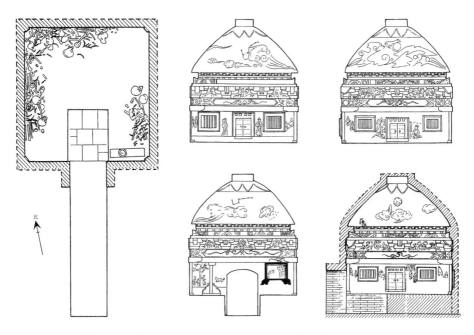

图2.7　长子碾张村元墓壁画布局（采自《三晋考古》第四辑，第539页，图二、图三）

这批以砖雕门窗为轴心的墓葬中，长子李沟村墓较为特殊。其并未采用门窗间插绘孝行题材的本地金墓传统，整体壁面装饰布局与河南焦作老万庄M2类似，在门窗砖雕间绘饰男女侍从和茶酒备荐图像。在整个北方地区金元之际变动而多样的墓葬面貌大趋势下，特定区域墓葬装饰模式中出现本地传统之外的图像题材并非孤例，或是相邻区域文化面貌的渐次渗透，或是工匠群体流动带来的技术迁播，蒙元前期各区墓葬面貌的多元性与交融性，多借此途实现。这种外来因素给当地墓葬装饰带来的冲击，在另一组墓室装饰格套中体现得更为充分。

第二组：以屏风为轴心的新格套。

此类墓葬以孝行屏风或围挡床榻为轴心，通壁全用彩绘，不见门窗砖雕。屏风以棺床或后壁为中心，常以四面屏风形成北、西、东三面围合，墓主形象隐而不现，是为"虚席以待"。孝行题材的表现上，金代后期数量众多的二十四孝图像急剧缩减，通常选择性地展示出有限的故事场景，并与屏风数量保持一致，一屏一图；每个故事图像外均以墨线框出矩形轮廓。屏风左右侍立进奉茶酒的男女侍从；墓门两侧分绘衣架与灯檠，最终与前一组墓葬装饰的演变合流，可视为晋东南元代前期墓葬装饰格套的定型。典型墓例如：屯留康庄 M2 韩赟墓（图 2.8）、M13 牛谨墓，以及长治地区的捉马村（图 2.9）、司马乡和郝家庄壁画墓（图 2.10），年代集中在 13 世纪后期至 14 世纪初（表 2.14）。

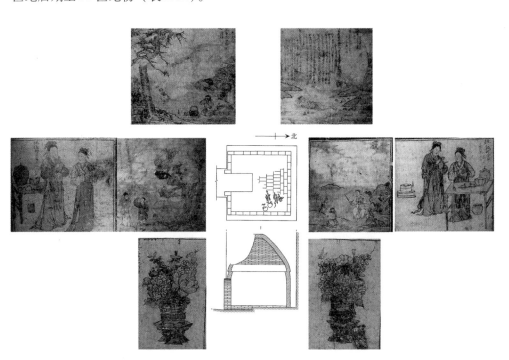

图 2.8　屯留康庄工业园 M2 韩赟墓壁画布局（采自《考古》2009 年第 12 期，第 43 页、图四；图版拾肆：1～4；图版拾伍：1～2；图版拾陆：1、2）

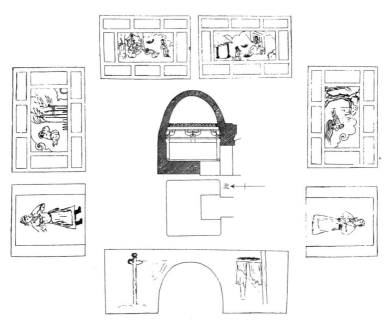

图 2.9 长治捉马村 M2 壁画布局（采自《文物》1985 年第 6 期，第 66 页，图三；
第 69 页，图一六）

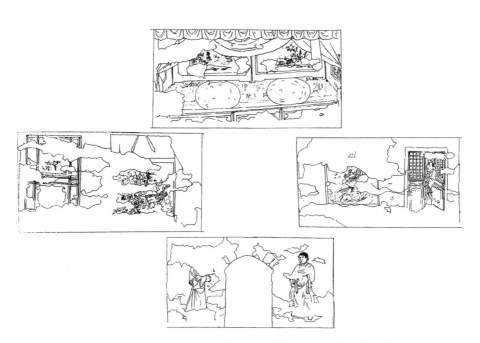

图 2.10 长治郝家庄元墓壁画布局（采自《文物》1987 年第 7 期，第 90～91 页，
图六）

表 2.14　长治地区元墓壁面装饰布局

组	墓葬名称	前壁左	左壁	后壁	右壁	前壁右
A	长子李村沟元墓 元前期	R 酒具	R 一门二窗 M 侍奉	R 一门二窗 M 茶酒备荐	R 一门二窗 M 侍奉	R 茶具
A	屯留康庄 M1 韩翌墓大德十年（1306 年）	R 灯擎 M 门吏	R 一门二窗 M 孝行 4	R 一门二窗 M 侍从	R 一门二窗 M 孝行 4	M 衣架 门吏
A	长子碾张村墓大德十一年（1307 年）	R 灯擎 M 孝行 1	R 一门二窗 M 孝行 4	R 一门二窗 M 茶酒备荐 孝行 2	R 一门二窗 M 孝行 4	M 屏风（修墓记）
A	屯留康庄 M12 牛详墓至治元年（1321 年）	M 门吏	M 一门二窗 M 人物	M 二窗 M 人物	M 一门二窗 M 人物	M 门吏
B	屯留康庄 M13 牛谨墓至大元年（1308 年）	孝行 1 / 不明	孝行 1 / 孝行围屏 1 族谱	孝行 1 / 孝行围屏 2	孝行 1 / 孝行围屏 1 修墓记	孝行 1 / 不明
B	长治捉马村 M2 大德十一年（1307 年）	衣架	男侍备茶 ｜ 孟宗	丁兰 ｜ 伯瑜	王祥 ｜ 女侍备酒	灯擎
B	长治南郊司马乡墓元中期 14 世纪初	衣架	女侍备茶 ｜ 曹娥	董永 ｜ 孟宗	王祥 ｜ 男侍备酒	衣架
B	屯留康庄 M2 韩赟墓至元十三年（1276 年）	挂轴花卉	备酒 ｜ 郭巨	孟宗 ｜ 王祥	韩伯愈 ｜ 备茶	挂轴花卉
B	长治郝家庄墓元中期 14 世纪初	男侍	立屏 ｜ 挂轴花鸟	山水围屏床帐	挂轴花鸟 ｜ 板门	女侍

　　如果我们将长治地区蒙元墓葬的壁画布局与燕云地区对比，会发现两者风格一致：均以屏风为中心，两侧对称分布备茶与备酒题材（见表 1.10、1.11）。这类墓壁装饰模式虽未见于晋东南金墓，但至迟在金代中期已渗透至晋中地区，如平定西关村 M1①。另一个值得注意的现象是，这一阶段的晋东南墓葬中也发现与晋北大同蒙

---

①　山西省考古研究所等：《山西平定宋、金壁画墓发掘简报》，《文物》1996 年第 5 期。

元墓相同的茶酒供器组合（表2.15）；这也从另一个侧面反映出晋东南与燕云地区元墓在墓葬面貌上的某些相似性①。同时，如果我们将目光转向长治蒙元墓葬的壁面装饰，可发现郝家庄元墓出土的成组陶供器与李村沟元墓和南郊司马乡元墓中的砖雕、壁画茶酒图像存在对应关系：随葬器物与壁面装饰相互补充，营造出一个更为完整的空间格局。无论是假门、灵位、屏风还是床榻，在宋金以来形成的墓室图像语言中均有代表"墓主人之位"的含义，晋东南元墓装饰的两大轴心模式虽看似广有差异，实际上都致力于营造以"墓主之位"为中心、左右茶酒供奉的格局。这种非相邻地区墓葬的面貌共性与传递方式，尚有进一步探讨的空间。

表 2.15　长治地区金元墓葬出土随葬品

随葬品 墓葬名称	盟器神煞				用器			供器			
	谷仓	铜钱	铁猪	铁牛	罐	碗/盏	枕	汤瓶	盏托	玉壶春	马盂
长子石哲金墓 正隆三年（1158年）		○				白/黑○	○				
长治故漳金墓 大定二十九年 （1189年）	○	○			陶○	白/黑○	○				
长子李村沟元墓						白○		●	●	●	●
长治捉马村M2 大德十一年 （1307年）			○	○		白○			●	●	
长治南郊司马乡墓								●	●	●	
屯留康庄M2 韩赟墓大德十年 （1306年）					陶○	白○/陶○		●	●		●
长治郝家庄墓			○	○	陶○	白/黑○		○	○	○	○

注：○为随葬器物；●为壁面图像。

---

① 晋东南地区金元时期墓葬营建的重点在于墓室壁面的雕绘装饰，而随葬品无论是种类还是数量上都非常有限。长子正隆三年墓和故障村大定二十九年墓为我们提供了长治地区金墓随葬品组合的样例。目前发现的器物组合限于盟器神煞类的盖罐类谷仓、厌胜钱，以及陶瓷碗罐和瓷枕（白瓷和金三彩）之类的用器。而当地蒙元墓葬的神煞类组合则以铁猪、铁牛为重点；用器种类承袭金代传统；最突出的时代变化是成套的茶酒陶供器的出现。

装饰格局的分组结果与前文墓室结构的分组模式完全重合，可知长治及周边蒙元墓葬的壁面装饰要依托墓葬整体结构来营构与安排，因而二者具备基本同步的演变步调。

无论是三门六窗的砖雕框架，还是通壁合围的屏风、挂画，长治及周边元墓壁面图像的整体布局，已从金墓通壁满布的上下纵向分层，转为相对简化的左右横向列布，而这种变化在孝行故事图像上表现得最为充分。

综上可见，晋东南地区蒙元墓葬的区域面貌体现出突出的连续性，蒙元墓葬内部很难看出早晚阶段的分界，反而与同区域金代中后期的墓葬传统表现出明显的继承性。以一门二窗为核心的金墓传统长期存续，一直到元代后期仍未退出历史舞台；另一方面，以屏风或围榻为核心的装饰模式成为当地新出现的区域特征。但是，这种新模式始终未能完全替代当地传统模式，而是以双核并行的方式，长期同时存续于整个蒙元阶段的晋东南地区。

第四节　晋南地区：家族丛葬的"乐安之堂"

晋南地区在地理方位上涵盖了晋西南汾河下游和涑水沿岸的冲积平原，包括临汾至永济一线的狭长地带。这一地区在金代统一划归河东南路，并分属平阳府、绛州和解州；元代则划入河东山西道宣卫司南部的晋宁府。由宋至金，这一区域都是仿木构砖室墓最为盛行的地区之一，在稷山、新绛、侯马和闻喜均发现大批砖雕精美的墓例。晋南地区宋金墓葬的另一大特征是延续性极强的区域墓葬文化传统，到金代晚期，更是确立了多人丛葬、斗拱发达的近方形仿木构砖室墓规制。雕砖题材极为丰富多样，除中原地区惯见的门、窗、家具外，又有人物、花卉、伎乐、社火、祥瑞动物等题材，常常以一至二块的模印砖组成一个图案单位嵌砌在墓壁上。另一方面，在上述区域共性之外，以侯马和闻喜为中心的绛州和解州地区在墓葬区域面貌上又各有特点：以侯马为中心的绛州地区壁面装饰全用砖雕，彩绘仅用于建筑彩画和为雕砖涂色，仿木构建筑极为发达，尤其流行多重多铺作的斗拱；以闻喜为中心的解州地区则在精美复杂的纯砖雕墓之外，同时流行一批砖雕、壁画共饰的墓葬，常见分层布局的装饰风格，孝行题材尤为发达（这一特点与晋东南长治地区金中后期的墓葬面貌非常相似）。

蒙元阶段，晋南墓葬在很大程度上仍然保持了传统的仿木构砖雕特色；与此同时，在区域面貌上又发生了新的裂解与组合：金代时墓葬面貌相似的晋南和晋东南在壁面装饰上完全走向了不同的发展道路，前者表现为砖雕的逐渐衰落和简单砖室墓的大量使用，后者则出现了以壁画为核心的新装饰格局；另一方面，金代中晚期以来面貌有别的绛州、解州地区在蒙元时期基本呈现出雷同的地域面貌，差异性逐渐消弭①。

晋南地区蒙元墓葬的类型在承袭金代旧制的基础上主要分作两大类：其一是使用建筑和砖雕装饰的仿木构砖室墓，其二是壁面基本无装饰的简单砖室墓。这两类墓葬尽管装饰繁简不同，但共同呈现出一些区域特点明显的时代风格，如墓葬平面基本为近方形，墓顶流行叠涩攒尖顶，葬式上基本为无棺椁的多人合葬。其中家族丛葬是晋南地区最具代表性的墓葬传统，沿用于整个金元阶段，反映了当地"聚族而葬"的文化传统。此外还有一类应用于宗教群体的"棺椁墓"，在砖室墓中又使用石棺或陶棺殓葬（本区蒙元阶段的此类墓葬均属道士墓）。下文将按照以上三类墓葬类型分别探讨。

一 仿木构砖雕壁画墓

仿木构砖雕墓是晋南金墓的主流，也是最具地域特色的墓葬形式；其种类多样的砖雕图像和繁缛复杂的斗拱建筑均成为代表晋南地区独特墓葬文化面貌的重要表现。当前研究者在论及当地蒙元时期的墓葬特点时，往往强调砖雕装饰衰落的急剧性②。砖

① 类同性的加强一方面或许可以归结为区域文化分合之间的变化，另一方面也可能是受到刊布材料的制约。当前闻喜为中心的蒙元墓葬发现不多，与侯马周边相比，确实也很难彰显出当地小区域蒙元墓葬的时代特点。

② 刘耀辉在晋南金墓的分期研究中指明，随着蒙金战争中蒙古军队南下对晋地的占领，"晋南极度豪华的金墓在没有来得及衰落的情况下就突然消弭了"，强调晋南砖雕衰落的快速性与突然性（详见刘耀辉：《晋南地区宋金墓葬研究》，北京大学硕士学位论文，2002年）。秦大树也提出，蒙元时期一度繁缛华丽的砖雕装饰大为衰落，目前发现的墓葬基本为装饰简单的墓葬，或无柱、无斗拱，砌简单的板门、灯台、格子门、窗棂，下砌简单的束腰基座；或砌简单的一斗三升仿木构斗拱、四隅砌角柱、墓壁光素（秦大树：《宋元明考古》，第236~239页）。就蒙元墓葬砖雕发展的趋势来看，确实存在大为简化乃至消弭的现象；故而以上论断可以说准确反映了晋南蒙元墓的最终走向。然而我们也应注意到，砖雕的衰颓并非短期内迅速完成，而是经历了金元之际、元代早期的逐步调整与发展，最终在元代晚期才最终定型的。我们在关注这一变化从初露端倪到最终成形的过程中，需要以长时段的动态视角客观分析其不同的发展阶段的特点。

雕的简化固然是蒙元墓葬发展的最终趋势；然而这种演变结果却非短期完成的突变，而是经历了一个相对长时段的发展历程。从金元之交、元代前期到元中期，带影作建筑和砖雕图像的砖室墓一直是晋南墓葬的主流类型，转角和补间并用的多铺作斗拱也依旧活跃于墓壁装饰中；逮至元代后期，砖雕装饰才真正走向衰落，仿木构砖室墓也最终让位于简单砖室墓。

　　援引金代后期的墓葬材料，可以看出晋南地区自金代后期以来，无论是墓葬形制、仿木构建筑还是壁面装饰格局，都经历了以下三个发展阶段：金元之交的调整期、蒙元前期的恢复期和元代中后期的衰减期（表 2.16、2.17）。在这一长时段的发展过程中，唯有葬式上保持了一成不变的传统，确立了晋南地区蒙元砖雕墓多人合葬、无葬具、多次迁葬的地域化葬制特征。

表 2.16　晋南地区金元时期墓葬的结构与葬式

墓葬名称	年代	尺寸（米）	葬式	立柱	斗拱
襄汾侯村墓	明昌五年（1194 年）	2.44×2.80	棺床＋尸骨 多人葬	R 角柱 4	五铺作 R 转角 4 补间 8
侯马 M102	明昌七年（1196 年）	2.30×2.30	棺床＋木板＋尸骨 多人葬	R 角柱 4	五铺作 R 转角 4 补间 8
襄汾曲里村墓	金末元初	2.08×2.35	棺床＋尸骨 多人葬	—	—
闻喜小罗庄 M4	金末元初	2.15×2.15	棺床＋尸骨 多人葬	R 枋间柱	四铺作 R 转角 4
新绛吴岭庄墓	至元十六年（1279 年）	2.04×1.82	棺床＋尸骨 多人葬	—	把头绞项造 R 转角 4
侯马市区 M2 M3	至元十八年（1281 年）	1.70×1.62	棺床＋尸骨 多人葬	R 力士柱	三铺作 R 转角 4 补间 4
新绛寨里村墓	至大四年（1311 年）	2.50×2.08		R 角柱 4	四铺作 R 转角 4 补间 5
侯马元墓	延祐元年（1314 年）	1.75×1.75	棺床＋尸骨 多人葬	—	四铺作 M 转角 4 补间 4
运城西里庄墓	元晚期	2.30×1.32	木棺＋尸骨 单人葬	—	—

　　1. 金元之交：仿木构砖墓的调整期（贞祐十三年 - 前至元十六年）

　　这一阶段时局振荡，晋地属权频繁更易；反映在墓葬面貌上，主要是仿木构建筑和砖雕装饰上相对简率，金代后期定型的传统模式被打破，而代之而起的新兴地

表 2.17　晋南地区金元时期墓葬的壁面装饰布局

墓名	年代	左壁	后壁	右壁	前壁
襄汾侯村墓	明昌五年(1194年)	R 孝行			
		R 通壁隔扇门	R 假门	R 通壁隔扇门	R 伎乐
闻喜下阳村墓	明昌二年(1191年)	M 孝行			
		R 桌椅 M 并坐	R 桌椅 M 并坐	R 门窗 M 启门	
侯马 M102	明昌七年(1196年)	R 通壁隔扇门	R 桌椅 并坐	R 通壁隔扇门	R 窗棂　R 窗棂
襄汾曲里村墓	金末元初	R 社火	R 假门	R 社火	R 门吏
新绛吴岭庄墓	至元十六年(1279年)	R 社火	R 假门	R 社火	R 杂剧
闻喜小罗庄 M4	金末元初	R 伎乐 社火	R 假门	R 伎乐 社火	R 伎乐 仙翁
侯马市区 M2	至元十八年(1281年)	伎乐｜门｜孝行	孝行｜门｜孝行	孝行｜门｜伎乐	R 窗棂　R 窗棂
侯马市区 M3		R 花卉			R 化卉　R 化卉
		孝行｜窗｜孝行	孝行｜门｜孝行	孝行｜窗｜孝行	
稷山五女坟	中统三年(1262年)	挂轴｜窗｜挂轴	花卉｜门｜花卉	挂轴｜窗｜挂轴	灯｜盆｜巾｜灯
新绛寨里村墓	至大四年(1311年)	R 孝行			R 飞天｜R 花砖｜R 飞天
		R 花卉 马球	R 假门	R 花卉 马球	R 备食｜R 伎乐｜R 备饮
侯马元墓	延祐元年(1314年)	R 花卉			R 伎乐
		R 花卉			R 窗棂　R 窗棂
运城西里庄墓	元晚期	M 伎乐	M 桌椅	M 杂剧	M 小儿队舞

域特征尚未完全确立：表现出过渡阶段葬制面貌的调整性与多元化。此期的墓葬在侯马和闻喜周边均有发现，代表墓例为襄汾曲里村墓①、新绛吴岭庄墓②和闻喜小罗庄 M4③。

墓室形制上，金元之际的晋南墓葬更多体现出对金墓传统的继承性。新绛吴岭庄的四室砖墓就和南范庄发现的金代晚期砖雕墓一脉相承。从仿木构建筑形式看，金后期广泛砌筑于墓室转角的四处角柱基本消失，只有小罗庄 M4 在转角铺作下承接了很短的枋间柱；斗拱结构上也体现出强烈的简率意味，金末以前流行的五铺作斗拱被四铺作或更为简单的把头绞项造代替，且斗拱使用上只出现转角斗拱而不见补间斗拱。

墓室壁面上的砖雕图像则一改金代后期以夫妇门内并坐为中心、左右通壁雕砌复杂隔扇门的固定程式，出现了以假门为中心、环绕社火和伎乐表演的新布局。同时，除去砖雕须弥座式的棺床，金代后期晋南墓室主体壁面的装饰格局明显简化，12 世纪末确立的纵向多层分栏模式基本消失，只在墓壁中部装饰一条主要的砖雕图像条带，多为近方形、大小一致横向排布的伎乐与社火雕砖；而金中后期广为流行的孝行题材则完全消失。

2. 元代前期：砖雕装饰的恢复期（前至元十六年 – 成宗年间）

蒙古尽辖南北后，各地的经济与文化开始进入相对稳定的恢复阶段；晋南地区亦如是。这一时期当地的墓葬面貌逐步确立起固定规制，墓室装饰在金元之际明显衰弱后复又繁荣，很多方面反而接近金代后期的繁缛程度，显示出"中兴"之象。典型墓例为侯马市区 M2、M3④和新绛寨里村至大四年（1311 年）纪年墓⑤。

这一时期晋南元墓的墓室结构全部为使用简单的叠涩攒尖顶单室近方形砖室。斗拱类型重又恢复到金代后期多铺作的发展水平，转角和补间铺作并存；而角柱处理上一方面沿用了金元之际的短柱设计，另一方面金墓流行的转角立柱形式得以重现。壁面装饰的砖雕图像则延续了前一阶段以假门为中心的布局模式，但壁面分割

① 陶富海、解希恭：《山西襄汾县曲里村金元墓清理简报》，《文物》1986 年第 3 期。

② 山西省考古研究所：《山西新绛南范庄、吴岭庄金元墓发掘简报》，《文物》1983 年第 1 期。

③ 山西省考古研究所等：《山西省闻喜县金代砖雕、壁画墓》，《文物》1986 年第 12 期。

④ 山西省考古研究所侯马工作站：《侯马市区元代墓葬发掘简报》，《文物世界》1996 年第 3 期。

⑤ 山西省文物工作委员会侯马工作站：《山西新绛寨里村元墓》，《考古》1966 年第 1 期。

上明显更为细碎繁复，孝行题材重新成为广泛应用的装饰主题，而金中后期盛行的分栏模式也再度出现（图2.11）。

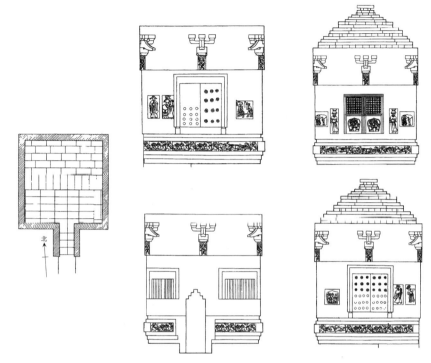

图2.11　侯马市区元墓M2砖雕布局图（采自《文物世界》1996年第3期，第90~94页，图一~图五）

3. 元代中后期：墓室砖雕的衰减与消亡（延祐以降）

这一时期的仿木构砖雕墓以侯马延祐元年（1314年）墓①为代表。墓室结构仍为叠涩攒尖顶的近方形砖室墓，但仿木构建筑体现出新的阶段特点：四壁转角立柱彻底消失，而斗拱结构上虽然与元代前期相比没有明显变化，在营造方法上却使用了更为省工的"一体成型"模印技术，细节表现上相对草率。这种使用模印手段整体成形的斗拱制作方法尚未见于此前墓葬中，体现了晋南地区元代中晚期新出现的造墓技术制式。

壁面装饰上尽管仍可看出上一阶段分栏布局的余绪，但题材内容的丰富程度大

① 山西省文管会侯马工作站：《侯马元代墓发掘简报》，《文物》1959年第12期。

幅衰减，通壁两侧嵌饰的砖雕只使用了花卉图像这一种单调的主题。晋南地区元末
阶段的墓例目前仅见运城西里庄壁画墓一处①，该墓墓室为长方形券顶，其以桌椅为
中心、左右表演伎乐的构图模式仍可看出元代中前期砖雕装饰的布局传统模式；但
通壁全用壁画彩绘，仿木构砖雕最终消颓。同时，壁面光素的简单砖室墓则成为元
代后期晋南墓葬类型的主流（图2.12）。

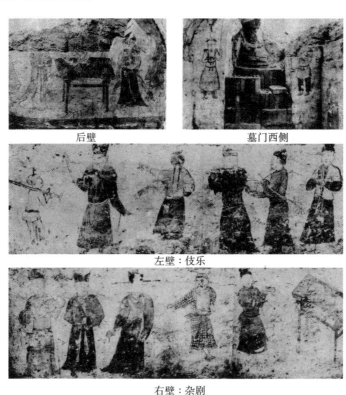

后壁　　　　　　　　　　　墓门西侧

左壁：伎乐

右壁：杂剧

图2.12　运城西里庄元墓壁画（采自《文物》1988年第4期，
第77页，图二、图三；图版肆：1、2）

二　简单砖室墓

所谓简单砖室墓，是指壁面装饰，尤其是砖雕极少或完全不见的砖室墓。这种
类型的墓葬在燕云地区比较流行，且以近圆形的墓室平面为主；其在晋南地区的大

_____

① 山西省考古研究所：《山西运城西里庄元代壁画墓》，《文物》1988年第4期。

量出现与发展则是在蒙元时期，元代中晚期尤为盛行。此类墓葬主要发现于襄汾与侯马两地，如襄汾地区的贾庄墓、丁村墓、解村墓[1]，侯马地区的乔村 M58[2] 和曲村元墓[3]。墓室结构全为近方形叠涩券顶，四壁基本不雕砌任何角柱、斗拱，仅在壁下简单砌筑倒凹字形的棺床，其上安置多具尸骨。这批简单砖室墓材料多数有明确纪年，年代上形成了纵贯蒙古国时期至元末的完整发展序列。根据葬制和随葬器物的变化，可以武宗至大年间为切分点，将其年代大致划分为金末元初和元代中后期两个阶段（表 2.18、2.19）。

表 2.18　晋南地区金元时期简单砖室墓的结构与葬式

墓名	年代	墓室规模（米）	葬具	左壁	后壁	右壁	前壁	葬式
襄汾贾庄墓	金元之交	1.50×1.80	砖棺床+骨架	R 窗	R 门	R 窗	—	2 人合葬1 人迁葬
襄汾丁村 M1	元早期	2.46×2.43	砖棺床+烧骨堆	—				4 人合葬
襄汾解村墓	大德三年（1299 年）	1.75×1.80	砖棺床+骨架	—				6 人合葬5 人迁葬
襄汾丁村 M2	至正七年（1348 年）	1.85×2.12	砖棺床+骨架	—		R 灯托		3 人合葬
曲村 M6029	元晚期	1.52×1.80	砖棺床+木榻+骨架	—		R 灯龛		4 人合葬3 人迁葬
曲村 M6043	元晚期	2.40×2.24	砖棺床+木榻+骨架+瓷枕	—		R 灯龛		5 人合葬4 人迁葬
曲村 M6047	至顺三年（1332 年）	2.25×2.20	砖棺床+木榻+骨架+瓷枕	—				4 人合葬2 人迁葬
乔村 M58	元末	1.88×1.68	砖棺床+骨架	—			R 灯檠	3 人合葬

---

[1] 襄汾地区的四座蒙元墓材料见陶富海：《山西襄汾县的四座金元时期墓葬》，《考古》1988 年第 12 期。

[2] 山西省考古研究所侯马工作站：《侯马乔村金元墓》，《文物季刊》1996 年第 3 期。

[3] 北京大学考古系商周组等：《天马 - 曲村》册三，北京：科学出版社，2000 年，第 1104～1111 页。

表 2.19　晋南地区金元时期简单砖室墓随葬品

墓名	罐	双系罐	碗	盘	灯	铜镜	枕	钵	地券	其他
襄汾贾庄墓	○谷仓陶				○瓷	○				
襄汾丁村 M1	○黑					○		○黑	○	纸明器
襄汾解村墓		○黑			○瓷				○	
襄汾丁村 M2	○黑				○铁			○白		
曲村 M6029	○黑/酱	○黑	○钧			○				
曲村 M6043	○黑	○黑/酱	○钧	○白	○铁	○		○白		
曲村 M6047	○酱/陶		○黑/白		○铁			○白		
乔村 M58	○黑/酱/青				○铁	○				

1. 以襄汾贾庄墓为代表的金末元初阶段

这一阶段的墓例均分布在襄汾地区,如贾庄墓、丁村 M1 和解村墓。三座墓葬都可从随葬器物推知墓葬的大体时代:贾庄墓棺床前端发现的铜镜上有"泰和四年"的铭文,据此可知这座墓的年代应不早于金末 1204 年,很可能下葬于金元之交。丁村 M1 的年代则可从砖地券所在的地理沿革中找到线索,券文中的"大元国"三字首先将该墓归入世祖改国号"大元"的 1271 年后,而襄汾地区划归"河东南路"则是在元初改制为"平阳路"之前。综合视之,可将丁村 M1 划归成宗朝之前、大元国朝建立之后的元初时期。解村元墓的期属判定相对简单,由券文"大元大德三年……迁葬"可知这应是一座营造于 1299 年的迁葬墓。

该期段在墓壁装饰上除金元之交的贾庄墓还保留有简单的一门二窗砖雕外,壁面均不设影作建筑和砖雕图像。葬式上采用单室多人合葬的形式,且多数个体骨架散乱,应系多次迁葬;尚未发现棺椁葬具,墓室四壁下的不同位置均有骨架或烧骨堆发现。随葬器物以陶瓷器为主,但器类上尚没有形成固定的组合;其中带盖的陶谷仓罐还明显保留着晋南地区金墓随葬品的特色。比较特殊的是墓中纸明器的发现,丁村 M1 墓室西北角的骨灰堆边上就发现有绑扎的竹篾遗存,很可能代表扎糊的纸明器。而稷山五女坟道姑墓中发现的纸衣冠,也为金元时代晋南地区随葬纸明器提供了有力证明。

2. 以侯马 – 曲村墓地为代表的元代中后期阶段

这一阶段的墓例主要发现于襄汾和侯马两地,如丁村 M2、曲村墓群中的 3 座元墓和乔村 M58。我们在总结丁村 M2 和曲村 M6047 这两座纪年墓葬式和随葬品特点的基础上，对襄汾、侯马地区发现的其他墓例做出年代判定，继而全面观察这一时期晋南简单砖室墓的时代风格。其中曲村 M6047 的随葬瓷枕底部有"至顺三年"的题记，证明该墓的上限为 1332 年；而丁村 M2 中出土的黑瓷罐外壁露胎处题有"至正七年"墨书，表明该墓的年代应不早于元末 1346 年。

此期墓壁装饰除墓门内右侧上方砌留有狭小的灯龛外，不见其他任何角柱、斗拱和砖雕图像，棺床形制也极为简单。葬式上依然延续了晋南地区单室多人丛葬的传统；但葬具与前一阶段有所区别，以侯马 – 曲村墓地为代表，出现了砖棺床上横向加置木棺床用以安放尸骨的新特点。其中曲村 M6043 的木棺床保存完好，四面均带有护栏①。侯马地区这种砖、木棺床配合使用的尸骨葬形式也见于侯马 M102 金墓，体现出晋南地区延承有序的葬制传统。随葬器物的种类较前期丰富，且在器类选择和材质使用上都已基本定型：流行黑釉和酱釉瓷器大口罐、双系罐，钧釉瓷碗和磁州窑系的瓷枕，铜镜也成为这一阶段大量出现的随葬器类；早期的瓷质灯盏在这一阶段则固定为单边带鋬的铁灯盏（图 2.13）。

由是观之，晋南地区的简单砖室墓与同时期的仿木构砖室墓并不存在直接的继承和取代关系，它们分别代表了两类不同的墓葬发展模式，且在蒙元时期的不同阶段中存在彼此消长的发展关系。蒙古国时期和元代前期，晋南地区以带砖雕和壁画装饰的仿木构砖室墓为重点；元代中后期以降，当地砖雕墓渐趋衰颓，随葬成组生活用器的简单砖室墓成为当地墓葬类型的主流。当然，这两种墓葬模式也呈现出明显的区域共性，最典型的一点当推多人合葬和二次葬的葬式传统。这种合葬墓通常以同族内不同辈分的多个小家庭共同斥资修葺，人员在埋葬位置上则按照长幼、男女尊卑有别的方式处理，将尸骨或骨灰分堆安置在不同墓室（龛室）或同室不同方位的棺床上。为了标记不同个体的安葬位置，这批晋南蒙元墓葬提供了两种方式：

_____

① 这种带护栏的木棺床也发现于晋南襄垣地区的元代墓葬中，木棺床上还罩有彩绘棺罩。有趣的是，棺罩上雕出的一门二窗和晋南、晋东南金元墓葬的门窗砖雕布局完全相同。这种棺床配合棺罩的葬具模式可能是辽金时期契丹风格"棺床小帐"制度向南的扩展和影响（山西省文物技术中心：《山西襄垣出土元代彩绘墓志棺床的科技保护》，《中国文物报》，2009 年 4 月 3 日第 8 版）。而河南焦作老万庄 M3 中也出土了围栏木棺床和木棺的组合模式。这种葬具形式看来代表了蒙元时期中原地区的一类丧葬传统。其源流或可追溯到此区宋代的石棺墓。

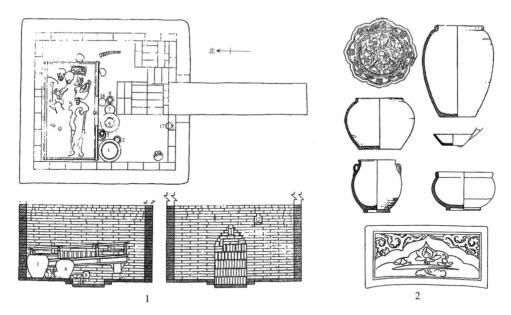

图 2.13　晋南简单砖室墓及出土器物组合（采自《天马－曲村（1980～1989）》第三册，
第 1105 页，图一七六七；第 1114 页，图一七七五；第 1118－1121 页，图一七八
〇，图一七八二～一七八四，图一七八六～一七八七）
1. 曲村 M6043 墓室平剖面图；2. 晋南简单砖室墓出土器物

其一是在对应的墓壁上用墨书表明死者身份，如新绛吴岭庄元墓在后室西北壁上墨
书"老爷卫忠""老婆聂氏"，东壁题为"少爷卫德""少婆冯氏"，西壁则写就"父
卫坚""母杜氏王氏"。与之对应，在北西东三壁下的棺床上分别安置有人骨，应该
是对应题记中的祖孙三代。其二是在尸骨或骨灰堆对应的壁面拱眼壁上描绘相应的
人物彩绘形象，通常采用对坐的造型，这种方式不仅见于上文提到的吴岭庄元墓，
也是闻喜和长治地区宋金墓葬习用的方式。

　　这种多人合葬墓在蒙元时期不仅在晋南地区世俗民众中广为流行，也应用于宗教
群体，尤其是道士墓。此类道士合葬墓同样是在棺床上环列安放不同的葬入个体，但在
具体葬具上又有特殊之处，全部用棺。接下来我们将对这种特殊的道士墓略作分析。

三　葬制特殊的道释墓

　　蒙元时期，晋南的芮城和稷山地区都发现了使用棺椁的道士墓。根据墓室形制、
安葬方式和葬具材质，又可分为两大类：其一为多人合葬的陶棺墓；其二为单人葬

的石椁木棺墓。

1. 集中安置的陶棺葬

山西稷山五女坟曾发现了 5 座道姑合葬墓，墓室棺床上均并排放置着多具黑陶棺作为尸骨葬的殓具；5 座墓葬共埋纳了 69 人，身份全为道姑。其中 M1 有中统三年的题记，证明这批墓葬大致应属于世祖朝蒙古国时期；此外装有稻谷的谷仓陶罐也显示出金元之际的时代特征（图 2.14）。

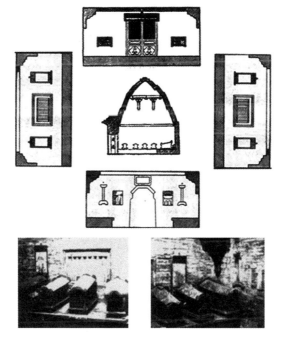

图 2.14　稷山五女坟道姑墓墓室结构与合葬陶棺（采自《考古通讯》
1958 年第 7 期，第 32 页、图二、图三；第 33 页、图五、图六；
图版拾叁：3、4）

使用陶棺殓葬在宋金时期的晋南地区即有传统。日前稷山县博物馆和永济市博物馆就保存有稷山和运城地区文物调查时发现的大批宋至元陶棺文物；其中尤以稷山地区发现的陶棺体量大、制作精[1]。晋南陶罐的使用群体中，宗教信徒应该占相当大的比例。除上文提到的蒙古国时期稷山道姑合葬墓外，陕西韩城也发现了一座陶

---

[1] 张国维：《稷山县博物馆收藏的几方宋金石、陶棺》，《文物世界》2007 年第 3 期。

棺合葬墓①，该墓在陶棺形制和墓葬结构上均与稷山道姑墓十分相似，但安葬的群体却为韩城周边大庆善寺的一众僧侣。相似的僧侣陶棺合葬墓也见于晋中地区五台山下的忻州宋墓②。从现存的题记看，这些释道群体的陶棺合葬墓主要应用于一般等级的信徒中，而地位较高的宗教首领则采用了另一套治葬模式，即使用石椁木棺的单人葬制。

2. 线刻精美的石棺墓

金贞祐南迁（1213 年）到元世祖颁定大元国号（1271 年）的蒙古国时期，晋南地区有两座道教重要人物的墓葬，分别为芮城永乐宫蒙古宪宗四年（1254 年）宋德方和中统元年（1260 年）潘德冲墓③。这两座墓分别为近方形和六边六角形砖室墓，在墓室结构上还留有一些金代风格，这也符合其处于金元之交的过渡性时段特征。墓内葬具使用线刻石椁内套木棺的殓葬形式。虽然墓室壁面未见装饰，但石椁四挡却有精美线刻，题材有厅堂楼阁、墓主人夫妇对坐、杂剧表演和孝行故事等，体现出晋南地区墓葬装饰一脉相承的延承性和连贯性。宋德方和潘德冲均为金元之际全真教的重要人物，在世祖忽必烈时期永乐宫的重建中发挥了重要作用；两墓中均出土墓志，也从侧面反映出二人地位之高（图 2.15）。

蒙元时期中原地区同样使用石葬具单人葬的宗教领袖墓，还有河南白马寺龙川和尚墓：该墓棺床上横向放置着小型石棺匣墓，内安置烧骨④。龙川和尚是元初名僧，也是元代洛阳白马寺的首任主持，曾负责兴修白马寺的重大工程。这与宋德方和潘德冲的身份经历和地位十分相似。而晋南、豫北地区使用石棺葬的传统，又可在晋南金代文物中找到实证。晋南地区有关部门在文物普查时发现有一些石棺，虽无法追查其出土的墓室环境，但多数有明确纪年，也可作为晋南地区金元石棺墓的参佐资料。如山西永济发现的贞元元年（1153 年）青石棺⑤、山西长治大定二十年（1180 年）石棺⑥、山西永和县大安三年（1211 年）石棺⑦等。同时，这种石棺（椁）墓又与北

① 任喜来、呼林贵：《陕西韩城金代僧群墓》，《文博》1988 年第 1 期。

② 忻州地区文管处：《五台县发现宋代陶棺》，《文物世界》1996 年第 4 期。

③ 徐苹芳：《关于宋德方和潘德冲墓的几个问题》，《考古》1960 年第 8 期。

④ 徐治亚等：《元代龙川和尚墓的发现和白马寺内的有关石刻》，《文物》1983 年第 3 期。

⑤ 张青晋：《山西永济发现金代贞元元年青石棺》，《文物》1985 年第 8 期。

⑥ 王进先：《山西长治市发现金代石棺》，《考古》1986 年第 2 期。

⑦ 解希恭、阎金铸：《山西永和县出土金大安三年石棺》，《文物》1989 年第 5 期。

宋晚期洛阳一带发现的带装饰和题记的石棺有某种承继关系①。晋南地区道教群体"棺椁墓"的出现，也从侧面反映出蒙元时期道教势力在当地的兴盛。

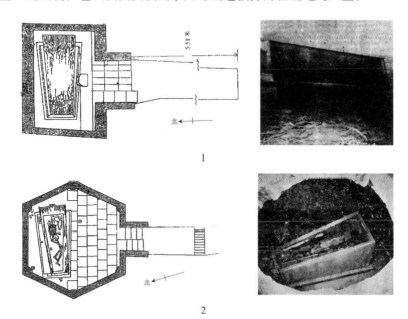

图 2.15　芮城永乐宫道士石椁墓（采自《考古》1960 年第 8 期，第
　　　　　22 页，图一；第 24 页，图三；图版肆：1、3）
1. 宋德方墓墓室结构及石椁葬具；2. 潘德冲墓墓室结构及石椁葬具

本章小结

所谓"中原地区"，在范围界定上大致包括大同以南的山西地区、井陉—石家庄以南的冀南地区和黄河以北的豫西豫北地区。相较于燕云地区杂糅了契丹、女真与汉地风格的多元化墓葬特征与复杂族属面貌，这一地域在长时段内保留了北宋中晚

---

①　这是一类以画像石棺为主体的墓葬，主要发现于洛阳附近。其中单独发现的画像石棺有三例，因系征
　　集，原墓室环境不明。这些石棺上均有榜题，墓主人身份分别是"金紫光禄大夫孙王十三秀才""洛
　　阳张君"和"朱三翁"，均为仕宦人家的后裔和无官职的殷富人家。石棺作前宽后窄的长方形，正面
　　雕出假门、窗或门楼式建筑，另三档和棺盖上刻有孝行图、侍奉图、墓主人升仙图和云鹤、花卉及榜
　　题。还有一座石棺发现在土洞墓中，墓壁没有复杂的装饰，石棺线刻才是该墓的装饰主体，这也说明
　　此类石棺线刻的功能与仿木构砖室墓的壁面装饰殊途同归。

期以来形成的墓葬传统，人群结构也相对单一，基本为汉族。宋代中期以来，该区墓葬面貌一直以门窗装饰的仿木构砖雕壁画墓为主体。蒙元时期，宋金时期确立的相当巩固的大区域墓葬面貌却被逐渐打破，呈现出变动多样的局面；与此相对，一些小的区域传统日益凸显并定型。通过对当地宋金葬俗的沿革取舍以及与周边文化区域丧葬传统的融合互动，蒙元时期的中原墓葬形成了一系列地域特征明显的小传统，分别为以太原为中心的汾阳、平遥、孝义、介休晋中地区，以邯郸、焦作、洛阳为代表的冀南豫北地区，以长治为中心的晋东南地区，还有以侯马、闻喜为中心的晋南地区。以上四小区虽发展轨迹不同，但至元末阶段均体现出一致的时代特征和演变趋势：墓室结构以近方形砖室墓为主，仿木构建筑日渐简化消颓；壁画成为墓室装饰的主流方式，以砖雕门窗为主体的装饰格局逐渐消失，形成了以墓室后壁为中心、两侧对称表现茶酒备献的新模式。

第三章 守故与立新：山东地区的蒙元墓葬

这一地区位于河北省子牙河、滏阳河以东，以今山东半岛为中心，北以沧州为界，西界河北东南武邑－平乡－大名一线，南临河南东北的尉氏、商丘以及江苏徐州。该区在金代主要在大名府路和山东东西两路辖下，墓葬面貌上汇融了河北与河南两地的风格；其中济南及以西地区与河南地区墓葬的面貌相似，而山东东部则与河北地区更为接近①。与燕云之地不同，该地区在宋辽对峙时期并未受到辽墓风格的波及，金入主中原后也极少遭遇女真文化的冲击，故而墓葬文化在整体面貌和丧葬习俗上基本承袭了北宋传统，体现出墓葬风格的保守性与滞后性。墓葬形制以圆形仿木构砖雕壁画墓为主流，壁面装饰华丽繁缛，以假门或门楼为中心，盛行满绘于四壁及墓顶的多层繁密式装饰格局。为方便叙述，下文将这一区域以其核心地区定名，统称为"山东地区"。

进入蒙元时期，这种长期固守的区域传统却开始渐趋裂解，在宋金时期盛行的单室圆形砖雕壁画墓之外，出现了单室近方形墓和多室墓，墓葬类型更趋多样化；另一方面，一些小范围的局部区域特征日渐明显，尤以元代中晚期胶东半岛的石塔墓最为典型；同时，墓葬风格上进一步体现出融南汇北的特点，同时受大都"石椁型"墓和南方同穴异室砖圹墓的双重影响。

---

① 秦大树曾就山东地区墓葬面貌与冀、豫两地的关系做过简要分析，详见山东省文物考古研究所等：《山东临淄大武村元墓发掘简报》，《文物》2005 年第 11 期。

第一节　以济南为中心的仿木构砖石室墓

从当前发现的墓例看，山东地区最普遍、最具区域特点的墓葬类型，当属装饰华丽的单室砖雕壁画墓。与中原和燕云地区变动多样的墓室形制不同，山东地区长时段内一直保持了圆形单室墓的墓制传统，面貌十分统一。此类墓葬基本为南北向，墓门上方多装饰有仿木构的建筑构件或门楼，墓室周壁用砖砌筑倚柱，从而将墓壁划分为多个独立空间，每个空间以雕砌门窗和家具作为主要框架，再辅以人物和花卉题材，构成固定的场景，如墓主人夫妇对坐、粮仓帛库、侍女添灯、妇人启门、车马出行等。仿木构建筑相对复杂，由倚柱、阑额、普拍枋和斗拱构成，正壁及左右侧壁常常做出高大的山花向前式门楼。墓顶以穹隆状为主，中心多为莲花藻井，镶饰铜镜，四周雕绘流苏垂饰和币串。这一墓室装饰布局自北宋中期确立后，虽历金元之变而固守传统。直至元代中后期，这种长期沿袭保持的墓葬格局才逐渐被打破，不仅方形砖石室墓开始出现，圆形墓的装饰布局和手法也发生了变化：壁画比重逐渐增大，孝行题材大量应用，以往基本居于侧壁的墓主夫妇对坐图也出现了居中表现的情况。元末阶段，多室壁画墓打破了单室墓的单一格局，成为元末明初山东地区重要的墓葬类型，而燕云和中原地区盛行的屏风题材和茶酒供奉场景亦开始对当地墓壁绘饰产生影响。

从目前所见的墓葬材料看，山东地区蒙元时期的仿木构砖石室墓大致以延祐年间为界分作前后两期：前期基本沿袭了宋金以来的墓葬格局，政治更迭对墓葬面貌造成的影响十分微小；后期则明显表现出旧传统的裂解和新因素的出现，不但墓葬结构大有变化，装饰手段和题材使用也体现出新的阶段特点，墓葬面貌呈现出多样化的趋势。

一　元前期（前至元－延祐年间）：传统的因袭

山东地区元前期的代表性墓例主要发现于济南、章丘和平乡，如济南司里街元墓①、章丘相公庄元墓②、济南大官庄 M2③、平乡郭桥墓④、历城郑家庄墓⑤和章丘女郎山 M70、M71⑥。其中有确切纪年的墓例为平乡郭桥墓和章丘女郎山 M71。郭桥元墓西南壁碑楼下的龟趺上有墓志碑，据墨书题记可知，墓主下葬于大德八年（1304年）；而女郎山 M71 则在残存的石墓志上发现了延祐元年（1314年）的志文。这两座纪年墓的装饰格局，为我们提供了山东地区元代前期墓葬的断代依据和参照标尺。

这一阶段的墓葬类型基本全为南北向圆形仿木构砖雕壁画墓（平乡郭店墓作八角形，为特例），穹隆墓顶装饰有多层复杂雕绘。墓室装饰布局大多在后壁和左右侧壁雕出仿木构门楼，后壁居中门楼下多为一门二窗，右侧门楼下设一桌二椅，"虚位以待"者居多，左侧门楼下雕出衣架与立柜；墓门右侧通常表现砖雕灯檠。仿木构建筑相对复杂，以砌筑倚柱将墓室划分为多个小空间，部分墓例因袭了金代晚期的风格，壁面雕砌的倚柱数量较多，空间分割较为细碎；倚柱砌筑形式多作二排立砖侧砌，斗拱也比较复杂，以四铺作和五铺作居多。拱眼壁和斗拱上多填绘花草，未见孝行题材（图 3.1）。

二　元代后期（至治年间 – 元末）：新因素的出现

与元代前期承袭旧制的单一面貌不同，延祐以降，山东地区的砖雕壁画墓在面貌上发生了明显变化，墓葬形制渐趋多样：一方面，墓室形制在圆形平面之外，出现了方形墓，二者虽形状各异，但在壁面装饰上却使用了同一套布局模式。这一时期壁画在墓室装饰中的比重日渐加大，孝行人物成为墓壁上层装饰的重要题材。仿木构建筑出现了简化趋势；逮至元末至正前后，立柱和斗拱均以彩绘代替砖雕，仿木构建筑急剧衰落，甚至完全弃之不用。另一方面，墓葬结构打破了山东地区宋金以

---

① 济南市考古研究所：《济南市司里街元代砖雕壁画墓》，《文物》2004 年第 3 期。

② 徐光冀主编：《出土壁画全集·山东》，北京：科学出版社，2012 年，第 213～216 页。

③ 济南市文化局等：《济南近年发现的元代砖雕壁画墓》，《文物》1992 年第 2 期。

④ 樊书海等：《河北平乡发现元代仿木结构纪年壁画墓》，《中国文物报》2004 年 7 月 14 日第 1～2 版。

⑤ 刘善沂、王惠明：《济南市历城区宋元壁画墓》，《文物》2005 年第 1 期。

⑥ 济青公路文物考古队绣惠分队：《章丘女郎山宋金元明壁画墓的发掘》，《济青高级公路章丘工段考古发掘报告集》，济南：齐鲁书社，1993 年，第 179～201 页。

图3.1　山东地区圆形砖石室墓元代前期墓例：济南司里街元墓的墓葬结构与装饰
　　　　布局（采自《文物》2004 年第 3 期，第 64 页，图八；第 62 页，图二、图
　　　　三；第 65 页，图九）
1. 壁面装饰展开图；2. 墓室平剖面图；3. 壁面仿木构门楼与拱眼壁花卉彩画

来统一的单室墓格局，出现了形式各异的多室墓，尤以元末明初的"吕"字形前后
双室壁画墓最具代表性。下文将从这两方面结合墓例具体说明。

1. 单室砖雕壁画墓的新发展

元代后期，山东地区的单室砖雕壁画墓打破了宋金以来单一的圆形平面，出现
了方形砖石室墓。其中圆形墓仍以济南地区为集中分布区，方形砖雕壁画墓则主要
见于章丘地区①，济南市区②也有少量发现。需要指出的是，方形墓的装饰布局并未

———————

① 典型墓例为章丘刁镇墓、旭升乡墓（济南市文化局等：《济南近年发现的元代砖雕壁画墓》）、青野墓
　（章丘县博物馆：《山东章丘青野元代壁画墓清理简报》，《华夏考古》1999 年第 4 期）和双山镇墓
　（《中国出土壁画全集·山东》，图 205～216）。
② 济南市文物局文物处：《济南柴油机厂元代砖雕壁画墓》，《文物》1992 年第 2 期。

随着墓形的改变而另辟新章，而是照搬了同区圆形墓的装饰传统，仅仅把立柱和斗拱转移到相应的墓室转角。这一阶段发现的纪年墓材料较为丰富，大多集中在元末，如章丘青野后至元元年（1335年）墓①；济南历城郭店至正十年（1350年）墓②和临淄大武至正年间墓③。其中大武元墓在甬道题记和壁龛墓碑上发现了两处纪年，分别为预营寿坟的至正十七年（1357年）修墓记和正式下葬的至正廿四年（1364年）孝子碑。这批纪年材料为我们划定济南周边蒙元墓葬期属和归纳期段特征提供了重要参照。

这一时期，山东地区的墓葬装饰布局依然流行在后壁和左右侧壁雕出仿木构门楼，启门题材十分常见。右壁仍设一桌二椅，但门楼结构有所简化。右壁或后壁仍设一桌二椅，但与前期流行的虚位以待、只出现桌椅的模式不同，通常明确绘塑出墓主夫妇的形象；同时，人物服饰上明显受到"蒙古衣冠"的影响，男戴笠帽、女着半臂的形象。左壁和墓门右侧的装饰题材则继续沿用元代前期流行的衣架、立柜和灯檠图像。墓顶装饰开始简化，穹隆顶的高度下降，网格纹、垂绥帐幔、串钱纹和云鹤纹成为墓顶图样的主体。与方形墓的出现相关，立柱和柱头斗拱基本固定为4组角柱和转角铺作，角柱砌筑上转而大量使用平砖贴砌法，斗拱形式也大为简化，以把头绞项造为主（图3.2）。下文以济南历城埠东村元墓为代表特例，从三方面详述山东地区元代后期墓室装饰的阶段特点：

其一，装饰手法上，彩绘比重日益加大，砖雕逐渐衰落。埠东村元墓的墓顶和四壁假门、立柱均为彩绘，仅用简化砖雕表现门楼；临近的郭店元墓周壁装饰全用彩画而不见砖雕，甚至倚柱、斗拱等仿木构建筑也尽数采用平面绘饰。如果我们横向考察整个中原地区的金元墓葬，则可发现尽管各地演变步调略有差异，但均普遍出现彩绘、线刻成为装饰主流、砖雕逐步衰减的趋势④。

① 章丘县博物馆：《山东章丘青野元代壁画墓清理简报》，《华夏考古》1999年第4期。
② 济南市文化局等：《济南近年发现的元代砖雕壁画墓》，《文物》1992年第2期。
③ 山东省文物考古研究所等：《山东临淄大武村元墓发掘简报》，《文物》2005年第11期。
④ 冀南豫北地区自元前期开始，砖雕与壁画的应用比例就开始调整，砖雕逐步衰落，部分墓例出现全用壁画装饰的情况。晋中地区自元代后期始，墓葬图像已全用彩绘和线刻，金代盛行的砖雕则仅保留在角柱和斗拱的装饰上。在以长治为中心的晋东南，墓室则自元中期以降明显减少，仅用来表示角柱和斗拱，不再参与到墓壁装饰的构图中；墓壁图像开始全用彩绘勾勒填涂。

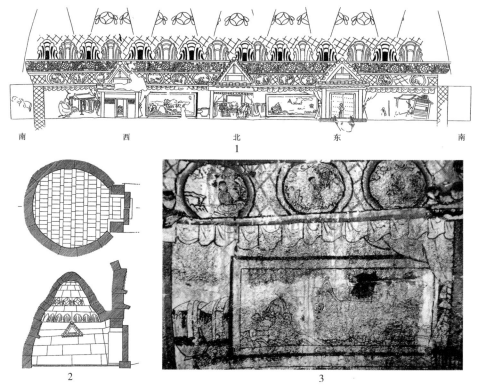

图 3.2　山东地区圆形砖石室墓元代后期墓例：济南历城埠东村元墓的墓室结构与
　　　　装饰布局（采自《文物》2005 年第 11 期，第 62、63 页，图二三；第 59
　　　　页，图一九；第 65 页，图二七）

1. 壁面装饰展开图；2. 墓室平剖面图；3. 影作帷幔、立柱和拱眼壁孝行图

　　其二，墓顶表现上，大量应用帐幔和网格图像，不论是正壁的门楼廊下还是侧
壁的墓主人夫妇上方，常绘饰一周走水帷幔。埠东村元墓的墓顶，彩绘帐幕、垂幔
与门楼、斗拱等仿木构建筑彩画并存，既沿袭了宋金以来的仿木构传统，又融入了
蒙元毡帐生活的时代特色。事实上，这种模拟游牧毡帐、又保存仿木构砖雕的墓室
营造模式在元代中原地区并不鲜见，河北、陕西和山东等地均不乏其例，如陕西蒲
城元墓①、北京密云元墓②、北京斋堂元墓③、河北邢台钢铁厂元墓④、涿州元代壁画

①　陕西省考古研究所：《陕西蒲城洞耳村元代壁画墓》，《考古与文物》2000 年第 1 期。
②　张先得、袁进京：《北京市密云县元代壁画墓》，《文物》1984 年第 6 期。
③　北京市文物事业管理局发掘小组：《北京市斋堂辽壁画墓发掘简报》，《文物》1980 年第 7 期。
④　北京大学中国考古学研究中心等：《邢台巾邢钢元代壁画墓发掘简报》，《考古与文物》2008 年第 4 期。

墓①等。

　　其二，题材选择上，孝行图广泛流行，主要装饰于墓室上层。有趣的是，这批孝行人物与当地宋金墓葬流行的孝行图组合模式有较大变动②，出现了焦女哭麦的新故事和极具地方特色的孟母断机等题材；同时，构图场景上也加入了新因素，如孟宗哭竹图像，新增了旁提篮备侍的顶髻小童形象（图3.3～3.5）。孝行题材的盛行实则是中原北方地区元墓装饰的共性，尤其是元中期以来，这一题材更成为墓壁装饰的核心图像；其在山东地区多绘于柱头上方或墓顶起券处，而在内蒙古、河北、山西和河南地区则常以屏风或挂轴形式通壁装饰③。

图3.3　济南历城埠东村元墓中的焦女哭麦图
（采自《文物》2005年第11期，第69页，图三六）

图3.4　济南文化东路柴油机厂元墓中的孟母断机图（采自《文物》1992年第2期，图版壹：2）

---

① 河北省文物研究所等：《河北涿州元代壁画墓》，《文物》2004年第3期。

② 关于元代后期北方地区孝行题材的发展与变动，刘未曾在墓例札记中征引文献对其进行了探讨，提出宋金时期稳固的二十四孝组合在元代已开始松动，面临新的整合；而孝子故事的来源也开始复杂化，不再是某一部通行的孝经所能涵盖（刘未.《尉氏元代壁画墓札记》，《故宫博物院院刊》2007年第3期）。

③ 代表墓例见长治南郊司马乡壁画墓（长治市博物馆：《山西长治市南郊元代壁画墓》，《考古》1996年第6期）、北京斋堂元墓（北京市文物事业管理局等：《北京市斋堂辽壁画墓发掘简报》，《文物》1980年第7期）、河北涿州元墓（前揭注）；河南尉氏元墓（开封市文物工作队等：《河南尉氏县张氏镇宋墓发掘简报》，《华夏考古》2006年第3期）、内蒙古翁牛特旗和凉城后德胜元墓（项春松等：《内蒙古翁牛特旗梧桐花元代壁画墓》，《北方文物》1992年第3期；内蒙古自治区文化厅文物处等：《内蒙古凉城县后德胜元墓清理简报》，《文物》1994年第10期）；山西兴县红峪村元墓（山西大学科学技术哲学研究中心：《山西兴县红峪村元至大二年壁画墓》，《文物》2011年第2期）。

图 3.5　济南文化东路柴油机厂元墓中的孟宗哭竹图
（采自《文物》1992 年第 2 期，图版壹：23）

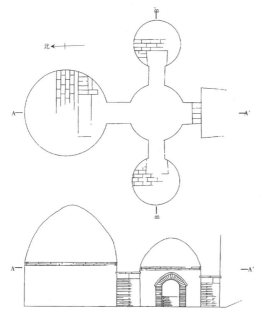

图 3.6　淄博元代圆形多室墓（采自《华夏考古》
2003 年第 1 期，第 22 页，图二）

2. 多室砖石室墓的出现

在圆形单室墓发展演变的同时，山东地区在元代后期开始出现多室砖石室墓。此类多室墓形制多样，既有圆形前后室墓，也有横向并列耳室石刻壁画墓。而墓例最多的，当属"吕"字形长方形前后双室壁画墓。

圆形多室墓目前仅在临淄地区发现一例，由前后室、左右耳室、甬道、墓门和墓道构成（图 3.6）。四个墓室均为圆形穹隆顶。壁面装饰全用彩画而不设砖雕，斗拱消失不见，倚柱表现简率，仅在壁面刷出四道黑色线条作为墓室四个空间的分隔带。四壁图像以男女侍从为主，右侧壁山水立屏前绘出虚位以待的交椅图像。墓门上方为杂宝盆，内盛犀角、珠饰和银铤①。

① 许淑珍：《山东淄博市临淄宋金壁画墓》，《华夏考古》2003 年第 1 期。原报告将其年代定在宋金之际；但综合此墓墓室结构、装饰形式和图像布局，应为较晚阶段的墓例。同时该墓耳室壁画中出现了元代孝行题材中的"焦女哭麦"，墓壁全不用砖雕装饰，也不见斗拱。这些都是元代晚期的墓葬特点。

长方形三室石刻墓见于平阴李山头①，墓葬结构为近方形穹隆顶主室，两侧各辟一长方形券顶侧室（图3.7）。其中主室结构与济南地区的仿木构砖石室墓极为相似，穹隆顶正中雕饰莲花藻井。装饰布局以后壁正中的一门二窗为中心，两侧对称表现男女侍从和孝行题材，墓门左右绘出两个大花槛。需要注意的是，与山东地区在拱眼壁绘饰孝行图像的主流模式不同，平阴石室墓将孝行题材置于墓壁主要装饰带，这一模式与河南地区元代晚期墓葬的壁画布局一致。这种特殊表现与平阴地区的地理位置密切相关，体现了河南墓葬传统对临界山东地区的影响与渗透。

山东地区元代晚期最常见的多室墓为"吕"字形长方形前后双室墓。这类墓葬在济南和章丘地区均有发现，自元末一直沿用到明代（图3.8）。典型墓例为济南千佛山北麓齐鲁宾馆元墓②和章丘女郎山元明墓

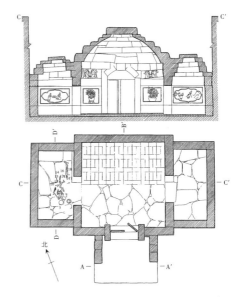

图3.7　平阴近方形多室墓（采自《文物》2008年第2期，第45页，图八）

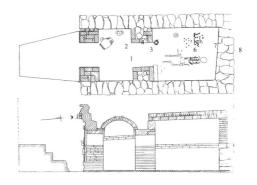

图3.8　章丘女郎山前后双室墓（采自《济青高级公路章丘工段考古发掘报告集》，第190页，图七）

①　刘善沂：《山东长清、平阴元代石刻壁画墓》，《文物》2008年第2期。

②　何洪源：《济南市一座元代壁画墓整体迁移成功》，《中国文物报》，1992年7月19日第2版；宿白等：《中国美术全集·绘画编12·墓室壁画》，北京：文物出版社，1989年，图版194~196；徐光冀主编：《出土壁画全集·山东》，北京：科学出版社，2011年，图185~194；房道国、史云：《济南千佛山元代壁画墓清理简报》，《华夏考古》2015年第4期。

群①。这种双室墓由墓道、墓门、长方形前后室和甬道构成。墓上做出高大复杂的门楼，前后双室的墓顶全作券顶。装饰彩绘以齐鲁宾馆元墓和女郎山 M16 保存得最为完好。齐鲁宾馆元墓的墓门外侧为相对而立的武士形象；前后室在转角处设平砖贴砌的角柱和把头绞项造的简单斗拱；前室墓门内侧和左右两壁均为屏风构图，表现山居隐逸题材，后壁过道入口左右分列男侍备酒和女侍奉茶图像；过道两侧为各持乐器的女乐两组；后室正壁为仿木构的门楼，其余壁面材料未见刊布。这座元墓在仿木构形式上明显具有元代后期的特点，后室的门楼装饰也延承了山东地区的一贯传统；前室的屏风画格局则是新出现的装饰因素，其与平阴石室墓线刻图像一并，应是受到河南与燕云地区墓葬特点的影响（图3.9）。年代更晚的女郎山 M16 壁面全用

1

2

图 3.9　山东、山西元墓屏风画中的山居隐逸题材

1. 济南千佛山北麓齐鲁宾馆元墓屏风画（采自《中国出土壁画全集·山东》，第 197 页，图 194；第 195 页，图 192）；2. 山西大同齿轮厂元墓中的围屏壁画（采自《文物季刊》1993 年第 2 期，图版叁：3、4）

---

① 济青公路文物考古队绣惠分队：《章丘女郎山宋金元明壁画墓的发掘》。济南市考古研究所：《章丘女郎山》，北京：科学出版社，2013 年。女郎山发现的"吕"字形双室墓主要包括 M4、M14～16、M60，计五座墓，其中以 M15 年代最早，为元末明初之际，余者均为明代墓。这些元明墓葬在墓室结构、装饰彩绘、葬制葬式和出土器物上都极为一致，反映出此区墓葬面貌在元明之际发展的连贯性。

彩绘，完全不见砖雕，也未出现立柱、斗拱等仿木构建筑形式。前室左右分饰衣架和燃灯侍女，后室表现门窗帐幔（图3.10）。

1　　　　　　　　　　　　　　　　2

图3.10　章丘女郎山M16前后室壁画（采自《中国出土壁画全集·山东》，第225页，
图220；第228页，图223）
1. 前室侍女添灯图；2. 后室帐幔图

综上可见，山东地区元代后期出现的多室墓，尤其是前后室墓，在装饰布局上基本是将前期单室墓的壁面格局进行了拉伸和分化，单室墓中居于后壁的门楼、窗棂和帐幔图像被挪至后室，而原本分别装饰在左右侧壁的侍从供奉和衣架、灯檠则成为前室的主要图像题材。同时，此类墓葬也明显受到周边区域墓葬文化的渗透和影响，开始出现一些新的图像格局。这也说明山东地区的墓葬文化在元代后期地域封闭性开始裂解，区际交流日渐明显。

在华丽的仿木构砖雕壁画墓之外，山东地区也存在一类较为简单的砖石室墓，在墓室结构上与济南-章丘一线的砖雕壁画墓完全一致，墓顶也流行莲花藻井；但四壁装饰却极为简单，多数完全无装饰。此类简单砖石室墓主要分布在山东中部的昌乐地区①，以石室墓居多，先后共发现墓例20余座。昌乐地区在地理位置上居于鲁西北和胶东半岛的交界地段，墓葬面貌也体现出两区混融的过渡性区域特点，代表着鲁西北仿木构砖室壁画墓传统和鲁东胶东半岛石塔墓葬制在鲁中地区的碰撞和交融（图3.11）。

————————————

① 昌乐县文物管理所：《山东昌乐东山王元代墓葬清理简报》，《考古》1995年第9期。

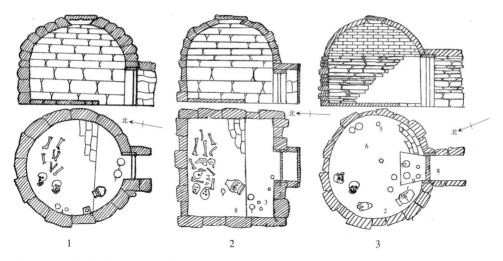

图 3.11 昌乐东山王地区简单石室墓平剖面图（采自《考古》1995 年第 9 期，第 809 页，
图五、图四；第 810 页，图八）

　　1. 昌乐东山王元墓 M15；2. 昌乐东山王元墓 M17；3. 昌乐东山王元墓 M18

第二节　胶东地区的石塔墓

　　元代后期到明代，胶东半岛流行一种塔式墓葬。墓葬分地下墓室和地表石塔两部
分（图 3.12）：地下以石板砌穹隆顶或覆斗顶长方形石室，葬式全为尸骨葬（图 3.13）；

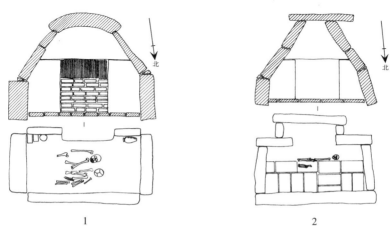

图 3.12　烟台牟平北头墓群石塔墓结构（采自《考古》1997 年第 3 期，第 52 页、图八、图九）

　　1. M16 平剖面图；2. M15 平剖面图

地表砌筑石塔，塔底部为多角形束腰须弥座，上承石条砌筑的圆形覆钵塔身，顶部简单示意出塔刹（图 3.14、3.15）。束腰基座上有石刻图像，常以板门、棂窗为中心，左右站立侍从，也有孝行和花卉图像。这些塔基线刻与山东其他地区砖雕壁画墓的墓室图像基本一致，显示出墓室雕绘模式与墓塔装饰的密切联系。

图 3.13 蓉城留村石塔墓地下墓穴（秦大树供图）

图 3.14 烟台牟平北头墓群 M13 墓上石塔（采自《考古》1997 年第 3 期，第 53 页，图一〇）

图 3.15 蓉城留村石塔墓墓上石塔（秦大树供图）

一 石塔墓的区域特点与分布范围

石塔墓广泛发现于胶东半岛，多以家族墓群的形式成片分布。因石塔部分暴露于地表，大多损毁严重；保留至今尚可分辨的墓例主要见于烟台牟平北头村①、栖霞

---

① 林仙庭等：《山东牟平县北头墓群清理与调查》，《考古》1997 年第 3 期。

京甲村、蓬莱龙山店、荣成夏庄镇和宁津乡①等地；当地文博机构也通过采集与征集的方式收藏有部分墓塔构件和墓志材料。据考古踏查、发掘和文物征集工作统计，此类石塔墓的纪年资料计有威海市博物馆收藏的皇庆元年（1312 年）石构件、荣成宁津乡"至正"刻款碣石和"元统三年"（1335 年）石墓志、蓬莱龙山店"大元至正"刻款墓顶石、烟台牟平 M13"洪武十一年"（1378 年）碣石，以及荣成夏庄镇明成化廿二年（1486 年）题记墓石。这些纪年资料，清晰勾勒出石塔墓在以文登为中心的胶东半岛的发展脉络：其在元代中期已有发现，元末顺帝朝最为多见，明代中期依然沿用，前后流行共近 200 年②。

接下来我们面临这样几个问题：胶东半岛元明时期石塔墓属于什么样的人群？这种墓上建塔的营坟方式又有怎样的文化渊源？毗邻地区的宋元墓葬中是否存在相似的墓例？

1. 胶东石塔墓的使用人群

据墓塔碣石上的墓志和修墓记来看，石塔墓中多葬有不同辈分的家族成员。牟平 M13 为一座三人合葬墓，分别安葬着"显考王公""母于氏"和"母宋氏"一夫二妻；而蓉城宁津乡元统三年墓中则先后安葬了翟氏一族祖父辈和父辈两代三人。石板所筑墓穴中的多具骨架也证明了上述家族合葬的情况。墓志碣石与葬式综合反映出这批埋葬于石塔之下的人群具有家庭血缘，并非僧众的集中墓群，而是世俗民众的家族墓地。那么，我们又是否可以根据墓上石塔而将墓主划归佛教信众呢？这个问题尚不能妄下论断。其一，墓塔上的修墓记详细附录了参与营坟的同族后辈及其眷属姓名；而这些姓名前后均未见类似"弟子""邑子"等明确表明佛教信众身份的文字。其二，墓塔装饰全为世俗墓葬常见的壁面图像题材，如一门二窗、孝行人物和男女侍从，未见与佛教文化相关的图像主题。

---

① 蓉城地区石塔墓的材料承秦大树先生见告，为 2007 年赴"威海市崮头集墓地发掘成果鉴定及新闻发布会"时参观所拍摄的资料，简要报道见威海市文化局等：《威海文物概览》，青岛：青岛出版社，2009 年，第 88～89 页。

② 囿于材料，目前尚无法推知此类石塔墓的上限；要明晰这一极具地域特点的特殊葬制，还有赖新材料的不断刊布。

二　墓上石塔的文化渊源

实际上，宋元治葬和墓室营造中出现的所谓佛教因素很多情况下并非源自严格意义上的宗教信仰，而是多元杂糅的民间信仰与丧葬传统彼此交融、长期共生的产物。与其说这批墓上石塔是佛教信众的宗教纪念性建筑，不如将其视作一类特殊的地表墓葬建筑更为合理。我们可将死者视为供养对象，将地表石塔视为墓地祭拜建筑，拜塔即是祭坟：这就赋予墓上石塔更为宽泛的使用意义。胶东半岛石塔墓的出现，从一个侧面反映出塔幢建筑的大众化和普及性①；而这种佛教因素在中国的"深耕化"实际上经历了一个相当漫长的发展过程。

1. 墓塔作为墓地地表建筑的普及

坟塔的文化渊源始自印度公元前后供奉佛舍利的窣堵坡。佛塔的初始文化意义具备两个层面的概念：一为"永为供养"的纪念建筑，即"供奉"；一为"埋纳佛骨"的治葬建筑，即"埋葬"。这两种概念作为一个有机整体，随着佛教东传对中国传统墓葬文化产生了深远影响，自汉以来就出现了上起佛塔、下营坟室的"坟塔"类丧葬形式②。这种坟塔在僧众中应用最广，具体可分为两种类型：其一为地下安穴、地面起塔；其二为摩崖凿穴安放骨灰、其上刻饰塔形③。僧众墓塔自隋唐时期开始流行，河南地区多见四方塔，山东、河北则以多角形墓塔居多。宋辽时期，八角墓塔成为主流形制④。金元阶段，僧人墓塔依然流行于中原北方地区，如陕西商县金陵寺宣和七年

---

① 宋元墓葬中有不乏反映佛教因素融合于世俗民间信仰的例证，如墓主夫妇像"男持念珠、女持经卷"的表现模式、地藏坐像、泗州大圣和引路菩萨的砖雕和壁画图像等，均反映出宋元以来佛教信仰在世俗民众与传统丧祭文化的普行与渗透（袁泉：《物与像：元墓壁面装饰与随葬品共同营造的墓室空间》，《故宫博物院院刊》，2013 年第 2 期）。

② 关于舍利安置制度对中国墓葬文化的影响，详见袁泉：《舍利安置制度的东亚化》，《敦煌研究》2007 年第 4 期。

③ 这种以塔龛形式存在的骨灰墓塔年代上起隋唐，下至明清，在洛阳龙门石窟、安阳宝山石窟、四川巴中、合川石窟与甘肃炳灵寺石窟等处均有发现。

④ 关于辽代的八角形塔，美国学者夏南悉认为是汲取了佛教不同宗派信仰的艺术形式，代表了崇佛的契丹统治者的王权，作为一种永久性的纪念物，辽代八角形塔实际上代表了一个八角形的丧葬空间（Nancy Shatzman Steinhardt, *Liao Architecture*, Honolulu：University of Hawaii Press, 1977, P398）。关于辽代八角形塔的形成及其与八角形砖室墓的关系，霍杰娜有过专论，认为"八大菩萨"和"八大灵塔"崇拜首先影响了佛塔形制，继而八角形的佛塔又对墓葬建筑产生了影响（霍杰娜：《辽墓中所见佛教因素》，《文物世界》2002 年第 3 期）。

（1125 年）和尚塔①、河南洛阳白马寺村元成宗元贞二年（1296 年）龙川和尚墓塔②。

　　宗教群体之外，墓塔在中国也应用于世俗墓葬中。《洛阳伽蓝记》中记载了佛教初传中国时帝陵起塔的现象："明帝崩，起祇洹于陵上。自此以后，百姓冢上或作浮图焉。"③ 可见早在汉明帝迎佛入华后不久，帝陵和百姓营坟上就出现了地表冢上立塔的现象。《唐会要》中也可查关于皇室宗王薨后"造塔安置"的事例④；相似的现象亦见载于《资治通鉴》和《旧唐书》⑤。而西夏陵的塔式陵台亦为皇室坟塔提供了明证⑥。另一方面，唐宋以来普通民众的墓葬营建中也越来越多地出现了佛教建筑的例子。曾作为法身塔象征的塔幢就因其"破地狱"的功能而渐趋纳入世俗墓域的地表建筑体系⑦。李清泉就曾引用登封黑山沟宋墓壁画"闻雷泣墓"孝行场景中坟丘地

---

① 陕西省文物管理委员会：《陕西商县金陵寺宋僧人墓清理简报》，《考古》1960 年第 6 期。该墓地表建筑残毁，但墓顶上方仍留有砌砖数层，推测墓表很可能建有墓塔类建筑。

② 该墓地表现今虽未发现墓塔遗迹，但据墓室内随葬的《龙川和尚舍利塔志》可知，墓室上方本应建有舍利塔墓。详细简报参见徐治亚、张剑：《元代龙川和尚墓的发现和白马寺内的有关石刻》，《文物》1983 年第 3 期。龙川和尚舍利塔的问题韩小囡在其博士论文中就曾予以关注。

③ ［魏］杨衒之撰，周祖谟校释：《洛阳伽蓝记校释》卷四"城西 白马寺"，上海：上海书店出版社，2000 年，第 149 页。

④ ［宋］王溥：《唐会要》卷五《诸王》载："肃王详，德宗第五子。建中三年薨。性聪慧。上尤怜之，追念无已，诏如西域法造塔安置。"上海：上海古籍出版社，1955 年，第 62 页；《旧唐书》中也记载了相同的事件，参见［后晋］刘昫：《旧唐书》卷一五〇《肃王详传》，北京：中华书局，1975 年，第 4044 页。韩小囡在其博士论文中亦征引了此条文献，并提出肃王建塔墓的朝议争论故事"至少说明世俗墓葬中有可能采用或借鉴塔墓的形式"。韩小囡：《宋代墓葬装饰研究》，山东大学博士学位论文，2004 年，第 107 页。

⑤ 唐兴元元年（784 年）四月，唐德宗又"欲为唐安公主造塔厚葬"，载［后晋］刘昫：《旧唐书》，卷 138，《姜公辅传》，第 3788 页；转引自李斌城等：《隋唐五代社会生活史》，北京：中国社会科学出版社，1998 年，第 225 页。这条文献早在傅斯年所著《中国古代建筑史》中即已引用，详见傅斯年：《中国古代建筑史》，第二卷，《两晋·南北朝·隋唐·五代建筑》，北京：中国建筑工业出版社，2001 年，第 431 页，此材料承沈睿文先生见告，特此致谢。

⑥ 西夏陵的发掘报告与研究论文，参见牛达生：《西夏陵园》，《文物与考古》1982 年第 6 期；宁夏文物考古研究所：《西夏陵区北端建筑遗址发掘简报》，《文物》1988 年第 9 期；吴峰云：《西夏陵园建筑的特点》，载史金波等编：《西夏文物》，北京：文物出版社，1998 年；韩小芒：《西夏陵在中国古代陵寝制度发展史上的地位》，《宁夏社会科学》1993 年第 6 期。宁夏文物考古研究所：《西夏陵——中国田野考古报告》，北京：东方出版社，1995 年。

⑦ 刘淑芬：《墓幢——经幢研究之三》，《台湾研究院历史语言研究所集刊》，第七十四本，第四分，2003 年，第 676 页；刘淑芬：《灭罪与度亡：佛顶尊胜陀罗尼经幢之研究》，上海：上海古籍出版社，2008 年。

表的墓幢（图3.16）就从一个侧面展示出宋金以来"塔幢"在墓表建筑中的应用①。逮至金元，墓表塔幢更纳入《大汉原陵秘葬经》的葬书体系，成为"五品官至庶人"的营坟治葬的定制之一，"于祖穴前安石幢"的做法开始流行于世俗群体②。而墓塔在这一阶段的使用也更趋世俗化，河北井陉柿庄砖雕壁画墓的墓顶上部多砌有平面为六角形须弥座式建筑③（图3.17），这种结构与胶东半岛的石塔基座极为类似，推测其墓穴之上的地表或曾建有塔式建筑。

由此可见，墓表立塔的营坟方式在经历了漫长的发展和演化过程后，已不再是僧众和佛教信众群体的专利。尤其宋金以来，坟塔或经幢作为一类坟丘建筑形式或墓葬建筑类型，已为世俗群体广泛使用，甚至纳入区域葬书体系。金元时期，山东和河北地区的家族墓群中均出现此类石构墓塔的例子，同时这种墓表建筑形式也与孝行人物

图3.16　登封黑山沟宋墓拱眼壁闻雷泣墓中的墓上塔幢（采自《郑州宋金壁画墓》，第105页，图一三二）

　　　　　1　　　　　　　　　　　　　　2
图3.17　宋金墓葬地表塔幢建筑的发展与普及（采自《考古学报》1962年第2期，图版柒：1；图版贰壹：5、6）
　　　1. 井陉柿庄北孤台 M3 墓顶须弥座；2. 井陉柿庄北孤台 M4 墓上须弥座

---

① 李清泉：《宣化辽墓：墓葬艺术与辽代社会》，北京：文物出版社，2007年，第306~307页。

② 徐苹芳：《唐宋墓葬中的"明器神煞"与"墓仪"制度——读〈大汉原陵秘葬经〉札记》，《考古》1962年第2期，第87~106页。

③ 河北省文化局文物工作队：《河北井陉县柿庄宋墓发掘报告》，《考古学报》1962年第2期。

故事相结合，逐步沉淀在区域传统丧葬文化中，从而实现了更广泛的传播。胶州半岛发现的石室墓，可作为墓塔普及化的典型代表；这种特殊的区域性葬制，反映出宋元时期佛教文化与世俗葬制的有机结合。

需要注意的是，胶东半岛石塔墓的地下墓穴采用的是石板砌筑的长方形平面结构；而在山东地区，长方形砖室墓、砖圹墓的主要分布集中在以济宁为中心的鲁西南和沂水为中心的鲁东南地区。这两个小区在地理位置上与江苏、安徽临近，墓葬形制与南方地区多有相似；同时，石板墓在元代山东地区的使用又与政治因素不乏关系，体现出政治动因与区域文化的协调融通。

第三节 "椁式"墓的类型与文化来源

宋金时期，滕州与沂水两地就发现了近似南方风格的长方形土坑并列"椁式"砖石室墓，如沂水城南的长方形砖圹墓和滕州承安四年（1099年）石椁墓。蒙元时期，此类"椁式"墓得到了进一步的发展，在出现数量和地域范围上均有所扩展；不仅见于鲁南地区，济南和阳谷也有发现。从文化来源看，受南方墓葬传统的影响外，元代山东地区的"椁式"墓也受到大都周边官员"石椁型"墓类型的波及，展现出"融南汇北"的时代特点。其中以济宁和沂水为中心的地区更多移植了淮水以南宋金墓葬密封墓穴和同坟异室的区域传统；而以济南为中心的山东中部地区则主要受到大都周边并列多室、石板盖顶的"石椁型"墓的文化影响。

一 南方墓穴密封传统的移植与借鉴

鲁南地区因与江苏、安徽北部毗邻，墓葬面貌长期以来一直受到南方治葬传统的影响；灰浆灌注的棺椁套合墓与长方形砖圹墓时有发现，其糯米汁掺石灰的灰浆浇铸防腐法及随葬品组合均与南方传统的"椁式"墓一致，而与鲁中地区圆形仿木构砖石室墓面貌迥异。鲁南元代"椁式"墓主要发现于济宁、嘉祥、邹县和沂水四个地区。其中在济宁、嘉祥、邹县三地的墓例均属元晚期，分别为山东济宁泰定二年（1325年）

张楷夫妇墓①、嘉祥至顺元年（1330 年）曹元用墓②（图 3.18）和邹县至正十年（1350
年）李裕庵墓（图 3.19）③；鲁东南沂水地区则分别在城区则发现了三座砖石墓圹、石
板盖顶的长方形元墓。下文将分别从区域文化传承上探讨这两个小区的元墓面貌。

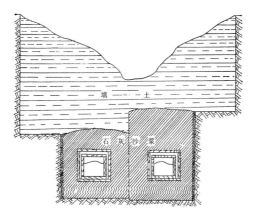
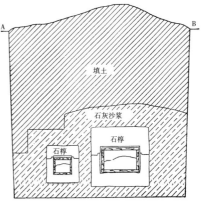

图 3.18　嘉祥曹元用墓剖面图（采自　图 3.19　邹县李裕庵墓剖面图（采
　　　《考古》1983 年第 9 期，第 804　　　　　自《文物》1978 年第 4
　　　页，图二）　　　　　　　　　　　期，第 15 页，图四）

1. 以济宁为中心的鲁西南地区

　　济宁、嘉祥和邹县发现的四座蒙元墓葬在年代上均属元代后期，墓葬形制全为
长方形土坑并列石椁或木椁墓，形成同坟异葬的并列多室葬④。其中嘉祥和邹县曹、
李二氏墓最能体现当地墓葬传统：二者封穴上均采用了糯米汁掺石灰浇筑的方式防
腐；随葬品中出现大批被衾、服装类丝绵制品和精美的金银饰品：这些墓葬特征均
与同期南方地区一致。如安徽安庆大德年间（1301～1305 年）范文虎夫妇墓⑤，江

① 济宁市博物馆：《山东济宁发现两座元代墓葬》，《考古》1994 年第 9 期。
② 山东省济宁地区文物局：《山东嘉祥县元代曹元用墓清理简报》，《考古》1983 年第 9 期。
③ 邹县文物保管所：《邹县元代李裕庵墓清理简报》，《文物》1978 年第 4 期。
④ 这种同坟异葬墓自宋代以来一直是南方地区的主流墓葬形式。形制为长方形并列双室，墓主人夫妇男
　女分处一室，两室共用一道隔墙，其上留有大小不足生人通过的孔洞，以供死者的魂灵交往。苏轼对
　这种葬制有详细的记载，称之为"同坟而异葬"或曰"同垅而异圹"。其目的是因为夫妇死有先后，
　葬后死之人时，如见先死之人尸首腐败，恐伤孝子之心。两圹之间留有通道可以满足"毂则异室，
　死则同穴"的要求。苏轼称之"最为得礼也"（［宋］苏轼：《东坡志林》卷七，文渊阁《四库全书》
　影印本，册 863，第 68 页）。
⑤ 白冠西：《安庆市棋盘山发现的元墓介绍》，《文物参考资料》1957 年第 5 期。

苏吴县大德八年（1308 年）吕师孟墓①、无锡延祐七年（1320 年）钱裕夫妇墓②和
浙江海宁至正十年（1350 年）贾椿墓③。以上诸墓的墓主身份虽自高级品官、一般
官吏到普通乡绅不等，但葬制十分统一，均采用并列多室砖石墓圹，以松香、糯米
加石灰的灰浆密封墓室，可统称为"灰浆浇筑墓"；随葬物品以金玉珠宝及纺织服饰
为主。值得注意的是贾椿墓中随葬的藤手杖在邹县元代李裕庵墓中也有出土。由是
观之，以济宁为中心的鲁西南蒙元墓葬受到南方葬制传统的深刻影响，墓葬面貌与
江苏、安徽和浙江地区十分接近。

　　这种因地缘造成的墓葬文化趋同性并非始自元代，而是宋金以来既已定型的地
域传统④。从山东滕州地区发现的金承安四年（1099 年）苏玙墓⑤中，即可看出这种
"南方风格"的影响。苏玙墓为土坑竖穴石椁木棺墓，墓顶封盖三块石板，石灰料浆
灌缝：这些特点均在鲁西北元代后期的四座墓葬中得以承袭和沿用。

　　2. 以沂水为中心的鲁东南地区

　　沂水周边的蒙元墓以城南 M3 和城北 M1、M2 为代表⑥。这一地区虽同样存在长
方形"椁式"墓的传统，但在具体面貌上又与以济宁为中心的鲁西南地区不同，不
见"灰浆浇筑墓"的防腐处理，随葬品亦相对简化。这一地区在金代就使用长方形

---

① 江苏省文管会：《江苏吴县元墓清理简报》，《文物》1959 年第 11 期。

② 无锡市博物馆：《江苏无锡市元墓中出土一批文物》，《文物》1964 年第 12 期。

③ 海宁县博物馆：《浙江海宁元代贾椿墓》，《文物》1982 年第 2 期。

④ 南宋时期，与皇陵的"攒宫石藏子"制度相对应，民间也日益重视尸体的保存，常常在墓室内外积炭
或填充用糯米汁拌和的灰砂浆，在棺椁之间灌注松香，甚至使用沥青以防潮、防水，达到保护死者尸
体的目的。关于灰浆灌注的营坟方法，两宋学者在相关葬书和礼书中均有提及，如程颐在《葬说》所
述："既葬，则以松脂涂棺椁，石灰封墓门，此其大略也"（［宋］程颐：《葬说》，《河南程氏文集》，
卷第十，《伊川先生文六》，载［宋］程颢、程颐著：《二程集》，北京：中华书局，2004 年，第 623
页）；《朱子语类》中也通过问答形式阐述了灌浆法营坟的具体步骤与采用理由。《朱子语类》卷八十
九，《礼六》"冠昏丧"："问：'椁外可用炭灰杂沙土否？'曰：'只纯用炭末置之椁外，椁内实以和沙
石灰。'或曰：'可纯用灰否？'曰：'纯灰恐不实，须杂以筛过沙，久之，灰沙相乳入，其坚如石，椁
外四围上下一切实以炭末，约厚七八寸许；既辟湿气，免水患，又截树根不入。'……又问：'古人用
沥青，恐地气蒸热，沥青溶化，棺有偏陷，却不便。'曰：'不曾亲见用沥青利害，但书传间多言用
者，不知如何。'"［宋］黎靖德：《朱子语类》，卷八十九，北京：中华书局，1986 年，第 2287 页。

⑤ 滕县博物馆：《山东滕县金苏玙墓》，《考古》1984 年第 4 期。

⑥ 马玺伦：《山东沂水县清理两座元墓》，《考古学集刊》第 11 辑，北京：科学出版社，1998 年，第
311、312 页。

砖圹墓，随葬器物以剪刀和陶罐为主，另有
厌胜铜钱①。时至元代，石板盖顶的长方形
砖圹墓成为主流；随葬品不再出现剪刀，而
以陶瓷直口鼓腹罐、多系罐、双耳罐和玉壶
春瓶为主。这种随葬品组合与冀中和冀东南
地区发现的简单砖石室墓十分相似，反映出
冀鲁两地墓葬文化上的相似性。

　　蒙元时期鲁南地区的"椁式"墓固然
体现了宋金以来南方墓葬传统影响下的地域
面貌；然而济宁张楷家族墓以数块石板为
椁、墓顶平铺大石板的做法，似乎更大程度
上是受大都"石椁型"官员墓的影响（图
3.20）。同时，这种墓顶平铺石板的"石椁
型"墓在同时期的济南周边也有发现，且
墓主身份均为朝官，显示出政治文化对墓
葬面貌的作用力。

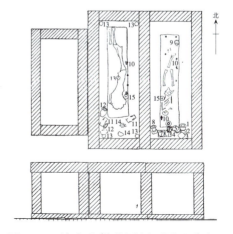

图 3.20　济宁张楷墓平剖面图（采自
《考古》1994 年第 9 期，第
819 页，图三）

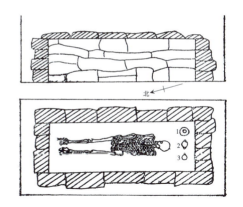

图 3.21　昌乐东山王 M1 平部面图（采
自《考古》1995 年第 9 期，第
810 页，图九）

二　大都"石椁型"模式的影响与变通

　　山东中部地区的"石椁型"墓主要有
章丘刁镇 M3、济南经五纬九路拜住墓②、
以及昌乐东山王墓群（M1、M3、M4、M6、
M8）（图 3.21）。这批墓葬均在不同程度上受到大都周边土坑石椁墓的影响，并与当
地墓葬传统相结合，形成了元代后期山东地区独特的墓葬形式。

---

① 孔繁刚等：《山东沂水县金代墓葬》，《考古学集刊》第 11 辑，北京：科学出版社，1998 年，第 308～310 页。

② 郭俊峰：《济南经五纬九路发现一处元代墓》，网络资源 http://www.artxun.com/class_artxun_com/article/02ba/ba17543916712ccca2dda0e12eebc237.shtml。据墓志记载，此处应是一个家族墓地；但由于施工破坏，目前仅清理出拜住墓一座墓葬。

1. 仿木构砖石室墓与"石椁型"墓的碰撞与变通

此类墓葬的典型特点，是在保持山东地区仿木构砖雕墓基本墓室结构的前提下，部分借鉴了大都周边"石椁型"墓的特点。典型的墓例为章丘刁镇 M3 和济南经五纬九路拜住家族墓。其中章丘刁镇墓为近方形仿木构砖室穹隆顶墓，墓葬结构和砖雕彩绘装饰均与当地其他砖雕壁画墓一致。其特殊之处在于墓底不设棺床，而是由墓室地面向下挖砌了三个东西向的并列棺坑，棺坑隔墙上有过洞，上以石板封顶①。这种筑墓方式不见于山东地区宋金墓，而与大都地区元代中期以来并列多室的"石椁型"墓十分相似②，而故可推知，此类"石板顶棺坑"墓的出现，应是大都"石椁型"墓与鲁中墓葬传统彼此融合、变通的结果。

葬于至元元年（1335 年）的"中兴路达鲁花亦"拜住墓为一近方形石室墓，顶部遭到破坏而形制不明。此墓在四壁和墓底的石板砌筑法上忠实采用了大都石椁墓的样制，但斜坡墓道和仿木构墓门却体现出当地仿木构砖、石室墓的传统典型特点。换言之，拜住墓在主体结构上依然沿用了济南当地的墓制传统，只在棺椁细节上则移植了大都"石椁型"墓的模式（图 3.22）。

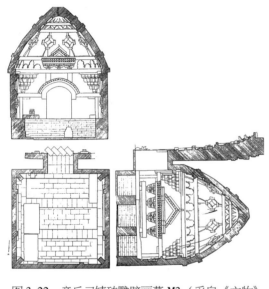

图 3.22　章丘刁镇砖雕壁画墓 M3（采自《文物》1992 年第 2 期，第 10 页，图一八）

---

① 济南市文管局等：《济南今年发现的元代砖雕壁画墓》，《文物》1992 年第 2 期。

② 如北京铁可父子墓（北京市文物工作队：《元铁可父子墓、张弘纲墓发掘报告》，《考古学报》1986 年第 1 期）、石家庄后太保村 M2（河北省文物研究所：《石家庄后太保村史氏家族墓发掘报告》，河北省文物研究所编：《河北省考古文集》，北京：东方出版社，1998 年，第 344~369 页）、北京崇文区、朝阳区元墓（黄秀纯等：《北京地区发现的元代墓葬》，北京文物研究所：《北京文物与考古》第二辑，北京：北京燕山出版社，第 219~248 页）和廊坊桑氏墓 M1（廊坊市文物管理处等：《廊坊市安次县大伍龙村元墓清理简报》，河北省文物研究所：《河北省考古文集》（三），北京：科学出版社，2007 年，第 280~290 页）。

2. 石砌墓传统下的"石椁型"墓

与济南、章丘地区不同，昌乐地区流行壁面无装饰的简单石砌或砖室墓；在大都"葬制"的影响下，墓葬面貌较为忠实地再现了"石椁型"墓的特点：墓葬结构为土坑竖穴长方形墓，墓圹为不规则石块砌筑，顶部盖有大石板一层。昌乐东山地区共发现了 5 座此类石板顶墓，出土器物以鸡腿瓶和双耳罐最具代表性，这些器物同样也是大都周边元代"石椁型"墓的固定随葬品组合[1]。

山东地区受"石椁型"墓影响的墓例中，济宁张楷墓和济南拜住墓均有墓志，墓主身份明确，二人均为元朝品官。张楷出生于金代官僚世家，元代历任中央户部令史、山东地方官员（济州判官、济阳主簿、泰安州判）、杭州路临安县尹和专制河渠的行都水监丞，官至正六品。拜住为色目人，籍高昌，生于中统二年（1261 年），与皇族有亲密关系。少年时即充任世祖亲卫，此后又担任宗正府左右司郎中，从五品官；后领通州达鲁花亦、荆州奉直大夫等职，官阶至正三品"太中大夫"。据此推测，山东地区"石椁型"墓的使用人群与大都地区十分相似，多属官员；换言之，作为山东地区蒙元墓葬文化中的新兴因素，"石椁型"墓的出现很大程度上是借助于政治力量的推动实现的。

另一方面，济宁张楷墓的随葬品中有一组仿古色彩浓厚的特殊陶礼器，这与大都周边盛行的小型日用陶明器组合不同，而与渭水流域的"京兆"与"怀孟"地区元墓随葬品十分相似。这种现象或可归结为张楷本人身份的特殊性：作为元代官员，相较于大都周边"石椁型"墓墓主以辽金勋旧和汉军世家为主体的身份，张楷更大程度上代表了蒙元北地的"儒学世家"[2]。

本章小结

本章提到的"山东"地区，不仅包括今山东半岛，河北东南部的平乡、武邑和

---

[1]　黄秀纯等：《北京地区发现的元代墓葬》，第 219～248 页。

[2]　关于元墓出土仿古明器所见墓主身份的探讨，见袁泉：《循古适今：洛渭地区蒙元墓随葬明器所见之政治与文化考》，《中国国家博物馆馆刊》2013 年第 10 期。

河南东北的尉氏、商丘也在这一文化区域中。与中原和燕云地区变动而多样的墓葬发展格局不同，山东地区长时段内一直保持了圆形单室墓的墓制传统，在整体面貌和丧葬习俗上完全承袭了北宋传统，体现出墓葬风格的保守性与滞后性。

蒙元统一帝国建立后，伴随着政治冲击与族属涵化，山东地区长期固守的区域传统被逐渐打破，在宋金时期盛行的单室圆形砖雕壁画墓的基础上，出现了单室近方形墓和多室墓，墓葬类型更趋多样化。另一方面，一些小范围的局部区域特征日渐突显：胶东半岛独具特色的石塔墓完全定型并确立起成熟的小区域面貌；而地界南北的济宁、嘉祥和邹县地区则在南方同坟异葬墓和大都"石椁型"墓交互影响下，进一步体现出融南汇北的墓葬特点。

第四章　稽古与达变：洛水–渭水流域的蒙元墓葬

　　河南、陕西和甘肃境内发现了一批共性极强的蒙元时期墓葬。虽然墓葬形制上存在着土洞墓和砖室墓的差异，但随葬品面貌十分统一，均出土有一套陶质明器①，包括了车马仪仗、器物、仓厨模型和动物俑，种类丰富，数量可观。这批随葬相似明器的蒙元墓葬在地域分布上均集中在洛水–渭水沿线。目前刊布的墓例主要发现于洛水流域的焦作、洛阳、三门峡、洛川和延安，以及渭水两岸的西安、兴平、咸阳、户县、宝鸡和漳县，横跨今河南、陕西和甘肃三省；蒙元时期分属中书省南部、河南江北行省北部以及陕西行省辖下，区域跨度较大。

　　洛渭地区曾属唐代两京范围，6～9世纪时是经济、文化最发达的地区，墓葬面貌上更确立了"两京模式"。入宋以后，这一地区的墓葬面貌呈现出文化的滞后性与保守性，早期宋墓基本上是唐墓传统的延续；北宋末期到金代，此区墓葬虽部分保存了唐代遗风，但最为盛行的还是装饰繁缛的砖雕壁画墓。13世纪前期以降，洛渭流域的墓葬风貌又为之一变，表现出明显的仿古化趋势：随葬品中出现了大批仿"三代礼器"的复古陶明器，在墓葬结构和器用类别上则与同区唐代墓葬十分接近，流行随葬车马仪仗俑和小型动物模型俑，可以说在时隔宋金两朝后部分重拾了唐代"两京模式"的墓葬传统。这种墓葬面貌的复古化实则反映出蒙元时期在社会秩序和"礼乐"建设上的

---

①　这里所说的明器，不仅指车马仪仗和随行侍奉的陶俑，也包括以容器为主的随葬器物。详细界定与文献考证参看本书第五章。

政治追求，也与当时这一地区作为忽必烈潜邸、聚集了大批受儒家思想影响的"潜邸旧部"密切相关，是区域文化、政治诉求和人群特点综合作用的结果。

　　本章将根据墓葬形制与随葬品面貌的细节差异，将洛渭流域的蒙元墓葬具体分作河南、陕西和甘肃三个小区域综合梳理，归纳出各小区的地域特点与发展期段。在此基础上，探讨该区随葬明器的面貌构成与文化来源；继而以墓志书写为基础，分析洛渭流域蒙元墓葬的所属人群及其背后的政治和文化动因。

第一节　地域特征与期段变化

　　洛渭地区这批蒙元墓葬虽然在随葬明器面貌上十分类同，但如果仔细辨别墓室结构与随葬品类别[①]，又可将这一横跨豫、陕、甘的墓葬文化大区分作三个小区：其一是以焦作、洛阳为中心的河南地区，墓葬形制全为弧顶土洞墓；其二是以西安为中心的关中地区，墓葬形制兼有土洞墓和砖室墓两类，随葬明器类别丰富，包括了仪俑、古器和时器三类；其三是为以漳县为中心的甘肃地区，墓葬形制仍然沿用了这一地区宋金时期流行的攒尖顶砖雕壁画墓，随葬品以器物组合为主流，少见仪俑。下文将分别探讨着三个小区墓葬的区域文化面貌和发展阶段特征。

一　以焦作、洛阳为中心的河南地区

　　这一地区发现的蒙元墓葬主要分布在焦作、洛阳和三门峡三地，在元代分属怀孟路（怀庆路）[②]、河间府路和陕州。目前刊布的墓例计有焦作中站至元廿九年

---

① 随葬品可分为仪俑和器物两大类，其中器物又可细分为依仿"三代礼器"的仿古器和蒙元时期日常习见的碗盘瓶钵类"时器"。为表述方便，下文将这些随葬品分别简称为仪俑、古器和时器。

② 焦作地区行政区划的更迭，《元史·地理志》中有详细的记述："唐怀州，复改河内郡，又仍为怀州。宋升为防御。金改南怀州，又改沁南军。元初复为怀州；太宗四年行怀孟州事；宪宗六年，世祖在潜邸，以怀孟二州为汤沐邑；七年，改怀孟路总管府；至元元年，以怀孟路隶彰德路；二年，复以怀孟自为一路；延祐六年，以仁宗潜邸，改怀庆路。"（［明］宋濂：《元史》，卷五十八，《地理志》，"怀庆路"条，北京：中华书局，2005年，第1362页）

（1292年）靳德茂墓①、三门峡上村岭元贞二年（1296年）冯氏墓②，洛阳道北延祐四年（1317年）王英墓③、焦作新李封至和元年（1323年）许衎墓④、至正九年（1349年）王述墓⑤和洛阳市北站至正廿五年（1365年）赛因赤答忽墓⑥。除上述信息较为完整的墓葬资料外，河南地区还发现了部分碑志石刻材料，如焦作李封村先后发现了许衡、许衎和许师义的神道碑与石墓志⑦；再结合地方志的记载，可确定焦作中站地区是蒙元大儒许衡家族墓地所在地，上述三例碑刻材料也为学界复原许氏家族的谱系关系及其在元朝的政治、文化地位提供了关键资料。

　　这批河南地区发现的蒙元墓葬均为土洞墓，墓壁光素，全无装饰。墓顶为弧顶，墓室形制相对多样，既有近方形抹角单室墓，也有长方形前后双室墓，有的还有土洞附室。主室规模相对统一，边长基本在3米上下。这些土洞墓除三门峡冯氏墓随葬陶墓券，其余墓例全部出土有石墓志，从墓志券上的文字材料来看，蒙元时期河南洛水流域的这批土洞墓全为官员和地方精英的墓葬。其中焦作中站靳德茂墓和洛阳北站赛因赤达忽墓为前后双室墓，前室安放成套的陶明器，后室安置棺椁，墓底均有铺砖。由官职品级可见，二者均是按照三品以上官员的等级下葬的，故而这种墓底铺砖的双室土洞墓可能代表了蒙元时期河南地区品级较高的官员墓葬规格。但囿于目前所见墓例有限，这一推论还有待参考更多墓例来确证。这种弧顶土洞墓的墓葬形制在当地的发展十分稳定，自元初世祖前至元年间到元末顺帝至正年间基本未见明显变化。

　　与形制稳定的墓室结构相比，河南地区蒙元墓的随葬品组合却有明显的阶段性变化，配合纪年明确的墓志和墓券材料，可以将其以泰定年间为界分作的两个发展阶段（表4.1）。

---

① 焦作市文物工作队等：《焦作中站区元代靳德茂墓道出土陶俑》，《中原文物》2008年第1期。

② 洛阳地区文化局文物科：《三门峡上村岭发现元代墓葬》，《考古》1985年第11期。

③ 洛阳市第二文物工作队：《洛阳道北元墓发掘简报》，《文物》1999年第2期。

④ 河南省博物馆等：《河南焦作金墓发掘简报》，《文物》1979年第8期。

⑤ 洛阳市博物馆：《洛阳元王述墓清理记》，《考古》1979年第6期。

⑥ 洛阳市铁路北站编组站联合考古发掘队：《元赛因赤答忽墓的发掘》，《文物》1996年第2期。

⑦ 许衡神道碑的材料详见郭建设：《许衡神道碑述考》，《中原文物》2006年第4期。其弟许衎和许衎之子许师义的石墓志则见刊于索全星：《焦作市出土二合元代墓志略考》，《文物》1996年第3期；索全星：《许衎、许师义墓志跋》，《华夏考古》1995年第4期。

表4.1　河南地区蒙元时期墓葬统计表

期	墓葬名称	年代	墓主身份	墓葬形制	墓室规模（米）	墓道	仪俑	仿古器	时器
一	焦作中站靳德茂墓	1292年	嘉议大夫正三品	应为前后双室	不明	○	○80	不明	不明
	三门峡冯氏墓	1296年	百户地方精英	长方形土洞墓	3.25×2.05	○	—	—	○
	洛阳道北王英墓	1317年	大都路总管府判从五品	长方形土洞墓	2.76×2.54	○	○4	—	○
	焦作许衎墓	1323年	河朔名医许衡弟	不明	不明	不明	○41	不明	不明
二	洛阳王述墓	1350年	怀庆路总管正四品	长方形土洞墓	3.00×2.80	○	—	○	○
	洛阳赛因赤达忽墓	1365年	太尉 银青光禄大夫正一品	前后室土洞墓砖壁土顶	4.80×2.53 3.00×2.80	○	—	○	○

第一期　元代前期和中期（世祖至英宗朝）：这一时期的墓葬包括焦作中站地区的靳德茂墓和许衎墓、洛阳王英墓以及三门峡冯氏墓，计4座。出土明器上，品官及其家属墓随葬有一套车马出行仪俑，包括车马模型和男女仆从两大类，其中靳德茂墓出土80事，许衎墓41事，王英墓较少，仅见4事。而无官阶的三门峡冯氏墓则未见仪俑随葬。由是观之，河南地区元末之前的墓葬随葬仪俑应是按照墓主品级的高低呈递减趋势安排的，并且只有品官才可使用此类仪俑明器。除上述仪俑外，这一阶段的河南元墓中还随葬一套时器类陶器，主要包括三种类型：一是以盏托、马盂和玉壶春瓶为代表的茶酒之具；二是以香炉、蜡台为代表的供器组合；三为谷仓（罐）和灶台组成的仓厨模型（图4.1）。

第二期　元后期（泰定至顺帝朝）：这一阶段的墓葬集中在元末顺帝至正年间，两座墓例均发现于洛阳地区，分别为王述墓和赛因赤达忽墓。此期随葬明器组合发生了明显变化：元代早中期流行的车马仪俑消失不见，出现了成套模仿《重修宣和博古图》和《绍熙州县释奠仪图》图式的仿古陶器，而前一阶段类别丰富的时器类陶器则急剧衰落，仅保留了香炉、蜡台在内的陶供器（图4.2）。

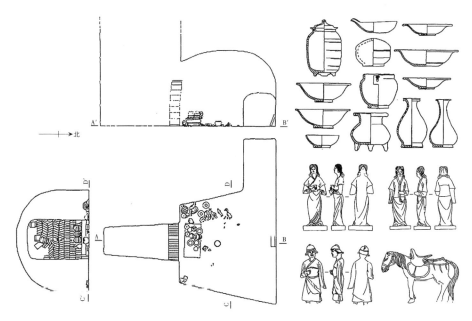

图 4.1　河南洛水流域第一期典型墓例：洛阳道北王英墓（1317 年）墓葬结构及随葬品组合（采自《文物》1999 年第 2 期，第 53、54 页，图四～图六）

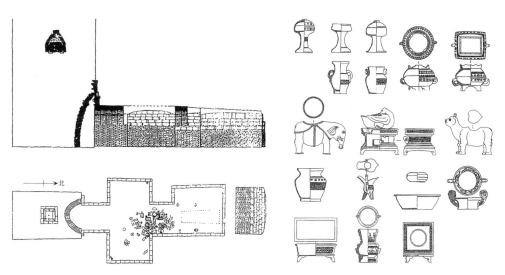

图 4.2　河南洛水流域元墓第二期典型墓例：洛阳赛因赤达忽墓（1365 年）墓葬结构及随葬品组合（采自《文物》1996 年第 2 期，第 23 页，图一，第 30 页，图二四；《铄古铸今：考古发现和复古艺术》，第 62 页，图七四）

综上，河南地区洛水流域发现的蒙元墓葬基本为品官墓，形制上均作土洞墓，又根据品级和官位的高低出现了单室和前后双室之别。随葬品组合上均流行一套陶质明器，这套明器又根据年代早晚表现出器类组合的差异：元代早期和中期流行车马仆从类的仪仗俑和种类多样的时器，仪仗俑数量的多少与墓主官阶成正比；元末至正年间则盛行《宣和博古图》模式的仿古明器，仪仗俑消失不见，时器组合也大为衰落。

二　以西安、宝鸡为中心的关中地区

这一小区的蒙元墓葬主要发现于渭水流域的西安、兴平、咸阳、户县和宝鸡，以及洛水一线的延安和洛川。该区在元代归在以奉元路为中心的陕西行省辖下。与河南地区相比，陕西境内刊布的墓葬材料更为丰富，尤以西安地区最为集中，代表墓例有曲江池至元三年（1266 年）段继荣墓①、刘黑马家族墓②、东郊十里堡墓③、电子城泰定年间墓④、至正四年（1344 年）刘义世墓⑤、潘家庄墓群⑥、玉祥门外元墓⑦、南郊山门口墓⑧、武宗朝王世英墓⑨、北郊红庙坡墓⑩、皇庆二年（1313 年）武敬墓⑪、曲江孟村墓⑫、贞元元年（1292 年）袁贵安墓⑬、后至元五年（1339 年）张弘毅夫妇墓⑭、泰定二

① 陕西省文物管理委员会：《西安曲江池西村元墓清理简报》，《文物参考资料》1958 年第 6 期。

② 陕西省考古研究院：《西安南郊大朝刘黑马墓发掘简报》，《考古与文物》2015 年第 4 期；陕西省考古研究院：《元代刘黑马家族墓发掘报告》，北京：文物出版社，2018 年。

③ 网络资源 http：//www. wenwu. gov. cn/ShowArticle. aspx? ArticleID = 3069。

④ 翟春玲等：《西安电子城出土元代文物》，《文博》2002 年第 5 期。

⑤ 刘安利：《西安东郊元刘义世墓清理简报》，《文博》1985 年第 4 期。

⑥ 西安市文物保护考古所：《西安南郊潘家庄元墓发掘简报》，《文物》2010 年第 9 期。

⑦ 陕西省文管会：《西安玉祥门外元代砖墓清理简报》，《文物参考资料》1956 年第 1 期。

⑧ 王九刚、李军辉：《西安南郊山门口元墓清理简报》，《考古与文物》2006 年第 2 期。

⑨ 西安市文物保护研究所：《西安南郊元代王世英墓清理简报》，《文物》2008 年第 6 期。

⑩ 卢桂兰等：《西安北郊红庙坡元墓出土一批文物》，《文博》1986 年第 3 期。

⑪ 陕西省考古研究院：《西安南郊皇子坡村元代墓葬发掘简报》，《考古与文物》2014 年第 3 期。

⑫ 陕西省考古研究所：《西安市曲江乡孟村元墓清理简报》，《考古与文物》2006 年第 2 期。

⑬ 西安市文物保护考古研究院：《西安曲江缪家寨元代袁贵安发掘简报》，《文物》2016 年第 7 期。

⑭ 西安市文物保护考古研究院：《西安曲江元代张达夫及其夫人墓发掘简报》，《文物》2013 年第 8 期。

年（1325年）李新昭墓①，此外还有宝鸡市大修厂墓②、户县至大元年（1308年）贺仁杰墓和泰定四年（1327年）重葬的贺胜墓③、长安凤栖原元墓④，以及兴平县砖雕墓⑤。洛水沿岸的蒙元墓发现较少，目前仅见洛川潘窑科村墓⑥和延安虎头峁墓⑦两例。

　　与河南洛水流域单一的土洞墓不同，陕西地区洛渭沿岸的蒙元墓葬形式多样，单室墓中有近方形的土洞墓、砖室墓，也有八角形的石室墓；前后双室墓也兼有土洞墓和砖室墓之别，前室多作横向近方形，摆放随葬明器，后室安放棺木，并视埋葬人数的多少增减墓室宽度。除兴平县元墓和西安南郊王世英墓用砖砌或土雕做出仿木构建筑外，其余墓葬壁面光素，不设装饰。与河南地区相比，在陕西地区，尤其是以西安为中心的渭水流域，前后双室墓的使用人群有所扩大。从目前可以确定身份的墓例看，双室墓的墓主至少包括了六品以下的中下级品官；部分不见墓志的双室墓也很可能属于无功名的地方大族。另一方面，官至中书左丞的一品官勋世家贺胜家族墓却全部采用了单室近方形砖石合筑墓，墓底和下壁全用大石铺砌，墓顶结构不详；这种墓室型制不代表蒙元关中地域的墓葬主流传统，反而与大都周边的"石椁型"品官墓有些相似。在墓室规模与墓主官品的对应上，该区虽不像河南地区那样区分有度、等级规范，但大致仍可看出品官墓的墓室大小还是与官阶成正比的。如官至一品的贺胜墓边长在4米左右；其祖父贺贲作为高官家属等级稍逊，墓室边长约为3米；官至正七品的王世英夫妇墓主室边长则在2米左右；而品级更低的曲江池段氏墓的主室仅长1.7米（表4.2）。

　　同时，这批墓葬虽然墓室结构各异、墓主身份不同，但都随葬一套磨光灰黑陶明器，包括盘、盏、瓶、罐、仓、灶等时器，簋、簠、尊、壶等仿古器，车马和男女侍从等出行仪俑，以及鸡、羊、猪、牛、龙、龟等一组小型动物俑。与河南地

① 马志祥等：《西安曲江元李新昭墓》，《文博》1988年第2期。
② 刘宝爱、张德文：《陕西宝鸡元墓》，《文物》1992年第2期。
③ 咸阳地区文管会：《陕西户县贺氏墓出土大量元代俑》，《文物》1979年第4期。
④ 袁长江：《长安凤栖原元墓建筑结构》，《文博》1985年第2期。
⑤ 陕西省文物管理委员会：《陕西兴平县西郊清理宋墓一座》，《文物》1959年第2期。
⑥ 洛川县博物馆：《陕西洛川县潘窑科村宋墓清理简报》，《考古与文物》2004年第4期。
⑦ 延安市文化文物局：《延安虎头峁元代墓葬清理简报》，《文博》1990年第2期。

表 4.2　陕西洛－渭流域蒙元时期墓葬统计表

期	墓葬名称	年代	墓主身份	墓葬形制	墓室规模（米）	墓道	仪俑	仿古器	时器
一期早段	兴平县墓	蒙古国		长方形砖雕墓	3.48×2.70	不明	○4	○	○
	西安曲江池段继荣夫妇墓	1252~1266年	京兆府奏差提领亡金归元官员	前后室砖室墓	2.96×2.76 1.74×1.56	○	○21	○茧形壶	○
	西安南郊刘黑马墓	1262年	都总管万户成都路经略使	前后室土洞墓	3.50×2.30 2.50×1.70	○	○	○茧形壶	○刻花
	西安南郊刘元亨墓	蒙古国	山西东西两路征行千户	前后室土洞墓	2.62×2.68 1.26×1.12	○	○	○茧形壶	○刻花
一期晚段	西安南郊山门口墓	元初		前后室土洞墓	2.78×2.40 2.13×1.20	○	○14	—	○
	西安曲江孟村墓	元初		前后室土洞墓	2.46×2.34 2.70×1.65	○	○23	○	○
	西安南郊M16刘元振墓	1275年	成都经略使	前后室土洞墓	3.22×3.00 坍塌 结构不详	○	○	○	○
	西安南郊潘家庄M122	13世纪末		长方形土洞墓	2.56×1.56	○	○3	○	○
	西安南郊潘家庄M238	13世纪末		长方形土洞墓	2.20×0.86	○	○4	○	○
二期早段	西安曲江袁贵安墓	1295年		前后室土洞墓	1.40×2.2	○	○26	○	○
	西安南郊M16郝柔墓	1306年	成都经略使夫人	前后室土洞墓	3.22×3.00 坍塌 结构不详	○	○	○	○
	西安南郊刘氏家族M8	14世纪初	刘黑马家族成员	方形土洞墓	2.78×2.70	○	○3		
	西安南郊刘氏家族M9	14世纪初	刘黑马家族成员	长方形土洞墓	2.66×1.66	○	○1		
	西安南郊潘家庄M184	14世纪初		梯形土洞墓	3.17×1.36	○	○12		
	户县贺贲墓M3	14世纪初	忽必烈潜邸旧部	长方形砖石墓	2.80×2.50	○	○17	○	○
	户县贺仁杰墓M2	1307年	光禄大夫从一品	长方形砖石墓	不明	○	不明	不明	不明

续表 4.2

期	墓葬名称	年代	墓主身份	墓葬形制	墓室规模（米）	墓道	仪俑	仿古器	时器
二期早段	西安南郊王世英墓	1306～1316 年	忠勇校尉正七品由精通蒙语进身	前后室土洞墓	2.05×2.19 2.15×2.18	○	○19	○	○
	西安南郊黄子坡武敬墓	1313 年	延安路医学教授	圆形土洞墓	直径 3.00	○	○23		○
	宝鸡墓	延祐前后		方形土洞墓	3.80×2.80	○	○10	○	○
二期晚段	西安曲江李新昭墓	1325 年		土洞墓	不明	不明	○10		
	户县贺胜墓 M1	1327 年	中书右丞正一品	长方形砖石墓	4.10×3.40	○	○38		○
	西安南郊刘天杰墓 M27	1329 年	刘黑马家族成员	长方形土洞墓	2.86×2.60	○	○		○
	西安南郊刘氏家族 M25	元中后期	刘黑马家族成员	前后室土洞墓	1.60×1.99 2.60×2.50	○			○
	西安南郊刘氏家族 M26	元中后期	刘黑马家族成员	前后室土洞墓	1.30×1.90 2.42×2.40	○	○		○
	西安南郊刘氏家族 M32	元中后期	刘黑马家族成员	梯形土洞墓	2.60×2.84	○	○		○
	西安玉祥门外墓	元中后期		方形砖室墓	2.90×2.86	○	○11	—	○
	西安电子城墓	元中后期		不明	不明	不明	○21	○	○
	洛川潘窑科村墓	元中后期		方形砖室墓	2.00×2.00	○	○1	○	○
三期	西安东郊十里堡墓	元后期		长方形土洞墓	3.30×2.30	○	○10	○	○
	西安北郊红庙坡墓	元后期		不明	不明	不明	○10	○	○
	延安虎头峁墓	元后期		八角形石室墓	1.30×1.30	—	○9	○	○
	西安曲江张弘毅夫妇墓	1339 年		梯形土洞墓	1.90×0.60	○	○	○	○

续表 4.2

期	墓葬名称	年代	墓主身份	墓葬形制	墓室规模（米）	墓道	仪俑	仿古器	时器
三期	西安东郊刘义世墓	1344 年	地方精英	长方形土洞墓	2.60×1.70	○	○7	○	○
	西安南郊刘氏家族 M19	元后期	刘黑马家族成员	梯形土洞墓	3.00×3.60	○	○		○
	西安南郊刘氏家族 M20	元后期	刘黑马家族成员	前后室土洞墓	1.34×1.36 2.34×2.26	○	○	○	○

区相比，陕西洛 – 渭流域的蒙元墓出行仪俑在种类和数量上都更为丰富，且使用阶段贯穿了蒙古国到元末整个蒙元时期的始终；另一方面，与洛阳地区元末才盛行随葬仿古礼器不同，关中地区用陶仿古器随葬的现象自蒙古国时即已出现，元末阶段依然沿用[①]；同时，小型灰陶动物俑也是不见于河南洛水元墓的地方葬制特点。

　　无论是墓室形制还是随葬明器，陕西洛 – 渭流域的蒙元墓葬均具有非常明确的阶段发展特点，尤其是谷仓模型、灯盏和陶壶瓶变化有序，据此可将该区的蒙元墓葬以延祐年间为界分作前后三期五段：

　　第一期：蒙古国时期至元代前期（13 世纪中期 ~ 13 世纪末）

　　这一阶段是陕西洛 – 渭流域蒙元墓随葬品组合的逐步形成期。正是在这一时期，随葬明器逐渐形成了一套极具地方特色的组合样制，并经历了一个由不规律向定型化发展的过程。墓葬形制上兼具土洞墓与砖室墓两种类型，其中前后双室穿墓较为流行。结合纪年材料，以仓、灶、灯、壶等器类形制的发展为主要依据，又可将这批蒙元墓分作早段和晚段：

　　一期早段的墓葬以兴平县砖雕墓、西安曲江池段继荣夫妇墓（1252 ~ 1266 年）、西安南郊刘黑马墓（1262 年）和刘元亨墓为代表，年代上属于蒙古国时期。墓葬类

---

① 这里的年代起止只就蒙元时期而言；事实上，参考唐恭陵哀皇后墓可见，关中地区在唐代墓葬中已使用成套的仿簠、簋、爵、尊之类的仿古陶明器。详见郭洪涛：《唐恭陵哀皇后墓部分出土文物》，《考古与文物》2002 年第 4 期。关于恭陵哀皇后墓这批仿古陶明器的定名，看看谢明良：《记唐恭陵哀皇后墓出土的陶器》，载谢明良：《中国陶瓷史论集》，台北：允晨文化实业股份有限公司，2007 年，第 172 ~ 190 页。

型并不统一，既有当地金代砖雕墓的延续，也有长斜坡墓道前后多室墓。随葬男俑冠巾样式以武弁、平巾帻、唐巾为主，尚未见后期流行的瓦楞帽、笠帽。而墓葬出土器用在类别和形态上虽未最终定型，但已初步展示出从金墓传统向蒙元新相的过渡面貌。兴平砖雕墓中出土的谷仓罐还带有金代遗风，未发现陶灶模型；西安地区则在13世纪中期集中出现了以黑陶茧形壶作为谷仓容器的现象，如曲江池段继荣夫妇墓、刘黑马墓及刘元亨墓；此外，也流行随葬方形陶灶和素烧刻花陶器，如碗盘、梅瓶等。墓中未见后期频出的仿古陶簋簠（图4.3、4.4）。

图4.3　陕西洛渭流域蒙元墓一期早段典型墓例：西安曲江池段氏墓（1252~1266年）墓葬结构
　　　　及随葬品组合（采自《文物参考资料》1958年第6期，第57页，图一；第58页，图
　　　　五；第59页，图九、图十三；封三：图一~三、五）

　　一期晚段墓葬目前只发现于西安地区，如南郊山门口墓、刘黑马家族墓群M16刘元振墓、潘家庄墓群M122和M238，以及曲江孟村墓。墓室结构基本为前后双世土洞墓，前室左右出小龛以安置随葬品。其中刘振元夫妇合葬墓志文记载，夫妇二人分别入葬于1275和1306年，有趣的是，小龛中的明器风格也不尽统一，推测应为二人入葬时分别埋入。刘振元下葬于1275年，墓中部分随葬品的年代亦应与之相当。以之为纪年材料，可知一期晚段的年代应在13世纪后半叶的元初，此时以西安为中心墓葬明器组合的区域特征已基本定型为两大类，分别是以车马侍从俑和小型动物俑构成的仪俑，和以簋簠、茶酒具、灯具和仓灶模型构成的容器。男俑冠巾仍以幞头、

图 4.4　陕西洛渭流域蒙元墓葬一期早段典型墓例：西安南郊刘黑马墓墓葬结构及随葬品组
　　　　合（采自《考古与文物》2015 年第 4 期，第 23 页，图三；第 24、25 页，图五 ~
　　　　图七；第 27 页，图一一：6，图一二：1、2；封二）

唐巾和武弁为主，未见笠帽，开始出现驼俑和胡人俑。陶仓、灶的造型开始统一化，陶
仓为直壁三足带笠形盖，且五个一组，置于同侧壁龛中；陶灶仍有方形，新出现单层圆
形灶。同时可见成对的贯耳扁壶与束颈鼎式香炉组成的陶供器（图 4.5、4.6）。

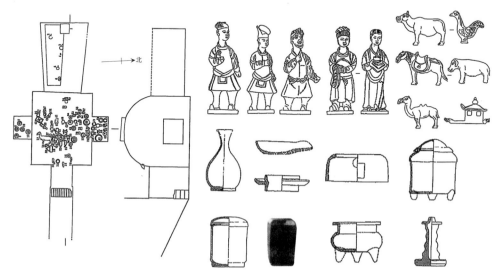

图 4.5　陕西洛渭流域蒙元墓葬一期晚段典型墓例：西安曲江孟村元墓墓葬结构及随葬品组
　　　　合（采自《考古与文物》2006 年第 2 期，第 16 ~ 23 页，图一 ~ 图一三）

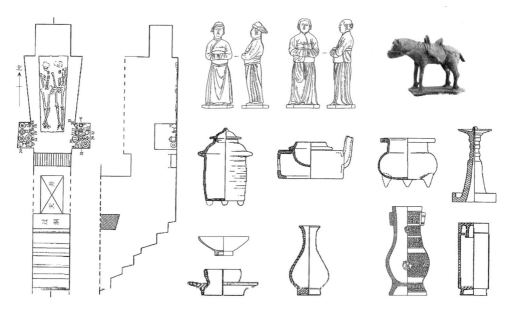

图 4.6　陕西洛渭流域蒙元墓葬一期晚段典型墓例：西安潘家庄 M122 墓葬结构及随葬品组合（采自《文物》2010 年第 9 期，第 45～47 页，图二、四、五）

第二期：元代前中期（13 世纪末～14 世纪初延祐年间）

元代中前期，陕西洛渭流域墓葬的区域特征进一步确立和明晰，车马仪仗、动物俑、仿古簠簋、茶酒具和五供等随葬品组合类型真正定型化并沿用到元末。墓室结构上，前后双室墓所占比例衰减，带壁龛的单室土洞墓成为西安地区墓葬形制的主流；户县贺氏家族墓的砖石合筑墓则体现出大都官勋墓的部分特征；带天井的长斜坡墓道仍占主流，竖穴墓道也开始出现。明器组合上，男俑帽冠类型更为丰富，除幞头、巾、帻外，开始出现瓦楞帽、前檐帽和笠帽，胡人俑继续存在。仓灶模型作为每墓必出的随葬品，造型上相对统一且变化有序。根据陶仓模型和双耳陶壶造型样制和装饰细节的差异，可将第二期关中元代墓葬分作前后两段：

二期早段代表墓例为西安地区的曲江袁贵安墓（1295 年）、南郊刘黑马家族墓 M16 郝柔墓（1306 年，与刘元振合葬）以及 M8 和 M9、潘家庄墓群 M184、黄子坡武敬墓（1312 年），户县贺氏家族墓 M2 贺仁杰墓（1307 年）与宝鸡延祐年间元墓。这批墓葬基本为纪年墓，年代集中在 13 世纪末至 14 世纪初。这一期段出现了大量带龛室的单室土洞墓，尤其后龛非常流行，前后双室墓不再是墓室形制的主流。随葬品中男俑帽冠为笠帽和前檐帽，平底带盖仓逐步取代了三足仓，陶灶全部变为圆形灶，流行成对出土的双耳六棱瓶，香炉仍以束颈鼎式炉为主（图4.7、4.8）。值得注意的是刘黑马家族墓 M16 刘元振和郝柔的合葬墓，由于夫妇二人入葬时间不同，分批埋入的随葬品明显可以看出从 13 世纪后期到 14 世纪初的变化序列。

图4.7   陕西洛渭流域蒙元墓葬二期早段典型墓例：西安缪家寨袁贵安墓墓葬结构及随葬品组合（采自《文物》2016 年第 7 期，第 24 页，图二；第 26 页，图五、图八；第 27 页，图一一、图一四；第 29、20 页，图一七～二〇；第 31 页，图二五～二七；第 39～40 页，图四一～四三）

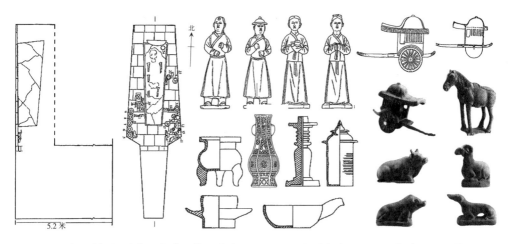

图4.8   陕西洛渭流域蒙元墓葬二期早段典型墓例：西安潘家庄 M184 墓葬结构及随葬品组合（采自《文物》2010 年第 9 期，第 48～52 页，图八～一七）

二期晚段墓例主要有西安曲江李新昭墓（1325 年），刘黑马家族墓 M27 刘天杰墓（1329 年）以及 M25、M26 和 M32，玉祥门外元代砖室墓，电子城元墓，另有户县贺氏家族墓 M1 贺胜墓（1327 年）及洛川县潘窑科村墓。这批墓葬年代主要集中在英宗至文宗朝的至治到至顺年间。墓葬结构上，长斜坡墓道、主室出后龛、墓门两侧各有小龛等特点成为主流。陶仓样制依旧流行平底带盖造型，陶灶则多见圆形灶身上加盖多层笼屉的模式；仿古陶壶多作六方折转形；香炉样制开始转为腹壁斜直的樽式造型（图 4.9、4.10）。

图 4.9　陕西洛渭流域蒙元墓葬二期晚段典型墓例：西安玉祥门外元墓墓葬结构及随葬品组合（采自《文物参考资料》1956 年第 1 期，第 33 页，左图；第 35、36 页，图五～十三）

图 4.10　陕西洛渭流域蒙元墓葬二期晚段典型墓例：西安曲江李新昭墓随葬品组合（采自《文博》1988 年第 2 期，第 5 页，图一：5、9；图版壹～叁）

第三期：元代后期（惠宗朝，1333～1370年）

这一期段的墓葬主要发现于西安近郊，如曲江张弘毅夫妇墓（1339年），东郊刘义世墓（1344年），南郊刘黑马家族墓M19、M20，北郊红庙坡墓以及延安虎头峁墓等。从纪年墓葬的时代看，这批墓葬基本可划定在元后期顺帝朝。此期西安元墓基本延续了二期晚段的墓室结构，主室后壁和左右侧壁做出壁龛安置随葬品。陶仓模型流行楼阁样制，上盖笠帽顶、下承底座，器身表现仿木构立柱和斗拱；香炉继续使用樽式炉；陶壶则用八卦图像装饰颈腹部（图4.11、4.12）。

图4.11　陕西洛渭流域蒙元墓葬三期典型墓例：延安虎头峁墓随葬品组合（采自《文博》1990年第2期，第5页，图三；图版壹、叁、肆）

图4.12　陕西洛渭流域蒙元墓葬三期典型墓例：户县贺胜墓随葬品组合（采自《文物》1979年第4期，第11页、图四；图版伍：2；图版陆：1；第17页，图九；第18页，图一九；第19页，图二一；第20页，图二七；第21页、图三〇～三二、三五、三六；第22页，图三八、图四〇～四三）

综上，陕西地区洛渭流域发现的蒙元墓葬在墓室结构上较为多样，既有单室近方形土洞墓和砖室墓、八角形石室墓，也有长方形前后双室墓；与之相对，随葬品面貌却表现出统一区域的风格，流行包括车马仪俑、小型动物俑、簠簋组合和茶酒具、五供在内的一套陶明器。仿古器物中带龟钮的簠簋组合与双耳陶壶、时器中成对出现的陶仓和陶灶模型，都是极具地域特色的随葬品。这批墓葬所属人群的阶层与河南地区相比更为广泛，既有汉军万户刘黑马家族和户县贺氏家族这样的勋贵高官及族人，也有王世英、段继荣之类的中下级品官，当然也不乏虽不仕朝中，但颇具地方影响力的地方精英。

三　以漳县为中心的甘肃地区

这一小区的墓葬目前基本发现在渭水之源附近的甘肃漳县地区，元代划归巩昌路。这批墓葬属于蒙元时期陇右军政世家汪世显家族墓地，目前调查和发掘的墓葬共计 27 座，年代上涵盖了从蒙古时期到明代后期的数百年，自海迷失癸卯年（1243年）一直延续到万历丙辰年（1616 年）[①]。

与前两个小区以无装饰的土洞墓和砖室墓为主不同，漳县汪氏墓地的墓葬形制更多体现出远离文化核心圈的滞后性，依然沿用了宋金时期流行的仿木构砖雕壁画墓。较早的墓葬在方形墓框上做出八角形叠涩顶，墓中以砖雕为主要装饰，题材有孝行图、行猎图和墓主坐像等。随后出现了方形叠涩顶和长方形券顶墓，砖雕装饰逐渐减少，使用了一些彩画装饰表现各种生活场景。随葬品组合上完全不见河南和陕西流行的车马仪仗俑和仓灶模型，而以一套《三礼图集注》模式的仿古陶器为代表，尤其是器物上的龟钮装饰十分有特色，除用于簠、簋装饰外，也安放在鼎、盒的盖顶上（表 4.3）。

目前汪氏家族墓中可以确定墓主、墓室结构和出土随葬品相对明确的墓例计有 3座，按下葬年代的早晚顺序，分别为 M9 元贞二年（1296 年）汪惟纯墓[②]、M20 大德

---

① 甘肃省博物馆等：《甘肃漳县元代汪世显家族墓葬》，《文物》1982 年第 2 期。甘肃省博物馆：《汪世显家族墓出土文物研究》，兰州：甘肃人民美术出版社，2017 年。

② 夫人祔葬于至治二年（1322 年），故而该墓中的随葬品很可能有一部分是祔葬时新埋入的；可惜的是，简报中并未全面刊布 M9 中的随葬品，因此也很难通过系统比较该墓先后入葬的随葬明器来区分早晚阶段的器用面貌差异。

十年（1306 年）汪惟贤墓和 M8 天历二年（1329 年）汪懋昌墓。以上三墓在年代划分上均属元代中期，下葬时所授勋官品自从五品到从一品不等，但均属于戍镇陇西的官勋。墓室结构均作方形攒尖顶砖雕墓，带长墓道与墓门、甬道，墓室边长在 2～3 米之间。随葬器物则以仿古化的龟纽簋、簋，豆和爵杯最具代表性。这三座墓葬所反映的墓室形制与随葬器用面貌，代表了陇西地区渭水流域元代中期的墓葬特点（图 4.13）。

表 4.3　甘肃地区渭水流域蒙元墓葬统计表

墓葬名称	年代	墓主身份	墓葬形制	墓室规模	墓道	仪俑	仿古器	时器
漳县汪氏墓群汪惟贤墓 M20	1306 年	荣禄大夫从一品	方形砖雕墓		○	—	○	○
漳县汪氏墓群汪惟纯墓 M9	1296～1322 年	安远大将军从三品	方形砖雕墓	边长2～3 米	○	○	○	○
漳县汪氏墓群汪懋昌墓 M8	1329 年	奉直大夫从五品	方形砖雕墓		○	—	○	○

图 4.13　甘肃漳县汪世显家族墓墓葬结构及随葬品组合（采自《文物》1982 年第 2 期，第 3 页，图五、六；第 9 页，图一八、一九；第 11 页，图三〇）

漳县汪氏家族墓在墓室结构和壁面装饰上存在前后阶段的差别，但总体来说，都属于单室仿木构砖室墓的范畴；随葬品组合上则基本看不出早晚变化；加之简报和图录在资料刊布上不规范，未能以墓葬为单位逐一将墓葬结构、出土器物和墓志材料对应起来，故而汪氏家族墓墓例虽众、时段虽长，却很难充分利用这批资料完成陇右地区蒙元墓葬的分期研究，只能笼统地归纳这一小区墓葬的区域文化面貌。

第二节　仿古明器中的政治与文化

通过对洛渭流域各小区蒙元墓葬区域面貌和发展阶段的梳理，我们发现河南、陕西和甘肃三地虽在墓葬形制、随葬品类型和墓主身份上各有差异，但均出土有成套的陶质仿古器与时器，共同体现出古今并用的随葬品面貌。其中仿古器可分为以簋、簠、豆为代表的食器和以尊、爵、壶为代表的饮器两类；时器则分作以盏托为代表的茶具，以玉壶春和马盂为代表的酒具，以及香炉、烛台和壶瓶组成的供器，此外，还有谷仓和灶台的模型明器组合（表4.4）。

如果说时器中的茶酒之具和供器在蒙元中原北方多地墓葬中多有发现、仓灶模型与晋南元墓砖雕图像互为表里①，成套出土的仿古陶器则代表了洛渭流域蒙元时期自成一格的墓葬面貌。谢明良将这批随葬仿古器与礼书图示比较，认为蒙元时期洛渭流域的仿古陶器是以聂崇仪《三礼图集注》与《重修宣和博古图》这两类礼器模式为参仿依据，分别代表了关中－陇右地区和河南伊洛地区不同的礼器传统。实际上，随葬仿古器用的面貌差别除可归诸本据礼书体系的不同，也反映了蒙元时期礼器建设的阶段化差异；同时还要考虑到关中和伊洛地区各自经学传统所造成的器用偏好。另一方面，这种复古化的陶器组合与车马仪仗、小型动物俑等随葬品在类型、面貌上又与当地盛唐墓葬中的随葬明器颇多相似。这些均从不同侧面反映了蒙元统治者建设正统化"礼乐"社会的政治追求。

---

① 关于蒙元墓葬中的茶酒具明器和仓灶题材，将在本书第五章中详述。

表4.4　洛-渭流域蒙元墓葬出土的仿古器与时器组合

墓葬名称	仿古器						时器								
	食器			饮器			饮器				供器			模型	
	簋	簠	豆	爵	尊	壶	盏(托)	马盂	梅瓶	玉壶春	香炉	瓶	蜡台	仓	灶
洛阳道北王英墓							○	○		○	○	○		○	
三门峡上村岭墓									○		○	○		○	○
洛阳王述墓			○	○	○						○		○		
洛阳赛因赤达忽墓	○	○	○	○	○	○									
兴平墓	○	○	○			○				○				○	
西安曲江池段继荣墓	○	○				○		○			○	○		○	○
西安南郊山门口墓							○		○	○		○		○	○
西安曲江孟村墓	○	○				○						○		○	
西安南郊王世英墓						○	○								
宝鸡墓	○	○				○			○		○			○	○
西安曲江李新昭墓						○	○	○		○	○			○	
西安玉祥门外墓											○	○		○	○
西安电子城墓						○		○		○	○			○	○
洛川潘窑科村墓	○	○					○					○			
西安东郊十里堡墓						○	○			○				○	○
西安北郊红庙坡墓	○					○			○		○				○
延安虎头峁				○		○	○			○				○	
西安东郊刘义世墓						○	○			○	○		○	○	○
漳县汪氏墓	○	○	○	○	○	○		○	○	○	○		○		

一　关陇与伊洛：两类不同模式的仿古陶器

　　洛渭流域蒙元墓葬最引人注目的，当属各成体系的仿古陶礼器。其在关中西安①、宝鸡②、延安③等地、甘肃漳县元代汪氏家族墓④和河南洛阳王述墓⑤、赛因赤答忽墓⑥中均有集中出土。这一现象近年来引发了学界对蒙元时期仿古随葬器用的探讨和宋元礼制建设的思索。谢明良将关陇和伊洛两地蒙元墓中出土的簠、簋、爵、豆等陶器与礼图系统对比，考证出原报告中定名为"仓""盒"之属的带盖方、圆容器应为簠、簋组合，并进一步指出"跨越今陕甘两省的部分地区曾存在着一股模仿《三礼图》礼器以为随葬仪物的风潮。与此相对的，洛阳地区元代墓葬陶器则是采行了北宋宣和年间重修的《宣和博古图》的系统。"⑦ 该论证为这批蒙元墓葬中的"异形器"正其名、定其源，引发了学术界对墓葬器用仿古化现象的重视。许雅惠指出，《宣和博古图》对宋元以降州府庙学以及民间礼器系统的影响，更大程度上是通过以《博古图》为基础修纂的礼书《绍熙州县释奠仪图》等礼图来完成间接流传的，赛因

---

① 西安地区刊布的蒙元墓例计有曲江池至元三年（1266 年）段继荣墓（陕西省文物管理委员会：《西安曲江池西村元墓清理简报》，《文物参考资料》1958 年第 6 期）、电子城泰定年间墓（翟春玲等：《西安电子城出土元代文物》，《文博》2002 年第 5 期）、至正四年（1344 年）刘义世墓（刘安利：《西安东郊元刘义世墓清理简报》，《文博》1985 年第 4 期）、玉祥门外元墓（陕西省文管会：《西安玉祥门外元代砖墓清理简报》，《文物参考资料》1956 年第 1 期）、南郊山门口墓（王九刚、李军辉：《西安南郊山门口元墓清理简报》，《考古与文物》2006 年第 2 期）、南郊王世英墓（西安市文物保护研究所：《西安南郊元代王世英墓清理简报》，《文物》2008 年第 6 期）、北郊红庙坡墓（卢桂兰等：《西安北郊红庙坡元墓出土一批文物》，《文博》1986 年第 3 期）、曲江孟村墓和泰定二年（1325 年）李新昭墓（马志祥等：《西安曲江元李新昭墓》，《文博》1988 年第 2 期）。
② 刘宝爱、张德文：《陕西宝鸡元墓》，《文物》1992 年第 2 期。
③ 延安市文化文物局：《延安虎头峁元代墓葬清理简报》，《文博》1990 年第 2 期。
④ 甘肃省博物馆等：《甘肃漳县元代汪世显家族墓葬》，《文物》1982 年第 2 期。
⑤ 洛阳市博物馆：《洛阳元王述墓清理》，《考古》1979 年第 6 期。
⑥ 洛阳市铁路北站编组站联合考古发掘队：《元赛因赤答忽墓的发掘》，《文物》1996 年第 2 期。
⑦ 谢明良：《北方部分地区元墓出土陶器的区域性观察——从漳县汪世显家族墓出土陶器谈起》，《故宫学术季刊》第十九卷第四期，2002 年，第 143～168 页。

赤答忽墓中随葬的大量仿古陶器即属此类①。

　　然而细查出土随葬实物可见，《三礼图》和《博古图》所录礼器样式并不能完全涵盖洛渭地区蒙元墓中的仿古陶器形态；可知关陇和伊洛地区的陶礼器模式，也并非遵循单一的礼图体系。关中、陇右蒙元墓中所谓"仿《三礼图》系统"的陶礼器组合，并非全为聂崇仪勘定的礼器面貌：关中地区蒙元墓中出土的"雀形杯""龙柄勺"，应为爵与璋瓒，皆取式于《三礼图》；大量随葬的簋、簠组合，均作外圆内方或外方内圆，盖面装饰又分有无龟纽之别，有别于聂氏《三礼图》簠簋盖有龟纽的单一模式；西安、宝鸡等地几乎每墓必出的贯耳陶壶在形制上却颇合古制，更接近《重修宣和博古图》的礼器系统（图4.14）。漳县汪氏家族墓的仿古陶器组合则更为庞杂，其中簠簋样式与关中地区相似；笾豆、魘尊见依《三礼图》；而陶爵口沿下出象首鋬以及鼎、盒盖顶上装饰龟纽的模式，则鲜见于其他地区；此外，有别于特殊

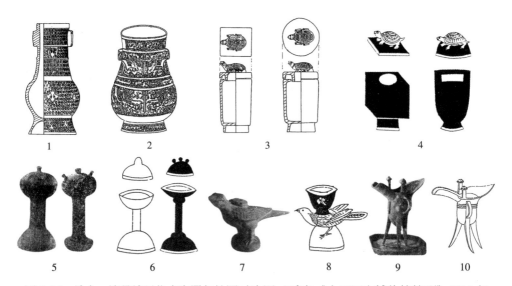

图4.14　关中、漳县地区仿古陶器与礼图对比图（采自《中国国家博物馆馆刊》2013年第10期，第69页，图七）

1. 宝鸡元墓陶贯耳壶；2.《宣和博古图》贯耳弓壶；3. 宝鸡元墓陶簠、簋；4.《三礼图集注》簠、簋；5. 漳县汪氏墓陶豆、登；6.《三礼图集注》豆、登；7. 延安虎头峁元墓陶爵；8.《三礼图集注》爵；9. 漳县江氏墓铜爵；10.《宣和博古图》商爵

---

①　许雅惠：《〈宣和博古图〉的"间接"流传——以元代赛因赤答忽墓出土的陶器与〈绍熙州县释奠仪图〉为例》，《"国立"台湾大学美术史研究集刊》第十四期，2003年，第1~26页。

的象首陶爵，汪氏中的铜爵样式均可在《博古图》中找到比对样例，而与聂氏《三礼图》"雀别置杯于背以承酒"的模式全然不同。洛阳地区的两座元末墓葬所出陶礼器类目丰富，恰全合《重修宣和博古图》的器用规范（图4.15）。

综上可见，关中、陇西和伊洛三地蒙元墓葬中发现的仿古陶器似乎并非单纯照依《三礼图》或《博古图》各自确立的礼图体系，表现出更为复杂与丰富的区域性样式，这种区域性应有更广泛的礼器样制来源，或参考了其他礼图模式，或与当地礼学派系和器用传统密切相关。

图4.15 伊洛地区蒙元墓出土仿古陶器与礼图对比图（采自《中国国家博物馆馆刊》2013年第10期，第70页，图八）

1. 赛因赤达忽墓出土陶、簠；2.《宣和博古图》周太师望簋；3.《绍熙州县释奠仪图》簠；4. 赛因赤达忽墓出土陶著尊；5.《宣和博古图》著尊；6. 赛因赤达忽墓出土陶象尊、牺尊；7.《宣和博古图》象尊、牺尊；8. 赛因赤答忽墓出土陶山尊；9.《绍熙州县释奠仪图》山尊

伊洛地区是金末元初"朱学"北传的中心，时以姚枢、窦默、许衡为代表，形成了"伊洛之学遍天下"之盛况。在这一前提下，不难理解洛阳王述和赛因赤答忽两墓仿古陶器在类别和造型上忠实取法于《重修宣和博古图》和《绍熙州具释奠仪图》模式的现象。关中地区蒙元墓则多与降元的遗金官员或金源儒学世家群体相关，其所用礼器样制参据唐宋礼乐沿革而成，杂糅了《三礼图集注》和《重修宣和博古图》为代表的两类礼器系统，而又以《三礼图》体系为主[①]，很可能反映了唐以降关中经学传统在补器模式上的取向。是以关中墓葬中簠簋、爵、豆、璋瓒均类似

---

① 关于唐、宋、金礼器模式的探讨，详见后文。

《三礼图》样制，而壶式参佐《博古图》。同时，关陇元墓发现的无龟纽"簠簋"之式，见于元代广为刊印传行的《事林广记》祭器图谱中①，这也从一个侧面展示出洛渭元墓仿古陶器取法体系的多元性。

事实上，礼器面貌的区域差别在宋元阶段并非独见于洛渭地区，南北方墓葬中均不乏其例。山东济宁张楷墓即发现一套造型独特的陶礼器组合②：其中鼎和贯耳壶皆可在《博古图》中找到类似古器样例；外圆内方带盖器与元泰定二年本《事林广记》中所录"簋"几乎一致；最为特殊的当属两件豆形器，豆身为《博古图》和

《释奠仪图》样制，只是豆盖上各卧牛、象，很可能是牺尊、象尊的另一区域表现模式（图4.16）。此外，宋元之际的南方地区也有装饰着象纽的陶瓷罐形器。香港私人收藏的一件吉州窑彩绘瓷盖罐，罐身绘饰一象（图4.17），与聂氏《三礼图》一致（图4.18），而盖纽亦作象形，其细节特征可在吕大临《考古图》辑录的古器物中找到类似表现③。按吕书所记，这一壶身、象纽盖顶的"象尊"来自

图4.16　山东济宁元张楷墓出土陶礼器（采自《考古》1994年第9期，图版捌）

李公麟家族收藏品（图4.19），或取自其他地缘或流派的礼图体系。而这件杂糅了《三礼图》和《考古图》所示样式的瓷罐，很可能在瓷器产地的江西吉州或毗邻地区亦作礼器之用，是特定区域象尊的表现模式。此外，浙江丽水南宋嘉定壬午年（1222年）李垕妻姜氏墓中也出土了3件龙泉青瓷象纽盖罐，其造型与前述吉州窑彩

---

① ［宋］陈元靓《事林广记》卷五，上海：上海古籍出版社，1990年。此书是一部日用百科全书式的民间类书，原为南宋陈元靓编，但宋原本今已不可见，现存的元、明刊本均经删改和增广，因此其中有不少内容反映了元代的社会生活。

② 济宁市博物馆：《山东济宁发现两座元代墓葬》，《考古》1994年第9期。

③ 瓷吉州窑象纽盖罐图片转引自郭学雷：《南宋吉州窑瓷器装饰纹样考实——兼论禅宗思想对南宋吉州窑瓷器的影响》，深圳博物馆等编《禅风与儒韵：宋元时代的吉州窑瓷器》，北京：文物出版社，2012年，第213页，图110。

绘罐基本一致，唯器身未见象形纹饰，这组器物亦不乏在丧葬制度中充作礼器的可能[1]（图 4.20）。四川彭山南宋虞公著夫妇墓中随葬一件龟纽陶罐和数件带颈陶罐，均施黄色陶衣，推测为成组用器；是否用作礼器还需进一步考证[2]（图 4.21）。

图 4.17　吉州窑象纽罐（采自　图 4.18　《三礼图集注》象　图 4.19　《考古图》辑录
　　　　　《禅风与儒韵：宋元时　　　　　　尊（采自文渊阁　　　　　　铜象尊（采自文
　　　　　代的吉州窑瓷器》，第　　　　　　《四库全书》）　　　　　　渊阁《四库全
　　　　　213 页，图 110）　　　　　　　　　　　　　　　　　　　　　书》）

图 4.20　丽水南宋李垕妻姜氏墓出土青瓷象　　图 4.21　彭山南宋虞公著墓出土陶龟纽罐
　　　　　纽罐（采自《东方博物》第二十　　　　　　　（采自《考古学报》1985 年第 3
　　　　　三辑，第 39 页，图 6、7）　　　　　　　　期，图版贰贰：4）

　　蒙元墓葬出土仿古陶礼器的多样性与复杂性，除因自不同体系的礼学渊源与区域传统，甄陶工匠的能动性亦不可忽视。西安博物院收藏有一组元代磨光复古陶器，分别为陶豆 2、陶贯耳瓶 1、陶簠 1，面貌与关中蒙元墓仿古明器极为相似，器底或

① 吴东海等：《浙江丽水南宋纪年墓出土的龙泉窑精品瓷》，《东方博物》第二十三辑，杭州：浙江大学出版社，2007 年，第 37～40 页。关于这三件龙泉瓷器"礼仪相关用器可能性"的论点，也见于蔡玫芬：《庄严与细巧：南宋的工艺与生活》，蔡玫芬编：《文艺绍兴：南宋艺术与文化·器物卷》，台北：台北故宫博物院，2010 年，第 17 页。
② 四川省文物管理委员会等：《南宋虞公著夫妇合葬墓》，《考古学报》1985 年第 3 期。

图 4.22   元"寄寄老人"铭仿古磨光黑陶器（采自
《文物》2011 年第 10 期，第 78~80 页，
图一~三、七~九）

内壁刻"寄寄老人"铭；巧合的是，相同铭文的陶牛尊、陶象尊在缉私活动中发现于哥本哈根，这批磨光黑陶礼器兼取《博古图》和《三礼图》范式（图 4.22）①。"寄寄老人"姓陈，自号"寄寄老人"或"寄寄翁"，活跃于金末元初的长安与"河汾（晋南）"地区，是当时的制陶名匠。所做陶砚和陶器为当时文人儒士所喜好，世称"研师"或"甄陶师"②。而制作仿古陶器的甄陶名匠在有元一代的山陕地区并非孤例。北京元代西绦胡同居住遗址曾出土一对黑陶兽面纹贯耳瓶，气象淳古，其圈足内模印篆书"潞州会山散人"六字款③。潞州在元代统属于晋宁路，位于今晋东南，以长治为中心。从铭文推测，这对仿古黑陶贯耳瓶的甄陶工匠与寄寄老人类似，很可能自身就具有较高文人素养，或与当地文人儒士多有交往互动。这些工匠的存在，为蒙元时期关中、山西地区葬制所用仿古陶器的区域面貌提供了另一种来源的可能。

事实上，不仅甄陶工匠对宋元社会的仿古礼器制作多有推动，铜器制造亦然。在礼器范式的讨论与定型中，民间冶铜造作为官样生产提供了可资借鉴的模本与技术支持。尤其是当时的江苏句容与江西吉安，其铜器生产因精致的制作和仿古传统多次承担制造官方祭器的任务，成为南方地区官用仿古铜器的两大生产中心④。以吉

① 这两批"寄寄老人"铭磨光黑陶器引自宋新潮：《"寄寄老人"考》，《文物》2011 年第 10 期。

② ［元］王恽：《秋涧集》，卷七一，《题寄寄老人陈氏诗卷》："昔帝舜陶于河滨，器不苦窳，而陶之为器，最近古而适用广。长安寄寄翁得适用近古之法，削为鼎研诸器，坚润精致，粹然含金玉之质，诚可方驾保远、绍泽之吕道人矣。"转引自宋新潮：《"寄寄老人"考》，第 78 页。

③ 中国科学院考古研究所等：《北京西绦胡同和后桃源的元代居住遗址》，《考古》1973 年第 5 期。

④ ［宋］礼部太常寺纂修、［清］徐松辑：《中兴礼书》，卷五九"明堂祭器"条："建康府句容县多有铜匠造作铜古器货卖，制作精致；乞朝廷指挥建康府下句容县计置，依样铸造。诏降样付建康府措置，依样制造，务要精致。"《续修四库全书》册 822，上海：上海古籍出版社，1995 年。

安地区为例，当地因"冶铸良、合古制"的仿古铜器成为元代中后期府学礼器的另一重要铸造中心，在各地的府学祭器承造中担任重要角色。宣州淮南学庙即由"庐陵冶工杨荣甫"负责铜器冶铸，制造"泰尊、山尊、著尊、献尊、象尊、壶尊，凡几十六"；至治、泰定年间，江西吉安的冶铜工匠还承担了云南中庆路范铸孔庙礼器①。这一文化现象可与前述江浙、江西窑场生产瓷制仿有"象尊"的材料互证，体现出区域礼器生产的集中性。

洛渭地区蒙元墓葬陶礼器复古化的区域性差异，除前述地域文化传统、本据礼书体系的不同以及工匠能动性之外，也可从元代礼器系统早晚时段的阶段差异入手探讨。以关中和伊洛两地出土陶礼器墓葬考量对象，则可发现所谓聂氏《三礼图》系统的墓例最晚下葬于1339年②，而洛阳两处元墓的时代则分别为1350年和1365年。换言之，这种仿古陶器面貌上的差异很可能也反映了蒙元礼器在不同时段的发展特征，经历了一个由"杂宋金祭器而用"到"始造新器"的发展过程。那么，到底"宋金祭器"的器用模式如何？"始造新器"又采用了怎样的礼器类型呢？

《元史·祭祀志》载："中统以来，杂金、宋祭器而用之。至治初，始造新器于江浙行省，其旧器悉置几阁。"③ 这里提到的"宋金祭器"代表着何种礼器体系呢？这就要从北宋时期的礼器建设溯源。

宋代古礼用制的研究，计有尊经与重器两种途径。一则鉴于"考汉时去古未远，车服礼器尤有存者"④，故查据汉唐以来诸儒著说，考诸版本定为一家而成书集册，最有代表性的当为聂崇义的《三礼图集注》；一则基于两宋"太平日久文物毕出"⑤，

① ［元］郑陶孙：《舍奠礼器记》，载［元］苏天爵辑：《国朝文类》卷二十七，上海：商务印书馆，1927年（民国八年涵芬楼影印本排印），第20～25页；刘岳申：《申斋集》卷六，"云南中清路儒学新制礼器记"条，台北：台湾商务印书馆，1986年，第1页。上两条文献均转引自蔡玫芬：《转型与启发：浅论陶瓷所呈现的蒙元文化》，载石守谦等编：《大汗的世纪：蒙元时代的多元文化与艺术》，台北：台北故宫博物院，2001年，第244页。
② 西安市文物保护考古研究院：《西安曲江元代张达夫及其夫人墓发掘简报》，《文物》2013年第8期。
③ ［明］宋濂：《元史》卷七四，《祭祀志》，"祭器"条，北京：中华书局，2005，第1847页。
④ ［明］刘绩：《三礼图》卷首《提要》，文渊阁《四库全书》影印本，册129，第285页。
⑤ ［宋］王黼等：《重修宣和博古图》卷七，"象尊"条，文渊阁《四库全书》影印本，册840，第512页。

以存世的金石之器为朝廷订正礼文、以备稽考①，大观年间的《重修宣和博古图》即属此列。需要注意的是，聂氏《三礼图》模式的影响非常广泛，虽然徽宗政和年间依《重修宣和博古图》确立了中央和皇室的祭器系统，高宗绍兴年间也依此例确定所谓"新成礼器"模式②；但地方州县和民间仍大多沿用聂氏祭器的模式③。而在礼制建设的实际操作中，《三礼图》和《博古图》的造器原则通常是掺杂混用的：《博古图》有式者，依《博古图》；《博古图》无式者，或依《三礼图》，或在《博古图》中取可用者④。《博古图》与礼书器名无法完全对应、部分器形样制阙如及祭器材质取定上的局限⑤，都使聂氏祭器模式具有存在的必要和空间。故而徽宗之后所确立的祭器制度，是在《三礼图》和《重修宣和博古图》为代表的两种范式的相互补正中建立起来的。

---

① ［宋］郑居中等：《政和五礼新仪》卷首，"尚书省牒议礼局"条载："大观二年十一月二十日，承尚书省札子，朝议大夫试兵部尚书兼侍郎充议礼局详议官薛昂札子奏：臣窃见有司所用礼器如尊爵簠簋之类与大夫家所藏古器不同，盖古器多出于墟墓之间，无虑千数百年，其规制必有所受，非伪为也。礼失则求诸野今，朝廷欲订正礼文，则苟可以备稽考者，宜博访而取资焉。"文渊阁《四库全书》影印本，册647，第10页。

② ［清］徐松：《中兴礼书》卷九《郊祀祭器一》：（绍兴十三年）"四月二十九日，礼部太常寺言，勘会国朝祖宗故事，遇大礼其所用祭器并依三礼图用竹木制造，至宣和年做博古图，改造新成礼器，内簠簋尊罍爵坫豆盂洗用铜铸造，余用竹木，今来若并仿博古图样制改造。"《续修四库全书》册822，第35～36页。［宋］朱熹：《晦庵先生朱文公文集别集》，卷八，《释奠申礼部检状》记："某伏见政和年中议礼局铸造祭器，皆考三代器物遗法，制度精密，气象淳古，足见一时文物之盛，可以为后世法，故绍兴十五年曾有圣旨，以其样制开说印造，颁付州县遵用。"《四部丛刊》初编，133～137函。

③ 成书于南宋的《事林广记》作为一部日用百科全书，其列出的祭器组合图示明显可见聂氏《三礼图集注》的巨大影响（详见［宋］陈元靓：《事林广记》，戊集卷一，《祭器仪式门》，北京：中华书局，1999年，第365～366页）。而朱熹修撰《绍熙州县释奠仪图》的动机，则源于南宋州县祭器仍多用聂氏《三礼图》模式而不合绍兴确立的"新成礼器"式样。

④ 这一原则在绍兴十五年群臣讨论祭器改造时就有明确表述，［清］徐松：《中兴礼书》卷九，《续修四库全书》，册822，第5～7页。对这一问题的探析，详见许雅惠：《〈宣和博古图〉的"间接"流传——以元代赛因赤答忽墓出土的陶器与〈绍熙州县释奠仪图〉为例》，《"国立"台湾大学美术史研究集刊》第十四期，2003年，第17、18页。

⑤ 在祭器材质的讨论中，《宣和博古图》以有限的出土铜器为据，认为《三礼图》竹木之说为非，失于偏颇。虽然徽宗以来改制后的新成礼器形制从《宣和博古图》之制，但材质组合仍见依聂氏之说，如在明堂大礼中"其从祀四百四十三位合用竹木祭器，已令临安府制造。"《中兴礼书》卷五十九《明堂祭器》载："（绍兴四年四月二十七日）同日工部言，据太常寺申，契勘今来明堂大礼正配四位合用陶器，已降指挥下绍兴府余姚县烧造；其从祀四百四十三位合用竹木祭器，已令临安府制造。"《续修四库全书》，册822，第243页。

这两种礼器模式在元明依然并行使用。元代礼官监造孔庙礼器所参据的图本为南宋景定年间刊刻的《舍奠礼器图》，这部礼图本身参详了朱熹《绍熙州县释奠仪图》和《宣和博古图》①。而《三礼图》礼器样式被类书《事林广记》选用为祭器图谱广为刊印传行，似乎显示出这一模式似乎更为普行。

金人南下占据淮水以北之后，劫掠了北宋皇室南渡时所携的大批祭器，继而参据唐宋礼乐沿革，确立了金廷的祭器系统②。宋廷祭器体系兼用聂氏《三礼图》和《重修宣和博古图》模式，那么，金代所参据的唐代礼器模式又是怎样的呢？虽然唐代礼书散佚不传，但从四库馆臣为《三礼图集注》所作的提要中可见聂氏成书所据的六大古本尽皆著录在隋唐正史经籍志和艺文志中③。换言之，隋唐祭器是与聂氏《三礼图集注》所勘定的礼器模式一脉相承的。除上述文献线索，唐恭陵哀皇后墓④中出土的一套仿古陶器也为唐代礼器模式提供了实物依据：其中"雀背负盏"的爵杯、绘饰山岩的山尊和龟饰顶盖的陶簋完全可在聂氏《三礼图集注》中找到对应的图像（图4.23、4.24）。也就是说，金代的礼器模式也是杂糅了以《三礼图集注》和以《重修宣和博古图》为代表的两类礼器系统，而承袭隋唐礼书，并在北宋时期流传甚广的聂氏《三礼图集注》模式似乎影响更大。

由是可见，中统以来蒙元礼器的样式存在着《三礼图》和《宣和博古图》两套范式；这也可以解释关中和陇右墓葬中不同体系仿古陶器并存的现象。那么伊洛地区两座元末墓葬中全部采用《重修宣和博古图》模式的仿古陶器组合又作何解释呢？

---

① 郑陶孙：《舍奠礼器祭》，载苏天爵辑：《国朝文类》卷二十七，第20～25页，转引自蔡玫芬：《转型与启发：浅论陶瓷所呈现的蒙元文化》，石守谦等编：《大汗的世纪：蒙元时代的多元文化与艺术》，台北．故宫博物院，2001，第232页。

② "世宗既兴，复收向所迁宋故礼器以旋，乃命官参校唐宋故典沿革，开详定所以议礼，设详校所以审乐。"［元］脱脱：《金史》卷二八《礼志》，北京：中华书局，1975年，第691～692页。

③ "《隋书经·籍志》列郑元及阮谌等《三礼图》九卷，《唐书·艺文志》有夏侯伏朗三礼图十二卷、张镒《三礼图》九卷，《崇文总目》有梁正《三礼图》九卷……《四部书目》内有《三礼图》十二卷，是开皇中敕礼部修撰。……所谓六本者，郑元一、阮谌二、夏侯伏朗三、张镒四、梁正五、开皇所撰六也。"［宋］聂崇仪：《三礼图集注》，《提要》，文渊阁《四库全书》影印本，册129，第2页。

④ 参考唐恭陵哀皇后墓可见，关中地区在唐代墓葬中已使用成套的仿簠、簋、爵、尊之类的仿古陶明器。详见郭洪涛：《唐恭陵哀皇后墓部分出土文物》，《考古与文物》2002年第4期。

图 4.23   唐恭陵哀皇后墓陶礼器：簋、爵、山   图 4.24   《三礼图集注》礼器：簋、
尊、牺尊（采自《考古与文物》2002   爵、山尊、牺尊（采自文渊
年第 4 期，第 14 页，图六；封底）   阁《四库全书》）

1. 陶簋；2. 陶山尊；3. 陶爵；4. 陶牺尊   1. 簋；2. 山尊；3. 爵；4. 牺尊

　　按《元史·祭祀志》记载，至治年间礼器模式发生了重大转变，"始造新器于江浙行省"。这里虽未说明所谓"新器"的样式，但南宋时期数次兴造《重修宣和博古图》模式的"新成礼器"均是颁照江浙行省施行①，再考虑到朱熹《绍熙州县释奠仪图》在淮水以南的影响，则江浙之地很可能确立了政和、绍兴礼器模式的地方传统。元廷至治年间在江浙始造新器的样式，或即系统采用了《重修宣和博古图》体系的礼器模式。洛阳王述墓中的尊、罍、簋、豆，赛因赤达忽墓中的牺象二尊、簠、簋、豆、壶，与《重修宣和博古图》和《绍熙州县释奠仪图》中列出的礼器图示相对应。此类"新器"模式元廷在至治年间既已颁定，为什么洛渭流域的墓葬中直到元末时期才体现出这种变化呢？事实上，中央和地方礼器定制的发展从来就不是同步的，地方器用往往具有明显的滞后性，前文提到的绍兴"新成礼器"颁定日久后

---

① ［清］徐松：《中兴礼书》卷九《郊祀祭器一》："（绍兴十三年）"四月二十九日，……今看详欲乞先
　次将圆坛上正配四位合用陶器，并今来所添从祀爵坫并依新成礼器仿博古图，内陶器下平江府烧变，
　铜爵坫令建康府铸镕，其竹木祭器令临安府制造。"《续修四库全书》，册 822，第 35～36 页。又《中
　兴礼书》卷五十九《明堂祭器》："绍兴元年三月八日，太常寺少卿迟等言，堪会将来大礼合祭天地并
　配祖宗所有合用大乐祭器，乞令两浙江东路转运司取索所属州军县镇。……祀天并配位用匏爵陶器，
　乞令太常寺具数下越州制造，仍乞依仪今竹木祭器样制烧造。"

州县祭祀仍用聂氏旧器就是典型的例证。

综上，洛渭流域蒙元墓葬中随葬仿古陶器组合的差异，反映出蒙元礼器制度从杂宋、金模式到别置新器的发展过程。同时，也确如谢明良所说，这种差异一定程度上也与区域文化传统与经学渊源相关，代表了当地经学传统在器用规范上的取向。

总之，不管是《三礼图》模式还是《重修宣和博古图》体系，仿古礼器规制的讨论、器形的勘定以及使用的普及均反映出统治者试图建立礼乐有序、堪比"三代"之治理想社会的政治诉求。对于南下尽收汉地的蒙古族统治者而言，这种传统礼制建设的努力更是其确立正统化统治地位的重要手段和方式。另一方面，除了仿"三代礼器"，洛渭地区的蒙元墓葬在墓室结构和随葬品组合上也体现出明显模仿唐墓规制的现象，其中又以西安为中心的关中地区最为典型。

二　礼乐追求：关中元墓与唐代"两京"墓葬的相似性

关中地区蒙元墓葬中以簠簋为代表的仿古陶器虽引人注目，但其无论在数量还是类别上，它们只占随葬品的很小一部分，亦有不少墓例未埋纳此类仿古礼器。故而全面探讨这一区域墓葬的复古化面貌，还需从墓葬形制、随葬品组合模式等多角度整体考量。关中洛渭流域的宋金墓葬的主流形制是繁复的仿木构砖雕壁画墓和简单土洞墓，随葬品数量少，组合上也未见不同于周边地区之处。然而迨至蒙元时期，这一地区，尤其是西安及其周边的墓葬结构却突然流行起长斜坡墓道的土洞墓和砖室墓，左右小龛和前后双室的情况也十分常见。仅以西安地区为例，就有长安区刘黑马家族墓①、曲江池西村段继荣夫妇墓②、南郊王世英墓③、潘家庄墓④和山门口墓⑤等多处代表墓例。这种墓室形制很难在当地宋金墓中找到类比对象，反而与唐长安、洛阳地区墓葬的"两京模式"十分相似。

同时，关中蒙元墓葬的随葬品中除了仿三代礼器的陶器组合外，车马、仆从等

---

① 李举纲、杨洁：《蒙元世相：蒙元汉人世侯刘黑马家族墓的考古发现》，《收藏》2012年第15期。
② 陕西省文物管理委员会：《西安曲江池西村元墓清理简报》，《文物参考资料》1958年第6期。
③ 西安市文物保护研究所：《西安南郊元代王世英墓清理简报》，《文物》2008年第6期。
④ 西安市文物保护考古所：《西南南郊潘家庄元墓发掘简报》，《文物》2012年第9期。
⑤ 王九刚、李军辉：《西安南郊山门口元墓清理简报》，《考古与文物》2006年第2期。

出行仪仗俑和鸡、犬、猪、龙、牛、羊等小型动物俑也和唐代明器组合相仿；尤其是胡人俑和骆驼俑，同时也是唐墓随葬陶俑中的代表类型①；而关中地区几乎每墓必出的仓、灶模型，则是对隋唐时期两京地区仓、碓、磨、井、灶等成套仓厨明器的传统沿承与简化（图4.25~4.27）。这批以西安为中心的关中元墓甚至墓志样式与志石装饰上也力求尽仿唐制。如刘元振夫妇墓出土一方青石墓志，志石侧面四边壶门内阴刻十二神，唐草纹填地，这些均是唐代墓志的典型特征。

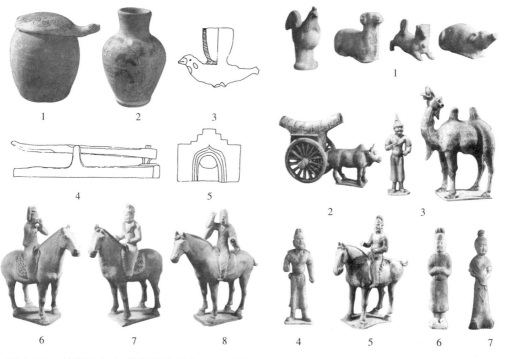

图4.25　唐恭陵哀皇后墓随葬品组合（采自《考古与文物》2002年第4期，第14~16页，图六、图七；封二；封三）

1. 陶簋；2. 陶山尊；3. 陶爵；4. 碓（与蒙元墓中的陶仓具有相似指代意义）；5. 陶灶；6~8. 车马仪仗彩绘陶俑

图4.26　偃师杏园唐墓随葬品组合（采自《偃师杏园唐墓》，图版七~十六）

1. 小型动物俑模型；2. 车仗模型；3. 胡人控驼俑；4、5. 仪仗俑；6、7. 男女仆侍俑

---

① 这批墓葬虽然墓室结构有异、墓主身份不同，但都随葬一套灰陶的明器，其中以簋、簠、尊、壶等仿古器物，车马和男女侍俑等出行仪仗，以及鸡、羊、猪、牛、龙、龟等一组小型动物俑最具特色。尤其是在蒙元墓葬在蒙古国时期至元代前期（1213~1320年），该地区蒙元墓葬中的出行仪仗俑中体现出明显的"唐代模式"，骑驼或牵驼的胡人俑亦可在同一地区的唐墓明器中找到原型。

图 4.27 洛－渭地区蒙元墓随葬品组合（采自《中国国家博物馆馆刊》2013 年第 10 期，第 72 页，图九）

1. 赛因赤答忽墓陶豆；2. 西安红庙坡元墓陶簋；3. 西安红庙坡元墓陶壶；4. 西安电子城元墓陶灶；5. 西安刘义世墓陶井筒；6. 西安刘义世墓陶仓；7～12. 西安南郊元代王世英墓动物模型；13. 户县贺氏墓陶胡人控驼俑；14～16、19、20. 西安南郊元代王世英墓车马仪仗俑；17. 西安电子城元墓骆驼俑；18、21、22. 西安曲江孟村元墓车马仪仗俑随之而来的问题是：为何该区域内的蒙元墓葬在选择"复古"原型上跳过了宋金模式，而取用更早的唐代墓葬特征呢？这种特殊现象的肇兴很可能与蒙元统治者对"贞观故事"的态度有关。日本学者箭内亘曾著《元世祖与唐太宗》一文，论及忽必烈以洛渭流域为潜邸时曾将唐太宗李世民作为欣赏和钦羡的对象，其建立藩府、招揽四方人才的举措即是对太宗立"秦王幕府"的仿效①。潜邸旧臣徐世隆记："上之在潜邸也，好访问前代帝王事迹。闻唐文皇为秦王时，广延文学四方之士，讲论治道，终始太平，喜而慕焉。"②，此即明确提出忽必烈集结藩邸一念是在唐太宗招致十八学士启发下的产物。以此为目标，忽必烈广纳各色人才，时有"史天泽、刘秉忠、廉希宪、许衡、姚枢等实左右之，当时称治比唐贞观之盛"③。不仅世祖朝如此，整个元代统治者均以建立所谓"贞观之盛"的政治秩序为目标，并以唐太祖与谏臣魏征的相处模式作为理想化的君臣关系。《贞观政要》一书获得了广泛重视，不仅皇帝与群臣通读之，更将其译作蒙古语大加推广。如忽必烈初即位，在征召人才时就提出聘"魏征之臣"："上即位，首召至都，问曰：'朕尝命卿访求魏征等人，有诸乎？'对曰：'许衡即其人也。万户史天泽有宰相才，可大用。'"④ 仁宗、英宗朝时，更命儒士将《贞观政要》译作蒙古语。本书第三章中提到的山东嘉祥元墓墓主曹元用，就曾"奉旨纂集甲令为通制，译唐《贞观政要》为国语"，"书成皆行于时。"⑤直至元末顺帝朝，依然盛行以"纳言魏征"来譬喻理想化的君臣模式⑥。

由是观之，蒙元统治者对唐太宗及其治下的贞观盛世颇多钦羡，在政策制定上也多有借鉴。需要注意的是，元世祖忽必烈仿效"秦王幕府"组建潜邸、征召人才的重要据点，就是以怀孟路和奉元府为中心的洛渭流域；从碑志材料看，洛渭流域

---

① ［日］箭内亘著、陈捷等译：《元世祖与唐太宗》，《蒙古史研究》，上海：商务印书馆，1932年，第94～105页。萧启庆在论述忽必烈潜邸集结的历史背景时也论及这一问题。详见萧启庆：《忽必烈"潜邸旧侣"考》，《内蒙古而外中国：蒙元史研究》，北京：中华书局，2007年，第118页。

② ［元］苏天爵、姚景安点校：《元名臣事略》卷十二"太常徐公撰墓碑"条，北京：中华书局，1996年，第238页。

③ ［明］宋濂：《元史》卷一七六《王寿传》，第4103、4104页。

④ ［元］苏天爵、姚景安点校：《元名臣事略》卷八，"内翰窦文正公"条，第152页。

⑤ ［明］宋濂：《元史》卷一七二《曹元用传》，第4026、4027页。

⑥ 《顺帝本纪》载："帝曰：'昔魏征进谏，唐太宗未尝不赏。汝其受之。'"［明］宋濂：《元史》卷三十九《顺帝本纪》，第838页。

最早采用"唐制"的下葬人群也确实多为以汉军世侯、遗金故吏和儒士群体为代表的忽必烈潜邸旧部及其家族成员，如刘黑马为太宗窝阔台所立汉军三万户之首、耶律世昌是成吉思汗时期的功臣耶律秃花家族成员、段继荣则是早期归元的亡金旧臣；这就为这一地区蒙元墓葬追仿唐墓制度的现象提供了合理的注脚。

这批蒙古国和元早期的墓葬类型，既大量袭用了唐两京模式的主要特征，如带天井的长斜坡墓道、前后室和小龛的设置以及随葬品组合的类型；同时也适今从俗地融入了时代和人群特征，如仪仗俑在衣冠和面貌上涵盖了蒙古人、色目人、契丹人和"汉人"，这恰与该区域蒙元时期的人群构成和这批墓葬的墓主身份互为表里。这一墓葬模式确立之初很可能是作为彰表洛渭地区"潜邸旧侣"集团功绩的特殊葬制，昭示了蒙古统治者以关中、怀孟之地为据点，通过追法盛世古制，实现礼制改革与秩序建设的政治诉求。而随着这类葬制在洛渭地区的定型和普行，逐渐成为这一区域特定人群因循的墓葬文化类型，墓室数量与尺寸、小龛的有无、随葬品种类和数量的多少，基本与墓主身份高低成正比（表4.5）。如官至中书左丞的贺胜，墓室边长在4米左右；其祖父贺赉等级稍逊，墓室边长约为3米；官至正七品的王世英夫妇墓主室边长则在2米左右。值得注意的是，洛渭地区蒙元墓葬对"唐墓两京模式"的追仿，无论是墓葬形式还是随葬器用都经历了三个阶段的变化，从暂无定制的制度初创期，到重视模仿的制度定型期，再到略有权宜的制度发展期。早期墓葬年代集中在蒙古国时期，部分墓葬形制还保留着当地宋金砖雕墓单室墓的传统，随葬品相对简单，多见金墓流行的十二神、武士俑和釜形谷仓罐[1]；在仿古器物的使用上，这一时期尚未形成簠簋组合的定制，而《三礼图》样制的璋瓒和秦式扁壶等器形时有出现[2]。忽必烈至元年间到延祐年间是洛渭流域特殊墓葬制度的定型阶段，由长斜坡、带天井的墓道、前后双室和左右小龛共同组成的墓葬结构，明显体现出对"两京模式"的模仿；随葬器用上也渐次形成了簠簋、小型动物俑、五供、茶酒具以及仓厨模型等组合固定的磨光黑陶明器，尤以西安长安区刘渊镇墓、西安曲江孟村墓、西安南郊潘家庄M122等墓例最为典型。元后期开始，这批特殊的"仿古化"墓葬在墓室结构上体现出多样而变通的时代特征，前后双室之外，另有梯形、圆形

---

① 陕西省文物管理委员会：《陕西兴平县西郊清理宋墓一座》，《文物》1959年第2期。

② 陕西省文物管理委员会：《西安曲江池西村元墓清理简报》，第57～61页。

表4.5　陕西洛－渭流域蒙元墓葬统计表

墓葬名称	年代	墓主身份	墓葬形制	墓室规模（米）	墓道	小龛	仪仗	簋簠	动物	五供	仓厨
陕西兴平县砖雕墓	蒙古国		长方形砖雕墓	3.48×2.70	不明	○	○	▲豆	—	—	○
西安曲江池段继荣夫妇墓	1252~1266年	京兆府奏差提领亡金归元官员	前后室砖室墓	2.96×2.76 1.74×1.56	长斜	—	○	△璋瓒扁壶	—	○	○
西安长安刘黑马墓M17	中统三年1262年	汉军世侯都总管万户	前后室土洞墓		长斜天井	○		不明	不明	不明	不明
西安长安刘渊镇墓M16	1275~1302年	怀远大将军成都经略使	前后室土洞墓		长斜天井	○		▲	○	不明	
西安南郊山门口墓	元初		前后室土洞墓	2.78×2.40 2.13×1.20	长斜	—	○	—	○	○	○
西安曲江孟村墓	元初		前后室土洞墓	2.46×2.34 2.70×1.65	长斜	○	○	△	○	○	○
户县贺贲墓M3	元初		长方形砖室墓	2.80×2.50	斜坡	—	○	—	○	○	不明
户县贺仁杰墓M2	1307年	光禄大夫从一品	长方形砖室墓	不明	斜坡	—	不明	不明	不明	不明	不明
西安南郊王世英墓	1306~1316年	忠勇校尉正七品由精通蒙语进身	前后室土洞墓	2.05×2.19 2.15×2.18	长斜	—	○	—	○	○	○
西南南郊皇子坡村武敬墓	1312年	延安路医学教授儒医世家	圆形土洞墓	直径3.00	竖井	○	○	○	—	—	○
西安雁塔南路元墓	1310~1320年		前后室土洞墓	2.20×1.90 1.10×1.90	长斜天井	○	○	○	—	○	○
西安南郊潘家庄M122	延祐前后		长方形土洞墓	2.56×1.56	长斜天井	○	○	△	—	○	○
西安南郊潘家庄M238	延祐前后		长方形土洞墓	2.46×2.18	竖井	—	○	△	○	○	○
宝鸡墓	延祐前后		方形土洞墓	3.80×2.80	不明	—	○	▲	—	○	○

续表 4.5

墓葬名称	年代	墓主身份	墓葬形制	墓室规模（米）	墓道	小龛	仪仗	簠簋	动物	五供	仓厨
西安曲江李新昭墓	1325年		土洞墓	不明	不明	不明	○	△	○	○	○
西安南郊潘家庄M184	14世纪初		长方形土洞墓	1.95×0.8	竖井	—	○	—	○	○	○
西安玉祥门外墓	14世纪初		方形砖室墓	2.90×2.86	竖井	—	○	—	○	○	○
西安电子城墓	14世纪初		不明	不明	不明	不明	○		○	○	○
洛川潘窑科村墓	14世纪初		方形砖室墓	2.00×2.00	不明	—	○	▲	—	—	○
西安东郊十里堡墓	元后期		长方形土洞墓	3.30×2.30	竖井	○	○	不明	○	○	○
西安北郊红庙坡墓	元后期	官员（八思巴文）	不明	不明	不明	不明	○	▲	○	○	○
延安虎头峁墓	元后期		八角形石室墓	1.30×1.30	—	—	○	— 爵	○	○	○
西安周至县刘氏墓	1321年		梯形土洞墓	2.80×1.70	竖井	○	○		○	○	○
户县贺胜墓M1	1327年	中书左丞正一品	方形砖室墓	4.10×4.10	竖井	—	○	—	○	○	○
西安曲江张弘毅夫妇墓	1339年	地方精英	梯形土洞墓	2.80×1.94	竖井	○	○	▲	○	○	○
西安东郊刘义世墓	1344年	地方精英虎贲军镇调	长方形土洞墓	2.60×1.70	不明	○	○	—	○	○	○

注：▲ 有龟纽　△ 无龟纽

等变化，墓道也有竖井和斜坡之别。同时，从当前发现的墓例看，洛渭流域这批随葬黑陶明器的墓葬在分布上明显以西安为中心区，沿洛渭水系向周边扩散。西安地区墓葬面貌的变化序列最成体系，且随葬品组合较为齐备，而洛川、延安、宝鸡等地的墓葬数量明显较少，在墓室结构与明器用制复古面貌的呈现上也不及西安全面。

第三节　洛－渭地区蒙元墓的所属人群

从碑志和墓券材料出发，结合墓葬形制与随葬器用反映的社会文化现象，我们不难发现洛－渭流域这批面貌多仿唐制，并随葬一套仿古礼器的蒙元墓葬墓主，基本归属于忽必烈潜邸旧部及其家族成员，这一群体多有一定的儒家化倾向。

忽必烈于宪宗元年（1251 年）获得了对中国北部的宗王管理权，随即在怀孟、京兆和邢州进行了一系列改革，计划在这些地区重新建立"中国"模式的政府，恢复经济。次年，当蒙哥汗向皇室成员分配新封地时，忽必烈采纳了儒士幕僚姚枢的建议，要求并得到了位于战略要地又极为富饶的渭水流域作为他的私人封地；借助谋士们的帮助，继续封地管理体制的改革和恢复经济的努力①。

《元史》卷四《世祖本纪》载："甲辰（1244 年），帝在潜邸，思大有于天下，延藩府旧臣及四方文学之士，问以治道。"《经世大典·序录·典礼》"讲进"条言："世祖之在潜藩也，尽收亡金诸儒学士及一时豪杰知经术者而顾问焉。"② 赵孟頫也提及"世祖潜邸，延四方儒士，诹取善道，故能致中统至元之治。"③ 叶子奇的《草木子》则阐述了儒士在大元建朝过程中的重要作用："世祖既得天下，足赖姚枢牧庵先生、许衡鲁斋先生诸贤启沃之力。"④ 这批受儒家思想影响的"潜邸旧侣"主要包括"儒士""方技"和军政人员三类人群：

其一为尊崇儒学的知识分子，即所谓的"儒士"。蒙元早期的"儒士"群体中既有忽必烈专门遣使礼聘的正统儒学名流，也有自金代起就律科及第的儒学世家，还包括了大批隐而不仕的地方精英。这一集团往往是尊崇程朱礼学的儒者，在潜邸中

---

① ［德］傅海波、［英］崔瑞德编，史卫民等译：《剑桥中国辽西夏金元史》，北京：中国社会科学出版社，2006 年，第 421 页。《元史·地理志》卷五十八"怀庆路"条："宪宗六年，世祖在潜邸，以怀孟二州为汤沐邑。"第 1362 页。

② ［元］苏天爵：《元文类》卷四十一，文渊阁《四库全书本》影印本，册 1367，第 508 页。

③ ［元］赵孟頫：《靳公墓志铭》，载《松雪斋文集》卷九，摛藻堂《四库全书荟要》本，册 402，台北：世界书局，1988 年，第 346 页。

④ ［明］叶子奇：《草木子》卷三，北京：中华书局，1997 年，第 47 页。

多处于师儒地位，他们中的代表人物当推许衡、姚枢和窦默。这些儒士努力将程朱儒学传播进蒙古汗廷，以确立其在汉地统治的正统性；另一方面，这一群体也极力促成传统礼制在整个社会的普及。杨惟中的"慨然欲以道济天下"、姚枢的"汲汲以化民成俗为心"、许衡的"不如此则道不行"均反映出这种"援俗入礼"和"以礼规俗"的治世理念，所谓"礼从宜、使从俗"。洛渭地区蒙元墓中兼用古今之器随葬的墓葬传统，或与儒士群体讲求礼制传承又强调结合时宜的治世理念相关。

其二为业有专精的技术人员，又名"方技"。这批人员或擅长医药，或精于建筑，或长于水利，或精通语言，或专于吏治，也有因特殊机遇而被忽必烈收作近侍、宿卫的。与儒士群体相较，方技群体不关注经世之学的理论构建，而是践履笃实的实行者①。如葬于焦作中站的靳德茂就是以擅长医术而入招潜邸的，先被征为尚药太医，忽必烈即位后被擢升为太医院副使，死后又因上"念潜邸之旧"而追赠阶嘉议大夫、怀孟路总管。而官至中书左丞的贺胜家族，则是自先祖贺贲起即被收入忽必烈宿卫近侍的"大跟脚"汉人勋贵集团，历朝均凭借"世祖旧部"享有封赐。

其三类为军政人员。刘黑马家族作为太宗所立三万户之首，自成吉思汗时期即获重用，蒙古南下尽收宋境时戎马倥偬，是蒙古国至元前期极为重要的政治势力。西安曲江池段继荣家族五世在金代皆有官阶，段继荣本人在金同知昌武节度使任期归顺蒙古国，官至京兆府总管。王世英官至忠勇校尉同知耀州事，入蜀代宋战功赫赫。而漳县汪氏家族则是世掌巩昌路军政大权的军政世家：金元之际，巩昌汪氏以武功起家，称雄陇右；入元后仍世袭其地，门阀显赫。从金末到元朝灭亡的百余年里，汪氏六代握持兵柄，世袭巩昌等处便宜都总帅府都总帅，是元代传世最久、在西北地区影响较大的世侯之家。

以上三类人群虽然进入忽必烈潜邸的方式各有不同，但都受儒家思想影响颇深。元代大儒许衡家族墓自不待言；以医术征召入藩邸的靳德茂"自幼勉学"，且丧葬之礼"小殓、大殓皆尊古制"，墓志碑文更假怀孟路学正之手；洛阳大都路总管府判王英是金代律科及第的儒学世家；贺胜师从许衡，"通经传大义"②；连兵马起家的漳县

---

① 萧启庆：《忽必烈"潜邸旧侣"考》，第 123 页。
② ［明］宋濂：《元史》，卷一七九，《贺胜传》，第 4149 页。

汪氏家族也颇重儒学，《汪氏祠堂碑》载其家"虽在军旅，崇儒重道，不废讲习"①。

本章小结

　　洛渭流域蒙元时期的墓葬风貌尽管在墓葬形式和随葬品组合上存在河南、关中和陇右三个小区域的局部差异，但均体现出统一的地域和时代特色：具有明显的仿古化趋势。随葬品中出现了大批所谓仿"三代礼器"的陶明器，而墓葬结构和器用组合上又与唐代墓葬十分接近。这种墓葬面貌的复古化实则反映出蒙元时期在社会秩序和"礼乐"建设上的政治追求，也与当时这一地区作为忽必烈潜邸、聚集了大批受儒家思想影响的"潜邸旧部"密切相关，是区域文化、政治诉求和人群特点综合作用的结果。

---

① ［民国］张维：《陇右金石录》卷五，《中国西北文献丛书》册182，兰州：兰州古籍书店，1990年，转引自汪小红：《元代巩昌汪氏家族研究》，兰州大学硕士学位论文，2007年。

第五章　物象与空间：墓室空间的场景营造与功能探讨

通过对蒙元时期不同文化区域墓葬面貌的系统梳理，我们可以看出砖雕和壁画构成的墓室壁面装饰广泛流行于内蒙古、山西、陕西、河北、河南和山东等地；各地墓葬的装饰布局虽然各有传统，但元代后期起，逐渐形成了较为统一的格局——以正壁为中心，两侧奉侍茶酒。另一方面，大同地区和洛－渭流域的多数墓葬中虽未发现墓室装饰，但随葬的出行仪仗、家具模型和器用组合似乎又可与同时期的砖雕、壁画图像一一对应。换言之，蒙元时期墓葬的壁面装饰和随葬器物之间存在着一种彼此对应、相互补证的关系。考虑到墓室建筑的特殊功用，无论是墓壁装饰还是随葬品组合，它们在墓室中的出现均是一种"功能性"的存在；砖雕与壁画依托墓室建筑将平面图像转化为三维空间，而随葬的仪俑、模型和器物则通过有序的摆陈位置构建着相似的场景；要之，墓壁图像和随葬实物作为墓室的有机组成部分，共同营造了一个具有特定意义的空间。

下文将综合考察墓葬中的"物"与"像"，通过墓室装饰和随葬品组合的相互补证，复原二者共同营造的空间模式；以之为基础，探讨这一空间的性质与功能；进而尝试分析墓室营造中逝者与生者间的"互酬"关系。考虑到墓葬文化面貌上的延续性，本章的论题分析以蒙元时期的墓葬材料为主，同时参佐宋金墓例，将宋元墓葬文化作为一个传承有序的连贯动态过程来分析探讨。

第一节　物与像：壁面装饰与随葬品共同营造的墓室空间

壁面装饰与随葬器物作为两类不同形式的物质文化载体，在墓室这一特殊空间中的相互关系耐人寻味。对于这一问题，此前已有学者关注探讨：宿白在 20 世纪中叶即有墓壁"借壁画器物或砖雕器物来代替实物"之论；郑岩多次提出将围屏石榻、墓室棺床与墓壁屏风画统合考虑①；李清泉在分析宣化辽墓的壁画布局时，注意到了壁画图像和随葬器物是同一内容的不同表现形式，指出当地壁面装饰虽不设夫妇对坐的场景，却流行随葬木供桌和两把椅子②。刘未在比较辽南区和北宋墓葬异同之处时，认为辽墓中流行的饮食炊具、茶酒之具和尺剪裁缝用具，在北方地区宋墓中则往往表现为砖雕和壁画，故而随葬器物相对简单③。

蒙元墓葬的壁面装饰在墓室建筑的不同位置渐次固定为相应的图像主题；同时随葬品在组合模式和类型选择上也渐趋程式化：装饰布局流行以夫妇坐像和屏风围榻为中心、左右对称表现茶酒供奉、伎乐表演或出行仪仗；而墓室中放置的木、石棺床、随葬器用和奉侍仪俑则通过特定的位置安排表现出相似的场景模式。由是可见，壁面雕绘的图像与随葬实物间往往具有相同的指代关系，"物"与"像"均在反复使用的过程中确立起一套固定的表现程式，二者作为墓葬的有机组成部分，具有一个共同目的——表现特定的场景空间。

我们不妨将不同位置、类型各异的图像与器物作为一个个独立的元素，将它们营造的墓室空间视为一种整体的环境（context）。正如汉字模块通过不同的排列方式和语法规则组成句篇，墓室装饰与出土器物则依托所在位置和题材选择营造出一种具备内在逻辑的场景模式。将墓葬中的"物"与"像"作为一个整体统合研究，不仅可以勾勒出蒙元时期乃至整个宋元阶段墓室营建的普遍模式，更可通过二者的相

---

① 郑岩：《魏晋南北朝壁画墓研究》，北京：文物出版社，2002 年，第 246～254 页；郑岩：《压在画框上的笔尖——试论墓葬壁画与传统绘画史的关联》，《新美术》2009 年第 1 期。

② 李清泉：《宣化辽墓：墓葬艺术与辽代社会》，北京：文物出版社，2007 年，第 71 页。

③ 刘未：《辽代墓葬研究》，第 104、105 页。

互补证，尽可能复原一个相对完整的场景空间，进而更加有据地探讨这种场景模式所要传达的礼仪功能。

一　虚实之间：墓主人形象的表现模式

墓主形象的表现是中国古代墓室营建中极为重要的环节。两汉六朝，墓主形象多正坐于建筑廊下或帷帐中；唐代开始出现砖雕"一桌二椅"的家具模型；宋金时期，"虚位以待"的一桌二椅逐渐演变为墓主人夫妇对坐、并坐的场景；逮至蒙元阶段，墓主坐像则从偏居侧壁的对坐模式向正位并坐发展，其与围屏、床榻一并，成为这一阶段墓室装饰的核心图像。同样不可忽视的是，墓室后部大多设有砖石砌筑的棺床和棺椁葬具，在墓室止壁不设装饰的情况下，棺床和棺椁作为壁面图像的延伸，在整个墓室布局中具备与墓主坐像和屏风床榻相同的功用。此外，也有用壁面题记和神主牌位等壁面图像或出土物代替墓主形象的实例。由此观之，蒙元墓葬中的墓主之位往往通过对坐图像、屏榻家具、葬具实物和随葬神主等多种方式来表现，在虚实之间强调着墓主在整个墓室空间中的主体地位。

1. 考妣之位：夫妇坐像、壁面题记与随葬牌位

这里提到的"位"，不仅是指墓室中墓主形象的明确表现，还包括神主牌位和供祭题记所代表的祭奉对象。巫鸿在《无形之神》一文中提出，"位"代表一个祭祀场合的供奉对象，其不在于表现外在形貌，而是一种礼仪环境中主体地位的界定[①]。蒙元时期，除面貌滞后的山东地区，墓葬中出现的夫妇坐像大多雕绘于墓室后壁正位，尤以长城以北、晋中地区和冀南豫北最具代表性。墓主夫妇的形象多为正面并坐在交椅或杌子之上，中间以几案相隔，其上摆放有宗祖神位、香花供器和饮食之具，两侧侍立男女仆从。这种图像模式可向上追溯到 9 世纪河北墓葬的砖雕表现；它以"一桌二椅"的家具模型为基础，经历了一个"由单纯家具摆设到承载墓主灵位"的演变过程[②]，渐趋成为北方地区宋元墓葬中最流行的壁面装饰题材。

---

① 巫鸿：《无形之神——中国古代视觉文化中的"位"与对老子的非偶像表现》，《礼仪中的美术》，北京：生活·读书·新知三联书店，2005 年，第 509～524 页。

② 刘耀辉：《晋南地区宋金墓葬研究》，北京大学硕士学位论文，2002 年，第 29～30 页。

　　需要注意的是，壁面装饰中的墓主人坐像不仅仅是一种程式化了的图像符号，它本身也具有十分明显的写实性。蒙元阶段北方元墓中男着笠帽与辫线袍、女着罟罟冠与半袖的"蒙古衣冠"模式，就体现出蒙古文化冲击下蒙汉文化交融的时代风貌。另一方面，墓主的性别和人数信息，往往也会真实地反映在壁面墓主坐像上，同时也与"修墓记"和随葬牌位中包含的信息一一对应。

　　蒙元时期壁画图像与殓葬方式相互印证的墓例以凉城后德胜墓为代表：墓室后壁绘饰男墓主居中、两位妻妾分坐左右的并坐模式；该墓棺床上并排安放有三具木棺，容殓着一男两女的骨架组合，人数与性别均与壁画所示墓主信息完全一致。山西文水北峪口元墓正壁线刻出的一男二女对坐图像也恰与棺床上入葬的三具骨架对应。晋南地区的丛葬墓则是壁面题记与埋葬个体相统一的确证：不同方位的壁面上常常有多处"修墓记"来标明死者身份，而题记正下方对应的棺床上则安放着相应身份的尸骨或骨灰堆。新绛吴岭庄元墓分别在后室西北壁、西壁和东壁上标记着祖孙三代家族成员的墨书姓名，而这三个壁面下安置的三堆人骨，基本上可与壁面上的姓名数量相对应，代表着题记所示的三代个体。陕西蒲城洞耳村元墓则为我们提供了图像与题记两相对应的例证：墓室北壁上方墨书有墓主身份的题记，其中左侧为"张按答不花"、右侧题"娘子李氏云线"；题记正下方恰好绘饰男左女右的夫妇并坐图像（图5.1）。

图5.1　蒲城洞耳村元墓北壁墓主人夫妇对坐图及对应题记（采自《考古与
　　　　文物》2000年第1期，第18页，图二；封二）

　　作为墓主人坐像的替代表现，蒙元墓葬中也常见"牌位"的形象。湖北周家田元墓合葬三具木棺，每棺上方的壁面上雕出跌座"神位"的线刻图像[①]（图5.2）。

———————————

①　武汉市博物馆：《黄陂县周家田元墓》，《文物》1989年第5期。

北京斡脱赤墓出土了带趺座的石碑位（图5.3）。山东大武元墓右侧墓壁的小龛中安放有砖雕孝子营坟碑，而墓室右壁在山东金元墓中往往是墓主对坐或一桌二椅图像的固定位置。山西大同元代冯道真墓①则随葬有带趺座的木主实物，上书"清虚德政助国真人"（图5.4）。至于晋中元墓后壁线刻中同时出现的墓主夫妇和牌位图像则属于另一种情况：这里的牌位并非代表墓主本人，而是辈分更高的祖先，如文水北峪口和交城裴家山元墓中的"祖父之位"和"宗祖之位"；在这种场景下，墓主夫妇所代表的"先考妣"和其他祖先一并，代表了一个传承有序的家族血脉谱系，世代永享子孙的供奉和祭祀（图5.5、5.6）。

图5.2 武汉周家田元墓石刻神位（采自《文物》1989年第5期，第82页，图三）　图5.3 北京斡脱赤墓出土墓石（采自《考古学报》1986年第1期，第103页，图九）　图5.4 大同冯道真墓出土木主（采自《文物》1962年第10期，第36页，图11）

图5.5 文水北峪口墓壁面线刻"祖父之位"（采自《考古》1961年第3期，第136页，图一）　图5.6 交城裴家山墓壁面墓主坐像及对应神主（采自《文物季刊》1996年第4期，图五）

① 大同市文物陈列馆等：《山西省大同市元代冯道真、王青墓清理简报》，《文物》1962年第10期。

　　蒙元时期流行的墓主夫妇坐像中，有一类较为特殊的表现形式——墓主夫妇诵经图。邢台钢铁厂元墓中，后壁的墓主夫妇图像之间中绘一红漆方桌，在女墓主一侧的桌角上放置着经书一部（图5.7）。这种"透露了生活心理层面"[①] 的图像模式实际上完全秉承了当地宋金时期的壁画装饰传统，广泛出现于晋中、晋南和关中地区的砖雕壁画墓中。此类夫妇崇佛图像最典型的表现形式就是男女墓主并坐于桌案两侧，"男持念珠、女持经卷"，如山西侯马牛村金墓砖雕（图5.8）。更多的情况则是邢钢元墓所提供的模式：念珠与经书只现其一，或为主人持念珠，或为主妇颂佛经。相似的金代墓例为侯马金墓、汾阳三泉镇明昌三年墓（图5.9）和清水上邽乡金墓（图5.10）。值得注意的是，在汾阳三泉镇 M5 中，正壁男墓主持念珠的

图 5.7　邢台钢铁厂金元墓夫妇备经图（采自《考古与文物》2008 年第 4 期，第 29 页，图三）

图 5.8　侯马金墓男持念珠、女持经卷砖雕（采自《壁上观》，第 174 页，图5）

图 5.9　汾阳三泉镇金墓 M5 男墓主手持念珠像（采自《汾阳东龙观宋金壁画墓》，彩版一一七）

图 5.10　清水上邽乡金墓女墓主备经图（袁泉拍摄）

---

① 刘耀辉：《晋南地区宋金墓葬研究》，第 33 页。

并坐图像旁有一处题款为"香积厨"的奉食场景。所谓香积厨，本指佛教寺庙中的厨舍①；这一名称在世俗墓葬中的移用，与墓主诵念佛经的图像表现互为表里，一定程度上反映出宋元以来佛教信仰在世俗民众中的普行。

除上述两例外，墓主图像中所见佛教因素与民间信仰的融合，也体现在金元墓葬中僧伽信仰②、地藏崇拜③和引路菩萨④的砖雕和壁画图像中，其中尤以引路菩萨应用最广。凉城后德胜元墓墓主夫妇三人并坐图的正上方，绘有一手持引魂幡的招魂女（图5.11）。持幡旌引渡亡者升登极乐的图像在山西长治金墓（图5.12）、

图 5.11 凉城后德胜元墓北壁上层引路天女（采自《文物》1994 年第 10 期，第 13 页，图六）

图 5.12 长治金贞元年墓南壁引路天女（采自《中国出土壁画全集·山西》，第 141 页，图 134）

---

① 香积厨的概念是在"香积饭"的基础上衍生而来的。《维摩诘经·香积品》上说："是化菩萨以满钵香饭与维摩诘，饭香普熏毗耶离城及三千大千世界。"后称僧厨为香积厨，僧饭为香积饭，取香积世界香饭之意。［元］王实甫《西厢记》第一本第一折："小僧取钥匙，开了佛殿、钟楼、塔院、罗汉堂、香积厨，盘桓一会，师父敢待回来。"《二刻拍案惊奇》卷三六："遂分付香积厨中办斋。"关于"香积厨"的概念应用于寺庙、俗间不妨移用的说法承扬之水与史见告。

② 河南新密平陌宋墓在墓顶绘出"泗洲大圣度翁婆"题材的壁画。详见郑州市文物考古研究所等：《河南新密市平陌宋代壁画墓》，《文物》1998 年第 12 期。僧伽崇拜的研究文章，参见徐苹芳：《僧伽造像的发现和僧伽崇拜》，《文物》1996 年第 5 期。

③ 甘肃清水白沙乡箭峡金墓的后壁正中砖雕表现出地藏坐像。见南宝生：《绚丽的地下艺术宝库：清水宋（金）砖雕彩绘墓》，兰州：甘肃人民出版社，2005 年，第 37～68 页。

④ 李敏行在其博士论文中曾对引路菩萨的图像略作探讨（李敏行：《元代墓葬装饰研究》，南开大学博士学位论文，2007 年，第 123 页），李清泉也引用了吉美博物馆所藏绢本图像来说明墓室空间营造的问题（李清泉：《宣化辽墓：墓葬艺术与辽代社会》，第 248～249 页）。

河南登封黑山沟宋墓①的拱眼壁与墓顶（图 5.13），以及河南济源东石露头村宋金墓②墓门两侧（图 5.14）也有发现。事实上，此类手持幡旌的天人形象应是佛教菩萨像影响下的产物，如现藏于大英博物馆③和巴黎吉美博物馆④的唐、五代时期设色绢本引路菩萨像。正如沙武田所说，引路菩萨"系唐末宋初与净土教的流行共同兴起的民间信仰。在丧葬出殡行列中，常有书写'往西方引路王菩萨'的挽旗，由人持在行列的前面，以导引亡者往生西方"⑤。

图 5.13　登封黑山沟宋墓墓顶引路天女图（采自《郑州宋金壁画墓》，第 138 页，图一〇九）

图 5.14　济源东石露头村宋墓墓门两侧引路天女（采自《中原文物》2008 年第 2 期，彩版三：2、封二）

　　2. 尊者之屏：组合表现的围屏、床榻与棺床⑥

　　徐苹芳指出，大同金代壁画中本应表现墓主人夫妇对坐的位置转而以帷幔屏风的

---

① 郑州市文物考古研究所等：《河南登封黑山沟宋代壁画墓》，《文物》2001 年 10 期；郑州市文物考古研究所：《郑州宋金壁画墓》，北京：科学出版社，2005 年，第 98~116 页。

② 赵宏、高明：《济源市东石露头村宋代壁画墓》，《中原文物》2008 年第 2 期。

③ 此幅引路菩萨绢本画来自敦煌藏经洞，编号为 Stein painting 47，现藏伦敦大英博物馆。本文所引图片材料取自敦煌研究院：《敦煌——纪念藏经洞发现一百周年》，北京：朝华出版社，2000 年，图122、123。

④ 此帧引路菩萨绢本画为法国吉美博物馆第 1765 号藏品，本文中所用图片转引自敦煌研究院：《敦煌——纪念藏经洞发现一百周年》，第 134 页。

⑤ 沙武田：《敦煌引路菩萨像画稿——兼谈"雕空"类画稿与"线刻法"》，《敦煌研究》2006 年第 1 期。

⑥ 关于屏风围榻图像在墓室空间营造中的功用问题，郑岩提出"这种叠床架屋的做法，似乎着意强调这些葬具的意义和墓主灵魂的存在"（郑岩：《魏晋南北朝壁画墓研究》，第 253 页）。巫鸿认为屏风的应用代表了一种前后空间的分割，屏风后的区域相对而言是一个隐匿的空间（Wu Hung, *The Double Screen: Medium and Representation in Chinese Painting*, The University of Chicago Press, 1996, p. 10）。李清泉则进一步将墓室壁画中的屏风阐释为"前堂后寝"的分界（李清泉：《宣化辽墓：墓葬艺术与辽代社会》，第 246~248 页）。

彩绘图像代替。事实上，这一图像模式不仅是大同金代墓葬的典型特征，也是金元时期燕云地区壁画布局的重要表现。该模式在大同和冀北地区又存在细节差异，其中大同地区流行三面环绕的通壁屏风，而冀北壁画中多表现以围屏做床挡的大型卧榻。如果我们将墓室后部的砖砌棺床一并考虑的话，可知这两种图像模式实际上殊途同归：在以屏风为核心的情况下，墓室后壁和左右侧壁后半部均为多扇连屏，而这些围屏恰好环绕在凹字形砖砌棺床的正上部，共同构成了一个二维与三维相结合的具有"三面床挡"的围屏床榻形象。从这个意义上来说，以墓室棺床为中心的通壁连扇大屏风和带围挡的床榻图像，表现的均是围屏环立下的墓主之位。有趣的是，除上述"虚位以待"的屏风图像，在墓主人形象明确出现的场景中，通壁大屏风或分扇小屏风亦常常出现在墓主夫妇坐像后。这就引出一个问题：金元时期流行的"围屏"装饰究竟有什么象征意义？屏风与墓主之间又为何存在如此牢固的组合关系？

考宋人陈祥道《礼书》："会有表，朝有著，祭有屏摄，皆明其位也。……韦昭曰：屏，屏风也；摄如要扇。皆所以明尊卑，为祭祀之位。"① 由此可见，与其说屏风代表了一种空间分隔的界限划定，不如说它是作为一种"明尊卑"的道具符号，屏风摆陈之处就意味着"尊者之位"的确立；墓室中屏风与墓主图像的组合关系，很大程度上是出于供奉墓主、营造祭祀氛围的考虑。

二　明器之属：侍奉场景的题材与表现

司马光《书仪》载："明器，刻木为车马、仆从、侍女，各执奉养之物，象平生而小。"② 此条文献的小注中进一步说明，在车马侍从组成的"刍灵"仪俑之外，一些日常饮食容器组合也在明器之列，所谓"椀楪瓶盂之类。"《事物纪原》中亦将明器释作"鸾车、像人"③。由此可见，宋以降的明器的主要构成有：车舆、马匹和随行侍众共同组成的仪仗俑，仆从、侍女组成的日常侍奉俑，同时还包括了一些十分

---

① ［宋］陈祥道：《礼书》卷四十五"屏摄"条，文渊阁《四库全书》影印本，册130，第274页。

② ［宋］司马光：《书仪》卷七"明器"条，文渊阁《四库全书》影印本，册142，第504页。

③ ［宋］高承：《事物纪原》卷九，《吉凶典制部四十七》"明器"条："《周官·冢人》，及葬，言鸾车像人。是像人之起，始于周也。今直以俑号明器云"。文渊阁《四库全书》影印本，册920，第248页。

常见的饮食器皿①。以这个标准来衡量，蒙元墓葬中随葬的车马俑、人物俑、碗盘食器和茶酒之具均可划归到"象平生而执奉养"的"明器"之属中。其中洛渭流域盛行随葬规模可观的仪仗陶俑，而山西大同地区则以成套的小型陶木模型②最具特点。

另一方面，以墓室壁面装饰来代替明器实物的做法也十分流行。沈括在《梦溪笔谈》中即记录了山东古墓中的线刻明器图像："济州金乡县发一古冢，乃汉大司徒朱鲔墓。石壁皆刻人物、祭器、乐架之类。人之衣冠多品有如今之幞头者，巾额皆方，悉如今制，但无脚耳；妇人亦有如今之垂肩冠者，如近年所服角冠，两翼抱面，下垂及肩，略无小异。人情不相远，千余年前冠服已尝如此，其祭器亦有类今之食器者。"③与文献相呼应，在考古发现的汉唐宋金墓葬材料中，将车马、仆从、侍女、伎乐和奉养"祭器"的形象雕绘于墓室壁面的情况并不鲜见。蒙元时期，这种"以像代物"的做法依然存在，南北方墓葬中均存在以墓壁砖雕、壁画来阐释"明器"之制的现象：以墓主之位为中心，车马仪仗、饮食备荐和伎乐表演的图像对称分布在墓室左右侧壁及墓门、甬道两边。这些墓室装饰图像和随葬品组合在位置安排和指代内容上往往"异文而同质"，统一表现出以墓主为中心的侍奉场景，大致又可分作两类：其一为车马出行的仪仗队列，其二为饮食备献的随侍供奉。

1. 车马仪仗

墓主出行的仪仗场景是宋元时期北方地区墓葬中十分常见的表现题材，不仅频繁出现于甬道或墓门内外两侧的壁面装饰中④，也以车马、随侍等随葬陶俑形象大量

---

① 关于宋代"明器"的概念及其在考古发现中的表现，参见秦大树：《宋代丧葬习俗的变革及其体现的社会意义》，《唐研究》第十一卷，北京：北京大学出版，2005年，第313～336页。

② 此处所说的陶、木"器物"，特指茶具、酒具组合，碗盘之属，以及由香炉、长颈瓶和蜡台组成的五供；至于影屏、桌椅、巾架、盆架等家具模型则不在此列，属于下一个问题所论及的"下帐"。

③ [宋]沈括：《梦溪笔谈》，卷十九，上海：商务印书馆，1937年，第122页。沈括所记遗迹，为山东金乡县城西小李庄东北墓地祠堂画像石，现藏山东石刻艺术博物馆；郦道元《水经注·济水》和阮元《山左金石志》中亦有记载，学界对其年代存有争议，今人多认为属东汉末。

④ 如著名的河南禹县白沙水库一号墓，在甬道的西部绘画三人一马的出行场景（宿白：《白沙宋墓》，北京：文物出版社，2002年，第34页）；山东济南埠东村元代石雕壁画墓门洞西壁绘男侍牵马出行场景（刘善沂、王惠明：《济南市历城区宋元壁画墓》，《文物》2005年第11期）；山西北峪口元代壁画墓南壁墓门两侧分别绘有墓主骑马出行图（山西省文物管理委员会等：《山西文水北峪口的一座古墓》，《考古》1961年第3期）。山西交城县元墓的甬道东西二壁均为石刻鞍马人物出行图，主人乘马策缰，伴行随侍或执幡前引，或负物后从（商彤流、解光启：《山西交城县的一座元代石室墓》，《文物世界》1996年第4期）。

发现于河南、关中地区蒙元墓葬的甬道和墓室中①。其中壁画表现相对简化，常常以
"停舆图"和"控马图"等简单的画面来指代卤簿队列，出现人物极少，以一至二名
男侍控马者最为常见，如邢台钢铁厂元墓墓门西侧的控马笠帽男侍和济南埠东村壁
画墓甬道左端的牵马男俑。另一方面，在蒙古文化的冲击下，传统的车马出行题材
出现了新的表现形式，以赤峰三眼井、凌源富家屯和蒲城洞耳村三座壁画墓为代表，
形成了"行前献酒"和"乐舞迎归"这样一组对称表现的出行图像范式（见图1.2、
图5.15）。与人物、场景简化表现的壁面装饰不同，洛渭流域墓葬中的随葬陶俑以数
量众多、类型丰富著称：马俑有鞯镫齐备的鞍马和套车并驷的辕马之别；车舆之具
又分牛马套驾的香舆、魂车；随行侍从则包括鼓吹俑和仪仗俑这两类主要组别，鼓
吹俑执横吹、排箫和大鼓为代表，仪仗俑多持骨朵、伞盖、交椅、渣斗、拂子和水
罐等具②（图5.16 - 5.18）。

图5.15 凌源富家屯元墓东壁树马宴乐图（采自《文
物》1985年第6期，第56页，图二：上）

---

① 河南地区的焦作中站区元代靳德茂墓（焦作市文物工作队、焦作市博物馆：《焦作中站区元代靳德茂
墓道山上陶俑》，《中原文物》2008年第1期）和洛阳道北元墓（洛阳市第二文物工作队：《洛阳道北
元墓发掘简报》，《文物》1999年第2期）的墓道填土中均出土有控马武士和马俑；同类随葬仪俑在
陕西地区的宝鸡元墓和西安南郊元墓中则位于墓室内（刘宝爱、张德文：《陕西宝鸡元墓》，《文物》
1992年第2期；王九刚、李军辉：《西安南郊山门口元墓清理简报》，《考古与文物》1992年第5期）。
② 这套仪仗器用自宋辽时期就十分流行，《东京梦华录》中记载了"对御仪仗"所持诸器："殿前班
……跨弓剑，乘马……缨绋前导。……御龙直……，执御从物，如金交椅、唾盂、水罐、果垒、掌
扇、缨绋之类。"（［宋］孟元老：《东京梦华录（外四种）》，卷六，"十四日车驾幸五岳观"条，北
京：中华书局，1962年，第35页）同时这套仪仗器在辽代汉人宣化墓群和契丹大型墓中也是常见
的壁画装饰图像。

图 5.16　西安曲江李新昭墓车马仪
　　　　俑（采自《文博》1988 年
　　　　第 2 期，图版壹、贰）

图 5.17　延安虎头峁元墓车马仪俑
　　　　（采自《文博》1990 年第
　　　　2 期，图版壹、肆）

图 5.18　西安曲江池段氏墓车马仪俑（采自
　　　　《文物参考资料》1958 年第 6 期，
　　　　封三）

2. 饮食备献

"象生而小"的碗碟瓶盂类明器是蒙元时期北方墓葬中的重要随葬品组合，材质多样，主要集中出土于山西大同。这一地区的蒙元墓葬流行安置一套陶、木并用的小型器皿组合，主要为以碗盘为代表的食器，以汤瓶、盏托为代表的茶具，以玉壶春瓶和马盂为代表的酒具（图 5.19），以及一炉、二瓶、二蜡台为代表的"五供"。通观这一阶段的墓室砖雕与壁画，则可发现"备食"与"备饮"题材同样也是壁面装饰的主要内容。不论是墓主夫妇间桌案上摆放的各色容器，还是左右侧壁上侍从捧持的侍奉之具，均可见到与出土器用组合相互对应的形象。这类饮食类明器又以茶酒之具最具代表性，其在蒙元时期形成了新的器用组合，也确立了茶酒并进的表现模式。与宋金时期茶用汤瓶、托盏，酒用温碗、注子（或偏提）不同，蒙元时期的酒具中大量出现玉壶春瓶和马盂这两种器物①；这一变化不仅反映在大同元墓出土的陶、木酒具组合中，也绘饰于赤峰沙子山、蒲城洞耳村及屯留康庄等中原北方蒙元墓葬的墓室壁画中②（图 5.20、5.21）。

图 5.19　大同崔莹李氏墓陶质茶酒明器（采自《文物》1987年第 6 期，第 89 页，图三、四、七、九）

图 5.20　赤峰沙子山元墓东西侧壁备茶图、备酒图（采自《文物》1992 年第 2 期，图版贰）

图 5.21　屯留康庄工业园 M2 备茶图、备酒图（采自《考古》2009 年第 12 期，图版拾肆：3、4）

---

① 杨哲峰从蒲城元墓壁画入手，结合墓葬和窖藏出土实物，认为蒙元墓葬中常见的"匜"不同于先秦两汉时的盥洗水器，应作酒器之用（杨哲峰：《从蒲城元墓壁画看元代匜的用途》，《中原文物》1999 年第 4 期）；扬之水进一步考证出所谓的匜形器即元代常见的酒器"马盂"，其与玉壶春瓶所代表的"瓶壶"一并是元代流行的酒具组合（扬之水：《元代金银酒器中的马盂和马勺》，《中国历史文物》2008 年第 3 期）。

② 关于随葬茶酒具和壁面装饰所共同体现的葬祭仪节，将于下节详述。

值得注意的是，出现在车马仪仗和日常奉养队列中的男女侍俑及相应人物图像并非是墓主生前随侍人员的简单移用，而是与"尺步"有度的"买到墓田"一并，代表了墓室营建者为死去墓主所专门购置的一套冥间财富。山东高唐承安二年（1197 年）虞寅墓壁画①中，在随侍男女仆从的正上方均题有"买到家婢""买到家童""买到家奴"和"买到家婢"字样，明确说明了这些饮食备献、车马随行和伎乐表演的人物形象均是专为丧葬所购买的随葬"刍灵"；当然，秉持"事死如事生"的理念，这些随葬"刍灵"也和阳间家众仆从一样各有其名，以便墓主召唤。虞寅墓男女侍从上方的墨书题记就详细记录了这批家奴、家婢的姓名，如家奴妇安、家乐望仙、家童寿儿等。宋代文人笔记中也有相关记载，《北梦琐言》中即描述了古墓中的随葬仪俑，其中"一冥器婢子，背书'红英'字"②，可与出土壁画相印证。

这些碗碟瓶盂的饮食容器往往摆放在桌案上，而男女侍从也通常与桌椅、灯檠、衣架等家具一起构成固定的侍奉场景。可以说，无论是随葬实物还是壁面图像，墓室中的"明器"大多依托一套家具组合来构成完整场景模式；而这些家具模型和墓壁图像也可在礼书中找到对应的仪制规定。

三　下帐之制：摆放有序的家具模型

《书仪》在"治葬"条中列出了择地下葬的步骤和器用之制，其中"明器"一项后即为"下帐"条，所谓"床帐、茵席、倚桌之类，亦象平生而小"者③。梳理文献可见，下帐的定义大致以宋为界发生了重大变化：唐代下帐为纺织品覆顶的帐幔类建筑，帐中摆放侍从人偶及"衣器"模型④；入宋以来，尤其是南宋以降，礼书对

① 聊城地区博物馆：《山东高唐金代虞寅墓发掘简报》，《文物》1982 年第 1 期。
② ［宋］孙光宪《北梦琐言》，卷九，"趁灵祟"条，北京：中华书局，2002 年，第 193 页。
③ ［宋］司马光：《书仪》，卷七，"下帐"条，文渊阁《四库全书》影印本，册 142，第 504 页。
④ 《新唐书·李勣传》提到下帐中列布有小型人偶，"明器惟作五六寓马，下帐施幔，为皂顶白纱裙，中列十偶人，它不得以从。"（欧阳修、宋祁撰《新唐书》，卷九三，北京：中华书局，1975 年，第 3821 页），而《全唐诗》中可见下帐中还安置有衣器模型（"衣器陈下帐，醪饵奠堂皇。明灵庶鉴知，髣髴斯来飨。"张籍：《祭退之》，载《全唐诗》，卷三八三，北京：中华书局，1979 年，第 4302 页）。《唐会要》中对各个阶层所用下帐的规模做了严格限制："（唐宪宗元和）六年十二月条流文武官及庶人丧葬，三品已上，明器九十事，四神十二时，在内园宅，方五尺，下帐高方三尺。……（转下页注）

下帐的界定略去了外层的帐幔建筑，单指原安放于帐中的一套小型家具模型①；同时，前期与"衣器"并陈于帐中的偶人转而并入到"明器"之属中。下帐概念的转化，从某种程度上反映出宋元以来随葬家具模型在模拟建筑空间上的日益强化，使其最终不必依赖外围的帐幔建筑，仅凭自身设位陈器即可复原一个相对完整的空间场景。

蒙元时期随葬家具模型最有代表性的地区当属以大同为中心的晋北之地。从第一章的分析可见，大同蒙元砖室墓中出土有成套的小型木、陶家具模型，主要类别有成套的长短供桌、大型供案、交椅方凳、影屏、盆架和巾架等。这些家具模型在具体形制上又具有明显的时代和地域特征，可与当地或临近地区墓壁装饰中的家具图像两相对应（见图1.18、1.19）。如大同崔莹李氏墓出土的围栏供桌②，即与涿州元代壁画墓和甘肃元代砖雕墓③中的供桌图像十分相似，更可向上追溯到宣化辽墓备茶与备经图中的家具细节；而大同元墓中大量发现的盆架模型，又可在山东金代虞寅墓壁画中找到对应图像；王青墓中出土的两个矮足长供案则与晋中孝义下吐京元

（接上页注④）五品已上，明器六十事，四神十二时，在内园宅，方四尺，下帐高方二尺，……九品已上明器四十事，四神十二时，在内园宅，方三尺，下帐高方一尺，……"（［宋］王溥：《唐会要》，卷三八，北京：中华书局，1998年，第695页）；《通典》中则进一步规定了不同等级下帐制作所用材质的区别："其下帐五品以上用素缯，六品以下用练，妇人用彩，至邦门三品以上赠以束帛，一品加乘马，既引，又遣使赠于郭门外，皆以束帛一品加璧。余具开元礼。"（［唐］杜佑：《通典》，卷八六，北京：中华书局，1988年，第2339页）

① 由宋至清，相关礼制书仪中多将"下帐"释作小型家具模型，如前述《书仪》，亦见于［明］徐一夔：《明集礼》，卷三十七上，文渊阁《四库全书》影印本，册650，第144页；乾隆官修《续通典》，卷三十四，杭州：浙江古籍出版社，2000年，第1605页。

② 据扬之水考证，这类栏杆桌子应为"礼物案"（详见扬之水：《古器丛考二则》，《东方美术》1997年第3期）。考《元史·舆服志》，有"表案、制如香案，上加矮栏，金涂铁䥇四，等二副之……"，"礼物案，制如表案"（［明］宋濂等：《元史·舆服志》，《仪仗二》，卷七十九，北京：中华书局，2005年，第1959页）。可见元代流行在香案、礼物案和表案等桌案类家具上加装围栏。这种制度在明代礼书中依然沿用，见《明史·舆服志》："红髹阑干香桌一，阑干四，柱首俱雕木、贴金、蹲龙。"（《明史·舆服志》，卷六十五，北京：中华书局，1974年，第1607页）与之相应，出光美术馆收藏有一方明代孝行螺钿髹漆栏杆桌案。这种栏杆桌子在元明时期主要为礼制和仪式之用。它的发展渊源，似乎可上溯到唐代的牙盘上（关于牙盘之制，详见扬之水：《敦煌文书什物历器物丛考》，《传统中国研究集刊》第三辑，2007年，第266~295页）。元明栏杆桌的材料承扬之水女史见告。

③ 陈履生、陆志宏：《甘肃宋元画像砖》，北京：人民美术出版社，1996年，第8页，图四–1、2。

墓壁画中陈设茶酒具的供案图像如出一辙。另一方面，这些随葬的家具模型有时也会转化为相应的侍奉人物场景表现在墓室壁面上，大同地区自金末以来广泛入葬的盆架、巾架组合，就与同区壁画墓中并立于后壁或墓门两侧分持盥盆、帨巾的男女侍从形象相互对应。

这些不同类型的家具模型在墓室中均有固定的摆放位置，模拟出特定的室内空间布局。就大同元墓陶、木家具的列位模式来看，后侧为影屏、交椅，中设供桌与供案，巾架、盆架之类的盥洗之具居于前侧位。这种位置安排完全可与同一地区的墓葬壁画布局互为参佐：影屏、交椅象征墓主之位，与正壁中的屏风围榻相呼应，长短供案陈设备荐之器，与左右侧壁茶酒进奉的图像模式彼此对证。

综上可见，蒙元墓葬中出土的随葬品与墓室壁面的装饰图像往往存在彼此对应、相互补充的关系，二者共同营造了一个由墓主之位、茶酒备献和车马仪仗组成的场景：在这一场景中，墓主端坐居中，两旁男女仆婢随侍，左右茶酒进献，前方更有车马仪仗待主而发。接下来的问题是：这种场景安排是否仅仅是对墓主日常生活的一种再现和模仿，所谓"象平生"？以墓主之位为中心的侍奉场景出现在墓室这一特定的空间中，是否存在特殊的含义？

第二节　葬与祭：收柩与祭奉并存的空间功用

在蒙元时期的墓葬中，居于墓室中心的夫妇坐像、屏风围榻或砖砌棺床并不仅仅是墓主存在的表示，也明确营造出祭祀和供养的氛围。如蒲城元墓后壁正上方"修墓记"中的"祭主"二字即明确昭示了墓室营造的祭祀功能，而男女墓主姓名下方恰恰对应着夫妇并坐图像，暗示了墓主影象作为祭奉对象的存在。在凉城后德胜元墓中，墓室后壁墓主夫妇并坐形象的正上方绘有铭旌引魂的图像，这同样是一种暗示丧祭场景的象征符号。墓主夫妇形象所代表的崇供意味也可从宋元墓葬中得到旁证。在山西侯马宋金墓地中，乔村 M4309 中墓主人夫妇坐像中间的桌案上阴刻有"永为供养"的字样；牛村 M1 中男主人砖雕像前摆有碗碟时馔，左上方也刻有"香花供养"四字。从中可见墓主夫妇形象不仅仅是家居的侍奉对象，更是治葬丧祭活动中的供养对象。

　　既然墓主形象在墓室中作为祭祀对象来表现，那么以其为中心的整个墓室空间是否也在整体上营造出一种祭奉氛围呢？

　　事实上，壁面装饰与随葬品组合均是墓室空间营构的重要组成部分，很大程度上是围绕着墓葬设计者的主观意愿来选择组织的，反映出当时的丧葬观念①。墓主之位的表现、茶酒进奉的行为、席间伎乐的表演在模拟日常奉养的同时，也因墓室空间的特殊性而附上了供奉与祭祀的色彩；换句话说，墓室不仅作为"收柩之所"存在，也在营造"永为供养"的祭奠氛围，表现生者对死者的永久性祭奉。

　　下文将以蒙元墓葬中最具特点的"茶酒备献"题材为主，结合其他墓室图像和随葬品组合，探讨墓室的空间性质以及装饰图像和随葬品的礼仪功能。

一　茶酒间进：备茶、备酒题材的礼仪功能

　　"奉茶进酒"题材在蒙元墓葬中多有例证，主要以壁画形式存在于河南、山西、陕西、河北和内蒙古等地。考虑到文化的沿承性，我们将考察时段进行上下溯延，则可看出墓葬中进茶奉酒题材兴发于宋金②，传承至明清，直到现当代仍在沿用，表现出墓葬文化发展上的连贯性。题材表现上，茶酒备献涵盖了壁画、砖雕和石棺线刻等多种装饰形式，再加上成套茶酒陶瓷用具，面貌十分多样；地缘分布上也体现出空间上的广泛性，在北方各地均有发现。无论是墓葬装饰构图的对称性，还是表现形式的严整性，"茶酒备献"题材都是在蒙元时期确立了更为规范化、社会化的表现模式（表5.1）。

---

① 详见郑岩：《魏晋南北朝壁画墓研究》，第 8 ~ 14 页。

② a. 洛阳邙山金元壁画墓中，东耳室南北二壁分别表现了汤瓶于炉中、侍女挥扇助火的煮浆图和二侍女一捧茶盏、一持汤瓶的奉茶图（洛阳市第二文物工作队：《洛阳邙山宋代壁画墓》，《文物》1992 年第 12 期）。

　　b. 北宋晚期新密平陌壁画墓的东壁备宴图，展示了火炉煮浆，侍女奉茶盏的情景（郑州市文物考古研究所等：《河南新密市平陌宋代壁画墓》，《文物》1998 年第 12 期）。

　　c. 登封北宋绍圣四年壁画墓中，墓室西南壁和西壁分别绘有妇人调茶图和燎炉候汤的烹茶图（郑州市文物考古研究所等：《河南登封黑山沟宋代壁画墓》，《文物》2001 年第 10 期）。

　　d. 大同金正隆年间壁画墓的墓室东壁表现的是：点茶进茶图：二侍女一捧带托茶盏，一持汤瓶点茶。一妇捧茶盏托子（大同市博物馆：《大同市南郊金代壁画墓》，《考古学报》1992 年第 4 期）。

表5.1　蒙元墓葬中普遍出现的"茶酒"题材

墓葬名称	左前壁	左壁		后壁			右壁		右前壁
内蒙古赤峰元宝山壁画墓	伎乐	备酒	屏风	男侍	夫妇并坐	女侍	屏风	备茶	伎乐
晋北大同1986年齿轮厂墓		备酒	屏风	屏风		屏风	屏风	备茶	
冀北涿州壁画墓	孝行	进酒		围屏床榻			进茶		孝行
晋中文水北峪口元墓	荷花	出行	进茶	夫妇并坐			进酒	出行	荷花
河南洛阳伊川元墓	门吏	备茶	伎乐	夫妇并坐			伎乐	备酒	门吏
晋东南长治南郊元墓	衣架	备茶	屏风	屏风		屏风	屏风	备酒	衣架
陕西西安韩森寨元墓	伎乐	备酒		男侍	石棺床	女侍	备茶		伎乐

　　这一装饰题材在墓室中的频繁出现，仅仅是"视死如生"的常奉情境的简单再现吗？这种成组并存又各成体系的题材，是否只是墓葬装饰的一种程序化表现模式？基于墓室场所的性质功能，很自然会提出这样一个问题："茶酒并进"的组合形式在元代丧祭活动中扮演着何种角色。考察诸家礼书的相关记载，可见由宋历元，所谓的"香茶酒果""茶酒时馔"是丧祭中的重要荐献品，同时"奉茶"与"进酒"亦往往并行存在，成为丧祭中的重要仪节：以上均以成文规定的形式见载于宋元丧祭礼俗中。这种礼仪规定直至明清礼书中仍得以完整保留，以此可见茶酒入丧祭的礼俗沿承流变①。下文将从器用和仪式两个方面具体论述：

　　1. 器具之备：丧祭仪节中的茶酒之具

　　元代礼书多散佚不传，我们只能从存今的书目中管窥元代家礼丧祭方面的礼制建设②。

---

① ［清］毛奇龄：《辨定祭礼通俗谱》，文渊阁《四库全书》影印本，册142，第743~797页。

② ［清］黄虞稷：《千顷堂书目》卷二："元李好文《太常集礼》五十卷，王守诚《续编太常集礼》三十一册、又《太常至正集礼》二十册，赵孟頫《祭器图》二十册，叶起《丧礼会经》，张须《丧服总数》，又释《奠仪注》，申屠《致远释奠通礼》三卷……冯翼翁《士礼考正》，赵居信《礼经葬制》，吴霞举《文公家礼考异》，黄泽《二礼祭祀述略》，……张才卿《丧祭会要》一卷，……吕景祥《五礼古图》一卷，蒋彬《家礼四要》一卷，严本《家礼辑略》十卷，……（以下作者不知名）《家礼会成》四册，《祭礼从宜》四卷，《三代因革祠祀礼》八册。"《丛书集成》续编，册4，第141页。

但礼制体系必有沿承因袭，故可勘考两宋及明清礼书的相关仪节作为文献支持。

依据相关礼文，在丧礼和祭礼中，"奉茶进酒"扮演着重要角色，茶酒之具存在并列排布的陈器方式。

《朱子家礼》在丧礼虞祭①中提及执事备器具过程中的"茶酒之具"："凡丧礼，皆放此酒瓶并架一于灵座东南；置卓子于其东，设注子及盘盏于其上；火炉、汤瓶于灵座西南……"②，又如"卒哭之祭既彻即陈器具馔"条载："酒瓶、玄酒瓶于阼阶上，火炉、汤瓶于西阶上，具馔如卒哭……"③ 这些均是茶酒之具在丧礼中东、西分列并陈的重要依据。

奉茶进酒在祭礼中也扮演着重要角色，茶酒之具相对并陈。朱子《家礼》"前一日设位陈器"条载："主人帅众丈夫深衣及执事洒扫正寝，洗拭倚卓，务令蠲洁。……地上设酒架于东阶上，……火炉、汤瓶、香匙、火箸于西阶上，……"④相类的仪节规定也见于司马氏《书仪》："执事者设玄酒一瓶、酒一瓶于东阶上，西上别以卓子设酒注、酒盏、刀子、拭布。……设火炉、汤瓶、香匙、火箸于西方。"⑤《晦庵集》中的诸多祭文中也多茶酒并提，以"香茶果酒""香烛茶酒"作为奉奠之具⑥。

我们在元墓壁画中可以找到与仪制文献相对应的茶酒之具。如赤峰沙子山元墓⑦西壁中所绘的长流注壶、燎炉和长柄勺，即为所谓的"火炉汤瓶"和"香匙"，皆属点茶之具；东壁长桌上亦可见与礼文中"酒瓶""盘盏"相对应的带盖梅瓶和劝盘劝

---

① 所谓虞祭，按郑玄所注，是指葬之日所进行的一种祭仪，起聚引死者魂魄之用。

② ［宋］朱熹：《家礼》卷四《丧礼虞祭》，"执事者陈器具馔"条。文渊阁《四库全书》影印本，册142，第563页。

③ ［宋］朱熹：《家礼》卷四《丧礼虞祭》，"卒哭明日而袝卒哭之祭既彻即陈器具馔"条。文渊阁《四库全书》影印本，册142，第565页。

④ ［宋］朱熹：《家礼》卷五《祭礼》，"前一日设位陈器"条。文渊阁《四库全书》影印本，册142，第576页。

⑤ ［宋］司马光：《书仪》卷十，文渊阁《四库全书》影印本，册142，第522页。

⑥ 如"维淳熙四年二月辛未朔旦，新安朱熹谨以香茶酒果奠于近故柯君国材老丈之灵"，载［宋］朱熹：《晦庵集》卷八十七，"祭柯国材文"条，文渊阁《四库全书》影印本，册1146，第43页。"谨遣男野奉香烛茶酒往奠柩前"，载《晦庵集》卷八十七，"又祭蔡季通文"条，文渊阁《四库全书》影印本，册1146，第56页。

⑦ 刘冰：《内蒙古赤峰沙子山元代壁画墓》，《文物》1992年第2期。

盏。相类的茶酒具组合也见于西安韩森寨元墓①东西侧壁上的茶酒备荐图。仪制所列的"器具之备"仅列举了部分茶酒之具,通过对墓葬中茶酒装饰题材的考察,亦可发现诸如茶筅、盏托、樽勺、爵杯、玉壶春瓶和马盂等鲜见于礼书的茶酒器用（图5.22、5.23）。

图5.22 西安韩森寨元墓备酒图、备茶图（采自《西安韩森寨元代壁画墓》,第27页,图一九；第29页,图二一）

图5.23 文水北峪口墓进茶图、进酒图（采自《考古》1961年第3期,第139页,图三:1、2）

2. 奠祭之仪:茶酒并进和献荐对象的对应关系

元墓中的"奉茶进酒"图通常以墓室后壁为中心对称分布,分列于左右侧壁或棺床的两侧,具有空间构图上的平衡性。而在葬式明确的夫妇合葬墓中,奉茶和进酒作为两个系列,在空间位置的选择上和墓主人夫妇的性别存在一定的对应关系②。

---

① 西安市文物保护考古所:《西安韩森寨元代壁画墓》,北京:文物出版社,2004年。

② 杨哲峰通过对元墓壁画布局的考察,提出备茶题材通常与女主人像相对应；而备酒图像则多在男主人像一侧。详见杨哲峰:《从蒲城元墓壁画看元代匜的用途》,第71~74页。

在赤峰元宝山元墓①中，墓主夫妇以男左女右的模式对坐于墓室后壁，以之为中心，左右二壁各绘有供桌陈器和荐献侍者：左壁供桌陈器中可明辨出元代的常用酒具——玉壶春瓶，桌旁一人捧持劝盘并酒盏进奉；右壁供桌上置点茶汤瓶和倒扣的茶盏，旁立一人持茶筅击拂汤花。在这组茶酒备荐组合图中，进酒图一侧对应男墓主的方位，而奉茶图则对应女墓主（图5.24）。

左壁备酒图　　　　　后壁墓主人夫妇对坐图（男左女右）　　　　　右壁备茶图

图5.24　赤峰元宝山元墓男女墓主像与备茶、备酒的对应关系（采自《文物》1983年第4期，彩色插页、图版伍：1、4）

文水北峪口元墓②北壁中墓主人夫妇坐像的位置则发生了对调，变为男右女左；耐人寻味的是，墓葬中的备茶图和备酒图的空间分布也随之改变：右壁为一组男性荐献者，器具组合为酒尊、玉壶春瓶和劝盘等进酒之具；左壁则表现为一组女性荐献者，器具组合为汤瓶、茶筅和茶盏并托等奉茶之具（图5.25）。

左壁进茶图　　　　　后壁墓主人夫妇对坐图（男右女左）　　　　　右壁进酒图

图5.25　文水北峪口元墓男女墓主像与备茶、备酒的对应关系（采自《考古》1961年第3期，第136页，图四；第139页，图三：1、2）

① 项春松：《内蒙古赤峰市元宝山元代壁画墓》，《文物》1983年第4期。
② 山西省文物管理委员会等：《山西文水北峪口的一座古墓》，《考古》1961年第3期。

　　孝义下吐京元墓①中,以后壁男右女左的墓主夫妇坐像位中心,左右侧壁后部各绘一黄色帐幕,内设条几:右侧几案上摆放着玉壶春瓶和劝盘劝盏,左侧则可辨一长流点茶汤瓶和覆扣的茶盏。其中劝盘并盏的形象与北壁男性墓主身旁侍童所奉之器完全一致(见图2.1)。相类的图像亦见于洛阳伊川元墓② YM5 和长治捉马村元代壁画墓。

　　上述茶酒备献与墓主双方性别两相对应的墓例外,也存在一些单向的进奉对应关系。如陕西蒲城洞耳村元墓③中,墓室后壁为男左女右的墓主位置安排,左侧壁酒具备献的壁画正对男墓主像,而女墓主身侧则并未明显的表现奉茶题材(图5.26)。另于内蒙古赤峰三眼井元墓④中,可看到右侧偏房中的备酒情境与后壁对坐图中居右的男墓主位置相应,而女墓主身侧的西偏房则户扉紧闭;但基于墓葬空间礼仪性布局的对称性⑤,推测其为备茶题材也在情理之中(图5.27)。

　　茶酒题材与性别的组合关系除了解释为世俗影响下墓葬装饰的固定模式外,是否能从当时丧祭礼俗的角度找到相应的仪节规定呢?

图5.26　蒲城洞耳村元墓北壁墓主人夫妇对坐图及男侍备酒图(采自
《考古与文物》2000 年第 1 期,封二上)

---

① 山西省文物管理委员会等:《山西孝义下吐京和梁家庄金、元墓发掘简报》,《考古》1960 年第 7 期。
② 洛阳市第二文物工作队:《洛阳伊川元墓发掘简报》,《文物》1993 年第 5 期。
③ 呼林贵等:《蒲城发现的元墓壁画及其对文物鉴定的意义》,《文博》1998 年第 5 期。
④ 项春松等:《内蒙昭盟赤峰三眼井元代壁画墓》,《文物》1982 年第 1 期。
⑤ 梁思成认为中国古代建筑中绝对匀称的平面布局"适用于礼仪之庄严场合,公者如朝会大典,死者如婚丧喜庆之属","其布置秩序均为左右分立",详见梁思成:《中国建筑史》,天津:百花文艺出版社,1998 年,第 16、17 页。霍杰娜在其硕士论文中引用梁思成的"建筑布局对称"论来说明辽南区墓室壁面装饰的左右对称性。详见霍杰娜:《燕云地区辽代墓葬研究》,北京大学硕士学位论文,2003 年,第 41 页。

图 5.27 赤峰三眼井元墓北壁墓主人夫妇对坐图及备酒图（采自《文物》1982 年第 1 期，第 57 页，图五）

考元刊本《事林广记》中所附的"正寝时祭图"①，可见主人位在寝东，其东南为酒尊并架及酒注、盏盘；主妇位在寝西，其西南列火炉、汤瓶等荐茶之具。这种祭祀对象性别与茶酒祭器列位安排的对应关系恰与蒙元墓室壁画相合。

静态的列位陈器之外，奉茶、进酒还与丧祭仪节中的荐献者和供奉对象存在着动态的仪节联系。朱子《家礼》"正至朔望则参"条载："主人升，执注斟酒……主妇升，执茶筅，执事者执汤瓶随之，点茶如前。"② 此类"男斟酒、女点茶"的仪节在明清家礼中亦频繁出现③，可知在丧祭仪节中，不仅祭祀对象与茶酒存在分别对应的关系，荐献者的性别与茶酒礼料间也有相对固定的行为组合；这种现象恰好与壁画中男进酒、女进茶的茶酒荐献场景一致。

同时，借由男奉考位、女奉妣位的行为组合，作为祭奉对象的考妣之位也和茶酒进献的仪节产生了内在关联。考文公《家礼》，可见荐奉者和受享对象间有着直接的性别对应性："主人盥帨升，启椟奉诸考神主，置于椟前；主妇盥帨升，奉诸妣神主，置于考东。"④ 这种"出主"仪节上的性别分工和"主人注酒、主妇点茶"的祭奉行为相结合，使茶酒组合又和供奉对象的"考妣之位"存在间接对应关系。

由上可见，通过礼制规定和乡土葬俗的整合和变通，奉茶进酒这一荐献行为与

---

① ［宋］陈元靓：《事林广记》，北京：中华书局，1999 年，第 50 页。此书是一部日用百科全书式的民间类书，原为南宋陈元靓编，但宋原本今已不可见。现存的元、明刊本均经删改和增广，因此其中有不少内容反映了元代的社会生活。

② ［宋］朱熹：《朱子家礼》卷一，《朱子全书》第 7 册，上海：上海古籍出版社，2002 年，第 877 页。

③ 参见［明］丘浚：《家礼仪节》"二至朔望则忝"条、"有事则告"条及"生子见庙"条等，《丛书集成》三编，台北：新文丰出版公司，1996 年，册二四，第 128 ~ 130 页。

④ ［宋］朱熹：《朱子家礼》卷一，第 877 页。

考妣之位和荐献对象的双重对应关系在墓葬中简化为"男酒女茶"两相对应的位置安排；而这种对应关系在金代中晚期墓葬始发端倪，而真正完成普及化、定型化，则肇自蒙元墓葬。这种"茶酒间进"的祭祀模式在明清墓葬和供祭仪式中得到了完整的保留；一直到近代和当代，依然在中国南北各地的丧祭活动中保有鲜活的生命力①。

二　祭祀空间：墓室布局的整体考察

"奉茶进酒"的墓葬装饰题材在设位陈器和行为组合上均可在丧祭仪制中找到相合的规定。但这里仍存在三个问题：其一，茶酒题材丧祭性的礼制依据基本为两宋和明清礼书，存在文献记载的缺环。其二，茶酒同为时馔，盏注均为燕器，就其功用而言本身就具备"奉常"和"丧祭"的双重性，因此仅依靠墓室壁画题材与相关家礼仪节对应并不能充分证明前者体现的就是所谓"茶酒为祭"的礼仪场景。其三，在茶酒题材之外，墓葬布局中是否还存在其他可作为旁证的丧祭场景？针对上述问题，下文拟将元代墓葬装饰题材放在整个墓室空间布局中做一整体勘考，同时参佐宋明时期的其他墓例，揭示出墓葬布局对丧祭场景模拟的普遍性。

1. 元墓中的其他丧祭②题材

其一，伎乐娱尸：墓壁装饰中的伎乐与杂剧题材。

伎乐和杂剧表演题材是蒙元时期墓壁装饰的重要图像，一般以墓主之位为中心、

---

① 福建武平县象洞《何氏族谱》所收的祭祖祝文可见，祭礼中的茶献和酒献一直沿用到当代。如《祭墓祝文》："感烦守墓童子、打开墓门，引出墓主某公、太婆二位正魂，振振衣冠，降赴坟堂，受享祭礼。……茶献已讫，正当酒献。"《祭祖祠新山堂祝文》："时值清明祭扫之期，虔备清香明烛、金银纸钱、案上猪头、壶中清酒、茗茶香果，摆到案前，伏愿历代考妣整顿衣冠、推车降临。"转引自陈进国：《信仰、仪式与乡土社会：风水的历史人类学探索》，北京：中国社会科学出版社，2005 年，第 489 页。香港上水廖氏太平青醮的"祭大幽"活动中，亦使用红茶、白酒来作为自己已逝祖先的祭品。

② 这里提到的"丧祭"，是指包括了入殓、出殡、下葬、墓祭在内的一系列葬礼过程。齐东方明确提出，考古材料发现的墓室仅仅是隆重葬仪终结的标志，并未承载丧葬活动的全部信息。而整个丧葬活动的运作过程实际上共包括丧、葬、祭三大部分。"丧"规定了活人在丧期内的行为规范，"葬"规定了死者应享有的待遇，"祭"是规定丧期内活人与死人间联系的中介仪式，即丧期内的各种祭祀活动（详见齐东方：《唐代的丧葬观念习俗与利益制度》，《考古学报》2006 年第 1 期）。

对称分布于左右侧壁或甬道两边，晋南地区也出现于墓门上端。如赤峰元宝山壁画墓墓门两侧的乐舞图像、西安韩森寨元墓甬道两侧的女乐人物、运城西里庄元墓左右侧壁的杂剧和伎乐表演以及侯马延祐元年墓（1314 年）墓门上端的伎乐砖雕。

据唐宋文献记载，丧家用乐以"娱尸"的现象在当时是一类普遍存在的社会风尚。段成式《酉阳杂俎》记载："世人死者有作伎乐，名为乐丧。"① 《鸡肋编》中也可找到墓祭用乐的线索："浙西人家就坟多作庵舍，种种备具，至有箫鼓乐器，亦储以待用者。"② 这种丧葬活动用乐的风俗为政府屡令禁止③，这也从侧面反映出"乐丧"之举已广为世人所用，虽明令而不能止④，故"丧家率用乐……人皆以为当然，不复禁之"⑤。一直到近现代，丧祭用乐的传统依然在民间沿用⑥。正如李清泉所说，乐舞在先秦以降的祭祀活动中一直扮演着不可或缺的角色；而"以绘画形式将乐舞演出的场面搬进墓葬，其目的应是使祭礼祖先的仪式在一个属于死者的空间中永久地固定下来"⑦。

其二，焚瘗楮镪：元墓中的纸明器。

《事物纪原》"寓钱"条载⑧："寓钱，今楮镪也。……汉以来葬者，皆有瘗钱。后世里俗稍以纸寓钱为鬼事，至是（唐玄宗朝）屿乃用之，则是丧祭之焚纸钱起于汉世之瘗钱也，其祷神而用寓钱则自王屿始耳。"宋人笔记亦将"以纸为之"的钱称作"冥财"⑨。

---

① ［唐］段成式：《酉阳杂俎》卷一三《尸窆》，文渊阁《四库全书》影印本，册 1047，第 716～717 页。

② ［宋］庄绰：《鸡肋编》卷上，"各地寒食习俗"条，北京：中华书局，1997 年，第 23 页。

③ "开宝九年，诏曰访闻丧葬之家，有举乐及章者。……或则举奠之际歌吹为娱，灵柩之前令章为戏，甚伤风教……今后有犯此者，并以不孝论，……"［元］脱脱：《宋史》卷一二五《礼二八》，北京：中华书局，1999 年，第 1967 页。

④ 唐代浙西观察使李德裕的奏义中提到："今白姓等丧葬祭，并不许以金银锦绣为饰及陈设音乐。"（［宋］王溥：《唐会要》，卷三十八，北京：中华书局，1955 年，册中，第 697 页）

⑤ ［宋］庄绰：《鸡肋编》卷上，"近时婚丧礼文亡阙"条，北京：中华书局，1997 年，第 8 页。

⑥ ［清］沈凤翔：《稷山县志》，卷一："丧礼不作佛事，不用俳优……然乡里或目为俭亲。丧，颂经超度，作乐愉尸……"，《中国方志丛书》影印本，台湾：成文出版社，1976 年，第 121 页。

⑦ 李清泉：《宣化辽墓：墓葬艺术与辽代社会》，北京：文物出版社，2007 年，第 153～155 页。

⑧ ［宋］高承：《事物纪原》卷九"寓钱"条，文渊阁《四库全书》影印本，册 920，第 248 页。

⑨ ［宋］赵彦卫：《云麓漫钞》卷五："古之明器神明之也。今之以纸为之，谓之冥器，钱曰冥财"。北京：中华书局，1996 年，第 83 页。

焚瘗冥币是宋元时期丧祭活动的重要组成部分，所谓"荐茶酒，奏冥币"。这在蒙元时期的墓葬中亦有体现。济南元代砖雕壁画墓①墓门两侧各绘一方盆，内满置银铤杂宝串钱状物，其上烟火燎绕似作焚烧之态（图5.28）。推测这一场景表现的或为丧祭中的焚烧纸钱之仪。陕西蒲城元墓北壁墓主人夫妇对坐图中，二人左右桌案下铺陈了大量银锭状物（见图5.26）。考清人礼书："纸钱代币帛，此是明器，而陋儒非之。宋晁以道谓'纸钱始于殷，长史自汉以来，里俗稍以纸寓瘗钱，至唐王玙乃用于祠祭，其来已久。'……卷纸而束之，即帛也。糨锡纸为锭形，即裹蹄也。"② 联系墓室功能，则此处出现的银锭形物应为丧祭中献奠的冥币"裹蹄"。

丧祭场景中焚瘗纸币实际上是币帛礼神的一种替代模式。"礼神当用币，今春秋之月官祭神庙用绫帛是也。民间则多用纸锭。……盖礼神宜有币帛，而一切以楮代之，所谓明器备物而不可用也。"③ 卷纸束之即为帛，则宋元冥币除前例出现的铤状裹蹄外，还有一种卷裹状的纸筒造型。楮帛虽在元墓中尚未见到相应表现图像，但在宋、辽墓葬中或有发现。如白沙宋墓和汾阳三泉镇金墓壁画中多处出现的"筒囊"④ 和宣化韩师训墓壁上与"杂宝"盆同列彩纸卷筒（图5.29）。上述宋辽金壁画墓中，纸帛卷和素钱串的图像都是成组出现的。

图5.28　济南元墓墓门两侧焚币图（采自 　　　图5.29　宣化韩师训墓壁画中的纸锭
　　　　　《文物》1992年第2期，第19页，　　　　　　　　（采自《中国出土壁画全集·
　　　　　图四）　　　　　　　　　　　　　　　　　　　　河北》，第163页，图154）

---

① 济南市文化局文物处：《济南柴油机厂元代砖雕壁画墓》，《文物》1992年第2期。

② ［清］毛奇龄：《辨定祭礼通俗谱》卷三，文渊阁《四库全书》影印本，册142，第409页。

③ ［清］林伯桐：《士人家仪考》卷四《士人祭仪》，"用纸代币帛考"条，《丛书集成》三编，册二五，第479页。

④ 宿白：《白沙宋墓》，北京：文物出版社，1957年，图版四六。

除以壁画方式表现丧祭焚币场景，元
墓中亦有以"寓钱"随葬的实物例证。如
山东嘉祥曹元用墓①中即发现有带"足色
金"铭记的杂宝画和切割成圆钱图案的毛边
纸（图5.30）。此外，稷山五女坟道姑墓中
随葬的纸衣、纸靴以及侯马丁村元墓中的竹
篾残件，均提示我们在冥钱之外，蒙元墓葬
中也随葬有衣冠、纸马之类的纸明器②。

2. 墓室整体布局中体现的丧祭场景

若将蒙元墓葬中可与丧祭仪节相对应
的装饰单元在整个墓室空间中整体考察，
则可看出以墓室主壁或墓主之位为中心，
壁面装饰或随葬器用的排列组合方式在整
个墓葬空间布局中完成了对丧祭场景的再
现和模拟。

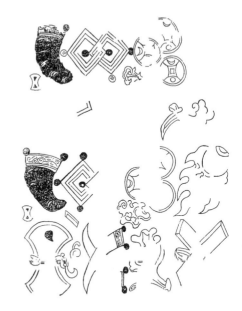

图5.30　嘉祥曹元用墓出土杂宝画（采
自《考古》1983年第9期，
第805页，图三）

明人丘浚在《家礼仪节》中绘有祭祀
场景设位陈器的布局示意图③。该图示意的祭仪中，家庙或寝堂正中陈设考妣神主，
其前为供桌；主人、主妇分列东西，升拜于主位前；西阶上设祝版，东阶上设茶酒
祭具；西阶下为乐所，鼓乐以愉尸，东阶下设盂盆、帨巾（图5.31）。元刻本《事林
广记》"正寝时祭之图"④所示场景也大体相类，唯茶酒之具分列于寝之西东阶上，
分别与主妇位和主人位两相对应（图5.32）。纽约大都会博物馆所藏传李公麟《孝
经图》中，笔墨图像展现了祭仪中神主供奉、主人主妇列位和乐所的位置经营。综
合上述宋元明文献和图像资料展示的祭祀场景，可大致明晰其时祭仪中主位、供器、
茶酒祭具、乐祭和盂盆帨巾等的相对位置关系。

───────────

① 山东省济宁地区文物局：《山东嘉祥县元代曹元用墓清理简报》，《考古》1983年第9期。
② 关于随葬纸明器的问题，宿白先生在《白沙宋墓》一书中有较详细的考证，征引《东京梦华录》和
　　《使辽录》中的记载，推测当时祭祀和随葬中多用纸马。见《白沙宋墓》，注39、126。
③ ［明］丘浚：《家礼仪节》卷八《祭礼》，"前一日设位"条，《丛书集成》三编，册二四，第199页。
④ ［南宋］陈元靓：《事林广记》，北京：中华书局，1999年，第51页。

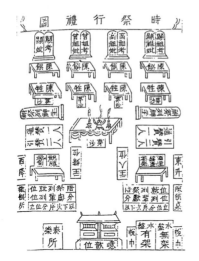

图5.31 明代礼书中的"时祭行礼图"
（采自《家礼仪节》卷八）

图5.32 《事林广记》中的"正寝
时祭之图"（采自《事林
广记·前集》卷十一）

这种设位陈器的方式可与元墓壁面装饰和随葬器物相互印证。需要注意的是，墓葬空间中祭祀场景的表现有时会以物像互补的模式出现。如墓室中的停柩之所往往居于正壁（后壁）下，且入葬人数与性别多与正壁墓主夫妇像对应，都是所谓"先考妣之位"的不同指代模式。而祭具中的茶酒之具和盂盆帨巾则有备荐场景、器物图像和随葬实物等多种表现形式。

西安韩森寨元墓中，后壁下的棺床可视为"先考妣之位"，以之为中心，左壁绘进酒图，右壁绘进茶图，分别代表了"火炉汤瓶、酒注酒尊"的祭具之备，甬道左侧的散乐图恰与礼书图示西阶下乐所之位相对应（图5.33）。相同的场景布局也见于赤峰元宝山壁画墓，除壁画人物俱着蒙古衣冠外，图像场景营造与位置安排均与韩森寨元墓如出一辙。孝义下吐京元墓以北壁墓主人夫妇对坐壁画来代表"主位"，墓主身后侍立的奉盆女侍和持巾男侍则是"盂盆帨巾"的场景化表现，而西北壁、东北壁所绘茶具和酒具与"两阶上茶酒祭具"的礼书仪节相合（见图2.1）。

除上述壁面装饰，随葬器物的组合亦可复原祭仪中的陈器场景。此类墓例主要集中在山西大同地区。大同崔莹李氏墓①和冯道真墓中出土的成套木陶随葬品分类布

---

① 大同市文化局文物科：《山西大同东郊元代崔莹李氏墓》，《文物》1987年第6期。

列后，可逐一与前引祭仪图解相对应：考妣之位居中，前设供案及五供，西陈"汤瓶"茶具，东列"酒注"酒具，旁设"盂盆、帨巾并架"（图5.34）。

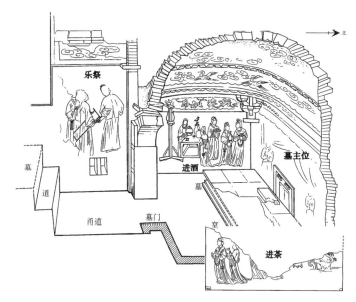

图5.33　西安韩森寨元墓壁画布局图（采自《西安韩森寨元代壁画墓》，第10页，图二；第15页，图七）

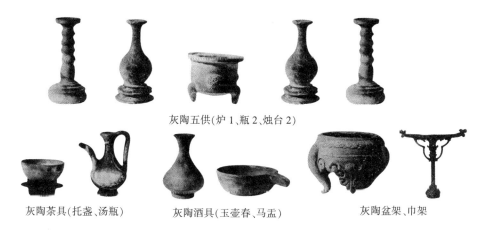

灰陶五供(炉1、瓶2、烛台2)

灰陶茶具(托盏、汤瓶)　　灰陶酒具(玉壶春、马盂)　　灰陶盆架、巾架

图5.34　大同崔莹李氏墓随葬器物组合复原的祭奉场景（采自《文物》1987年第6期，第90页、图三、四、七、九；第91页，图一五～一八）

综上可见，将壁面装饰和随葬实物整体考察，即可见蒙元时期的墓室格局和设位陈器基本与礼书中的祭祀场景相合，体现出墓室布局的供养氛围和丧祭功用。同

时，这种丧祭场景有时会以更为直白的形式表现出来，山西长治安昌金墓 ZAM2①，就通过对守灵仪节、送葬队列和伎乐娱尸场景的逼真刻画，较为完整地再现了整个"凶礼"中"丧、葬、祭"荐备的完整过程（图5.35）。

左壁灵柩与守灵图

左壁乐祭图

左壁发丧图

图5.35　长治安昌村金墓 ZAM2 砖雕（采自《艺术史研究》第六辑，第412、413页，图18~20）

同时，我们又面临这样一个问题：既然蒙元墓室空间所表现的场景功能兼具"奉常"与"致祭"，那么，除了借由墓葬中的"物""像"视觉材料对其进行整体再现，可否参照其他礼仪性建筑的空间设置来对其营造过程和仪轨规范进行动态复原呢？或许福建武平象洞《何氏族谱》的两段记载可以提供线索：其中《祭墓祝文》记："感烦守墓童子，打开墓门，引出墓主某公太婆二位正魂，振振衣冠，降赴坟堂，享受祭礼。"；同书所收《祭祖祠新山堂祝文》有记："伏愿我始高曾祖历代考妣，整顿衣冠，推车降临，合食馈于今受享祭礼。"② 在这些祝文呈现的墓祭和祠祭

① 商彤流：《长治市安昌村出土的金代墓葬》，《艺术史研究》第六辑，广州：中山大学出版社，2004年，第407~420页。

② 以上资料转引自陈进国：《信仰、仪式与乡土社会——风水的历史人类学探索》，北京，中国社会科学出版社，2005年，第488、489页。

仪式中，墓主"正魂"存在着由地下墓室到地表坟堂、宗祠的运动轨迹；其中墓室代表着"永为供养"的理想化永生之所，坟堂和宗祠则是周期性逝者和生者的互动之地。三种礼仪场所虽有不同，但这些空间中进行的"祭祝"活动体现出明显的共通性和重复性，使其在空间布局和营造过程上具备相似的仪轨模式。也就是说，我们在利用墓葬图像和随葬品材料模拟墓室场景的同时，也可借助民间科仪书和宋元礼书中对坟堂、宗祠乃至居所正寝的祭祀场景进行空间与仪制的复原。当然，对于这些礼仪场所的科仪系统及内部陈设的异同比较及关系探讨是一个相对复杂的论题，可留待今后进一步深入研析。

那么，宋元墓室葬祭兼具的场景营设又是出于什么目的呢？墓室中极力营造对逝去祖先"永为供养"的氛围反映出祖先和子孙怎样的互动关系？

第三节　生与死：墓室营造中的阴阳互动

墓室固然是安葬死者的封闭空间，但营造墓室却完全是生者主导的行为；在中国传统社会文化中，营坟致祭活动往往是子孙昭示孝行的一种手段。正如齐东方所说："丧葬与其说是对死者的哀伤与悼念，不如说主要是生人导演的活动。"[1] 墓穴风水的选择、墓室内供养氛围的营造、祭奠活动的尽心与否都是衡量子孙孝行的重要标准。换句话说，从"孝子"营坟的出发点来讲，墓室内空间场景的营造必然反映出子孙与祖先间的某种"互动关系"：孝子于葬祭二事尤当尽心，葬制以礼，以尽慎终之道，祭之以礼，以尽追远之诚[2]；而逝去的祖先则在欣然享有上述崇奉和供祭后，继而从仕途、福禄、年寿和子嗣等方面降赐福祉给子孙——此即言，在子孙与祖先之间存在着"互酬性"的关系。从蒙元墓葬的墓室营建和装饰题材选择上，我们不难发现这种"神灵安而子孙盛"的生死互动。

---

① 　齐东方：《唐代的丧葬观念习俗与礼仪制度》，第 59 ~ 82 页。

② 　陈进国：《信仰、仪式与乡土社会：风水的历史人类学探索》，第 496 页。

一　福寿延长：神灵安而子孙盛

从前四章的分区研究可见，中原北方地区元代墓葬的一个突出特点是墓门"堂款"的普遍使用，此类堂款在山西、北京以及河南地区的元墓中均有发现。如北京斋堂元墓前壁的"安堂、乐堂"、密云太子务元墓墓门上的"乐安之堂"、交城元墓中的"寿堂、恒斋"、屯留康庄工业园 M1 墓门上的"永安"、尉氏元墓墓门上方的"时思堂"等。①我们不禁要问：墓室这一收柩之所中为何会出现"福寿延长""富贵长命"类的吉语？"寿堂""庆堂"的祈愿对象究竟是亡者还是生者？在这些砖画图像和书刻题记背后，是否承载着一种连契生死、沟通阴阳的丧祭文化？墓室中频繁出现的题记与图像，仅仅是墓壁装饰的程式化表现，还是另存特殊而固定的象征意义？

事实上，墓壁装饰是古人墓室营建的重要构成元素，几乎一切题材都是围绕墓葬的空间功能来选择组织，墓门堂款也在一定程度上承载着当时的丧祭仪俗和治葬观念。在这种观念下，墓室既是孝子贤孙预营"寿堂"为长辈增福添寿的"孝行"体现，也包含着通过安葬祖先来为自身祈佑福祉的诉求。

（一）猫雀题材与墓室"堂款"

邢台钢铁厂元墓后壁左下角绘一只俯卧的黑猫，嘴边可辨一副翅羽，应为叼衔的雀鸟；相似的图像也见于山东章丘女郎山元明壁画墓、山东济南邢村砖雕壁画墓。实际上，"家猫衔雀"或"柜上家猫"的图像并非首见于蒙元墓葬，而是北方宋金以来墓葬装饰的常见图像。宋金墓葬中的"猫雀"装饰，或伏于案几下，或蹲诸桌台上，口衔小雀，双目圆睁，惕然有警色（图 5.36、5.37）。这种多少有些"肃杀"之气的图像绘饰在追求乐安的墓室氛围中是否有其特殊的寓意呢？我们不妨从宋金墓葬其他装饰题材中求取旁证。

---

① 关于北方地区出现此类题记的墓葬简报，分别于山西省考古研究所侯马工作站：《侯马 102 号金墓》，《文物季刊》1995 年第 2 期；北京市文物事业管理局等：《北京市斋堂辽壁画墓发掘简报》，《文物》1980 年第 7 期；张先得、袁进京：《北京市密云县元代壁画墓》，《文物》1984 年第 6 期；山西省考古研究所等：《山西屯留县康庄工业园区元代壁画墓》，《考古》2009 年第 12 期；开封市文物工作队等：《河南尉氏县张氏镇宋墓发掘简报》，《华夏考古》2006 年第 3 期。相关研究，参考刘未：《尉氏元代壁画墓札记》，《故宫博物院院刊》2007 年第 3 期，文中对金元墓葬中的堂款资料有较为全面的整理和研究。

图 5.36　登封黑山沟宋墓猫雀壁图　　图 5.37　侯马金墓猫雀砖雕（采自《文物季
（采自《郑州宋金壁画墓》，　　　　　　刊》1997 年第 4 期，第 20 页，图一
第 99 页，图一二二）　　　　　　　　一）

　　山西宋金砖雕墓中，多见莲童、猴马图像。莲童者，又名摩侯罗，即莲花化生童子，图像取音"连生贵子"；猴马者，一猴立于马上，取音"马上封侯"。这两类图像的音义关联均可从民俗材料和口述历史（oral history）中得到支持。由此可见"因声取义"的现象在宋代以来的墓室装饰图像中已有较为普遍的应用。民俗图样中常以"猫蝶"喻"耄耋"，与之相似，家猫衔雀的图像或音取"耄耋"，二者均有"长命寿考"的寓意。同时，宋元墓葬中也常将"猫"与"牡丹"或"立柜"图像组合在一起，如山西侯马金墓北壁正中的砖雕几案上陈牡丹盆花，下卧衔雀家猫①，山东宋金墓立柜家具与家猫的组合则是墓室西壁的常见图像。牡丹自唐宋以降均被视为"富贵花"，有"花开富贵"之称；猫雀如前考，取音耄耋，为寿考之义；立柜家具通"贵"音，和牡丹图像具有相同的指代意义。这些图像组合，表现的正是宋元吉语中的"长命富贵"②；同时富福等韵，"长命富贵"亦谓"福寿延长"③。

―――――――――――

① 山西省考古研究所侯马工作站：《侯马 65H4M102 金墓》，《文物季刊》1997 年第 4 期。

② 北方地区宋、金、元墓中常常出土有铸铭"长命富贵"的铜镜，可以作为文中墓壁图像的旁证参考。

③ "牡丹猫雀""猫卧牡丹"和"牡丹猫蝶"是宋元时期常见的入画题材。黄筌二子居宝、居寀均有此类名作传世，见录于宋《宣和画谱》和清《绘事备考》（［宋］《宣和画谱·花鸟》卷十六："黄居宝，……牡丹猫雀图一……"，卷十七："宋黄居寀，字伯鸾，蜀人也，筌之季子。筌以画得名，居寀遂能世其家作，花竹翎毛妙得天真，写怪石山景往往过其父远甚……御府所藏三百三十有二：……牡丹雀猫图二……牡丹戏猫图三、蜂蝶戏猫图一……戏蝶猫图一。"文渊阁《四库全书》影印本，册813，第 167 页；［清］王毓贤：《绘事备考》卷四："黄居宝，字辞玉，筌次子。画得家传之秘，兼以八分书，得名于时。仕蜀为待诏，历官水部员外郎。其画石文理纵横，夹砂夹石，棱角（**转下页注**）

另一方面，宋元墓葬中也发现了直书"福""寿"的刻铭与墨书题记。山西交城裴家山元墓南北二壁上有"寿堂"和"恒斋"的刻铭（图5.38）；北京斋堂元墓前壁上题"安堂、乐堂"墨书；密云太子务元墓有"乐安之堂"的墓门题记；四川大足宋墓①的后室左右两壁上均刻有"寿堂"二字；四川昭化县发现的淳熙癸卯纪年宋墓（1183年）在墓室后壁正上方刻书"庆堂"二字；重庆井口宋墓的墓顶石上则对刻有两组铭文，分别为"福寿""延长"②（图5.39）。福寿之义自不待言，那么"庆堂""乐安之堂"与"恒斋"又作何解释呢？"庆堂"中的"庆"字，《广韵》释为"丘敬切。贺也，福也。"又据"积善之家必有余庆，积不善之家必有余殃"③，而"庆""殃"对仗取反悖之义，亦可将"庆"字可释为"福"。由是观之，墓室中的"庆堂"也可释作"福堂"。而"乐安之堂"和"恒斋"

图5.38　交城裴家山元墓壁面堂款（采自《文物季刊》1996年第4期，第29页，图七、八）　　图5.39　重庆井口宋墓墓顶石刻款（采自《文物》1961年第11期，第58页，图18；第59页，图25）

（接上页注③）峭厉，如虎如虬。画之传世者：竹石金盆戏鸽图三，牡丹猫雀图一……"，文渊阁《四库全书》影印本，册826，第169页）。这一形象组合也是当时文人诗词吟咏的对象，宋人沈括有"欧阳公尝得一古画牡丹丛，其下有一猫"之句（［宋］沈括：《梦溪笔谈》，卷十七，沈阳：辽宁教育出版社，第92页），元好问也曾为"醉猫图"题诗："窗边痴坐费工夫，侧辊横眼却自如。料得仙师曾细看，牡丹花下日斜初。"（［金］元好问：《遗山集》卷十三，《醉猫图二首》，文渊阁《四库全书》影印本，册1191，第150、151页）加之诸多版刻、年画等民俗题材，均可旁证宋元时期"牡丹猫雀"取义"富贵长命"的普遍性。

① 蒋美华：《四川大足县继续发现带精美雕刻的宋墓》，《文物参考资料》1955年第8期。

② 重庆市博物馆历史组：《重庆井口宋墓情理简报》，《文物》1961年第11期。

③ ［清］顾炎武：《易音·文言传》卷三，《丛书集成》三编，册二七，第367页。

则意在表明墓室空间是死者的永久性居所，在这样一个恒久存在的堂宅空间中，死者的灵魂因受到子孙永久的祭奠和供养而获得"乐安"①。

综合来看，家猫、牡丹和立柜的组合图像以及各色墓壁题记、墓门堂款均表达出"长命富贵"和"寿堂永安"的意愿。那么，图像和题记中"福寿延长"的意愿又映射出怎样的丧祭理念呢？

（二）安魂荫嗣：图像与题记背后的丧祭文化

事实上，宋元墓葬中包含着吉语的图像和题记中蕴含着三重概念：其一，预营"寿域"，通过在生前修筑墓室来达到祈愿墓室所有者长寿延年的目的；其二，归安"永室"，借由墓室修建为死者提供另一个世界永享奉养的居所；其三，阴阳五酬，通过为父母或其他祖先修筑墓室来庇佑在世子孙长命富贵。

1. 寿冢安神：预营坟堂，永宅无迁

蒙元时期中原北方地区墓葬中，常记于生前预修"寿坟"之事墓壁题记或碑趺刻铭的修墓记中；既可见寿堂之主以备不虞的自发愿景，更多有子孙卜吉营兆的孝心之举。河北涿州元代壁画墓东西壁面题记与出土碑志均记载了子女为父母预造"寿堂"的情节②；山西屯留康庄工业园韩式家族墓的壁面题记亦提供了营坟、大葬时有先后，子孙砌墓以彰孝行的确证③；二者均是子孙操持预营墓室的典型实例。

实际上，这种子孙为父母预营坟堂的丧葬礼俗自唐宋以来十分普遍。据目前考古材料，生前建墓的"寿堂"在山西、河北、山东和川渝等地的宋金墓葬中均有发现。山西稷山马村金墓 M7 所出《段楫预修墓记》所记"予自悟年暮，永夜不无，

---

① 这一问题李清泉曾有专论，详见李清泉：《宣化辽墓：墓葬艺术与辽代社会》，北京：文物出版社，2007 年，第 162 ~ 169 页。

② 墓室东壁题记"长男秉彝造此寿堂"，出土石碑志文："寿堂深足山尺，壁画时风不能入，有露珠。秉葬于四方拜讫，风乃入，得画。实遇天祝。"河北省文物研究所等：《河北涿州元代壁画墓》，《文物》2004 年第 3 期。

③ M1、M2 从墓室营造到最终入葬，均历时二十余年，M1 韩翌夫妇合葬墓于大德十年（1306 年）始营坟，时男墓主尚在世，"现年六十七岁，无病"；至大二年（1309 年）女墓主何氏下葬，直到至治元年（1321 年）男墓主才最终入葬，完成合葬。M2 韩赟夫妇墓自至元十三年（1276 年）即造墓，夫妇二人先后于至元二十二年（1285 年）、大德八年（1304 年）下葬。其中 M1 提及明确提及墓主韩翌身体康健时即"意欲砌墓"，而此墓恰为"男韩瑄等发孝顺之心、撰吉祥之穴"而成，寿堂既成，韩翌更"亲视之，身心喜悦"；M2 中也多次提及"受（寿）堂主韩赟"。

预修此穴，以备收柩之所。"① 四川荣昌许溪沙坝子南宋淳熙二十年（1185 年）石室墓室右壁上，亦刻有墓主郑骥"建此寿堂，三月起首，至十月吉日工毕"的修墓记②。事实上，荣昌纪年墓并非西南地区的孤例。两宋时期，夫妇合葬的双室"寿堂"在川黔地区时有发现。四川地区流行石真镇墓、清水为契，所谓"今将石真替代，保命延长。绿水一瓶，用为信契。"随葬墓券书写则有固定格套，如"预造千年吉宅、百载寿堂"，"祈愿闭吉之后，福如山岳，寿比松椿。今将石真替代，水干石碎，方归本堂。"所示预造寿堂、以使墓主富贵延寿之志明矣③。而这一考古现象，又恰与苏轼所记蜀人葬俗相合，"古今之葬者皆为一室，独蜀人为同坟而异葬……生者之室谓之寿堂，以偶人被甲执戈，谓之寿神以守之……。"④ 预造寿堂的现象在贵州地区也有发现，如荣昌坝南宋绍定三年（1230 年）夫妇合葬双室墓，墓内出土两块买地券，券文内容相类，可辨"阳道弟子王兴、李八娘夫妇，……本旁西山乾戌之原，建立寿堂二所……建造之后，寿同彭祖，愿如年百……"之言⑤。

　　由是观之，考古所见宋元墓葬中预造寿堂的现象背后，无论初衷是出于墓主生前自营"以备收柩"抑或子孙昭表孝行之举，祈佑墓主福寿延长都是其共同的最终目的之一。寿堂之制也可在丰富的文献史料中找到旁证。

---

① a. 山西省考古研究所：《山西稷山金墓发掘简报》，《文物》1983 年第 1 期；

　　b. 刘耀辉：《晋南地区宋金墓葬研究》，第 21 页，北京大学硕士学位论文，1999 年。段楫预修墓记全文如下："夫天生万物，至灵者人也。贵贱贤愚而各异，生死轮回止一。予自悟年暮，永夜不无，预修此穴，以备收柩之所。楫生巨宋政和八年戊戌岁，至大金大定二十一年辛丑六十四载矣。修墓于母亲坟之下位，母李氏，自丙午年守媲，至辛巳岁化矣。楫生祖裕一子、一女舜娘，长二孙泽、译二人，二女孙。故修此穴以为后代子孙祭祀之所，大定二十一年四月日。段楫字济之，改颢字；曾祖十耶（爷），讳用成，五子。大耶（爷）讳先；二耶（爷）讳密；三耶（爷）讳世长，父六郎；四耶（爷）讳万；五耶（爷）讳智方。"

② 李显文、程显双：《四川荣昌县沙坝子宋墓》，《文物》1984 年第 7 期。

③ 代表墓例如西郊金鱼村南宋嘉定四年（1211 年）M9 双室砖室墓（成都市文物考古工作队：《四川成都市西郊金鱼村南宋砖室火葬墓》，《考古》1997 年第 10 期）和西城区营门口乡化成五组新蜀工地南宋开禧二年（1206 年）石室墓（张勋燎：《墓葬出土道教人的"木人"和"石真"》，《中国道教考古》第 5 册，第 1413、1415 页）。关于川黔地区的宋代生墓问题，详见龚扬民、白彬：《贵州遵义南宋杨粲墓道教因素试析》，《四川文物》2013 年第 4 期，第 53 ~ 65 页。

④ ［宋］苏轼《东坡志林》卷七，文渊阁《四库全书》影印本，册 863，第 68 页。

⑤ 张合荣：《贵州古代墓葬出土的买地券》，《贵州文史丛刊》2002 年第 4 期。

考索文献，寿堂之制肇自战国，兴于两汉①；又有"寿冢""寿藏""生圹"之名②。如《后汉书》就有"生而自为冢为寿冢"③ 的记载。六朝典故中则有旷达之士梁国儿，"尝于平凉自作寿冢，将妻妾入冢饮燕，酒酣升灵床而歌"的事迹。④ 此处预建寿冢和耄耋乃卒内相呼应，生前营坟与"延寿天年"似乎构成了一定的因果关系。又宋人姑苏黄策"作寿冢于灵岩之麓"，及其葬，"手植之木拱矣"⑤；树木的生长状态从一个侧面反映出由营坟至下葬历时长久，可知黄策其事又为"寿冢延年"之例。据此可见，寿堂、寿冢的营建，除在临终前营坟收柩、以求善终外，盛年体健之时便早营生茔的情况也较为普遍，而通过由营坟之功"耄耋乃卒"者不乏其例。

综上，宋元墓葬中的"寿堂"题记、"修墓记"中预造吉宅的刻题、甚至墓顶镶嵌的"长命富贵"铜镜，一定程度上均是墓主通过预营墓所、佑祝余生"福寿延长"的反映。与此同时，我们还需考虑，在预修寿冢、期求墓主长存的目的之外，元墓堂款题记中的"安乐之堂"又代表什么？墓室除作为墓主阳世终结的收柩空间，是否也是死者在另一世界"永永无迁"⑥ 的魂灵安顿之所？

事实上，不止预先营作的寿域，宋元时期墓葬建筑大都表现出浓厚的奉养墓主的空间功能性。如山西侯马牛村 M1 金墓中⑦，墓主坐像砖雕上方"永为供养"的题

---

① 关于两汉寿堂文献与考古发现梳理，详见杨树达：《汉代婚丧礼俗考》，上海：上海文艺出版社，1988年，第147、148页。杨爱国：《汉代的预作寿藏》，《汉代考古与汉文化国际学术研讨会论文集》，济南：齐鲁书社，2006年，第271~281页。

② ［宋］任广：《书叙指南》卷二〇"葬送坟墓"条："寿堂，曰寿冢，又曰寿藏。"文渊阁《四库全书》影印本，册920，第594页。

③ 《后汉书》卷七八《侯览传》，北京：中华书局，1965年，第2523页。

④ ［清］王士祯：《池北偶谈》卷二一"寿冢"条，《丛书集成》三编，册六八，第147页。此事最早见诸《晋书》卷一一八《姚兴载记》："时西胡梁国儿于平凉作寿冢，每将妻妾入冢饮燕，酒酣升灵床而歌。时人或讥之，国儿不以为意。前后征伐，屡有人功，兴以为镇北将军，封平舆男。年八十余乃死。"北京：中华书局，1974年，第2996页。

⑤ ［宋］沈与求：《龟溪集》卷一二"黄直阁墓志铭"条，文渊阁《四库全书》影印本，册1133，第249、250页。

⑥ "永永无迁"之语，取自《墨庄漫录》。书中记载京口北固山甘露寺中的两铁镬"乃当时植莲供佛之器耳"，为"永永无迁"之意。［宋］张邦基：《墨庄漫录》卷七，"甘露寺铁镬乃植莲供养佛之器"条，北京：中华书局，2002年，第199页。

⑦ a. 山西省考古研究所：《侯马乔村墓地》，北京：科学出版社，2004年，第977~981页。
　　b. 山西省考古研究所侯马工作站：《侯马两座金代纪年墓发掘报告》，《文物季刊》1996年第3期。

记，明确昭示着墓室作为供奉墓主的永久空间。陕西甘泉柳河湾村明昌七年（1196年）金墓东北壁面彩绘中，女供养人手捧仿古铜花瓶，男供养人手持香炉，配合"香花供养"四字龛题，既提示了供奉礼料，也为宋元墓室供养墓主的空间性质提供了实证①。值得注意的是，题记中的"供养"，既可解读为家居生活的周备侍奉，也可阐释作家堂香火的虔诚祭供。如作生活侍奉解，则挽幛铺衾、捧匜举照的侍女，奉茶进酒、捧盆持巾的侍从，以及擎凉曳马的仪仗和吹弹唱做的乐伎，均可在世俗生活中找到模拟的原型；这些有序的奉养细节，均可与司马光《涑水家仪》所倡导的内外起居诸事扣合对应，事事周备，仪节有序。同时，墓中随葬仪俑或壁面装饰的男女侍从形象，也展示出墓室构建如生起居场景和栖神永宅的努力。山东高唐金承安二年（1197年）虞寅墓壁画②中，随侍男女仆从的正上方均题有"买到家婢""买到家童""买到家奴"和"买到家婢"字样，明确说明了这些饮食备献、车马随行和伎乐表演的仆从均是专为墓主在冥世供用驱使所购买的"刍灵"。秉持"事死如事生"的理念，这些随葬"刍灵"和阳间家众仆从一样各有其名，以便墓主召唤。虞寅墓男女侍从上方的墨书题记就详细记录了这批买到家奴、家婢的姓名，如家奴妇安、家乐望仙、家童寿儿等，各有其职，分工明确。《北梦琐言》中也有相似的古墓随葬仪俑记载，其中"一冥器婢子，背书'红英'字"③，正与出土壁画相印证。

　　物象线索之外，文献中也不乏营坟以为栖神永宅的明确记载。元好问《遗山集》录："且欲作寿冢，以为他日宁神之地。"④ 神者，人鬼也，即先祖之灵；他日宁神，则寿堂为墓主寿终后，魂魄得安栖居之地。同时"寿冢"的释义，除"长命延年"，或又可取义"长久"。寿堂，也可释作"长室"。"寿冢宁神"，即以营坟安神，永宅无期，即将墓室营造为死者的永久性居所。将墓室视作死者"长室"的记载可上溯到汉晋时期。《吴录》中就载录了范慎营坟以作"长室"的事例："范慎，字子敬。在武昌自造冢，名作'长室'。时与宾客作乐鼓吹，入中宴饮。"⑤ 有趣的是，此处

① 甘泉县博物馆：《陕西甘泉金代壁画墓》，《文物》2009 年第 7 期。

② 聊城地区博物馆：《山东高唐金代虞寅墓发掘简报》，《文物》1982 年第 1 期。

③ ［宋］孙光宪：《北梦琐言》卷九，"刍灵祟"条，北京：中华书局，2002 年，第 193 页。

④ ［金］元好问：《遗山集》卷三四"樊侯寿冢记"条，文渊阁《四库全书》影印本，册1191，第398页。

⑤ ［宋］李昉：《太平御览》卷五五七《礼仪部·墓冢一》，册5，石家庄：河北教育出版社，1994 年，第 378 页。

圹中作乐的记载与《晋书》梁国儿故事几乎一致，而"长室"恰与"寿冢"互释，内涵、取义一致。《后魏书》中也有相似故事："傅永，字修，常登北邙，……有终焉之志。远慕杜预，近好李冲、王肃，欲祔葬于墓；遂买左右地数亩，遗敕子叔伟曰：'此吾之永宅也。'"① 据此可知，寿堂的营建不仅是墓主"生前预营"以期添寿延年的重要介质，也是其死后入葬的归安永居②的长久宅所。所谓预造"千年吉宅、百载寿堂"，则营坟以期延寿百载在先，死后入圹归安千年在后。正如北宋元丰六年（1083 年）《胡宗元墓志铭》记，胡公"为寿藏于鲁公岭，谓诸儿曰：'吾百岁后犹安乐此宅也。'"③ 寿堂在发挥延寿功用之后，继而作为宁魂归安之永宅，营造出模拟生前"居之可乐"④ 的生活情境。泸州博物馆收藏有一方宋墓石刻，书曰"郁哉佳城，岗连阜崇。宜尔君子，归安此宫"，也可为补证⑤。

　　通过文物与文献互证可见，元墓中"寿堂、恒斋"，"安堂、乐堂"之类的刻铭题记，承载着墓主生前福佑余年和死后乐安永享的双重祈愿。当然，我们也需注意，营造"寿堂"的目的，在祈佑墓主福寿延长之外；往往也承载着荫泽后嗣的诉求，"伏愿砌墓之后儿孙年年进禄，家眷岁岁兴荣。"⑥这一现象至今仍保存在福建地区墓地风水活动和相关祭祝仪式中：寿坟预造，既祝保墓主福寿延长，又福佑儿孙荣华永传⑦。那么，在墓室营造中，安魂与荫嗣之间是否存在紧密相连的关系？金元墓葬中"祭祀之所""祭主""祭正"等题记的频出，是否提示着墓室或墓茔在为墓主提

① ［唐］张太素：《后魏书》卷七十，《傅永传》，载［宋］李昉：《太平御览》卷五五七《礼仪部·墓冢三》，册 5，北京：中华书局，1960 年，第 370 页。

② 李清泉曾就墓室作为死者永久居所的问题进行探讨，见李清泉：《宣化辽墓：墓葬艺术与辽代社会》，北京：文物出版社，2007 年，第 162～169 页。

③ ［宋］黄庭坚《山谷集》卷二三，文渊阁《四库全书》影印本，册 1113，第 238 页。

④ 语出《南阳县君谢氏墓志铭》："高岸断谷兮，京口之原。山苍水深兮，土厚而坚。居之可乐兮，卜者曰然。"见［宋］欧阳修：《欧阳文忠公集》，《居士集》卷第三十六，《四部丛刊》景元本，第 223 页。

⑤ 该材料及图片承扬之水女史见告。

⑥ 摘自山西屯留康庄工业园 M1 东壁墨书题记。

⑦ 如漳州长汀县古城镇《树寿坟碑祝文》："年通月利大吉昌，树碑时候正相当。福如东海千层浪，寿比南山万里长。左有青龙召百福，右有白虎纳千祥。……一点雄花祭碑头，应出儿孙做诸侯；二点雄花祭碑中，儿孙衣紫在朝中；三点雄花祭坟堂，富贵荣华永传扬。"该资料引自陈进国：《信仰、仪式与乡土社会——风水的历史人类学探索》，第 437 页。

供"安乐如生"的"永宅"外，同时具备其他礼仪功能？

2. 奉先荫嗣：兹享永祭，垂佑子孙

通过对墓室装饰图像和随葬品的综合研究，我们发现墓室不仅仅为死者构建了歆享供养的永久居所，亦通过营造供奉或祭祀墓主的场景，达到庇佑子孙的目的。其明确体现着墓主与在世子孙的双赢"互酬"关系，所谓"神灵安而子孙盛"。

首先，以宋（金）元墓葬流行的堂款观之，除"乐安""福寿"之外，有两处堂名值得关注。其一为侯马金明昌七年（1196 年）董海墓①前室北壁墓门堂款，墨书"庆阴堂"三字。"庆阴"，典出《汉书·礼乐志》，所谓"灵之至，庆阴阴②"。所咏为皇家郊祀降神的礼仪活动。而在《宋史》中，"庆阴"的出现大多与景灵宫等祭祀场合的降神仪式有关，"孝孙承之，陟降在庙。诚意上交，庆阴下冒"，"神之歘至，庆阴杳冥"，"灵之来至，垂庆阴阴"③。以此观之，侯马金墓堂款中的"庆阴"二字，应作"请降墓主之灵以为祭祀"之解；庆阴堂，即为降神祭祀之所。其二为河南尉氏元墓墓门上方的"时思堂"。"时思"者，取义《孝经》"卜其宅兆而安厝之，为之宗庙以鬼享之，春秋祭祀以时思之。"这同样暗示了堂款所在空间"四时祭祀"的功能性。按陆士衡《挽歌》云："寿堂延魑魅。"宋人注曰："寿堂，祭祀处。"④ 可知至少在宋代，寿堂在安葬死者的同时也具备祭祀先人的功用。再结合山西、河南金元墓的两处堂款，或可推测宋元之际北方地区墓祭的开展，不仅仅是以整个墓茔为对象进行的地表仪式，墓室本身亦刻意营造出祭祀氛围，似乎构建着相应的地下仪礼空间。

针对这一现象，我们也可从这一阶段其他墓例题记及整个墓室空间的"设位陈

---

① 山西省考古研究所侯马工作站《侯马 102 号金墓》，《文物季刊》1997 年第 4 期。

② ［汉］班固：《汉书·礼乐志》卷二十二，《郊祀歌十九章》，颜师古注："言垂阴覆徧于下。"北京：中华书局，1984 年，第 225 页。

③ ［元］脱脱：《宋史》卷一百三十五，《乐志》第八十八，《高宗明堂前朝献景灵宫十首》之"升殿干安"条："帝既临享，龙驭华耀。孝孙承之，陟降在庙。诚意上交，庆阴下冒。天休骈至，千亿克绍。"北京：中华书局，1977 年，第 1428 页；同书卷一百三十三，《乐志》第八十六，"文舞退武舞进穆安"条："神之歘至，庆阴杳冥。风马云车，恍若有承。备形声容，于昭文明。庶几嘉虞，来享来宁。"《升降钦安》条："灵之来至，垂庆阴阴。灵之已坐，饬兹五音。坛殿聿严，陟降孔钦。灵宜安留，鉴我德心"，第 1397、1437 页。

④ ［宋］孙奕：《示儿编·正误》卷一一，"寿堂"条，文渊阁《四库全书》影印本，册 864，第 493 页。

器"布局考量。前引陕西甘泉柳河湾村明昌七年金墓的壁画提供了一个有趣的切入点。在与"香花供养"题记相对的壁面，左右绘有成对的瓶花一组，居中匾额上题"客位"。此处成对出现的瓶花与对面"香花供养"题记相呼应，即为"花供"（图5.40）。需要注意的是，宋以降成对的瓶花具有十分固定的使用场合：只用于宗教

图5.40　甘泉柳河湾村金明昌七年墓东北壁"香花供养"与西北壁"客位"（采自《中国出土壁画全集·7》，第436页，图394；第439页，图397）

供奉或"家堂香火"①，且多与香炉形成一炉二瓶的香花供器组合，是为"三供"。元代祭祀太社太稷时，用"陶器三，瓶二，香炉一"②，《新刊全相平话五种》以元人视角展示的汉高祖祭奠场合中也可见三供作为香花祭器的使用场景③（图5.41）。那么，"客位"二字又作何解呢？

图5.41　《新刊全相平话五种》之吕后祭汉王图中的香花炉瓶供器（采自《新刊全相平话五种》，第341页）

① ［明］文震亨：《长物志》，"置瓶"条："随瓶制置大小倭几之上。春冬用铜，秋夏用磁。堂屋宜大，书屋宜小。贵铜瓦，贱金银。忌有环，忌成对。花宜瘦巧，不宜烦杂。若插一枝，须择枝柯奇古；二枝，须高下合插，亦止可一二种。"明人张德谦《瓶花谱》"品瓶"条云："凡插贮花须先择瓶，春冬用铜、秋夏用磁，因乎时也，堂厦宜大、书室宜小，因乎地也。贵铜磁而贱金银，尚清雅也。忌有环、忌成对，像神祠也。"可见祭供之花与清赏之花是两个截然不同的发展体系，神祠祭奉的瓶花成对出现，而书斋赏玩的瓶花单独列陈。

② ［明］宋濂：《元史》卷七十六，《祭祀五》，第1893页。

③ ［元］《新刊全相平话前汉书续集》，收录于至治建安虞氏刊本《新刊全相平活五种》，卷下，北京：文学古籍刊行社，1956年，第341页。

《仪礼集说》云："神位于室则居主位，于堂则居客位。凡受礼于庙而不于户牖之间行礼者，必设神位于客位，示有所尊且敬其事也。"可知在元代祠堂祭祀中，客位陈设祖先神主或位牌，以敬受供祀尊礼；客位，即宗位。江西萍乡出土的一炉二瓶组合之花瓶底部，恰恰墨书"宗位"二字，示其设于先人神位前祭供之用，正与文献香花奉神的记载相合①。实际上，墓室中"位"的表现，本身就代表一种礼仪环境中主体地位的象征与界定②。它的存在，既象征接受供祀的祖先神位，又指代践行祭奉仪节中的子孙列位。与甘泉金墓相似，晋中元墓中也有一批明确表现祖先之位的墓例。山西文水北峪口③和交城裴家山元墓④中，墓主夫妇坐像正中的供案上，安放着"祖父之位"和"宗祖之位"的趺坐牌位；在这一场景中，墓主夫妇所代表的"先考妣"和其他祖先一并，代表传承有序的家族血脉关系，世代永享子孙的供奉⑤（见图5.5、5.6）。而山西屯留县康庄工业园区韩赟墓则提供了"位"的另一指代意义：该墓左右侧壁上的"此位"题记下，标明了作为"祭正"的韩氏子孙之名，其与茶酒备荐壁画场景一并，示意着子孙进奉茶酒仪节的列位之所（见图5.21）。整理考古资料可见，自金代中后期始，包括山西在内的中原北方地区墓葬形成了相对固定的墓室场景表现格套：墓主端坐居中，两旁男女仆婢随侍，左右茶酒进献，前方更有乐舞以娱、车马仪仗待主而发。而这一场景，除作为家居奉养的模拟，更可与其时的"奉茶进酒"的四时祭祀仪节相对应。即居中陈设考妣神主，前为供桌奉祀香花；作为祭主的男女子孙分列东西，升拜于主位前；东西二阶上分设酒茶祭具；阶下为乐所，备盆、巾⑥。按洪知希所论，宋元墓葬壁画往往有小殓、出殡等丧葬仪节中不同时间"片段"的表现；再结合尉氏元墓后壁"后土之位"的表现及此期墓葬"茶酒"题材的频出，这种礼仪性片段似乎也应包括下

① 萍乡市博物馆：《萍乡市发现元代青花瓷器等窖藏文物》，《江西历史文物》1986年第1期。

② 巫鸿：《无形之神——中国古代视觉文化中的"位"与对老子的非偶像表现》，《礼仪中的美术》，北京：生活·读书·新知三联书店，2005年，第509~524页。

③ 山西省文物管理委员会等：《山西文水北峪口的一座古墓》，《考古》1961年第3期。

④ 商彤流、解光启：《山西交城县的一座元代壁画墓》，《文物季刊》1996年第4期。

⑤ 相关讨论，详见袁泉：《物与像：元墓壁面装饰与随葬品共同营造的墓室空间》，《故宫博物院院刊》2013年第2期。

⑥ 详见袁泉：《从墓葬中的茶酒题材看元代丧祭文化》，《边疆考古研究》第6辑，第329~349页。

葬中完坟谢土（祀后土）和岁时祭奉的片段，展示出金后期至元代墓室空间礼仪性功能的强化。

要之，墓主、祭主之位的物像表现、茶酒进奉与乐舞娱尸的场景营造在再现阳间生活的同时，也因墓室空间的特殊性而附上了供奉与祭祀的色彩；换句话说，墓室不仅作为"收柩之所"存在，也在营造"永为供养"的祭供氛围，表现生者对死者的永久性祭奉。这使墓室空间在逝者"永宅"的基础上，具备了子孙奉祀、香花永供的祭祀功能。而作为祭奉对象的死者，则在歆享子孙为昭示孝行所营造的供奉和祭祀场景中，履行着对后嗣福禄的垂佑荫庇。

通过营坟治葬来宣达孝行、蒙荫后嗣这一观念的盛行，伴随着宋以降风水堪舆的普及。而风水堪舆的普及一定程度上反映出丧葬观念已从隋唐阶段关注地位彰示的礼制界定，转变为注重表达孝道和追求子孙福祉。这一现象与社会精英集团的流动性密切相关：赵宋以来，仕途之法由门第进身转为科举进身，世家大族衰落，旧有的礼法制度动摇，子孙的前途成为变数；因此，通过营坟治葬来表达对祖先的孝心，以求荫庇福佑后人的堪舆学说大为盛行①。为先人营坟为世所重，所谓"子孙贵贱、贫富、寿夭、贤愚皆系焉"②，正如程颐《葬说》所言："地之美者，则其神灵安，其子孙盛，若培壅其根而枝叶茂，理固然矣。"③ 则宋以来尤重，风水堪舆之说无非是为了两个目的，一是为求亡者神安，一是为了在世子孙"避凶趋吉"④。由是推之，金元墓葬中的吉语堂款和祥瑞图像，在为死者营造永久的祭奉氛围的同时，也体现出子孙通过供祀墓主先人来获求庇佑、达到"长命富贵"的丧祭理念。

---

① 详见秦大树：《宋代丧葬习俗的变革及其体现的社会意义》，《唐研究》第十一卷，北京：北京大学出版社，2005 年，第 313 ~ 336 页。

② ［宋］司马光：《葬论》，载《温国文正司马公文集》卷七一，《四部丛刊初编》，北京：商务印书馆，1922 年，第 500 页。

③ ［宋］程颐：《葬说》，《河南程氏文集》卷第十，《伊川先生文六》，载［宋］程颢、程颐著，王孝鱼点校：《二程集》，北京：中华书局，2004 年，第 623 页。

④ ［宋］朱熹：《晦庵集》卷六三《答胡伯量》："某旧闻风水之说断然无之，比因某葬先人，周旋思虑，不敢轻置，既已审诸己，又以询诸人。既葬之后，或者以为茔窀，座向少有未安，便觉惕然不安。乃知人子之丧亲，尽心择地以求亡者之安，亦未必无害。然世俗之人但从时师之说，专以避凶趋吉为心。既择地之形势，又择年月日时之吉凶，遂至逾时不葬。"文渊阁《四库全书》影印本，册 1145，第 180 页。

这种丧祭文化，亦广泛体现在蒙元时期中原北方多地墓葬"东仓西库"的壁面题材和随葬品组合中。

二　东仓西库：实仓廪而宜子孙

（一）东仓西库的区域表现

东仓西库是中原北方蒙元墓葬中的重要装饰题材，在晋东平定、晋东南长治、河南尉氏、河北平乡和山东济南等地的砖雕和壁画墓中均有不同形式的表现。根据这一题材在各区墓葬中表现形式的差异，可以将其分作三大类别：其一，晋东与河南地区的金银财帛库与仓粟谷粮库；其二，晋东南与关陇地区的灶、井、碓、磨组合；其三河北东部及山东地区的衣架与粮囤。以下将结合墓葬实例，对上述三类"东仓西库"的表现模式逐一分析。

1. 晋东、河南：金银库与谷粮库

这一地区的金元墓葬往往在墓室左右侧壁通过墨书题记或小龛立碑标明"东仓西库"的图像性质。山西平定东回村壁画墓①中，左壁假门上墨书"觚斗库"，右壁假门上方题有"金银库"，暗示了假门内分别为粮粟库与财帛库。

河南开封尉氏张氏元墓②右壁正中的小龛内有书刻"东仓"二字的陶碑，龛外南侧绘佃户交粮入库的图像，或肩负粮袋，或手持农具，三五成群走向"东仓"门口；仓前建筑下一头裹展翅垂角幞头的账房小吏正坐于朱漆桌案后，身着圆领宽袖红袍，提笔在卷册上记录入库的粮帛数量。与之相对，左壁正中小龛内的碑记为"西库"二字，龛外南侧壁画展现了进奉金银钱白的场景，"西库"门前绘有四人，其中一人手捧托盘，内盛货币银挺（图5.42）。

除上述两则蒙元墓葬壁画材料外，晋中地区繁峙和汾阳两地也发现了表现东仓西库的辽金墓例。繁峙杏园村金墓③左右侧壁的窗棂下，各端坐有一文一武两位官员，西壁为结跏扶膝而坐的武将，东壁则为案后执笔的文吏。二人身前皆有仆从捧

---

① 山西省文物管理委员会：《山西平定东回村古墓中的彩画》，《文物参考资料》1954年第12期。

② 开封市文物工作队等：《河南尉氏县张氏镇宋墓发掘简报》，《华夏考古》2006年第3期。

③ 山西省考古研究所等：《山西繁峙南关村金代壁画墓发掘简报》，《考古与文物》2015年第1期。

持银铤、珊瑚、犀角等杂宝。其中文吏提笔记录账册的形象与河南尉氏元墓"东仓"南侧的账房小吏如出一辙（图5.43）。汾阳三泉明昌五年（1194年）金墓①左后壁绘出窗棂内外入供银钱的"钱白库"场景，恰与尉氏元墓中的"西库"图像和东回村的"金银库"题记相合。汾阳金墓右壁图像漫漶，但根据墓室布局左右对称的规律，很可能原为"粮粟仓"的画面。

东南壁"东仓"图　　　　　　　　　　　西南壁"西库"图

图5.42　尉氏张氏元墓壁画中的"东仓西库"（采自《华夏考古》2006年第3期，封二：3、4）

东北壁"东仓"图　　　　　　　　　　　西北壁"西库"图

图5.43　繁峙杏园乡金墓壁画中的"东仓西库"（采自《考古与文物》2015年第1期，封二、封三）

　　2. 长治、关陇：灶、井、碓、磨的图像组合

　　关陇地区主要指以西安、宝鸡为中心的陕西地区，这一区域的蒙元墓葬主要发现于渭水流域的西安、兴平、咸阳、户县和宝鸡，也包括洛水一线的延安和洛川。这批墓葬虽然墓室结构有异、墓主身份不同，但都随葬一套磨光灰陶或黑陶明器，

---

①　马升、王俊：《山西宋金墓葬考古的重要发现》，《中国文物报》，2008年11月19日第2版。

且均包括以下两组器物：其一是碗、盘、盏、瓶、仓、灶、井等具有时代特征的器物，其二是簋、簠、尊、壶、爵等仿古器物。与晋东、河南地区多以壁画或砖雕形式表现"东仓西库"不同，关陇地区蒙元墓葬基本以随葬仓、灶类陶明器来展现，且仓、灶形制变化明显，可作为当地墓葬分期的重要标尺①。这些陶仓、陶灶在墓葬中通常对称摆放，或位于墓室东西壁面下，或置于左右耳室中。以西安曲江至元五年（1339 年）张弘毅夫妇合葬墓②为例，陶仓位于墓室西侧耳室（小龛），而陶灶发现于东侧（图5.44）。

图 5.44　西安曲江至元五年张弘毅墓出土黑陶仓、灶（采自《文物》2013 年第 8 期，第 39 页，图四二～四四）

有趣的是，与炊事、屯粮相关的劳作场景在附近地区的宋金墓葬中往往以壁画、砖雕等图像形式展现。与晋东、河南地区在左右侧壁对称表现"仓库"场景的装饰格局不同，以长治为中心的晋东南和甘肃清水宋金墓往往在墓门两侧或墓门上端，多侧面地展示一组劳作场景，分别为灶前备炊、井边汲水、石碓舂米、推磨碾谷和簋米筛面。而蒙元时期用作随葬明器的仓、灶、井、碓，均可在其中找到一一对应的图像。这种装饰组合由宋至金一直是晋陕甘等地墓葬装饰的重要题材。代表墓例为长治故县村宋墓③、长治五马村宋墓④、清水上邽乡⑤、贾川乡金代砖雕壁画墓⑥和屯留宋村金代砖雕壁画墓（图 5.45、5.46）。其中碓、磨、簋、筛组成了粮食加工的"粮仓"组合，而井、灶题材则与"厨库"劳作相关。蒙元时期，这种成组出现的劳

①　这一地区蒙元墓葬的面貌特征和仓、灶明器的阶段变化，详见袁泉：《略论"洛－渭"流域蒙元墓葬的区域与时代特征》，《华夏考古》2013 年第 3 期。

②　西安市文物保护考古研究院：《西安曲江元代张达夫及其夫人墓发掘简报》，《文物》2013 年第 8 期。

③　朱晓芳、王进先：《山西长治故县村宋代壁画墓》，《文物》2005 年第 4 期。

④　王进先、石卫国：《山西长治市五马村宋墓》，《考古》1994 年第 9 期。

⑤　南宝生：《绚丽的地下艺术宝库：清水宋（金）砖雕彩绘墓》，兰州：甘肃人民出版社，2005 年，第 69～75 页。

⑥　北京大学中国考古学研究中心等：《甘肃省清水县贾川乡董湾村金墓》，《考古与文物》2008 年第 4 期。

作工具与场景则逐渐退出了当地的主流壁面装饰，仅在渭水流域的出土陶器组合中还保留着仓、灶、井等陶制模型。

图 5.45　长治故县村宋墓砖雕推磨图、舂米图、汲水图（采自《考古》2006 年第 9 期，第 34 页，图四）

图 5.46　屯留金墓舂米图、庖厨图（采自《文物》2008 年第 8 期，第 59 页，图九、一〇）

如果我们把观察视角的时间线向前后延长，则可发现随葬陶瓷仓、碓、磨、井、灶等粮仓、厨库模型的习俗自汉晋至明清一直存在，不仅在豫、冀、晋、陕等地广有发现，也是长江流域墓葬文化的共同特征。湖北荆州谢家桥西汉墓就随葬有逼真的三连陶灶和陶仓模型①。陕西西安②、山西大同③、河南洛阳④地区的西魏、北魏墓葬中，均随葬造型相似、组合类同的陶磨、陶灶和陶井模型。湖北鄂城从三国吴至南朝的墓葬中，更大批出土造型多样的青瓷仓、灶、井、磨、碓模型⑤（图 5.47）。

① 荆州博物馆：《湖北荆州谢家桥一号汉墓发掘简报》，《文物》2009 年第 4 期。
② 西安市文物保护考古所：《西安曲江雁南二路西晋墓发掘简报》，《文物》2010 年第 9 期。
③ 大同市考古研究所：《山西大同文瀛路北魏壁画墓发掘简报》，《文物》2011 年第 12 期。
④ 洛阳市第二文物工作队：《洛阳纱厂西路北魏 HM555 发掘简报》，《文物》2002 年第 9 期。
⑤ 南京大学历史系考古专业等：《鄂城六朝墓》，北京：科学出版社，2007 年，图版 79～84。

宋元以降，这一明器组合依旧在部分地区的明代墓葬中沿用保留。洛阳道北明墓
M1137 中，就出土成套的仓、灶、磨、碓、井、臼等泥质灰陶模型[1]（图 5.48）；而
东仓西库的碑题和图像表现，也发现于重庆永川明代壁画墓中。

图 5.47　鄂城三国吴至南朝墓群出土陶井、碓、灶、磨模型明器（采自《鄂城六朝墓》，
　　　　　图版 80：4、图版 82：3、图版 84：1、3，）

图 5.48　洛阳道北明墓出土陶井、臼、灶、磨模型明器（采自《文物》2011 年第 6 期，
　　　　　第 30 页，图一七、一九、二〇、二二）

3. 冀东、山东：衣帛柜与粮粟仓

沧州—武邑—平乡及其以东地区蒙元墓葬的装饰格局沿袭了宋代以来中原地区
的墓葬传统，流行在墓室左壁表现出挂搭有衣物的衣架和立柜，谷仓或粮囤的位置
则相对自由，既有与衣架并列装饰于门楼两侧，也绘饰在墓门两边或后壁上。济南
历城郭店 M1[2] 中，左壁两立柱间绘有挂搭衣物的衣架和满盛粮谷的大缸。济南历城
司里街 M1[3] 中，相似的衣架和粮囤则被左右分列于左壁门楼两侧（图 5.49）。而
在章丘地区的元代砖雕壁画墓中，衣架和立柜仍然固定在西壁，粮仓却被绘饰在
后壁门楼下方和墓门两侧[4]（图 5.50）。那么，这一地区流行的衣架与粮囤（粮仓）

---

① 洛阳市第二文物工作队：《洛阳道北二路明墓发掘简报》，《文物》2011 年第 6 期。

② 济南市文化局等：《济南近年发现的元代砖雕壁画墓》，《文物》1992 年第 2 期。

③ 济南市考古研究所：《济南市司里街元代砖雕壁画墓》，《文物》2004 年第 3 期。

④ 代表墓例为章丘龙山镇和双山镇元墓，图片引自徐光冀主编：《中国出土壁画全集·山东》，第 125、129 页，
　图 123、127。

图5.49　济南历城司里街 M1 西壁衣架、粮囤图（采自《文物》2004 年第 3
期，第46 页，图八）

图5.50　章丘双山镇元墓西壁衣架图、南壁粮仓图（采自《中国出土壁画全集·山东》，
第 125 页，图 123；第 129 页，图 127）

的图像组合究竟有什么含义呢？河北平乡元墓中的龛内碑记为我们提供了明确的
答案。

河北平乡郭店砖雕墓东西两壁的仿木构建筑下各立陶碑一方，左侧刻"绫罗满
柜"，右侧刻"粮粟满仓"。这两处左右对称的刻铭恰好为冀东与山东半岛金元墓葬
衣架和粮囤的壁面装饰组合做了功能"注脚"：挂搭有衣物的衣架和旁边的立柜代表
了"衣帛满柜"，而满盛着谷物的大缸或粮囤则对应"粮粟满仓"。这种仓柜充盈的
场景营造和晋豫地区金元墓葬中的"粮仓钱库"异曲同工，均是"仓库"题材在区
域墓葬文化中的图像表现。

　　通过对"东仓西库"图像的梳理，我们发现这一题材在蒙元时期广泛流行于北方墓葬中，无论是钱库与粮仓的组合、井灶碓磨的搭配、还是绫罗与粮囤的成套出现，都是为了营造仓廪与厨库的丰盈场景。接下来的问题是，墓室中"实仓廪"的场景营造究竟要传达什么样的治葬观念和葬祭习俗呢？

（二）东仓西库与福荫子孙

　　北方元墓虽未发现明确提示"东仓西库"题材意义的线索，南方元墓的出土瓷器却提供了旁证。景德镇出土有一座青花釉里红楼阁式谷仓，仓阁两侧的亭楼正墙分别有"凌氏墓用"和"五谷仓所"的题记，标明这一瓷作建筑模型的功用为"五谷仓"。仓门上方与两侧题楹联一副，横批为"南山宝象庄五谷之仓"，两联作"禾

图 5.51　江西省博物馆藏元代青花釉里红楼阁式谷仓（采自《收藏家》2010 年第 1 期，第82 页，图 1）

黍丰而仓廪实，子孙盛而福禄崇"（图 5.51）。该瓷谷仓题记提供了丰富的墓葬文化信息：通过粮谷满仓来为墓主先祖提供另一世界中生活衣食无忧的物质保障；而按照死者和生者"对等"的互酬关系，逝去的祖先在歆享粮粟之后，会为子孙后嗣赐佑福禄。

　　实际上，南方地区这种通过粮罂类明器佑庇降福子孙的丧葬传统可以追溯到东汉和魏晋南北朝时期。江苏吴县狮子山出土的西晋青瓷罐自铭："用此罂，宜子孙，做高吏，其乐无极"[①]；北京故宫藏吴永安三年（260 年）青瓷罐亦有题铭："富且祥，宜公卿，多子孙，寿命长，千亿万岁未见殃"；浙江绍兴南池乡西

晋墓的出土明器中，亦有刻铭为"用此丧葬，宜子孙，作吏高"的堆塑罐[②]。一直到宋元阶段，长江流域及以南地区一直保留着通过随葬陶瓷谷仓罐来泽被子孙的传统。现藏于龙泉博物馆的宋代龙泉窑多管瓶上，即保留着"五谷仓柜，……荫子益孙，

---

① 张志新：《江苏吴县狮子山西晋四号墓》，《考古》1983 年第 8 期；上海博物馆：《上海博物馆藏瓷选集》，北京：文物出版社，1979 年，图版 10。

② 王佐才、董忠耿：《试述绍兴出土的越窑"谷仓罐"》，《南方文物》1991 年第 4 期。

长命富贵"的墨书题记①。

而这种通过随葬"谷仓类"坛罐或建筑模型明器来达到护佑子孙目的的丧葬传统一直到今天仍然北方地区得以保持和延续。陕西扶风齐家村在葬礼封墓之前，大多要在墓室安放一只陶罐，罐中实以酵母粉，再插入大葱数根。据村民解释，酵母粉取"发"意，大葱则按谐音象征"聪明"：这组随葬品组合意在祝愿墓主后人能够"聪明康健、富贵发达"②（图5.52）。

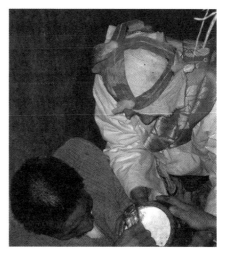

图5.52　宝鸡扶风县当代齐家村葬礼
（马赛拍摄、供图）

由此推知，北方各地儿墓中象征"东仓西库"的装饰题材和随葬明器实际上是墓主在另一世界钱粮充盈的表现符号。钱白库和瓯斗库的不断进账，绫罗柜和粮粟囤的日渐充盈，源源不绝的粮食生产与厨库荐备都是在力图供给祖先"归安此宫"的无忧生活；故而"东仓西库"这一通行于南北的墓葬文化因素从本质而言是与堪舆盛行下"神灵安、子孙盛"的治葬理念相契合的。

要之，蒙元墓葬中的雕绘图像和书刻题记一并，构建了一个祈愿"富贵长命""福寿永延"的墓室环境，反映出宋元治葬活动中"神灵安、子孙盛"的阴阳互动。这种互动关系体现在墓主预营坟室、福佑余生的行为中，贯穿于墓室"安魂奉常"、永宅无迁的营坟观念中，承载在祭奉亡者、求取荫庇的丧祭文化里。

本章小结

本章将中原北方地区蒙元墓葬的壁面装饰和随葬实物依据表现类型的不同分作三类：对坐图像、屏风围榻、棺床和葬具共同指代着墓主人之"位"，车马、仪俑和

---

① 朱伯谦：《龙泉青瓷》，台北：艺术家出版社，1998年，第95页。

② 此材料承中央民族大学民族学与社会学学院马赛女史提供，特此致谢。

供奉器用组成"明器"之属，而壁面雕绘的家具图像和木陶家具模型则为"下帐"之制。这些墓室装饰和随葬组合在相互补证中共同了复原了一种功能空间：以墓主人为中心，左右茶酒供奉，对面伎乐表演，旁设盥洗备荐之具，车马仪仗前导待行。参考礼书记载，可知这套空间布局是祭祀供奉场景的典型模式；换言之，墓室不仅作为收柩之所，也在极力营造祭奉氛围。而通过营坟治葬供祀宗祖、昭示孝行的行为，实际上反映出祖先与子孙、死者与生者以墓葬为媒介的"互酬性"沟通：孝子贤孙预营寿坟来祈愿墓主富贵寿考，又借由为孝妣营造永久供奉的乐安之堂，冀求祖先对家族在世子孙"福寿延长"的庇佑。综合考察蒙元墓葬中的壁面图像和随葬器用，无论是猫雀题材的表现、福寿堂款的书写，还是东仓西库题材的反复出现，均反映出"神灵安、子孙盛"的墓葬文化传统。

结　语

　　蒙元时期，多族属、广疆域的统一帝国带来了文化新相，墓葬文化体现出继承与变革交错并存的局面：一方面，宋金形成的葬制传统在很多领域得以继承和保存；另一方面，随着政治冲击、阶层重组和族属互动，许多新的墓葬文化特征不断涌现。这种文化沿承与变革中的摇摆，造就了蒙元时期中原北方地区墓葬文化面貌的区域多样性与发展不平衡性。

　　墓葬面貌的多样性主要表现在不同文化区域的形成与区域内复杂的文化群体上，据此可将中原北方地区的蒙元墓葬划分为四大文化区：

　　其一为长城以北与燕云地区，主要包括内蒙古南部、辽西、晋北和冀北地区。这一区域在人群文化取向表现出明显的复杂性，混居着汉人、契丹人、女真人和蒙古各部的不同族属。在区域面貌的探讨中，可分为若干不同的文化群体来研究：以赤峰周边的壁画墓和元上都附近的蒙汉墓群为中心，考察长城以北地区在蒙古文化冲击下蒙汉墓葬面貌上的相互影响；以大同和冀北为中心，管窥燕云地区在辽金元嬗代之际墓葬文化的延承与变革；以北京为中心，分析"石椁型"墓在蒙元时期汉人世侯与大都官员中的应用和演变；以冀中简单砖石室墓为中心，探讨平民墓葬传统不随政局嬗变的保守性与滞后性。

　　其二为中原地区，大致包括大同以南的山西地区、井陉－石家庄以南的冀南地区和豫西豫北地区。相较于燕云地区杂糅了契丹、女真与汉地风格的多元化墓葬特征与复杂的族属面貌，这一地域在人群结构上相对单一，基本为汉族，且自宋代中期就形成了统一而稳定的区域墓葬主流特征：以门窗砖雕为中心的仿木构砖室墓。

进入蒙元阶段，这种宋金时期相当稳固的大区域统合面貌却被逐渐打破，一些小的区域风格则日益凸显出来。

其三为山东地区，在区划上不仅包括今山东半岛，河北东南部的平乡、武邑和河南东北的尉氏、商丘也在其内。这一地区长时段内一直保持了圆形单室墓的墓制传统，墓葬面貌和丧葬习俗上完全承袭了北宋传统，体现出墓葬风格的保守性与滞后性。然而在蒙元帝国建立后，伴随着政治冲击与族属涵化，山东地区长期固守的区域传统被逐渐打破。通过官员的流动，将大都"石椁型"墓与当地传统墓葬风格相融合；同时临近区域的墓葬文化面貌也日渐渗透进来。另一方面，一些小范围的局部区域特征日渐明显，尤以融南汇北的鲁西南灰浆灌注墓和胶东半岛的石塔墓最具特色。

其四为洛渭流域，这一区域主要分布在洛水和渭水沿岸，横跨今河南、陕西和甘肃三省。该文化区最为典型的墓葬特征不在于墓葬形制的类同，而是随葬品面貌的相似性。无论是土洞墓还是砖石室墓，均出土有一套古今并用的陶质明器，包括车马仪俑等出行仪仗、以簠簋壶爵为代表的仿古陶器、以茶酒之具为代表的时器组合、谷仓和灶台类的仓厨模型以及小型动物俑。随葬品面貌的铄古铸今反映出蒙元时期在社会秩序和"礼乐"建设上的"正统化"政治追求，也与当时该地区作为忽必烈藩邸重地，聚集了大批受儒家思想影响的"潜邸旧部"密切相关，是区域文化、政治诉求和人群面貌综合作用的结果。

在区域面貌多样性的基础上，中原北方蒙元墓葬又因政治冲击、人群阶层和地理位置的不同造成了墓葬面貌和发展步调的不平衡。从地理位置看，自宋辽对峙起即久历胡俗的燕云地区和长城以北地区距离漠北最近，也最早被纳入蒙古国的统治范围，墓葬面貌则最先确立起蒙元阶段的文化特征，亦率先在墓室装饰和葬制上反映出蒙汉族属间的相互影响；而相对居南、长期保持着宋代墓葬文化传统的中原和山东半岛则更多体现出对旧有墓葬传统的固守与继承。从政治力量和人群阶层来看，汇集了汉军世侯、勋贵品官等忽必烈潜邸旧侣的洛渭流域和大都周边地区在墓葬面貌上最具时代特色，变动相对频繁，阶段特征也十分明显；而冀中和中原地区发现的小型平民墓则基本看不到政治冲击与朝代更迭的影响。

在建立起蒙元时期中原北方墓葬的时空脉络后，本文从墓壁装饰和随葬实物的统合观察入手，尝试对相对薄弱的丧葬文化和葬祭制度进行较为深入的探讨。这些墓室装饰和随葬器用在相互补证中完成了对墓室空间的营构：以墓主人为中心，左右茶酒供奉、对面伎乐相娱、旁设盥洗备荐之具、车马仪仗前导待行；而这种墓室布局恰恰也是礼书中祭礼仪节设位陈器的典型模式，换言之，墓室不仅是收柩之所，也在极力营造一种祭奉氛围，是永久性供奉墓主的"乐安之堂"。同时，葬祭兼具的墓室功能又反映出"神灵安、子孙盛"的生死互动关系：孝子通过营坟治葬活动来为祖先营造安魂永宅，相应的，死去的祖先则在歆享祭供的同时庇佑后嗣福寿延长。

　　历史如流，取用之间，生生不息。在蒙元墓葬以及整个历史时期考古学文化的研究中，长时段、广区域的观察视角，或将不断引动更多殊有意趣的研究论题，未来可期。

参考文献

一 古代文献

［北魏］杨衒之撰，周祖谟校释：《洛阳伽蓝记校释》，上海：上海书店出版社，2000 年。

［南朝］范晔：《后汉书·侯览传》，北京：中华书局，1965 年。

［唐］杜佑撰：《通典》，北京：中华书局，1988 年。

［唐］段成式：《酉阳杂俎》，文渊阁《四库全书》，册 1047。

［唐］房玄龄等：《晋书》，北京：中华书局，1974 年。

［唐］贾公彦：《周礼注疏》，卷二十一，北京：北京大学出版社，1999 年。

［唐］张太素：《后魏书》，《列传》第五十八，载［宋］李昉：《太平御览》卷五百五十七，《礼仪部·墓冢三》，石家庄：河北教育出版社，1994 年。

［宋］陈祥道：《礼书》，文渊阁《四库全书》，册 130。

［宋］陈元靓：《事林广记》，北京：中华书局，1999 年。

［宋］程颢、程颐：《二程集》，北京：中华书局，2004 年。

［宋］范成大：《揽辔录》，上海：商务印书馆，1936 年。

［宋］高承：《事物纪原》，文渊阁《四库全书》，册 920。

［宋］李昉：《太平御览》，石家庄：河北教育出版社，1994 年。

［宋］马扩：《茆斋自叙》，载［宋］徐梦莘：《三朝北盟会编》卷十五，上海：上海古籍出版社，2008 年。

［宋］孟元老：《东京梦华录（外四种）》，北京：中华书局，1962 年。

［宋］聂崇仪：《三礼图集注》，文渊阁《四库全书》，册 129。

［宋］欧阳修、宋祁：《新唐书》，北京：中华书局，1975 年。

［宋］彭大雅、徐霆：《黑鞑事略》，北平：文殿阁书庄，1936 年。

［宋］任广：《书叙指南》，文渊阁《四库全书》，册 920。

［宋］沈括：《梦溪笔谈》，上海：商务印书馆，1937 年。

［宋］沈与求：《龟溪集》，文渊阁《四库全书》，册 1133。

［宋］司马光：《书仪》，文渊阁《四库全书》，册 142。

［宋］司马光：《葬论》，《温国文正司马公文集》卷七十一，《四部丛刊》初编本。

［宋］苏轼：《东坡志林》，文渊阁《四库全书》，863 册。

［宋］孙光宪《北梦琐言》，北京：中华书局，2002 年。

［宋］孙奕：《示儿编·正误》，文渊阁《四库全书》，册 864。

［宋］王溥：《唐会要》，北京：中华书局，1955 年。

［宋］王黼等：《重修宣和博古图》，文渊阁《四库全书》，册 840。

［宋］张邦基：《墨庄漫录》，北京：中华书局，2002 年。

［宋］赵彦卫：《云麓漫钞》，北京：中华书局，1996 年。

［宋］郑居中等·《政和五礼新仪》，文渊阁《四库全书》，册 647。

［宋］周密：《癸辛杂识》，北京：中华书局，1988 年。

［宋］朱熹：《家礼》，文渊阁《四库全书》，册 142。

［宋］朱熹：《晦庵先生朱文公文集别集》，《四部丛刊》初编本。

［宋］朱熹：《晦庵集》，文渊阁《四库全书》，册 114。

［宋］庄绰：《鸡肋编》，北京：中华书局，1997 年。

［宋］佚名：《宣和画谱》，文渊阁《四库全书》，册 813。

［金］元好问：《遗山集》，文渊阁《四库全书》，册 1191。

［元］苏天爵：《元名臣事略》，北京：中华书局，1996 年。

［元］苏天爵：《元文类》，文渊阁《四库全书》，册 1367。

［元］陶宗仪：《说郛》，宛委山堂本，《说郛三种》上海古籍出版社，1988 年。

［元］脱脱：《金史》，北京：中华书局，2000 年。

［元］脱脱：《辽史》，北京：中华书局，2000 年。

［元］脱脱：《宋史》，北京：中华书局，1999 年。

［元］许有壬：《至正集》，文渊阁《四库全书》，册 1211。

［元］佚名：《经世大典》，载《元文类》卷四一，《四部丛刊》初编本。

［元］赵孟頫：《松雪斋文集》，摛藻堂《四库全书荟要》，台北：世界书局，1988 年。

［元］祖生利、李崇兴点校：《大元圣政国朝典章》，太原：山西古籍出版社，2004 年。

［明］凌蒙初编著、韩进廉校点：《二刻拍案惊奇》，保定：河北大学出版社，2004 年

［明］丘浚：《家礼仪节》，《丛书集成》三编，卷二四。

［明］宋濂等：《元史》，北京：中华书局，2005 年。

［明］徐一夔：《明集礼》，卷三十七上，文渊阁《四库全书》，册 650。

［明］叶子奇：《草木子》，北京：中华书局，1997 年。

［明］《明太祖实录》，台北：台湾研究院史语所校印本，1962 年。

［清］顾炎武：《易音》，《丛书集成三编》，册 27。

［清］林伯桐：《士人家仪考》，《丛书集成》三编，册 25。

［清］黄虞稷：《千顷堂书目》，《丛书集成》续编，册 4。

［清］毛奇龄：《辨定祭礼通俗谱》，文渊阁《四库全书》，册 142。

［清］乾隆官修：《续通典》，杭州：浙江古籍出版社，2000 年。

［清］沈凤翔：《稷山县志》，台湾：成文出版社，1976 年。

［清］王士禛：《池北偶谈》，《丛书集成三编》，册 68。

［清］王毓贤：《绘事备考》，文渊阁《四库全书》，册 826。

［清］徐松：《中兴礼书》，《续修四库全书》，册 822。

［清］颜昌峣：《管子校释》，长沙：岳麓书社，1996 年。

［清］赵翼：《廿二史札记》，北京：中华书局，2008 年。

［民国］张维：《陇右金石录》卷五，《中国西北文献丛书》，册 182，兰州：兰州古籍书店，1990 年。

二　简报、发掘报告、图录

白冠西：《安庆市棋盘山发现的元墓介绍》，《文物参考资料》1957 年第 5 期。

北京大学考古系商周组等：《天马－曲村（1980～1989）》，北京：科学出版社，2000 年。

北京大学中国考古学研究中心等：《邢台市邢钢元代壁画墓发掘简报》，《考古与文物》2008 年第 4 期。

北京市文物研究所：《北京平谷河北村元墓发掘简报》，《文物》2012 年第 7 期。

北京市文物研究所：《北京昌平兴寿镇元代墓葬发掘简报》，《文物春秋》2012 年第 3 期。

北京市文化局文物调查研究组：《北京市双塔庆寿寺出土的丝绵织品及绣花》，《文物参考资料》1958 年第 9 期。

北京市文物工作队：《北京西郊辽壁画墓发掘》，《北京文物与考古》第一辑，北京：北京燕山出版社，1983 年。

北京市文物工作队：《元铁可父子墓、张弘纲墓发掘报告》，《考古学报》1986 年第 1 期。

北京市文物事业管理局等：《北京市斋堂辽壁画墓发掘简报》，《文物》1980 年第 7 期。

北京市文物研究所：《北京地区发现两座元代墓葬》，《北京文物与考古》第三辑，北京：北京燕山出版社，1992 年。

北京市文物研究所：《北京金代皇陵》，北京：文物出版社，2006 年。

北京市文物研究所：《北京龙泉务辽金墓葬发掘报告》，北京：科学出版社，2009 年。

北京市文物研究所：《耶律铸夫妇合葬墓出土珍贵文物》，《中国文物报》1999 年 1 月 31 日第 1 版。

昌乐县文物管理所：《山东昌乐东山王元代墓葬清理简报》，《考古》1995 年第 9 期。

长治市博物馆：《山西长治市故漳金代纪年墓》，《考古》1984 年第 8 期。

长治市博物馆：《山西长治市南郊元代壁画墓》，《考古》1996 年第 6 期。

长治市博物馆：《山西省长治县郝家庄元墓》，《文物》1987 年第 7 期。

朝阳市博物馆等：《朝阳市开发区仁济药材工地元代墓群发掘简报》，《北方文物》2009 年第 1 期。

陈履生、陆志宏：《甘肃宋元画像砖》，北京：人民美术出版社，1996 年。

大同市博物馆：《大同金代阎德源墓发掘简报》，《文物》1978 年第 4 期。

大同市博物馆：《大同市南郊金代壁画墓》，《考古学报》1992 年第 4 期。

大同市博物馆：《大同元代壁画墓》，《文物季刊》1993 年第 2 期。

大同市博物馆：《山西大同市金代徐龟墓》，《考古》2004 年第 9 期。

大同市文化局文物科：《山西大同东郊元代崔莹李氏墓》，《文物》1987 年第 6 期。

大同市文物陈列馆等：《山西省大同市元代冯道真、王青墓清理简报》，《文物》1962 年第 10 期。

代尊德：《山西太原郊区宋、金、元代砖墓》，《考古》1961 年第 1 期。

樊书海等：《河北平乡发现元代仿木结构纪年壁画墓》，《中国文物报》2004 年 7 月 14 日第 1 版。

方明达等：《绥滨县奥里米辽金墓葬抢救性发掘》，《北方文物》1999 年第 2 期。

房道国、史云：《济南千佛山元代壁画墓清理简报》，《华夏考古》2015 年第 4 期。

盖山林：《兴和县五甲地古墓》，《内蒙古文物考古》1984 年第 3 期。

甘肃省博物馆等：《甘肃漳县元代汪世显家族墓葬》，《文物》1982 年第 2 期。

郭洪涛：《唐恭陵哀皇后墓部分出土文物》，《考古与文物》2002 年第 4 期。

郭建设等：《许衡神道碑述考》，《中原文物》2006 年第 4 期。

海宁县博物馆：《浙江海宁元代贾椿墓》，《文物》1982 年第 2 期。

郝红星：《登封卢店明代壁画墓》，郑州市文物考古研究：《郑州宋金壁画墓》，北京：科学出版社，2005 年。

河北省文化局文物工作队：《河北井陉县柿庄宋墓发掘报告》，《考古学报》1962 年第 2 期。

河北省文物保护中心等：《元代张弘略及夫人墓清理报告》，《文物春秋》2013 年第 5 期。

河北省文物研究所：《石家庄后太保村史氏家族墓发掘报告》，《河北省考古文集》，北京：东方出版社，1998 年。

河北省文物研究所：《宣化辽墓》，北京：文物出版社，2001 年。

河北省文物研究所等：《河北涿州元代壁画墓》，《文物》2004 年第 3 期。

何洪源：《济南市一座元代壁画墓整体迁移成功》，《中国文物报》1992 年 7 月 19 日第 2 版。

河南省博物馆等：《河南焦作金墓发掘简报》，《文物》1979 年第 8 期。

河南省博物馆等：《焦作金代壁画墓发掘简报》，《河南文博通讯》1980 年第 4 期。

河南省文物研究所等：《禹州市坡街宋壁画墓清理简报》，《中原文物》1990 年第 4 期。

河南文化局文物工作队二队：《洛阳发现的带壁画古墓》，《文物参考资料》1958 年第 1 期。

黑龙江省文物考古队工作队：《黑龙江畔绥滨中兴古城和金代墓群》，《文物》1977 年第 4 期。

黑龙江省文物考古队工作队：《松花江下游奥里米古城及其周围的金代墓群》，《文物》1977 年第 4 期。

黑龙江省文物考古工作队：《绥滨永生金代平民墓》，《文物》1977 年第 4 期。

黑龙江省文物考古研究所：《黑龙江阿城巨源金代齐国王墓发掘简报》，《文物》1989 年第 10 期。

呼林贵等：《蒲城发现的元墓壁画及其对文物鉴定的意义》，《文博》1998 年第 5 期。

黄秀纯等：《北京地区发现的元代墓葬》，北京文物研究所：《北京文物与考古》第二辑，北京：北京燕山出版社，1991 年。

济南市考古研究所：《济南市司里街元代砖雕壁画墓》，《文物》2004 年第 3 期。

济南市文化局等：《济南近年发现的元代砖雕壁画墓》，《文物》1992 年第 2 期。

济南市文化局文物处等：《济南柴油机厂元代砖雕壁画墓》，《文物》1992 年第 2 期。

济宁市博物馆：《山东济宁发现两座元代墓葬》，《考古》1994 年第 9 期。

济青公路文物考古队绣惠分队：《章丘女郎山宋金元明壁画墓的发掘》，《济青高级公路章丘工段考古发掘报告集》，济南：齐鲁书社，1993 年。

姬翔月：《陕西榆林发现的元代壁画》，《文博》2011 年第 6 期。

贾成惠：《河北内丘胡里村金代壁画墓》，《文物春秋》2002 年第 4 期。

蒋美华：《四川大足县继续发现带精美雕刻的宋墓》，《文物参考资料》1955 年第 8 期。

江苏省文管会：《江苏吴县元墓清理简报》，《文物》1959 年第 11 期。

焦作市文物工作队等：《焦作中站区元代靳德茂墓道出土陶俑》，《中原文物》2008 年第 1 期。

解希恭、阎金铸：《山西永和县出土金大安三年石棺》，《文物》1989 年第 5 期。

开封市文物工作队等：《河南尉氏县张氏镇宋墓发掘简报》，《华夏考古》2006 年第 3 期。

孔繁刚等：《山东沂水县金代墓葬》，《考古学集刊》第 11 辑，北京：中国大百科全书出版社，1997 年。

甘肃省博物馆：《汪世显家族墓出土文物研究》，兰州：甘肃人民美术出版社，2017 年。

廊坊市文物管理处等：《河北三河高楼元代墓群发掘简报》，《文物春秋》2015 年第 5 期。

廊坊市文物管理处：《霸州市任水村元代墓群清理简报》，《文物春秋》2015 年第 3 期。

廊坊市文物管理处等：《廊坊市安次县大伍龙村元墓清理简报》，河北省文物研究所：《河北省考古文集（三）》，北京：科学出版社，2007 年。

李显文、程显双：《四川荣昌县沙坝子宋墓》，《文物》1984 年第 7 期。

李逸友：《元上都城南砧子山南区墓葬发掘报告》，《内蒙古文物考古文集》第一辑，北京：中国大百科全书出版社，1994 年。

聊城地区博物馆：《山东高唐金代虞寅墓发掘简报》，《文物》1982 年第 1 期。

辽宁省博物馆：《辽宁朝阳金代壁画墓》，《考古》1962 年第 4 期。

辽宁省博物馆等：《凌源富家屯元墓》，《文物》1985 年第 6 期。

林仙庭等：《山东牟平县北头墓群清理与调查》，《考古》1997 年第 3 期。

刘安利：《西安东郊元刘义世墓清理简报》，《文博》1985 年第 4 期。

刘宝爱、张德文：《陕西宝鸡元墓》，《文物》1992 年第 2 期。

刘冰：《内蒙古赤峰沙子山元代壁画墓》，《考古》1992 年第 2 期。

刘俊勇：《大连寺沟元墓》，《文物》1983 年第 5 期。

刘善沛、王惠明：《济南市历城区宋元壁画墓》，《文物》2005 年第 11 期。

刘晓东等：《试论金代女真贵族墓葬的类型及演变》，《辽海文物学刊》1991 年第 1 期。

卢桂兰等：《西安北郊红庙坡元墓出土一批文物》，《文博》1986 年第 3 期。

洛川县博物馆：《陕西洛川县潘窑科村宋墓清理简报》，《考古与文物》2004 年第 4 期。

洛阳地区文化局文物科：《三门峡上村岭发现元代墓葬》，《考古》1985 年第 11 期。

洛阳市博物馆：《洛阳元王述墓清理记》，《考古》1979 年第 6 期。

洛阳市第二文物工作队：《洛阳道北元墓发掘简报》，《文物》1999 年第 2 期。

洛阳市第二文物工作队：《洛阳邙山宋代壁画墓》，《文物》1992 年第 12 期。

洛阳市第二文物工作队：《洛阳伊川元墓发掘简报》，《文物》1993 年第 5 期。

洛阳市第二文物工作队等：《河南宜阳北宋画像石棺》，《文物》1996 年第 8 期。

洛阳市文物工作队：《洛阳孟津县麻屯金墓发掘简报》，《华夏考古》1996 年第 1 期。

洛阳市铁路北站编组站联合考古发掘队：《元赛因赤答忽墓的发掘》，《文物》1996 年第 2 期。

马昇、王俊：《山西宋金墓葬考古的重要发现》，《中国文物报》2008 年 11 月 19 日第 2 版。

马玺伦：《山东沂水县清理两座元墓》，《考古学集刊》第 11 辑，北京：中国大百科全书出版社，1997 年。

马志祥等：《西安曲江元李新昭墓》，《文博》1988 年第 2 期。

南宝生：《绚丽的地下艺术宝库：清水宋（金）砖雕彩绘墓》，兰州：甘肃人民出版社，2005 年。

南水北调中线干线工程建设管理局：《徐水西黑山：金元时期墓地发掘报告》，北京：文物出版社，2007 年。

内蒙古文物考古研究所等：《木胡儿索卜·夏金元时期墓葬》，《中国考古学年鉴·1997》，北京：文物出版社，1999 年。

内蒙古文物考古研究所等：《达茂旗木胡儿索卜嘎墓群的清理简报》，《内蒙古文物考古文集》第二辑，北京：中国大百科全书出版社，1996 年。

内蒙古文物考古研究所等：《四子王旗城卜子古城及墓葬》，《中国考古学年鉴·1996》，北京：文物出版社，1998 年。

内蒙古文物考古研究所等：《四子王旗城卜子古城及墓葬》，《内蒙古文物考古文集》第二辑，北京：中国大百科全书出版社，1996 年。

内蒙古文物考古研究所等：《元上都城址东南砧子山西区墓葬发掘简报》，《文物》2001 年第 9 期。

内蒙古考古研究所等：《正蓝旗羊群庙元代祭祀遗址及墓葬》，《内蒙古文物考古文集》第一辑，北京：中国大百科全书出版社，1994 年。

内蒙古自治区文化厅文物处等：《内蒙古凉城县后德胜元墓清理简报》，《文物》1994 年第 10 期。

倪志俊、韩国河、程林泉：《西安市北郊金代墓葬发掘简报》，《考古与文物》1991 年第 6 期。

宁夏文物考古研究所：《西夏陵区北端建筑遗址发掘简报》，《文物》1988 年第 9 期。

宁夏文物考古研究所：《西夏陵：中国田野考古报告》，北京：东方出版社，1995 年。

牛达生：《西夏陵园》，《文物与考古》1982 年第 6 期。

任喜来、呼林贵：《陕西韩城金代僧群墓》，《文博》1988 年第 1 期。

山东省济宁地区文物局：《山东嘉祥县元代曹元用墓清理简报》，《考古》1983 年第 9 期。

山东省文物考古研究所：《山东省阳谷县马庙元明墓地发掘简报》，《华夏考古》1998 年第 3 期。

山东省文物考古研究所等：《山东临淄大武村元墓发掘简报》，《文物》2005 年第 11 期。

山西省考古研究所：《山西稷山金墓发掘简报》，《文物》1983 年第 1 期。

山西省考古研究所：《山西新绛南范庄、吴岭庄金元墓发掘简报》，《文物》1983 年第 1 期。

山西省考古研究所：《山西运城西里庄元代壁画墓》，《文物》1988 年第 4 期。

山西省考古研究所等：《山西汾阳金墓发掘简报》，《文物》1991 年第 12 期。

山西省考古研究所等：《山西省闻喜县金代砖雕、壁画墓》，《文物》1986 年第 12 期。

山西省考古研究所等：《山西屯留宋村金代壁画墓》，《文物》2008 年第 8 期。

山西省考古研究所侯马工作站：《侯马乔村金元墓》，《文物季刊》1996 年第 3 期。

山西省考古研究所侯马工作站：《侯马市区元代墓葬发掘简报》，《文物世界》1996 年第 3 期。

山西省考古研究所侯马工作站：《侯马 65H4M102 金墓》，《文物季刊》1997 年第 4 期。

山西省考古研究所侯马工作站：《侯马 102 号金墓》，《文物季刊》1995 年第 2 期。

山西省考古研究所晋东南工作站：《山西长子县石哲金代壁画墓》，《文物》1985 年第 6 期。

山西省考古研究所平朔工作队：《朔州辽代壁画墓发掘简报》，《文物季刊》1995 年第 2 期。

山西省文管会侯马工作站：《侯马元代墓发掘简报》，《文物》1959 年第 12 期。

山西省文物工作委员会侯马工作站：《山西新绛寨里村元墓》，《考古》1966 年第 1 期。

山西省文物管理委员会：《山西平定东回村古墓中的彩画》，《文物参考资料》1954 年第 12 期。

山西省文物管理委员会等：《山西文水北峪口的一座古墓》，《考古》1961 年第 3 期。

山西省文物管理委员会等：《山西孝义下吐京和梁家庄金、元墓发掘简报》，《考古》1960 年第 7 期。

山西省文物技术中心：《山西襄垣出土元代棺床保护修复》，《文物世界》2017 年第 5 期。

陕西省考古研究院：《元代刘黑马家族墓发掘报告》，北京：文物出版社，2018 年。

陕西省考古研究院等：《陕西横山罗圪台村元代壁画墓发掘简报》，《考古与文物》2016 年第 5 期。

陕西省考古研究院：《西安南郊大朝刘黑马墓发掘简报》，《考古与文物》2015 年第 4 期。

陕西省考古研究所：《山西蒲城洞耳村元代壁画墓》，《考古与文物》2000 年第 1 期。

陕西省文物管理委员会：《陕西商县金陵寺宋僧人墓清理简报》，《考古》1960 年第 6 期。

陕西省文物管理委员会：《陕西兴平县西郊清理宋墓一座》，《文物》1959 年第 2 期。

陕西省文物管理委员会：《西安曲江池西村元墓清理简报》，《文物参考资料》1958 年第 6 期。

陕西省文物管理委员会：《西安玉祥门外元代砖墓清理简报》，《文物参考资料》1956 年第 1 期。

商彤流：《长治市安昌村出土的金代墓葬》，《艺术史研究》第六辑，广州：中山大学出版社，2004 年。

商彤流、王金元：《离石马茂庄发现一座金墓》，《文物季刊》1994 年第 1 期。

商彤流、解光启：《山西交城县的一座元代石室墓》，《文物世界》1996 年第 4 期。

上海博物馆：《上海博物馆藏瓷选集》，北京：文物出版社，1979 年。

邵国田：《敖汉旗喇嘛沟辽代壁画墓》，《内蒙古文物考古》1999 年第 1 期。

邵国田：《敖汉旗下湾子辽墓清理简报》，《内蒙古文物考古》1999 年第 1 期。

邵国田：《敖汉旗羊山 1-3 号辽墓清理简报》，《内蒙古文物考古》1999 年第 1 期。

宿白：《白沙宋墓》，北京：文物出版社，2002 年。

太原市文物考古研究所等：《太原刚玉五一生活区元代墓葬发掘简报》，《文物世界》2016 年第 5 期。

檀志慧：《古交市河下村元代墓葬》，《文物世界》2016 年第 5 期。

陶富海：《山西襄汾县的四座金元时期墓葬》，《考古》1988 年第 12 期。

陶富海、解希恭：《山西襄汾县曲里村金元墓清理简报》，《文物》1986 年第 3 期。

滕县博物馆：《山东滕县金苏瑀墓》，《考古》1984 年第 4 期。

王进先：《山西长治市发现金代石棺》，《考古》1986 年第 2 期。

王进先：《山西长治市捉马村元代壁画墓》，《文物》1985 年第 6 期。

王九刚等：《西安南郊山门口元墓清理简报》，《考古与文物》2006 年第 2 期。

王青林、周宇：《石景山八角村金赵励墓志与壁画》，《北京文物与考古》第五辑，北京：燕山出版社，2002 年。

王秀生：《山西长治李村沟壁画墓清理》，《考古》1965 年第 7 期。

王银田等：《大同市西郊元墓发掘简报》，《文物季刊》1995 年第 2 期。

威海市文化局等：《威海文物概览》，青岛：青岛出版社，2009 年。

武汉市博物馆：《黄陂县周家田元墓》，《文物》1989 年第 5 期。

无锡市博物馆：《江苏无锡市元墓中出土一批文物》，《文物》1964 年第 12 期。

西安市文物考古保护研究院：《西安曲江缪家寨元代袁贵安墓发掘简报》，《文物》2016 年第 7 期。

西安市文物保护考古所：《西安南郊潘家庄元墓发掘简报》，《文物》2010 年第 9 期。

西安市文物保护考古所：《西安韩森寨元代壁画墓》，北京：文物出版社，2004 年。

西安市文物保护研究所：《西安南郊元代王世英墓清理简报》，《文物》2008 年第 6 期。

邢福来、苗轶飞：《雨惊燕居——陕西横山县罗圪台村元墓壁画》，《收藏》2017 年第 3 期。

咸阳地区文管会：《陕西户县贺氏墓出土大量元代俑》，《文物》1979 年第 4 期。

项春松：《内蒙古赤峰市元宝山元代壁画墓》，《文物》1983 年第 4 期。

项春松等：《内蒙古翁牛特旗梧桐花元代壁画墓》，《北方文物》1992 年第 3 期。

项春松等：《内蒙昭盟赤峰三眼井元代壁画墓》，《文物》1982 年第 1 期。

忻州地区文管处：《五台县发现宋代陶棺》，《文物世界》1996 年第 4 期。

徐家国：《辽宁抚顺土子口村元墓》，《考古》1994 年第 5 期。

徐英章：《辽宁喀左县大城子元代石椁墓》，《考古》1964 年第 5 期。

徐治亚等：《元代龙川和尚墓的发现和白马寺内的有关石刻》，《文物》1983 年第 3 期。

许淑珍：《山东淄博市临淄宋金壁画墓》，《华夏考古》2003 年第 1 期。

延安市文化文物局：《延安虎头峁元代墓葬清理简报》，《文博》1990 年第 2 期。

阎景全：《黑龙江省阿城市双城村金墓群出土文物整理报告》，《北方文物》1990 年第 2 期。

阳泉市文物管理处等：《山西阳泉东村元墓发掘简报》，《文物》2016 年第 10 期。

袁长江：《长安凤栖原元墓建筑结构》，《文博》1985 年第 2 期。

翟春玲等：《西安电子城出土元代文物》，《文博》2002 年第 5 期。

张国维：《稷山县博物馆收藏的几方宋金石、陶棺》，《文物世界》2007 年第 3 期。

章丘县博物馆：《山东章丘青野元代壁画墓清理简报》，《华夏考古》1999 年第 4 期。

张家口市宣化区文物保管所：《宣化下八里 II 区辽壁画墓考古发掘报告》，北京：文物出版社，
2008 年。

张景明：《内蒙古巴林左旗王家湾金代墓葬》，《考古》1999 年第 4 期。

张青晋：《山西永济发现金代贞元元年青石棺》，《文物》1985 年第 8 期。

张先得：《北京市大兴县辽代马直温夫妻合葬墓》，《文物》1980 年第 12 期。

张先得、袁进京：《北京市密云县元代壁画墓》，《文物》1984 年第 6 期。

张亚平：《佳木斯市黎明村辽金墓群出土的文物》，《北方文物》2004 年第 4 期。

张志新：《江苏吴县狮子山西晋四号墓》，《考古》1983 年第 8 期。

赵宏、高明：《济源市东石露头村宋代壁画墓》，《中原文物》2008 年第 2 期。

张少春：《康平方家屯元墓》，《辽海文物学刊》1986 年第 1 期。

郑绍宗：《兴隆县梓木林子发现的契丹文墓志铭》，《考古》1973 年第 5 期。

郑州市文物考古研究所等：《河南登封黑山沟宋代壁画墓》，《文物》2001 年第 10 期。

郑州市文物考古研究所等：《河南新密市平陌宋代壁画墓》，《文物》1998 年第 12 期。

郑州市文物考古研究所：《郑州宋金壁画墓》，北京：科学出版社，2005 年。

朱晓芳、王进先：《山西长治故县村宋代壁画墓》，《文物》2005 年第 4 期。

邹县文物保管所：《邹县元代李裕庵墓清理简报》，《文物》1978 年第 4 期。

三　学位论文

爱丽思：《中国北方地区蒙元时期墓葬形制研究》，内蒙古师范大学硕士学位论文，2011 年。

李敏行：《元代墓葬装饰研究》，南开大学博士学位论文，2007 年。

李树国：《内蒙古地区蒙元时期墓葬的初步研究》，内蒙古大学硕士学位论文，2011 年。

刘耀辉：《晋南地区宋金墓葬研究》，北京大学硕士学位论文，2002 年。

卢青峰：《金代墓葬研究》，郑州大学硕士学位论文，2007 年。

韩小囡：《宋代墓葬装饰研究》，山东大学博士学位论文，2004 年。

霍杰娜：《燕云地区辽代墓葬研究》，北京大学硕士学位论文，2003 年。

瞿大风：《元朝统治下的山西地区》，南开大学博士学位论文，2003 年。

王博：《蒙元时期墓葬壁画题材与布局浅析》，吉林大学硕士学位论文，2005 年。

汪小红：《元代巩昌汪氏家族研究》，兰州大学硕士学位论文，2007 年。

薛豫晓：《宋辽金元墓葬中"开芳宴"图像研究》，四川大学硕士学位论文，2007 年。

袁泉：《继承与变革：蒙元时期中原北方地区墓葬研究》，北京大学博士学位论文，2009 年。

张晓东：《蒙元时期的蒙古人墓葬》，吉林大学硕士学位论文，2005 年。

四　研究论文与专著

北京大学考古文博学院等：《河北沽源梳妆楼元墓墓上建筑研究》，《文物》2018 年第 6 期。

蔡志纯：《元代"烧饭"之礼研究》，《史学月刊》1984 年第 1 期。

陈进国：《信仰、仪式与乡土社会：风水的历史人类学探索》，北京：中国社会科学出版社，2005 年。

陈履生、陆志宏：《甘肃宋元画像砖》，北京：人民美术出版社，1996 年。

陈相伟：《试论金代石椁墓》，《博物馆研究》1993 年第 1 期。

崔树华：《读赛因赤达忽墓志所得》，《前沿》1994 年第 4 期。

邓菲：《中原北方地区宋金墓葬艺术研究》，北京：文物出版社，2019 年。

邓菲：《山川悠远——论元代墓葬中的山水图像》，《美术学报》2016 年第 6 期。

邓菲：《试析宋金时期砖雕壁画墓的营建工艺——从洛阳关林庙宋墓谈起》，《考古与文物》2015 年第 1 期。

邓菲：《"香积厨"与"茶酒位"——谈宋金元砖雕壁画墓中的礼仪空间》，《艺术史研究》第 14 辑，广州：中山大学出版社，2013 年。

董新林：《北方地区蒙元墓葬初探》，《考古》2015 年第 9 期。

董新林：《蒙元壁画墓的时代特征初探——兼论登封王上等壁画墓的年代》，《美术研究》2013 年第 4 期。

董新林：《蒙元时期墓葬壁画题材及其相关问题》，《二十一世纪的中国考古学——庆祝佟柱臣先生 85 岁华诞学术文集》，北京：文物出版社，2006 年。

董新林：《中国古代陵墓考古研究》，福州：福建人民出版社，2005 年。

敦煌研究院：《敦煌——纪念纪念藏经洞发现一百周年》，北京：朝华出版社，2000 年。

额尔德木图：《论元代蒙古族丧葬风俗》，《内蒙古民族大学学报（社会科学版）》2001 年第 27 卷第 1 期。

冯恩学：《北京斋堂壁画墓的时代》，《北方元墓》1997 年第 4 期。

高荣盛：《元代祭礼三题》，《南京大学学报（哲学·人文社会版）》2000 年第 6 期。

郭智勇：《山西地区元代壁画墓葬的考古学研究》，《史学志刊》2015 年第 3 期。

郭智勇、李锐：《山西兴县牛家川元代石板壁画解析》，《文物世界》2015 年第 1 期。

韩小忙：《西夏陵在中国古代陵寝制度发展史上的地位》，《宁夏社会科学》1993 年第 6 期。

黄可佳：《沽源梳妆楼蒙元贵族墓葬墓主考略》，《草原文物》2013 年第 1 期。

黄时鉴：《关于汉军万户设置的若干问题》，《元史论丛》第二辑，北京：中华书局，1983 年。

黄秀纯等：《元代墓葬》，北京市文物考古研究所：《北京考古四十年》，北京：燕山出版社，1990 年。

侯新佳：《试析山东元代砖雕壁画墓》，《洛阳理工学院学报（社会科学版）》2008 年第 23 卷第 1 期。

洪用斌：《汪古部社会制度初探》，载中国蒙古史学会编：《中国蒙古史学会成立大会纪念集刊》，呼和浩特：中国蒙古史学会，1979 年。

黄雪寅：《13～14 世纪蒙古族衣冠服饰的图案艺术》，《内蒙古文物考古》1999 年第 2 期。

霍杰娜：《辽墓中所见佛教因素》，《文物世界》2002 年第 3 期。

霍宇红等：《赤峰元墓壁画人物服饰研究》，《内蒙古文物考古》2001 年第 2 期。

罗斯宁：《元杂剧的鬼魂戏和元代的祭祀习俗》，《中山大学学报（社会科学版）》2003 年第 3 期。

雷焕芹等：《元初名臣刘秉忠家族墓冢考》，《邢台师范高专学报（综合版）》1996 年第 4 期。

李红：《宋辽金元时期的墓室壁画》，《中国美术全集·绘画编》卷 12，《墓室壁画》，北京：文物出版社，1989 年。

李零：《铄古铸今——考古发现和复古艺术》，香港：香港中文大学出版社，2005 年。

李清泉：《宣化辽墓：墓葬艺术与辽代社会》，北京：文物出版社，2007 年。

梁思成：《中国建筑史》，天津：白花文艺出版社，1998 年。

梁太济：《关于金末元初的汉人地主武装问题》，南京大学历史系元史研究室编：《元史论集》，北京：人民出版社，1984 年。

廖奔：《宋金元仿木结构砖雕墓及其乐舞装饰》，《文物》2000 年第 5 期。

刘恒武：《蒲城元墓壁画琐议》，《考古与文物》2000 年第 1 期。

刘浦江：《说汉人辽金时代民族融合的一个侧面》，《民族研究》1998 年第 6 期。

刘淑芬：《灭罪与度亡：佛顶尊胜陀罗尼经幢之研究》，上海：上海古籍出版社，2008 年。

刘淑芬：《墓幢——经幢研究之三》，《台湾研究院历史语言研究所集刊》，第七十四本，第四分，2003 年。

刘未：《门窗、桌椅及其他——宋元砖雕壁画墓的模式与传统》，巫鸿等主编：《古代墓葬美术研究》第三辑，长沙：湖南美术出版社，2015 年。

刘未：《辽代汉人墓葬研究》，《汉学研究》，第 24 卷第 1 期，2006 年。

刘未：《尉氏元代壁画墓札记》，《故宫博物院院刊》2007 年第 3 期。

刘未：《辽代墓葬研究》，北京：科学出版社，2016 年。

刘晓东：《金代土坑石椁墓及相关问题》，《青果集——吉林大学考古专业成立二十周年考古论文集》，北京：知识出版社，1993 年。

林梅村：《松漠之间——从额尔古纳河山林到成吉思汗的崛起》，《暨南史学》第一辑，广州：暨南大学出版社，2003 年。

罗世平、廖旸：《古代壁画墓》，北京：文物出版社，2005 年。

孟耀虎：《元代刘用墓出土器物》，《文物世界》2002 年第 5 期。

苗轶飞：《山西发现蒙元墓葬的分区与分期》，《文博》2017 年第 2 期。

那木吉拉：《元代汉人蒙古姓名考》，《中央民族学院学报》1992 年第 2 期。

彭善国：《内蒙古地区出土的元代瓷器及相关问题》，《内蒙古社会科学（汉文版）》2006 年第 27 卷第 2 期。

齐东方：《唐代的丧葬观念习俗与礼仪制度》，《考古学报》2006 年第 1 期。

秦大树：《宋代丧葬习俗的变革及其体现的社会意义》，《唐研究》第十一卷。

秦大树：《宋元明考古》，北京：文物出版社，2004 年。

沙武田：《敦煌引路菩萨像画稿——兼谈"雕空"类画稿与"线刻法"》，《敦煌研究》2006 年第 1 期。

山西省考古研究所：《走进考古·步入宋金：一次公众考古活动的探索与实践》，北京：科学出版社，2009 年。

尚刚：《蒙元御容》，《故宫博物院院刊》2004 年第 3 期。

尚刚：《元代工艺美术史》，沈阳：辽宁教育出版社，1999 年。

申云艳等：《从元代墓室壁画看元代饮茶风尚》，《故宫文物月刊》1998 年第 2 期。

史学谦：《试论山西地区的金墓》，《考古与文物》1988 年第 3 期。

宋蓉、罗斌：《北京地区蒙元墓葬研究》，《边疆考古研究》第 20 辑，北京：科学出版社，2016 年。

宿白等：《中国美术全集·绘画编 12·墓室壁画》，北京：文物出版社，1989 年。

孙传贤：《焦作市西冯封村雕砖墓几个有关问题的探讨》，《中原文物》1983 年第 1 期。

孙克宽：《蒙古帝国初期汉军的建制》，《蒙古汉军与汉文化研究》，台北：文星书店，1958 年。

孙武等：《元代刘逵墓出土的几件瓷器》，《收藏界》2002 年第 1 期。

索全星：《焦作市出土二合元代墓志略考》，《文物》1996 年第 3 期。

索全星：《许衎、许师义墓志跋》，《华夏考古》1995 年第 4 期。

王大方：《蒙古国蒙元时期蒙古人墓葬的特点》，《内蒙古文物考古》2001 年第 1 期。

王佐才、董忠耿：《试述绍兴出土的越窑"谷仓罐"》，《南方文物》1991 年第 4 期。

魏坚：《元上都》，北京：中国大百科全书出版社，2008 年。

王轩：《谈李裕庵墓中的几件刺绣衣物》，《文物》1978 年第 4 期。

吴峰云：《西夏陵园建筑的特点》，史金波等编《西夏文物》，北京：文物出版社，1998 年。

巫鸿：《无形之神——中国古代视觉文化中的"位"与对老子的非偶像表现》，《礼仪中的美术》，北京：生活·读书·新知三联书店，2005 年。

萧启庆：《忽必烈"潜邸旧侣"考》，《内北国而外中国：蒙元史研究》，北京：中华书局，2007 年。

萧启庆：《论元代蒙古人之汉化》，《内北国而外中国：蒙元史研究》，北京：中华书局，2007 年。

萧启庆：《元代蒙古人的汉学》，《内北国而外中国：蒙元史研究》，北京：中华书局，2007 年。

萧启庆：《元代几个汉军世家的仕宦与婚姻》，《内北国而外中国：蒙元史研究》，北京：中华书局，2007 年。

谢明良：《北方部分地区元墓出土陶器的区域性观察——从漳县汪世显家族墓出土陶器谈起》，《故宫学术季刊》第十九卷第四期，2002 年。

谢明良：《记唐恭陵哀皇后墓出土的陶器》，载谢明良：《中国陶瓷史论集》，台北：允晨文化实业股份有限公司，2007 年。

谢明良：《对史天泽墓的一点意见——兼评〈石家庄后太保村史氏家族墓发掘报告〉》，载谢明良：《中国陶瓷史论集》，台北：允晨文化实业股份有限公司，2007 年。

许雅惠：《宋、元〈三礼图〉的版面形式与使用：兼论新旧礼器变革》，《台大历史学报》第 60 期，2017 年。

许雅惠：《宣和博古图的间接流传：以元代赛因赤答忽墓出土的陶器与〈绍熙州县释奠仪图〉为例》，《台湾大学美术史研究集刊》第 14 期，2003 年。

徐苹芳：《金元墓葬的研究》，《新中国的考古发现与研究》，北京：文物出版社，1984 年。

徐苹芳：《关于宋德芳和潘德冲墓的几个问题》，《考古》1960 年第 8 期。

徐苹芳：《僧伽造像的发现和僧伽崇拜》，《文物》1996 年第 5 期。

徐苹芳：《唐宋墓葬中的"明器神煞"与"墓仪"制度——读〈大汉原陵秘葬经〉札记》，《考古》1962 年第 2 期。

徐苹芳：《中国历史考古学论丛》，台北：允晨文化实业股份有限公司，1995 年。

杨洁：《陕西关中蒙元墓葬出土陶俑的组合关系及相关问题》，《考古与文物》2015 年第 4 期。

杨洁：《陕西地区出土蒙元陶俑类型分析》，《文博》2013 年第 5 期。

杨艳秋等：《浅析赤峰元墓壁画所揭示的蒙古贵族生活习惯》，《中国北方古代文化国际学术研讨会论文集》，北京：中国文史出版社，1995 年。

杨哲峰：《从蒲城元墓壁画看元代匜的用途》，《中原文物》1999 年第 4 期。

扬之水：《元代金银酒器中的马盂和马勺》，《中国历史文物》2008 年第 3 期。

扬之水：《古器丛考三则》，《东方美术》1997 年第 3 期。

扬之水：《敦煌文书什物历器物丛考》，《传统中国研究集刊》第三辑，2007 年。

叶新民：《从内蒙古地区的石雕像和壁画看元代社会生活》，《元史论丛》第 7 辑，南昌：江西教育出版社，1999 年。

亦邻真：《起辇谷和古连勒古》，《内蒙古社会科学》1989 年第 3 期。

袁泉：《死生之间：小议蒙元时期墓葬营造中的阴阳互动》，《古代墓葬美术研究》第四辑，长沙：湖南美术出版社，2017 年。

袁泉：《复古维新：洛渭地区蒙元墓葬"复古化"的再思》，《两个世界的徘徊——中古时期丧葬观念风俗与礼仪制度学术研讨会论文集》，北京：科学出版社，2016 年。

袁泉：《物与像：元墓壁面装饰与随葬品共同营造的墓室空间》，《故宫博物院院刊》2013 年第 2 期。

袁泉：《政治动因下的"蒙古衣冠"：赤峰周边蒙元壁画墓的再思》，《边疆考古研究》第 12 辑，北京：科学出版社，2012 年。

袁泉：《舍利安置制度的东亚化》，《敦煌研究》2007 年第 4 期。

张景明等：《内蒙古地区蒙元时期金银器》，《内蒙古文物考古》1999 年第 2 期。

张连举：《元杂剧中的丧葬文化》，《宁夏社会科学》2006 年第 2 期。

张文芳：《百眼窑石窟的营建年代及壁画主要内容初论——兼述成吉思汗在百眼窑地区之活动》，《内蒙古文物考古文集》第一辑，北京：中国大百科全书出版社，1994 年。

赵琦：《大蒙古国时期的诸王与儒士》，《内蒙古大学学报（社会科学版）》2002 年第 2 期。

赵琦：《河北省沽源县"梳妆楼"元蒙古贵族墓墓主考》，《中国史研究》2003 年第 2 期。

赵冉：《宋元墓葬中榜题、题记研究》，《南方文物》2012 年第 1 期。

赵文坦：《金元之际汉人世侯的兴起与政治动向》，《南开大学学报（人文社科版）》2000 年第 6 期。

赵一兵：《元代巩昌汪世显家族墓葬出土墓志校释五则》，《内蒙古社会科学（汉文版）》2006 年第 27 卷第 2 期。

郑岩：《夕阳西下——读兴县红峪村元代武庆夫妇墓壁画札记》，巫鸿等主编：《古代墓葬美术研究》第三辑，长沙：湖南美术出版社，2015 年。

郑岩：《压在画框上的笔尖——试论墓葬壁画与传统绘画史的关联》，《新美术》2009 年第 1 期。

郑岩：《魏晋南北朝壁画墓研究》，北京：文物出版社，2002 年。

郑以墨、王丽丽：《河北涿州元墓壁画研究》，《南京艺术学院学报》2015 年第 5 期。

邹清泉：《"三教圆融"语境中的元代墓葬艺术——以李仪墓壁画为例》，《南京艺术学院学报》2014 年第 2 期。

周良宵：《沽源南沟村元墓与阔里吉思考》，《考古与文物》2011 年第 4 期。

周玲：《从元剧〈生死交范张鸡黍〉看古丧葬习俗及其他》，《艺术百家》2004 年第 3 期。

朱伯谦：《龙泉青瓷》，台北：艺术家出版社，1998 年。

五　译著

［德］傅海波、［英］崔瑞德编，史卫民等译：《剑桥中国辽西夏金元史》，北京：中国社会科学出版社，2006 年。

［意］柏朗嘉宾著、耿升等译：《鲁布鲁克东行记》，北京：中华书局，1985 年。

［日］箭内亘著、陈捷等译：《元世祖与唐太宗》，《蒙古史研究》，上海：商务印书馆，1932 年。

［波斯］拉施特编、余大钧等译：《史集》卷一、第二分册，北京：商务印书馆，1983 年。

［蒙］纳旺著，金柱译：《关于中世纪蒙古人的丧葬习俗》，叶新民等编：《元上都研究文集》，北京：中央民族大学出版社，2003 年。

六　外文资料

白石典之：《チソギスニカンの考古学》，同城社，2001 年。

Grave of Genghis Khan May Lie Near His Birthplace, *The New York Times*, August 17, 2001.

Steinhardt, Nancy Shatzman: *Liao Architecture*, Honolulu: University of Hawaii Press, 1977.

森田宪司：《元代知识分子与地域社会》，东京：汲古书院，2004 年。

Wu Hung, *The Double Screen*: *Medium and Representation in Chinese Painting*, The University of Chicago Press, 1996.

许雅惠：《図籍の間接的流通再論—元代『三礼図』を例として—》（原信太郎アレシャンドレ訳），近藤一成等编《中国伝統社会への視角》，宋代史研究会研究报告第十集，东京：汲古书院，2015 年。

中岛乐章：《墓地不能出售吗?》，九州大学：《东洋史论集》第 32 辑，2004 年。

附　表

附表 1　河北地区简单砖石室墓

序号	墓名	年代	墓葬结构			墓壁装饰 (砖雕)	随葬品								葬式	纪年材料	资料来源
			墓室	尺寸 (米)	墓门		双耳罐	小口瓶	碗	大口缸	铁犁	铜镜	鸡腿瓶	其他			
1	井陉南良都 M10	蒙古国 1260～1270 年	南北向圆锥顶圆形砖石混筑墓，由墓道、墓门、甬道、墓室组成	d 2.25	平顶	—	∨							瓷盘 铜钱	砖棺床 木棺 1 骨架 1	神道碑 与 M8 的位 置关系	《井陉南良都战国、汉代遗址及元明墓葬发掘报告》，《河北省考古文集》，第 202~240 页
2	井陉南良都 M9	南元前期 1280～1290 年	南北向圆锥顶圆形砖石混筑墓，由 d 2.16～墓道、墓门、甬道、墓室组成	d 2.16～2.4	平顶	—	∨		∨ 酱釉		∨			瓷盘 瓷灯盏 铜钱	无棺床 木棺 1 骨架 3，其 2 为 迁葬	神道碑 与 M8 的位 置关系	

续附表1

序号	墓名	年代	墓葬结构				随葬品								葬式	纪年材料	资料来源
			墓室	尺寸（米）	墓门	墓壁装饰（砖雕）	双耳罐	小口瓶	碗	大口缸	铁犁	铜镜	鸡腿瓶	其他			
3	井陉南良都 M8	元中前期 1305年	南北向穹隆顶圆形砖墓混筑石墓，由墓道、墓门、甬道、墓室组成	d 3.0	拱券形仿木构门簪、檐枋斗拱	北壁：门 南 窦；西南：灯擎，转角处简柱3，把头绞项造斗拱，上檐枋	√	√	√ 白釉		√	√ 家常富贵镜		瓷盘 瓷小口壶 小口瓷灯盏铜钱	砖棺床 木棺 骨架3 迁葬1	砖铭 大德九年（1305年）	《井陉南良都战国、汉代遗址及元明墓发掘报告》，《河北省考古文集》，第202~240页
4	柏乡县侍中村 M1	元初	南北向穹隆顶圆形砖墓，由墓道、墓门、甬道、墓室组成	d 2.72	拱券形仿木构门楼、门簪牙砖	北壁：假门；东壁：桌椅；西壁：衣架 灯擎；角柱，角柱头绞项造斗拱（转角/补间）		√	√ 白釉 黑釉			√ 云鸟镜		瓷盘 铜钱	砖棺床 木棺 骨架2		《柏乡县侍中村古墓发掘简报》，《河北省考古文集》，第338~343页
5	柏乡县侍中村 M2	元初	南北向穹隆顶方形砖室墓，由墓道、墓门、甬道、墓室组成	d 2.25	拱券形仿木构门楼、门簪牙砖	北壁：（假门）；东壁：桌椅；西壁：衣架，角柱 四铺作斗拱（转角/补间）檐枋		√	√ 双色釉			√ 双鱼镜		瓷盘 瓷灯盏 铜钱	砖棺床 木棺 骨架2	李氏家族谱系碑	

续附表 1

序号	墓名	年代	墓葬结构			墓葬装饰（砖雕）	随葬品								葬式	纪年材料	资料来源
			墓室	尺寸（米）	墓门		双耳罐	小口瓶	碗	大口缸	铁釜	铜镜	鸡腿瓶	其他			
6	涿州张村 M42（同 M38）		南北向穹隆顶圆形砖室墓，由墓道、墓门、甬道、墓室组成	d2.9	拱券形仿木构门簪橑枋	北壁：窗 西北部：窗 东壁：一桌二椅 西南壁：灯擎	√	√	√ 白釉黑（酱）彩			√ 家常富贵镜 双鱼镜		瓷高足杯 瓷盘 铜钱	砖棺床 木棺1 骨架2		《涿州张村东营墓群发掘简报》，《河北省考古文集》，第272~284页
7	徐水西黑山 M8		南北向穹隆顶砖室墓，由祭台、墓道、墓门、甬道、墓室组成	d2.3	拱券形菱形门簪2	北壁：假门（板门2扇）西南壁：灯擎	√		√ 白釉青釉		√			陶深腹缸 瓷钵 铜钱	砖棺床 木棺1 骨架3 其2为迁葬		
8	徐水西黑山 M9		南北向穹隆顶砖室墓，由祭台、墓道、墓门、甬道、墓室组成	d2.4	拱券墓门	西壁：灯擎			√ 钧釉白釉				√	陶深腹缸 瓷盘 铜钱	土棺床 木棺1 骨架1 小砖稻台，烧骨一堆，迁葬		
9	徐水西黑山 M10		南北向弯隆顶圆形砖室墓，由祭台、墓道、墓门、甬道、墓室组成	d3.0	拱券形仿木构菱形门簪2，X形门簪2，瓦檐	西壁：假门（板门2扇）西南壁：灯擎	√		√ 青釉钧釉					瓷深腹缸 瓷盘 铜钱	无棺床 木棺2 骨架2		

续附表1

序号	墓名	年代	墓葬结构				随葬品								葬式	纪年材料	资料来源
			墓室	尺寸（米）	墓门	墓壁装饰（砖雕）	双耳罐	小口瓶	碗	大口缸	铁犁	铜镜	鸡腿瓶	其他			
10	徐水西黑山M12		南北向圆形穹隆顶砖石合筑墓，由祭台、墓道、墓门、甬道、墓室组成	d2.8	拱券墓门，仿木构，X形门簪2，瓦檐	—	∨		∨ 青釉 双色釉					瓷深腹缸 瓷盘 铜钱	土棺床1 木棺1 骨架1		
11	徐水西黑山M41		南北向圆形穹隆顶砖室墓，由祭台、墓门、甬道、墓室组成	d2.6	拱券形，仿木构，菱形门簪2，X形门簪2，滴水瓦当	—	∨		∨ 钧釉					瓷深腹缸 瓷盘 铜钱	土棺床1 骨架3 其1为迁葬		
12	徐水西黑山M39		南北向圆形穹隆顶砖室墓，由祭台、墓门、甬道、墓室组成	d2.2	不详	西壁灯擎			∨ 白釉					陶深腹缸 瓷盖 铜钱	木棺床1 木棺2 尸骨葬和灰葬各1		
13	徐水西黑山M11		南北向圆形穹隆顶砖混筑墓，由祭台、墓道、墓门、甬道、墓室组成	d2.5	平顶墓门，仿木构，X形门簪2	西壁石灯台	∨		∨ 钧釉 双色釉					瓷深腹缸 瓷盘 瓷钵 瓷盏 铜钱	土棺床1 木棺1 骨架1	至大通宝 1308～1311年	

续附表 1

序号	墓名	年代	墓葬结构			墓壁装饰（砖雕）	随葬品								葬式	纪年材料	资料来源
			墓室	尺寸（米）	墓门		双耳罐	小口瓶	碗	大口缸	铁犁	铜镜	鸡腿瓶	其他			
14	徐水西黑山M3		南北向圆形穹隆顶石混筑墓，由墓道、墓门、甬道、墓室组成	d 2.5	平顶墓门，仿木构，圆形，门簪4，滴水瓦当	—	✓		✓ 钧釉 双色釉		✓			陶深腹缸 瓷盘 瓷盏 铜钱	土棺床 木棺1 骨架1，迁葬		
15	徐水西黑山M43		南北向圆形穹隆顶砖室墓，由祭台、墓道、墓门、甬道、墓室组成	d 3.5	平顶墓门，仿木构，X形，门簪2	—			✓ 白釉					陶深腹缸 瓷盏	土棺床 木棺1 骨架3，其2为迁葬		
16	徐水西黑山M13		南北向圆形穹隆顶砖石混筑墓，祭台、墓道、墓门、甬道、墓室组成	d 2.8	平顶墓门	—	✓		✓ 钧釉					瓷深腹缸 铜钱	无棺床 木棺2 骨架3，其1为迁葬		
17	徐水西黑山M47		南北向圆形穹隆顶石室墓，由墓道、墓门、甬道、墓室组成	d 2.1	平顶墓门	—	✓		✓ 钧釉 青釉					瓷深腹缸	无棺床 木棺1 骨架2		

续附表 1

序号	墓名	年代	墓葬结构			墓壁装饰（砖雕）	随葬品								葬式	纪年材料	资料来源
			墓室	尺寸（米）	墓门		双耳罐	小口瓶	碗	大口缸	铁犁	铜镜	鸡腿瓶	其他			
18	徐水西黑山M42		南北向圆形穹隆顶砖室墓，由祭台、墓道、墓门、墓室组成	d 3.0	不详	—	√		√钧釉						无棺床 无葬具 骨架2，迁葬		
19	徐水西黑山M51		南北向圆形穹隆顶石混筑墓，由墓道、墓门、甬道、墓室组成	d 2.8	不详	—	√				√	双鱼镜			无棺床 无葬具 骨架1		
20	徐水西黑山M1		南北向圆形穹隆顶石混筑墓，由祭台、墓道、墓门、甬道、墓室组成	d 2.35	不详	—	√		√钧釉褐釉				√		无棺床 无葬具		
21	徐水西黑山M17		南北向圆形穹隆顶石混筑墓，由祭台、墓道、墓门、甬道、墓室组成	d 2.6	不详	—							√	铜钱	土棺床 无葬具 尸骨1		

续附表 1

序号	墓名	年代	墓葬结构			墓葬装饰（砖雕）	随葬品								葬式	纪年材料	资料来源
			墓室	尺寸（米）	墓门		双耳罐	小口瓶	碗	大口缸	铁犁	铜镜	鸡腿瓶	其他			
22	廊坊元墓		南北向穹隆顶圆形砖室墓	d 2.7	不详	—	√		√白釉			√云鸟镜	√	瓷盘	砖棺床木棺		《廊坊市发现元代砖室墓》，《文物春秋》1911年第4期
23	三河县张白塔元墓		南北向穹隆顶圆形砖室墓	d 3.5	不详	—	√	√	√钧釉黑釉					瓷盂铁灯盏铜钱	骨架2		《河北三河县辽金元时代墓葬出土遗物》，《考古》1993年第12期
24	涿鹿大堡乡元墓	至元二年1336年	南北向穹隆顶近圆形砖室墓	2.8×1.9		—			√青釉黄釉					瓷盘高足杯铜钱	木棺2骨架2	砖铭	《涿鹿发现一座元代纪年墓》，《文物春秋》1990年第4期

附表 2　以济南、章丘为中心的单室砖雕壁画墓

序号	墓名	年代	墓葬结构			墓壁装饰（砖雕 R/壁画 M）						仿木构建筑		随葬品	纪年材料	资料来源
			墓室	墓门	墓顶	甬道	左壁	后壁	右壁	墓门两侧	墓顶	立柱	斗拱			
1	济南司里街元墓	元前期	南北向砖砌圆形单室带甬道	壶门式，上有仿木构门楼	穹隆顶		R门楼 衣架 M 门内杂宝 北为粮囷	R门楼 M一门 两窗 妇人启门	R门楼 灯擎 M 门内夫妇对坐 北为茶酒位	帐幔	R＋M 莲花藻井 绣球流苏 M云鹤	R八根	R 四铺作 计心造	瓷碗		《济南市司里街元代砖雕壁画墓》，《文物》2004年第3期
2	章丘相公庄墓	元前期	南北向砖砌圆形单室		穹隆顶		R门楼 R箱柜	R门楼 R假门	R门楼 灯擎		R	R四根	重拱五铺作			《出土壁画大全集·山东》，图222～225
3	河北平乡郭桥M2	元中前期 大德八年（1304年）	南北向砖砌八角形砖室墓	仿木构门楼	穹隆顶	R门楼 R龟趺碑楼	R门楼 R粮仓 栗麦盈仓	R门楼 R妇人启门 郭进之宫	R门楼 R立柜 灯擎 绫罗满柜	R门楼 灯擎香儿 逍遥之亭	被破坏	R八根 三排立砖侧砌	R 四铺作		龟趺墓书 大德八年	《河北平乡发现元代仿木结构仿木壁画纪年墓》，《中国文物报》，2004年7月14日1版
4	济南大官庄M2	元中前期	南北向砖砌圆形单室带甬道	壶门式，仿木构门楼	圆锥顶		R箱柜	R假门	R一桌二椅		R莲瓣纹	R四根	R 四铺作 砖侧砌			《济南近年发现的元代砖雕壁画墓》，《文物》1992年第2期
5	历城郑家庄宋元墓	元中前期	南北向砖砌圆形单室带甬道		穹隆顶		R 衣架 箱柜灯擎	R一门二窗	R一桌二椅		R山花蕉叶	R四根 三排立砖侧砌	R 把头绞项造 砖侧砌	双耳陶罐		《济南市历城区宋元壁画墓》，《文物》2005年第11期

续附表 2

序号	墓名	年代	墓葬结构				墓壁装饰（砖雕 R／壁画 M）					仿木构建筑		随葬品	纪年材料	资料来源
			墓室	墓门	墓顶	甬道	左壁	后壁	右壁	墓门两侧	墓顶	立柱	斗拱			
6	章丘女郎山 M70	元中期延祐以前	南北向砖砌圆形单室带甬道	残，上有仿木构门楼	穹隆顶		R 衣架 立柜	R 门楼 R 假门	R 一桌二椅 灯擎		残	R 四根 平砖贴砌	R	石匣、盘、杯 瓷碗 瓷盘	墓葬相对于 M71 的位置	《章丘女郎山宋金元明壁画墓的发掘》，《济青高级公路考古发掘报告集》，第 179～201 页
7	章丘女郎山 M71	元中期 1314 年	南北向砖砌圆形单室带甬道	残，上有仿木构门楼	穹隆顶，上墓顶封石板		R 门楼 R 立柜	R 门楼 R 假门	R 门楼 R 一桌二椅 R 灯擎			R 四根 平砖贴砌	R	瓷器：四系瓶 碗 双耳罐 钵 围棋	石墓志：延祐元年（1317 年）	《济南近年发现的元代砖雕壁画墓》，《文物》1992 年第 2 期
8	历城港沟元墓 M2	元后期	南北向砖砌圆形单室带甬道	壶门式，上有仿木构门楼	穹隆顶，上墓顶封石板		M＋R 衣架 立柜	R 门楼 R 假门 3 幅	R 一桌二椅 M 帐幔下夫妇对坐 R＋M 灯擎		R＋M 莲花藻井 串钱垂绶 M 孝行	R 四根 平砖贴砌	R 砖把头绞项造			《济南近年发现的元代砖雕壁画墓》，《文物》1992 年第 2 期
9	章丘旭升乡元墓 M4	元后期	南北向砖砌圆形单室带甬道	壶门式，上有仿木构门楼	穹隆顶，镶嵌铜镜		M 床帏 侍女	M 妇人启门	M 夫妇对坐		R＋M 莲花藻井	R 四根 平砖贴砌	R 砖把头绞项造	瓷器：瓷碗 瓷匜		《济南近年发现的元代砖雕壁画墓》，《文物》1992 年第 2 期
10	历城邢村元墓	元后期	南北向砖砌圆形单室带甬道		穹隆顶		R 衣架箱柜 M 帐幔	R 门楼 M 一门二窗 妇人启门 帐幔 猫	R 一桌二椅 M 帐幔下夫妇对坐 R 灯擎		R＋M 莲花藻井 串钱垂绶 M 孝行	R 四根 平砖贴砌	R 重昂重拱铺作	瓷器：四系瓶 碗 盘		《济南市历城区元代壁画墓》，《文物》2005 年第 11 期

续附表 2

序号	墓名	年代	墓葬结构			墓壁装饰（砖雕R/壁画M）						仿木构建筑		随葬品	纪年材料	资料来源
			墓室	墓门	墓顶	甬道	左壁	后壁	右壁	墓门两侧	墓顶	立柱	斗拱			
11	济南柴油机厂元墓	元后期	南北向砖砌方形单室带甬道	砖券拱洞式	穹隆顶	控马备行	R门楼 R衣架 M侍女奉食	R门楼 R假门 M瓶花	R门楼 M桌案 M进酒 R灯擎	M杂宝盆	M莲花藻井花草飞鹤 M孝行	—	R	瓷罐 瓷碗 石碗 石瓶 陶砚		《济南柴油机厂元代砖雕壁画墓》，《文物》1992年第2期
12	章丘西沟头元墓	元后期	南北向砖砌圆形单室		穹隆顶			R门楼			M孝行	R四根平砖贴砌	R把头绞项造			《中国出土壁画大全集·山东》，图217～221
13	章丘龙山镇元墓	元后期	南北向砖砌圆形单室		穹隆顶		R衣架 R立柜 M嫚帐帷幕	R门楼 R一门二窗 M嫚帐帷幕	R夫妻对坐 M嫚帐帷幕	R灯擎	M网格纹花卉纹	R四根平砖贴砌	R把头绞项造			《中国出土壁画大全集·山东》，图196～204
14	章丘刁镇元墓 M3	元后期至大以降1308～1368年	南北向砖砌方形单室带甬道	壶门式，仿木构门楼	穹隆顶	M粮屯	R门楼	R门楼	R门楼		R+M莲花藻井串钱垂绶	R四根	R重拱四铺作	瓷器：盘 四系瓶 碗 大口深腹罐 双耳罐	至大通宝现(1308～1311年)	《济南近年发现的元代壁画墓》，《文物》1992年第2期
15	章丘双山镇三涧村元墓	元后期	南北向砖砌方形单室		穹隆顶	M粮屯	R衣架 R立柜 M嫚帐帷幕	R门楼 R男侍启门 M嫚帐帷幕	R夫妻对坐 M嫚帐帷幕	M酒缸	M孝行	R四根平砖贴砌	R把头绞项造			《中国出土壁画大全集·山东》，图205～216

续附表 2

序号	墓名	年代	墓葬结构 墓室	墓门	墓顶	甬道	墓壁装饰(砖雕R/壁画M) 左壁	后壁	右壁	墓门两侧	墓顶	仿木构建筑 立柱	斗拱	随葬品	纪年材料	资料来源
16	章丘旭升乡元墓 M5	元后期	南北向砖砌方形单室墓,带甬道		四角攒尖顶		—	R 假门	—		—	R 四根	R 把头绞项造			《济南近年发现的元代砖雕壁画墓》,《文物》1992年第2期
17	章丘青野元墓 1335年	元晚期	南北向砖砌长方形单室墓,带甬道	砖券拱洞式	穹隆顶		R门楼 M衣架	R门楼 R假门	R一桌二椅 M帐幔下夫妇对坐 R灯擎		M 莲花藻井 串枝垂绶	R 四根	R	瓷器: 四系瓶 大口深腹罐 双耳罐 碗 盘 铜镜	买地券 乙亥年	《山东章丘青野元代壁画墓》《华夏考古》1999年第4期
18	历城郭店元墓 M1	元末 1350年	南北向砖砌圆形单室墓,带甬道	仿木构门楼	穹隆顶	M 控马	M衣架 粮屯 立柜 卧猫 酒瓮 嘛嘛帷幕	M床帏 M侍女	M帐幔下夫妇对坐 山水背屏 R+M灯擎	修墓记 右: M 左: M牡丹 嘛嘛帷幕	M 圭花藻井 卷云纹 帐嘛嘛垂绶	M 六根	M	瓷器: 四系瓶 罐 碗 盘 铜镜	修墓记:至正十年(1350年)	《济南近年发现的元代砖雕壁画墓》,《文物》1992年第2期
19	历城埠东村元墓	元末	南北向石砌圆形单室墓,带甬道	仿木构门楼	穹隆顶		R门楼 M杂宝盆 雄鸡 衣架 嘛嘛帷幕	R门楼 M帐幔 夫妇对坐 左右屏风	R门楼 M启门 汲水 嘛嘛帷幕		R 莲花藻井 R—M 串枝垂绶 M孝行	—	—			《济南市历城区元末壁画墓》《文物》2005年第11期

续附表 2

序号	墓名	年代	墓葬结构			墓壁装饰（砖雕 R／壁画 M）						仿木构建筑		随葬品	纪年材料	资料来源
			墓室	墓门	墓顶	甬道	左壁	后壁	右壁	墓门两侧	墓顶	立柱	斗拱			
20	临淄大武村元墓	元末 1357～1364 年	南北向砖砌圆形单室墓带甬道	仿木构门楼（残）	穹隆顶	瓶花 修墓记	R 立柜 R 门楼 内有长案 M 瓶花	R 门楼	R 衣架 R 门楼 内有牌位 R+M 灯擎 M 茶酒具		M 莲花纹、卷草纹和云雷纹装饰带 墓顶铜镜	—	—	瓷碗 瓷盘 铜镜	修墓记：至正十七年 牌位：至正廿四年	《山东临淄大武村元墓发掘简报》,《文物》2005 年第 11 期
21	长清王宿铺村墓		南北向圆形石室墓带甬道	券洞共式,上有仿木构门楼	穹隆顶	—	—	—	—		R 莲花藻井	—	—	瓷器：大口深腹罐 碗 漆盘		《山东长清、平阴元代壁画墓》,《文物》2008 年第 2 期
22	昌乐东山 M7		南北向长方形石室墓			—	—	—	—		R 莲花藻井	—	—	瓷罐 瓷碗		《山东昌乐东山王元代墓清理简报》,《考古》1995 年第 9 期
23	昌乐东山 M15 M18		南北向圆形石室墓		穹隆顶上盖石板	—	—	—	—			—	—	瓷罐 瓷碗 瓷盘		
24	昌乐东山 M14		南北向圆形砖室墓			—	R 灯擎	R 一桌二椅	R 衣架			—	—	瓷碗		

附表 3　洛渭流域蒙元墓葬总表

序号	墓名	年代	墓葬形式		神煞				仪备	明器	纪年材料	材料来源
			墓葬结构（米）	葬式	俑	墓志/券	厌胜	五合仓		器物		
1	陕西兴平墓	金末蒙初	南北向砖砌单室墓 3.5×2.7	木棺	十二辰		铁牛2	盖罐9	马	壶2 簋1 豆7 碗1 钵1 瓶1 镜1		《陕西兴平县西郊元墓清理简报》,《文物》1959年第2期
2	西安曲江池西村段继荣夫妇墓京兆总管府奏差提领	大蒙古国（1252年）～至元三年（1266年）	东西向砖砌双室墓 门楼、甬道、叠涩攒尖顶方形前室、后室、墓底铺砖 d3.0	木棺（前室中部并行排列）头部瓷枕		石墓志	镇墓石4 铜猪1 铜牛1	陶茧形壶4（内谷物）	甬道中:镟马1 骖马3 车驾1 鞍马2 行冥2 南北壁下:侍俑各6,共12（女2男-0）4	灰陶: 前室:灶1 盆1 后室:碗1 碟5 罐1 砚1 马1 盘1 盏1 盂1 瓶1 罐2 簋1 勺4	墓志 段继荣壬子年卒 夫人刘氏己丑年卒 曾首翌年归葬	《西安曲江池元代夫妇墓清理资料》参考资料1958年第6期
3	西安曲江孟村元墓	元前期	东西向土洞双室墓 斜坡墓道、甬道、穹窿顶方形前室（有圆形藻井）,左右耳室、后室 d2.5	木棺（后室纵列）,甬道口有犬1 鸡1 猪1 铁铺首衔环4个	犬1 鸡1 猪1	砖地券		南耳室:陶三足带盖仓5（内谷物）	前室:镟牛1 骖马3 车驾1 鞍马2 仪仗男雇4 胡俑6 1驼1男侍俑6 女侍俑5	灰陶: 碗5 盘1 方盘1 灶1 碟4 杯2 盏1 马盂1 盒1 盏2 簋1 瓶1 烛台2 罐1 牌位1		《西安市曲江乡孟村元墓清理简报》2006年第2期
4	西安南郊山门口元墓	元前期	东西向土洞双室墓 斜坡墓道、甬道、方形前室、后室 d2.5	木棺（后室纵列）头部瓷枕	犬1 鸡1			陶三足带盖仓2	镟马1 骖马1 车驾2 男侍俑6 女侍俑2 胡俑1 宅1 鞍马1	黑陶: 碗1 盏托2 梅瓶2 玉壶春2 烛台2 灶1		《西安南郊山门口元墓清理简报与文物》1992年第5期

续附录 3

序号	墓名	年代	墓葬形式		神煞			五谷仓	明器		纪年材料	材料来源
			墓葬结构	葬式	俑	墓志/券	厌胜		仪仗	器物		
5	焦作中站区靳德茂墓 太医院副使	元前期 世祖至元廿九年(1292年)	不明			石墓志			辕马2 骖马6 车驾2 控马俑2 男俑61 女俑17		墓志：大元壬辰(1292年)	《焦作中站区元代靳德茂墓道出土陶俑》,《中原文物》2008年第1期
6	三门峡上村岭元墓	元前期 成宗元贞二年(1295年)	南北向土洞长方形单室墓	木棺 镇墓石：东 北绿 西北红 2 东南黑 南白		陶地券		盖罐5 (内含物)		灰陶：灶1 梅瓶2 盘3 碗4 盏3 玉壶春3 烛台2	地券：大元国元贞二年(1295年)	《三门峡市上村岭发现元代贞元二年墓》,《考古》1985年第11期
7	甘肃漳县汪惟贤墓 M20	元中前期 成宗大德十年(1306年)	南北向方形砖室墓 四角攒尖顶 砖雕门楼			石墓志				陶豆1 瓷马盂1 铜爵1 玻璃酒盏盘1	墓志：大德十年(1306年)	《甘肃漳县元代汪世显家族墓葬》1982年第2期
8	甘肃漳县汪惟纯夫妇合葬墓 M9	元中期 1296~1322年	东西向方形砖室墓 八角攒尖顶 d 2.0~3.0	木椁＋木棺		石墓志				灰陶：豆3 簋(龟纽)1 篮(龟纽)1 山尊2	墓志：汪惟纯葬于元贞二年；夫人至治二年祔葬	《甘肃漳县元代汪世显家族墓葬》1982年第2期
9	西安南郊王世英夫妇合葬墓 耀州同知	元中期 大德~延祐 1306~1316年	南北向土洞方形双室墓：斜坡墓道，前室穹隆顶，后室穹隆顶	d 2.0 木棺(后室并行纵列)	前室西：鸡1 猪1 羊1 牛1 前室东：犬1 龙1 羊1 牛1	石墓志			前室西：辕马1 骖马2 车驾1 女侍2 男俑2 前室东：鞍马1 男骑俑3 男俑6 驮马2	彩绘陶：陶罐1 陶壶2 陶盏并托3 (前室西)	墓志：王世英大德十年葬(1306年) 妻萧氏延祐三年祔葬(1316年)	《西安南郊元代王世英夫妻墓清理简报》2008年第6期

续附录 3

序号	墓名	年代	墓葬形式		神煞				明器		纪年材料	材料来源
			墓室结构（米）	葬式	俑	墓志/券	厌胜	五谷仓	仪仗	器物		
10	洛阳道北延祐四年（1317年）王英墓 大都路郁总管府判官	元中期 仁宗延祐四年（1317年）	南北向土洞梯形单室墓 穹隆顶 带耳室 d2.8			石墓志 陶地券	—	三足带盖 仓5	鞍马2 空马男俑1 女侍俑2	陶灯2 盒1 盘5 碗8 釉陶罐1 桌1 瓶2 玉壶春2	陶地券：延祐四年（1317年）	《洛阳道北元墓发掘简报》，《文物》1999年第2期
11	宝鸡元墓	元中期	南北向土洞方形单室墓 d4.0					三足带盖 仓5	鞍马2 男俑7 女俑1	灰陶：玉壶春1 壶2 簋（龟纽）1 簋（龟纽）1 罐2 梅瓶1 碗4 盆2 盘1 碟1 炉1 灶1（附笼屉4）		《陕西宝鸡元墓》，《文物》1992年第2期
12	西安玉祥门外元夫妇合葬墓	元中后期 泰定年间	南北向砖砌方形单室墓 仿木构墓门楼、墓道、甬道、穹隆顶 d3.0	后壁下木棺 铁环4个 头部瓷枕	犬1 鸡1 猪1 牛1 龙1			平底带盖 仓5	鞍马1 骖马3 车舆1 男控马俑2 男侍俑2 女侍俑2	灰黑陶：灶1（附笼屉5） 洗1 灯1 盖罐2 瓶1	铁钱：大德通宝	《西安玉祥门外元代砖墓清理简报》，《文物参考消息》1956年第1期
13	西安电子城元墓	元中期	不详		鸡1 猪1 牛1 羊1				鞍马1 骖马3 车舆1 驮马2 鞍马2 橐1 男侍俑8 女侍俑2	灰黑陶：壶2 瓶2 罐2 灶1（附笼屉5） 盒1 勺1 炉1 豆盅1 盆1 碗7 盘5		《西安电子城出土元代文物》，《文博》2002年第5期

续附录 3

序号	墓名	年代	墓葬形式		神煞					明器	纪年材料	材料来源
			墓室结构（米）	葬式	俑	墓志/券	厌胜	五谷仓	仪倗	器物		
14	西安曲江元李新昭墓	元中后期 泰定二年(1325年)	东西向土洞墓（具体形制不详）	木棺	犬1 鸡1 猪1 羊1 龟1	砖地券		平底带盖仓6	镇墓马1 车驾1 驮马1 鞍马1 男控马俑1 男侍俑1 仪仗俑3 女侍俑1	灰陶：壶1 簋1 簋1 匜1 盒1 勺1（附笼屉4）炉1 灯1 盆2 盏4 玉壶春1 烛台1 罐1 碗2 碟5	砖地券 葬于泰定二年(1325年)	《西安曲江元李新昭墓》,《文博》1988年第2期
15	陕西洛川县潘窑科村元墓	元中后期 泰定前后	南北向方形砖室墓 八角攒尖顶 d 2.0					平底带盖仓4	女俑1	簋（龟纽）1 簋（龟纽）1 碟1 碗3 茶盏并托2 盆1 玉壶春1		《陕西洛川县潘窑科村元墓清理简报》,《考古与文物》2004年第4期
16	西安东郊十里堡元墓	元后期	南北向方形土洞墓 3.3×2.2 斜坡墓道，甬、耳室、前室、后室	木棺	龙、牛、羊、鸡			西耳室：陶仓5（内有谷物）	车驾马 男女侍俑	黑陶：玉壶春瓶、壶、盏（八丰）、托、灶		网络资源
17	西安北郊红庙坡元夫妇合葬墓 勋贵品官	元后期 晚于1325年	不详	木棺				底座带盖仓4（斗笠顶，仓身有4个斗拱立柱）	镇墓马1 车驾1 鞍马2 驮马1 男俑3 女俑3	灰黑陶：壶（八丰）2 簋（龟纽）1 炉1 碗 瓷器：白瓷梅瓶、青瓷罐、白瓷盘	八思巴文青氏款瓷盘	《西安北郊红庙坡元墓出土一批文物》,《文博》1986年第3期

续附录 3

序号	墓名	年代	墓葬形式			神煞			明器		纪年材料	材料来源
			墓室结构（米）	葬式	俑	墓志券	庆胜	五合仓	仪备	器物		
18	陕西户县贺胜墓 M1 中书左丞	元中后期 泰定四年（1327年）	南北向砖石合筑方形砖室攒尖顶 单室墓 墓道、墓室（下）壁、上壁及墓道砌砖 条石 墓底条石 d4.0	木棺（并行纵列）	犬 鸡 猪 牛 龙 龟 羊	石墓志		底座带盖仓（斗笠顶、仓身有4个斗拱立柱、须弥座）	车驾鞍马 荤马驼俑 男骑马俑 男挖马俑 男仪仗俑 男侍俑 女侍俑	黑陶：玉壶春瓶 灯 碗 碟 盒 盘 烛台	石墓志 泰定四年（1327年）	《陕西户县贺氏墓出土大量元代俑》，《文物》1979年第4期
19	甘肃漳县汪懋昌夫妇合葬墓 M8	元后期 天历二年（1329年）	东西向方形砖室 八角攒尖顶 d 2.0～3.0	石墓志		石墓志				灰陶：共6 鼎1 尊（龟纽）壶1 簋1 炉2 籃1 （龟纽）豆2 烛台2 爵2 玉壶春1	石墓志 天历二年（1329年）	《甘肃漳县元代汪家族墓葬》，《文物》1982年第2期
20	延安虎头卯元墓 M1	元后期	石筑八角穹隆顶单室墓 底铺石 d 2.0	砖券	牛1 猪1	砖1 砖地券		底座带盖仓3（斗笠顶、仓身4个斗拱立柱、5曲足）		灰黑陶（八卦）：壶1 鸟爵1 爵1 扁壶1 罐2 碗2 杯2 盆1 盘2 盏托2 盆架1		《延安虎头卯元代墓葬清理简报》，《文博》1990年第2期

续附录 3

序号	墓名	年代	墓室结构（米）	葬式	备	墓志/券	灰胜	五合仓	仪备	器物	纪年材料	材料来源
21	西安东郊刘义世墓	元末至正四年（1344年）	东西向方形土洞墓，券顶，后壁有上下两龛 d2.6×1.7	石墓志 木棺	猪1 牛1 羊1 犬1 龙1 鼠1	石墓志		底座带盖 靠近两侧壁 各仓5（斗仓1笠顶，仓身4斗拱立柱，6曲足）	鞍马2 驮马1 男控马俑2 男侍1 女侍1	壶（八丰）2 桶1 勺1 罐2 盆2 高足杯1 碟1 三足炉1 碗3 玉壶春1 盒1 案1 烛台1 （笼屉3）	石墓志 至正甲申岁葬（1344年）	《西安东郊元刘义世墓清理简报》，《文博》1985年第4期
22	河南洛阳王述墓 怀庆路总管	元末至正十年（1350年）	南北向方形土洞墓 券顶 竖井墓道	石墓志 木棺3		石墓志				灰陶：鼎5 敦4 罍5 尊2 豆5 爵3 方盆1 炉1 盘1 盒8 烛台3 瓷灯盏1	石墓志 至正十年 怀庆路（延祐六年 1319年）	《洛阳元王述清理》，《考古》1979年第6期
23	河南洛阳赛因赤达忽墓 太尉翰林学士	元末至正二十五年五年葬（1365年）	南北向前后双室砖墓，前室室方，后室方 券顶 墓门楼 竖井墓道 d3.0	石墓志（墓道中） 石墓志 木棺 后室（铁箍三道）	铁猪 铁牛	石墓志				黑陶：鼎2 罍4 尊1 爵2 罍21 簋4 簠2 壶6 炉1 盒1 案1 黑尊2 8牲尊1 象尊2 瓷器：梅瓶2 碗2	石墓志 至正二十五年（1365年）	《元赛因赤达忽墓的发掘》，《文物》1996年第2期

考古新视野

考古新视野
青年学人系列

2016 年

彭明浩：《云冈石窟的营造工程》

刘　韬：《唐与回鹘时期龟兹石窟壁画研究》

朱雪菲：《仰韶时代彩陶的考古学研究》

于　薇：《圣物制造与中古中国佛教舍利供养》

2017 年

潘　攀：《汉代神兽图像研究》

吴端涛：《蒙元时期山西地区全真教艺术研究》

邓　菲：《中原北方地区宋金墓葬艺术研究》

王晓敏　梅惠杰：《于家沟遗址的动物考古学研究》

2018 年

王书林：《北宋西京城市考古研究》

肖　波：《俄罗斯叶尼塞河流域人面像岩画研究》

袁　泉：《蒙元时期中原北方地区墓葬研究》

李宏飞：《商末周初文化变迁的考古学研究》

2019 年

罗　伊：《云南地区新石器时代考古学文化研究》

赵献超：《二至十四世纪法宝崇拜视角下的藏经建筑研究》

2020 年（入选稿件）

周振宇：《水洞沟遗址石制品热处理实验研究》

张　旭：《内蒙古大堡山墓地出土人骨研究》